看图学技术

公路工程

张海鹰　主编

中国铁道出版社

2013年·北京

内容提要

本书共分四章，其主要内容包括：路基工程、路面工程、桥涵工程、隧道工程。

本书内容翔实、重点突出，具有较强的指导性，可作为从事土木工程施工技术人员的参考用书，也可以作为大中专院校相关专业师生的教学用书。

图书在版编目(CIP)数据

公路工程/张海鹰主编. —北京：中国铁道出版社，2013.4

(看图学技术)

ISBN 978-7-113-16022-7

Ⅰ.①公…　Ⅱ.①张…　Ⅲ.①道路施工—图解

Ⅳ.①U415-64

中国版本图书馆 CIP 数据核字(2013)第 019284 号

书　　名：看图学技术 **公路工程**

作　　者：张海鹰

策划编辑：江新锡　陈小刚

责任编辑：冯海燕　张卫晓　　**电话**：010-51873193

封面设计：郑春鹏

责任校对：焦桂荣

责任印制：郭向伟

出版发行：中国铁道出版社(100054，北京市西城区右安门西街 8 号)

网　　址：http://www.tdpress.com

印　　刷：航远印刷有限公司

版　　次：2013 年 4 月第 1 版　2013 年 4 月第 1 次印刷

开　　本：787 mm×1 092 mm　1/16　**印张**：15.5　**字数**：388 千

书　　号：ISBN 978-7-113-16022-7

定　　价：39.00 元

前言

随着我国经济的快速发展，建设已成为当今最具有活力的一个行业。纵观全国，数以万计的高楼拔地而起；公路、铁路建设发展迅猛，成就斐然，纵横交错的公路网和铁路网不断延伸、完善，有力地推动着国民经济持续快速健康增长。

当前，建设工程的规模日益扩大，种类日益繁多，呈现出蓬勃发展的势头。对于整个建设行业来说，提高施工人员的技术水平和专业技能，可以有效地提高产品质量和社会效益。对于施工人员来说，提高自身的专业素质，特别是一些高技术含量的操作水平，可以大大提升劳动生产效率、降低劳动强度、加快工程进度、减少安全事故。因此，提高广大施工人员的专业技术水平，已成为当今建设行业的重中之重。

为了帮助工程技术人员，尤其是刚刚参加工作的施工人员系统地、快速地学习和掌握施工技术，我们组织编写了《看图学技术》丛书。本丛书共分为五分册，即《公路工程》、《铁路工程》、《土建工程》、《机电安装工程》、《装饰装修工程》。本丛书的最大特点是图文并茂、言简意赅。对于一些重难点，我们避免用繁琐的文字叙述，而是采用了直观、形象的图例进行讲解。

参与本丛书的编写人员主要有张海鹰、孙昕、乔魁元、尚晓峰、汪硕、张婧芳、栾海明、王林海、孙占红、宋迎迎、武旭日、张正南、李芳芳、孙培祥、张学宏、王双敏、王文慧、彭美丽、李仲杰、乔芳芳、张凌、魏文彪、白二堂、贾玉梅、王凤宝、曹永刚、张蒙等，在此深表感谢！

由于我们水平有限，加之编写时间仓促，书中的错误和疏漏在所难免，敬请广大读者不吝赐教和指正！

编　者

2013 年 3 月

目录

第一章　路基工程

第一节　路基的类型与原地面处理要求

一、路基类型

1. 一般路基

一般路基是指按照路线位置和一定技术要求修筑的带状构造物，是路面的基础，承受由路面传来的行车荷载。

2. 特殊路基

特殊路基是指位于特殊土（岩）地段、不良地质地段，或受水、气候等自然因素影响强烈的路基。特殊路基主要有：

（1）湿黏土路基、红黏土地区路基、膨胀土地区路基、黄土地区路基、盐渍土地区路基、风积沙及沙漠地区路基；

（2）季节性冻土地区路基、多年冻土地区路基、涎流冰地区路基、雪害地区路基；

（3）滑坡地段路基、崩塌与岩堆地段路基、泥石流地区路基；

（4）岩溶地区路基、采空区路基；

（5）沿河、沿溪地区路基、水库地区路基、滨海地区路基。

软土地区路基：以饱水的软弱黏性土沉积为主的地区称为软土地区。软土包括饱水的软弱黏性土和淤泥。在软土地基上修建公路时，容易产生路堤失稳或沉降过大等问题。我国沿海、沿湖、沿河地带都有广泛的软土分布。

滑坡地段路基：滑坡是指在一定的地形地质条件下，由于各种自然的和人为的因素影响，山坡的不稳定土（岩）体在重力作用下，沿着一定的软弱面（带）作整体的、缓慢的、间歇性的滑动变形现象。滑坡有时也具有急剧下滑现象。

膨胀土地区路基：膨胀土系指土中含有较多的黏粒及其他亲水性较强的蒙脱石或伊利石等黏土矿物成分，且有遇水膨胀，失水收缩的特点，是一种特殊膨胀结构的黏质土。多分布于全国各地二级及二级以上的阶地与山前丘陵地区。

3. 路基的干湿类型

路基的干湿类型表示路基在最不利季节的干湿状态，分为干燥、中湿、潮湿和过湿四类。原有公路路基的干湿类型，可以根据路基的分界相对含水量或分界稠度划分；新建公路路基的干湿类型可以用路基临界高度来判别。

二、原地面处理要求

路基范围内的原地面应在路基施工前按下列要求进行处理。

（1）路基用地范围内的树木、灌木丛等均应在施工前砍伐或移植清理，砍伐的树木应移置于路基用地之外，进行妥善处理。

(2)路堤修筑范围内，原地面的坑、洞、墓穴等，应在清除沉积物后，用合格填料分层回填分层压实，压实度应不小于90%。

(3)原地基为耕地或松土时，应先清除有机土、种植土、草皮等，清除深度应达到设计要求，一般不小于15 cm，平整后按规定要求压实。

(4)基底原状土的强度不符合要求时，应进行换填，换填深度应不小于30 cm，并予以分层压实到规定要求。

(5)基底应在填筑前进行压实。高速公路、一级公路、二级公路路堤基底的压实度应不小于90%，当路堤填土高度小于路床厚度(0.8 m)时，基底的压实度不宜小于路床的压实度标准。

(6)路堤填筑时，当原地面纵坡大于12%或横坡陡于1：5时，应按设计要求挖台阶，或设置成坡度向内并大于4%、宽度大于2 m的台阶。

第二节　路基工程主要施工机械

公路建设具有工程量大、工程质量要求高、施工工艺复杂等特点。为了提高施工的经济效益，机械化施工在公路工程施工中占有越来越重要的地位。施工机械起着决定性作用。路基工程施工铲运机械有：推土机、平地机、装载机、挖掘机等。

一、推土机

(一)推土机的分类、特点及适用范围

推土机的分类、特点及适用范围见表1-1。

表1-1　推土机的分类、特点及适用范围

分类形式	分类	特点及适用范围
按发动机功率分	小型	发动机功率小于44 kW
	中型	发动机功率为59～103 kW
	大型	发动机功率为103～235 kW
	特大型	发动机功率为235 kW
按行走机构分	履带式	此类推土机与地面接触的行走部件为履带。由于它具有附着牵引力大、接地比压低、爬坡能力强及能胜任较为险恶的工作环境等优点，因此，是推土机的代表机种
	轮式	此类推土机与地面接触的行走部件为轮胎，具有行驶速度高、作业循环时间短、运输转移不损坏路面、机动性好等优点
按用途分	普通型	此类推土机具有通用性，广泛应用于各类土石方工程中，主机为通用的工业拖拉机
	专用型	此类推土机适用于特定工况，具有专一性能，属此类推土机的有：湿地推土机、水陆两用推土机、水下推土机、爆破推土机、船舱推土机、军用快速推土机等

续上表

分类形式	分类	特点及适用范围
按铲刀形式分	直铲式	也称固定式。此类推土机的铲刀与底盘的纵向轴线构成直角;铲刀的切削角是可调的。对于重型推土机,铲刀还具有绕底盘的纵向轴线旋转一定角度的能力。一般来说,特大型与小型推土机采用直铲式的居多,因为它的经济性与坚固性较好
	角铲式	也称回转式。此类推土机铲刀,除了能调节切削角度外,还可在水平方向上回转一定角度(一般为 125°)。角铲式推土机作业时,可实现侧向卸土,应用范围较广,多用于中型推土机上
按传动方式分	机械传动式	此类推土机的传动系全部由机械零部件所组成。机械传动式推土机具有制造简单、工作可靠、传动效率高等优点,但操作笨重、发动机容易熄火、作业效率较低
	液力机械传动式	此类推土机的传动系由液力变矩器、动力换挡变速箱等液力与机构相配合的零部件组成,具有操纵灵便、发动机不易熄火、可不停车换挡、作业效率高等优点,但制造成本较高、工地修理较难。它仍是目前推土机产品发展的主要方向
	全液压传动式	此类推土机,除工作装置采用液压操纵外,其行走装置的驱动也采用了液压马达。它具有结构紧凑、操作轻便、可原地转向、机动灵活等优点,但制造成本高、维修较难。由于液压马达等元件制造难度较大,目前在国内的发展尚受一定限制
	电气传动式	此类推土机的工作装置、行走机构均采用电动机作动力。它具有结构简单、工作可靠、作业效率高、污染少等优点,但受电源、电缆的限制,使用受到局限。一般用于露天矿、矿井作业较多
按铲刀操纵方式分	钢绳式	铲刀升降由钢绳操纵。它简单可靠、维修方便,但不能强制切土,影响性能,所以发展受到一定限制
	液压式	铲刀在液压油缸作用下升降。它可实现强制切土,作业性能较好,有取代钢绳式的趋势

推土机的型号用字母 T 表示,L 表示轮式,Y 表示液压式,后面的数字表示功率。例如,TY120 表示功率为 120 kW 的液压推土机。

(二)推土机的构造

推土机是由发动机、底盘、工作装置、液压系统和电气系统等组成,如图 1-1 所示。推土机的发动机多为柴油机,常布置在其前端,通过减振装置固定在机架上。底盘部分包括离合器(变矩器)、变速器、后桥、行走装置和机架等。底盘的作用是支承整机质量并将动力传给行走机构和液压操纵机构。主离合器装在柴油机和变速器之间,用来平稳地接合和分离动力,变速器和后桥用来改变推土机的行走速度、方向和牵引力。行走装置是支承机体并使推土机行走的机构。机架是整机的骨架,用来安装发动机、底盘和工作装置,使全机成为一个整体。电气系统包括发动机的电启动部分和全机的照明系统、控制系统和发电机等。除此之外，推土机还有燃油箱、液压油箱和驾驶室等外部设备。

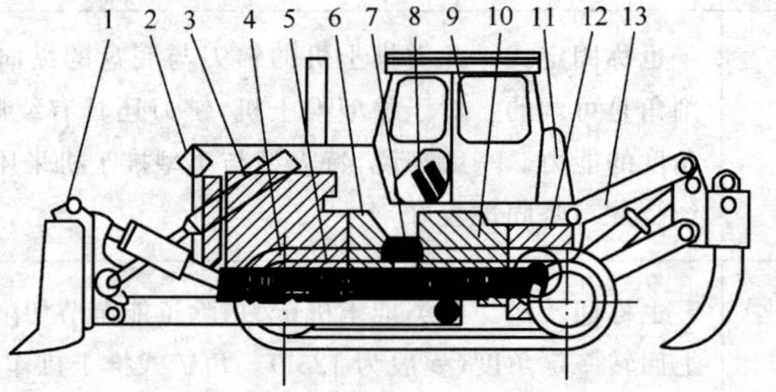

图 1-1 推土机的组成

1—推土铲；2—电气系统；3—发动机；4—行走装置；5—机架；6—主离合器；7—万向节；8—操纵机构；9—驾驶室；10—变速器；11—柴油箱；12—后桥；13—松土器

（三）推土机的基本作业方法

推土机的基本作业是铲土、运土、卸土和空回四个工作过程组成一个作业循环，如图 1-2 所示。铲运土的作业方法主要有波浪式铲土法、接力式推土法、槽式推土法、并列式推土法和下坡推土法等。

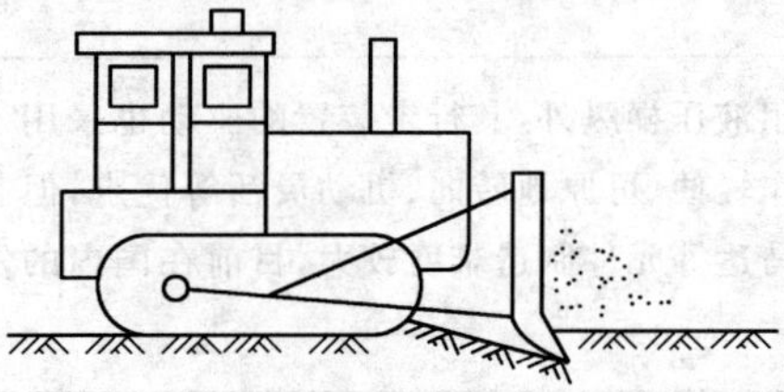

(a)铲土行程

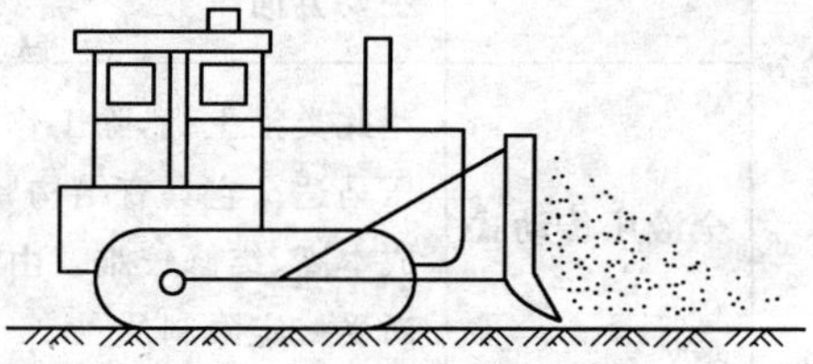

(b)运土行程

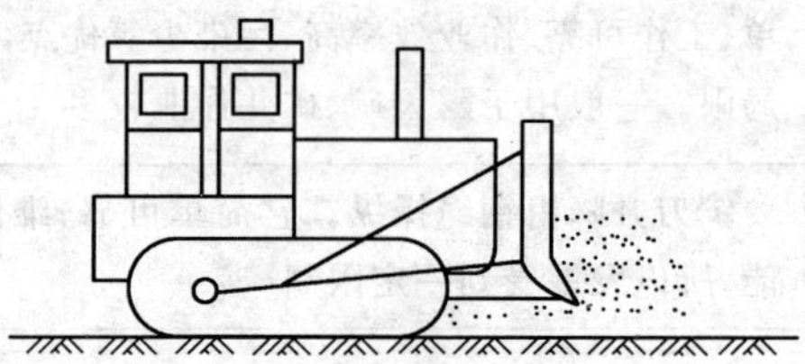

(c)卸土行程

图 1-2 推土机基本作业

1. 波浪式铲土法

推土机波浪式铲土法的优点是可使发动机功率得到充分发挥并缩短铲土时间和距离，缺点是空回时产生颠簸，如图 1-3 所示。

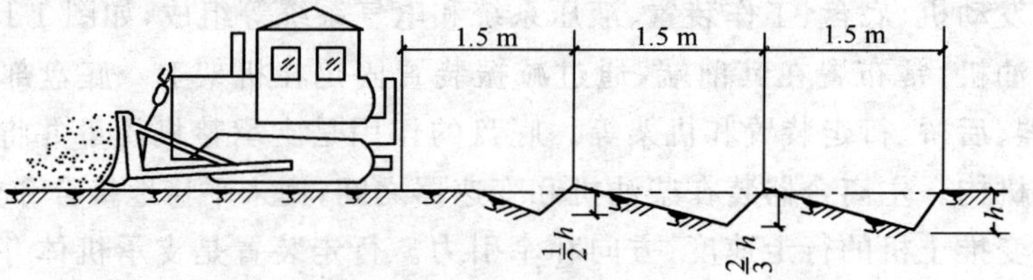

图 1-3 波浪式铲土法示意图

2. 接力式推土法

在取土场较长而土质较硬的场地作业时，可自近而远分段将土推送成堆，然后再由远而近地将各段土推一次推送到卸土地。

3. 槽式推土法

在运送土时，为了尽可能减少运土损失，可在一个固定作业线上多次推运使之形成一条土槽，或者利用铲刀两端外漏的土形成土埂而产生的土槽推运，可以增加一次推运土的体积，提高生产率。

4. 并列推土法

即两台以上同类型推土机并列起来同步推运土，可以减少运土损失，两铲刀间隔以 15～20 cm 为宜，必须掌握好每台推土机的运行速度和方向，避免碰车。

5. 下坡推土法

利用下坡时推土机重力的分力，加速铲土过程和增大运土量以提高作业效率。一般坡度不宜超过 20°。

(四)推土机施工技术

1. 填筑路堤

推土机填筑路堤的作业方式一般为直接填筑。施工方法主要有两种即横向填筑与纵向填筑。在平原地区多采用横向填筑，而在丘陵和山区多采用纵向填筑。

(1)横向填筑路堤。

这种作业方式是推土机在路堤的两侧或一侧取土，向路堤依次移送土。单台或多台推土机施工时，最好采用分段进行，这样可以增大工作面，分段距离一般以 20～40 m 为宜，每段也可以按班组的能力划分。

在一侧取土时，每段一台推土机，作业线路可采用"穿梭"法进行，如图 1-4 所示。在施工中，推土机推满土后，可向路堤直送到路堤坡脚，卸土后按原推土路线退回到挖土始点。这样在同一线路中按槽式推土法送两、三刀就可挖到 0.7～0.8 m。此后推土机作小转弯倒退，以便向一侧移位，仍按同法推邻侧的土。以此类推地向一侧转移，直至一段路堤完工。然后推土机反向侧移，推平取土坑所遗留的各条土埂。

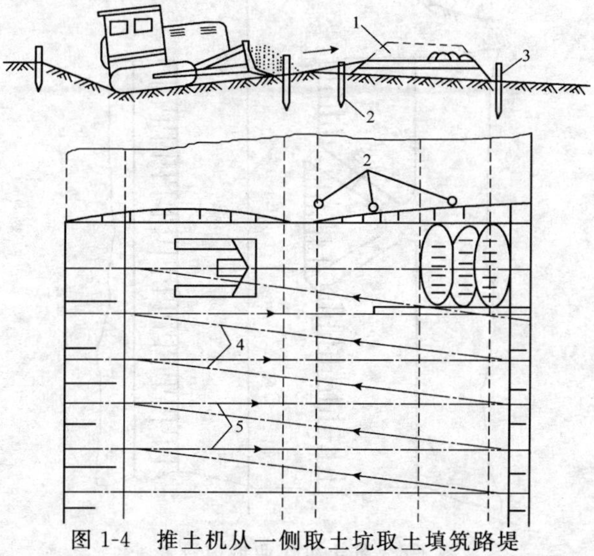

图 1-4　推土机从一侧取土坑取土填筑路堤

1—路堤；2—标定桩；3—间距为 10 m 的高标杆；4、5—推土机"穿梭"作业运行线当推土机由两侧取土坑推土时，每段最好用两台并以同样的作业法，面对路堤中心线推土，但双方一定要推过中心线一些，并注意路堤中心线的压实。如图 1-5 所示为从两侧取土时的作业线路图。当路堤填高时，应分层有序地进行，一般每层厚度为 20～30 cm，并分层压实。

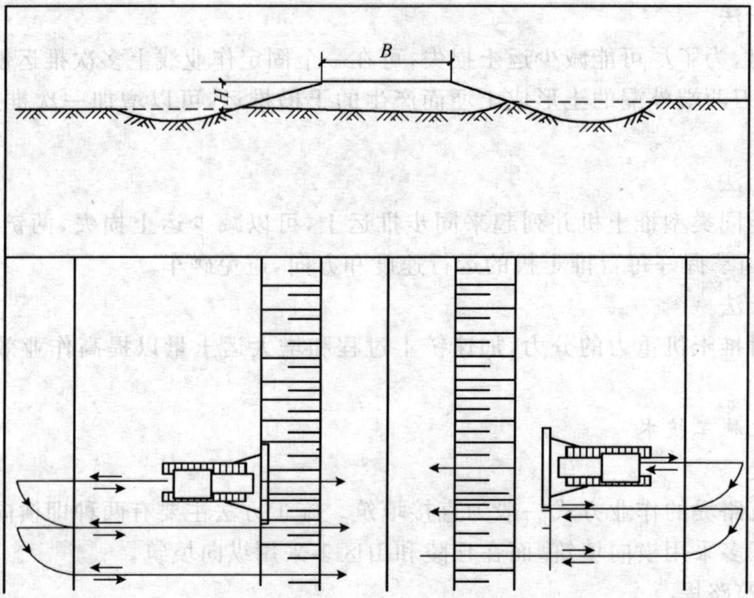

图 1-5　推土机从两侧取土坑取土填筑路堤作业线路图

B—路基宽；H—路基高

当推土机单机推土填筑路堤高度超过 1 m 时，应设置推土机进出坡道，如图 1-6 所示。坡道的坡度应不大于 1∶2.5，宽度应与工作面宽度相同，长度为 5～6 m。当采用综合机械化施工时，路堤填筑高度超过 1 m 后，多用铲运机完成。

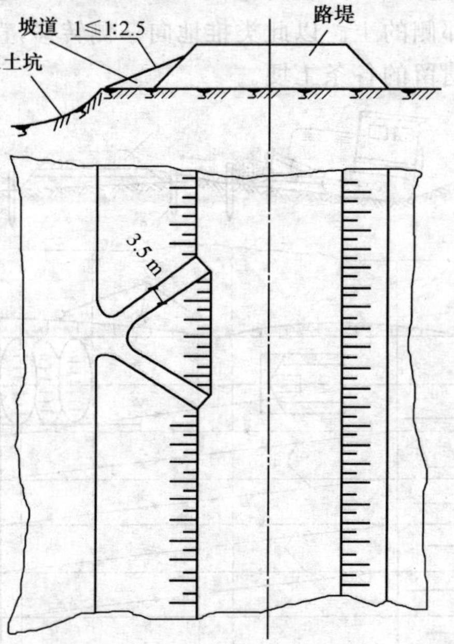

图 1-6　推土机作业坡道设置

(2)纵向填筑路堤。

这种作业方法多用于移挖作填工程,其开挖深度与填筑高度可按设计标高规定,不受其他限制,只要挖方的土性质适用于填筑路堤即可。这种施工方法最经济,但应注意开挖部分的坡度不能大于 1∶2,开挖中应随时注意复核路基标高和宽度,避免出现超挖或欠挖。在填土过程中,应根据施工地段的施工条件,分层填筑、分层压实。纵向填筑作业法如图 1-7 所示。

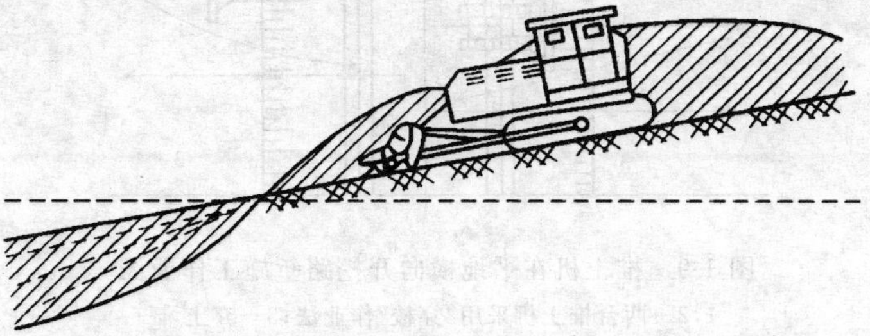

图 1-7　推土机纵向填筑作业法

(3)综合作业法填筑路堤。

这种作业法实际上是横向纵向联合作业。将路堤沿线路 60～80 m 分为若干段,在每段的中部设一横向送土道,采用横向填筑法,将土由通道送到路堤上,再由推土机纵向推送散土,分层填筑,分层压实,如图 1-8 所示。

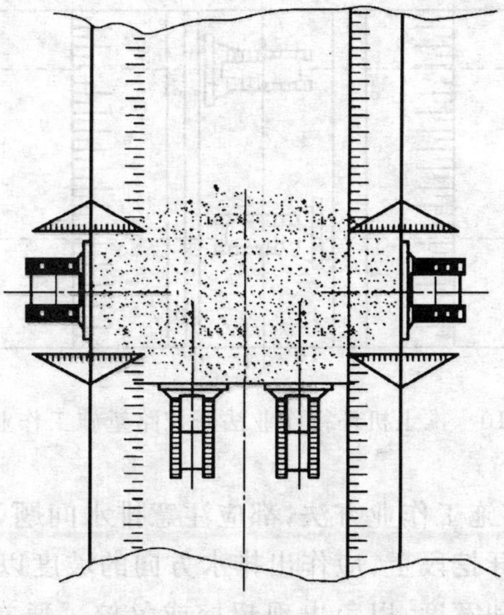

图 1-8　推土机综合作业填筑路堤

2. 开挖路堑

用推土机开挖路堑有两种施工情况,一种是在平地上挖浅路堑;另一种是在山坡上开挖路堑或移挖作填开挖路堑。

(1)平地上两侧弃土,横向开挖路堑。

用推土机横向开挖路堑,其深度在 2 m 以内为宜,如图 1-9 所示。开始推土机以路堑中线为界,向两侧横向按“穿梭”作业法进行,将路堑中挖出的土送至两侧弃土堆,最后,再做专门的清理与平整。如开挖深度超过 2 m,则需与其他机械配合施工。

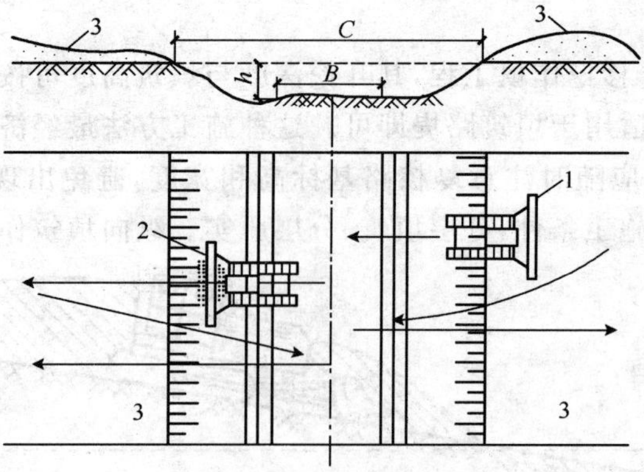

图 1-9　推土机在平地横向开挖路堑施工作业图

1,2—两台推土机采用“穿梭”作业法;3—弃土堆

h—路堑深度;B—路基宽度;C—路堑宽度

此外,对上述施工作业,推土机也可用环形作业法施工,如图 1-10 所示。施工时推土机可按椭圆形或螺旋形路线运行,这种运行路线可以对弃土堆进行分层平整和压实。

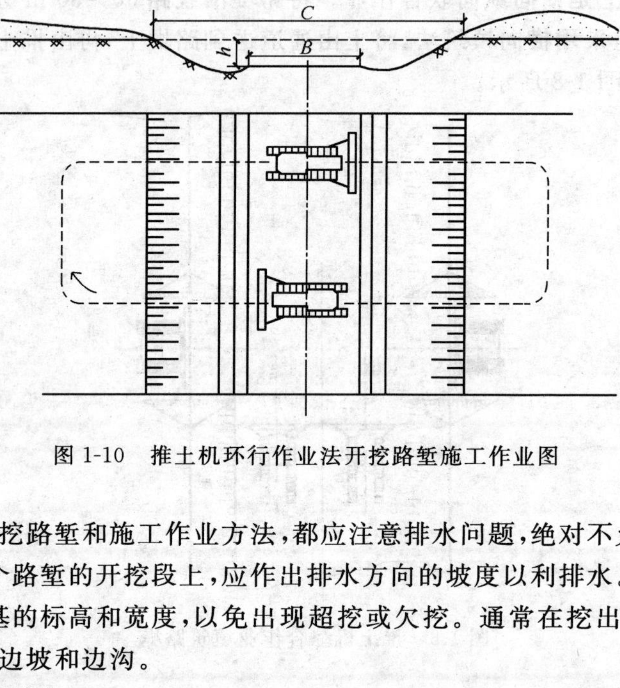

图 1-10　推土机环行作业法开挖路堑施工作业图

不论采用何种开挖路堑和施工作业方法,都应注意排水问题,绝对不允许使路堑的中部下凹,以免积水。在整个路堑的开挖段上,应作出排水方向的坡度以利排水。在接近挖至规定断面时,应随时复核路基的标高和宽度,以免出现超挖或欠挖。通常在挖出路堑的粗略外形后,多采用平地机来整修边坡和边沟。

(2)纵向开挖山坡路堑。

1)开挖傍山半路堑。一般多用角铲式推土机进行,开挖时先由路堑边坡上部开始,沿路中线行驶,渐次由上而下,分段分层将土送至坡下填筑路堤处。由于推土机沿山边施工,要特别注意安全。推土机应在坚实稳定的土上行驶,填土时应保持道路内侧低于外侧,行驶纵坡度不要超过推土机的最大爬坡角。

推土机的平面角应根据土的性质来调整。在一、二级土上施工时,可调至 60°;在三、四级土上施工时,可调至 45°。推土时用铲刀的右角切入土,使被切下的土沿刀身向外送出。推土机开挖山边半路堑时,如果山坡不大(25°以下),也可用直铲推土机,但在下坡送土时,最好铲土数次后，将土堆成堆，最后再将土一起推送到边坡前沿。这样不但可以提高生产率，而且也较安全。

2)开挖深路堑。开挖深路堑运土填筑路堤施工时，应首先做好准备工作。要在开挖路堑的原地面线顶端各点和填挖相间的零点立起小标杆，同时挖平小丘，使推土机可以进入施工现场。如果推土机能够沿斜坡驶至最高点，则可以由路堑的顶点开始，逐层开挖推送至路堤处。开挖时可用 1～2 台推土机沿路中心线的平行线进行纵向堆填，如图 1-11(a)所示。等路堑挖至其深度的一半时，再用 1～2 台推土机，横向分层推削路堑斜坡，如图 1-11(b)所示。从斜坡上往下推的土仍由下面的推土机送到填土区，这样挖到路堑与路堤全部完成为止。

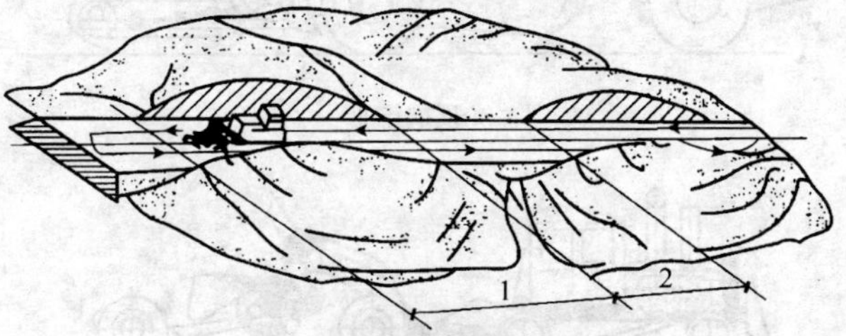

(a)推土机纵向推填

(b)纵向横向协作推填

图 1-11　推土机深挖路堑作业

1—挖方区；2—填方区

这种深路堑的开挖顺序，如图 1-12 所示。而且每层可按槽式推土法开挖，并尽量利用地形做到下坡推土。

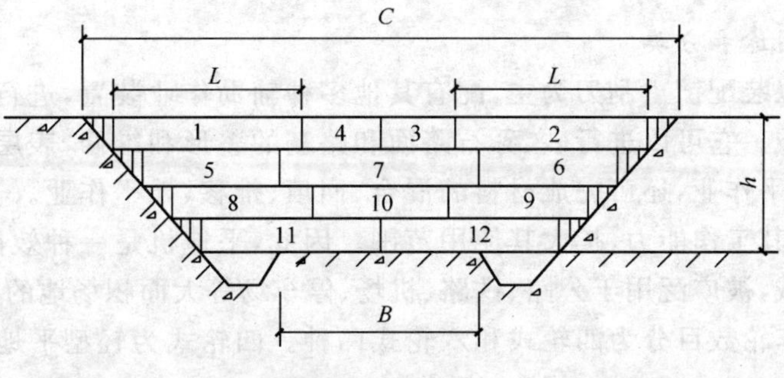

图 1-12　推土机开挖深路堑运行顺序横断面图

L—一次开挖宽度；B—路基宽度；C—路堑宽度

3. 推土机其他辅助作业

推土机不但可以从事大土方量的工程施工，而且也可以从事其他辅助作业，如图 1-13 所示。如平整场地和回填土作业。在平整场地时，应选用角铲式推土机，在一、二级土上施工，平面角可调至 60°。开始平整时，推土机应从已经平整过的相当于设计标高的平坦部位开始，绝对不能在不平的位置处开始平整，否则当推到较远距离时，很容易形成一个斜面。若平整场地较大，最好分若干小区，再在各小区中选定标高，放平推土机再进行平整。如果场地是松散土，不平度也较小，也可用直铲式推土机，将铲刀送放在地面上，以倒驶的方法拖平。总之在场地平整中，不论是前进还是倒驶拖平，均应随时注意分块比平，以便随时纠正。

推土机进行涵洞回填时，也应选用角铲式推土机。回填时从涵洞的两侧交替推土，并尽可能地分层进行，以免压裂涵管。如用直铲式推土机回填，推土机驶离卸土位置时不要提升铲刀，应顺势后拖，顺便摊平土堆。当涵洞上面填土高过 1 m 后，方可在涵洞上行驶。

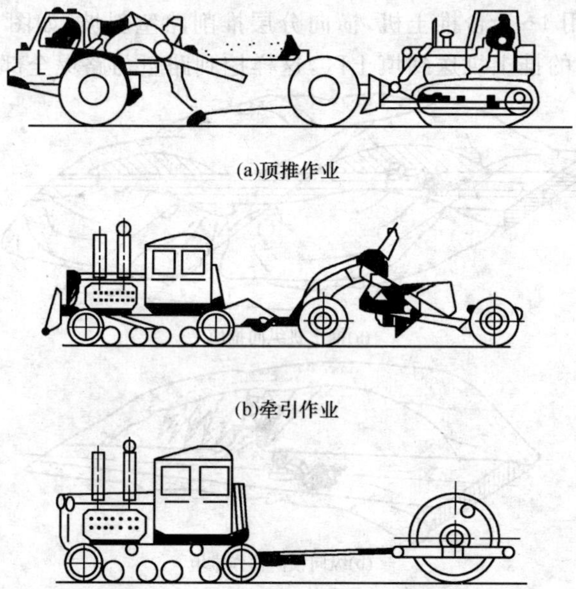

(a)顶推作业

(b)牵引作业

(c)牵引作业

图 1-13　推土机助推和拖挂作业

二、平地机

(一)平地机的用途和分类

平地机是一种以装配铲土刮刀为主，配有其他多种辅助作业装置，进行土的切削、刮送和整平作业的工程机械。它可以进行砂、砾石路面和路基的整形和维修，表层土或草皮的剥离，挖沟，修刮边坡等整平作业，还可完成材料的混合、回填、推移、摊平作业。平地机配以辅助装置，可以进一步提高其工作能力，扩大其使用范围。因此，平地机是一种效能高、作业精度好、用途广泛的施工机械，被广泛用于公路、铁路、机场、停车场等大面积场地的整平作业。

平地机按行走车轮数目分为四轮式和六轮式两种。四轮式为轻型平地机，六轮式为大中型平地机。

平地机按转向方式分为前轮转向式、全轮转向式和铰接转向式三种。

平地机还可按车轮对数或轴数进行分类，其表示方法为：车轮总对数(或轴数)×驱动轮对数(或轴数)×转向轮对数(或轴数)。六轮的有 3×2×1(前轮转向，中后轮驱动)，3×3×1(前轮转向，全轮驱动)，3×3×3(全轮转向，全轮驱动)；四轮的有 2×1×1(前轮转向，后轮驱动)，2×2×2(全轮转向，全轮驱动)。平地机驱动轮数越多，在工作中所产生的附着牵引力越大；转向轮数越多，机械的转弯半径越小。所以上述几种形式中以 3×3×3 型性能最好，大中型自行式平地机多采用这种形式，且大多采用铰接式机架，具有更小的转弯半径，其机动灵活性也更好。

平地机还可按刮刀长度或发动机功率分为轻、中、重型三种。

平地机按工作装置(刮刀)和行走装置的操作方法,可分为机械操纵和液压操纵两种。目前,平地机多采用液压操纵。

平地机机型编号的第一个字母为P,第二个字母Y表示液压式,后面的数字表示发动机功率。例如,PY180表示功率为180 kW的液压平地机。

(二)平地机的构造

平地机主要由发动机、传动系统、行走装置、转向装置、车架、工作装置、液压操纵的倾斜机构、操纵系统及电器系统等组成。如图1-14所示为平地机外形图。

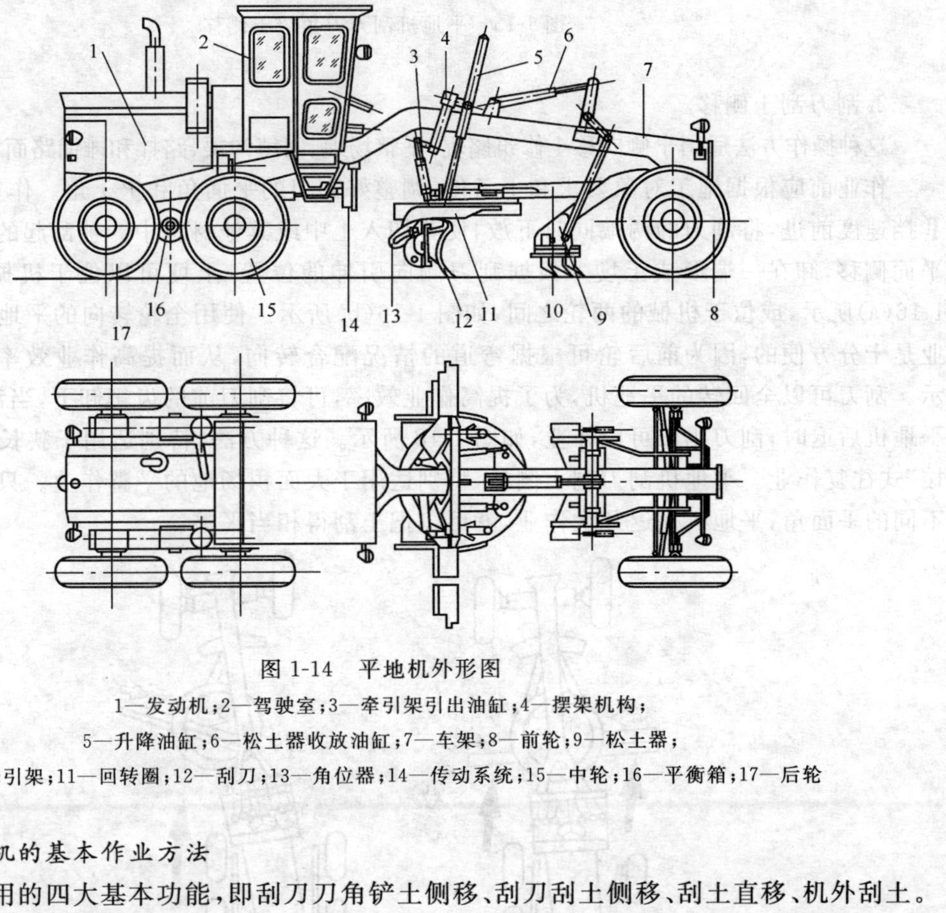

图1-14　平地机外形图

1—发动机;2—驾驶室;3—牵引架引出油缸;4—摆架机构;
5—升降油缸;6—松土器收放油缸;7—车架;8—前轮;9—松土器;
10—牵引架;11—回转圈;12—刮刀;13—角位器;14—传动系统;15—中轮;16—平衡箱;17—后轮

(三)平地机的基本作业方法

平地机常用的四大基本功能,即刮刀刀角铲土侧移、刮刀刮土侧移、刮土直移、机外刮土。

1.刮刀刀角铲土侧移

这种作业方法适用于开挖边沟,并利用开挖的土修整路基断面或填筑低路堤。作业时,应先根据土的性质调整好刮刀的铲土角和平面角,平地机以低速挡前进,使刮刀的前端下降、后端升起,形成较大的倾斜角切土,如图1-15(a)所示。被铲起的土沿刀身外移,铺于左右轮之间。在运行过程中,根据刮刀阻力大小,可适当调整切土深度,每次调整量不宜太大,以免开挖后的边沟产生波浪形纵断面,给下一个行程作业造成困难。

为了便于掌握平地机的方向,刮刀的前端应正对前轮之后,遇到特殊情况,也可将刮刀前端置于机身外。但必须注意,此时刮出的土也应卸于前轮内侧,如图1-15(b)所示,避免后轮压上,影响平地机的牵引力的发挥。

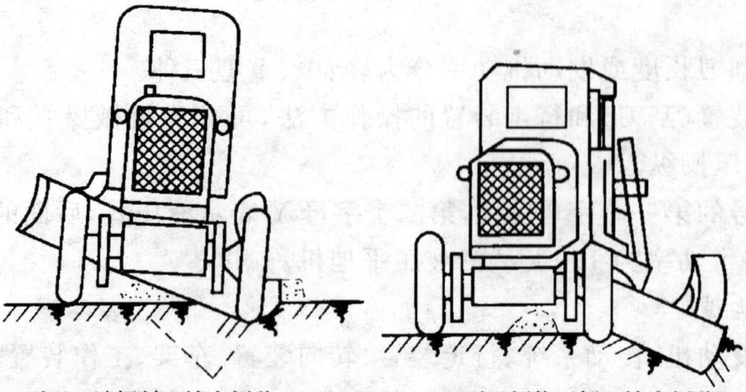
(a)刮刀一端倾斜，铲土侧移　(b)刮刀侧伸下倾，铲土侧移

图 1-15　平地机刮刀刀角铲土侧移

2. 刮刀刮土侧移

这种操作方法适用于侧向移土修筑路堤、平整场地、回填沟渠、路拌和摊铺路面材料等作业。

作业前应根据施工对象要求和土条件，调整好刮刀的平面角和铲土角。作业时，平地机以Ⅱ挡速度前进，将刮刀的两端同时下放，使其切入土中或其他材料中。被刮起的物料即沿刀身平面侧移，卸在一端形成土埂。根据刮刀侧向引伸的位置，土埂可以位于机械的外侧，如图1-16(a)所示，或位于机械的两轮之间，如图 1-16(b)所示。使用全轮转向的平地机在弯道上作业是十分方便的，因为前后轮可根据弯道的情况配合转向，从而提高作业效率，如图 1-17 所示。刮刀可以全回转的平地机，为了提高作业效率，可将刮刀前的齿耙卸下，当刮刀回转 180°、平地机后退时，刮刀仍旧可以作业，如图 1-18 所示。这种方法，特别适用于狭长工地，采用“穿梭”式往复作业。平地机刮刀刮土侧移，特别适用于大面积场地的平整作业。只要将刮刀置于不同的平面角，平地机往返几次作业，就可以把土刮得相当平整。

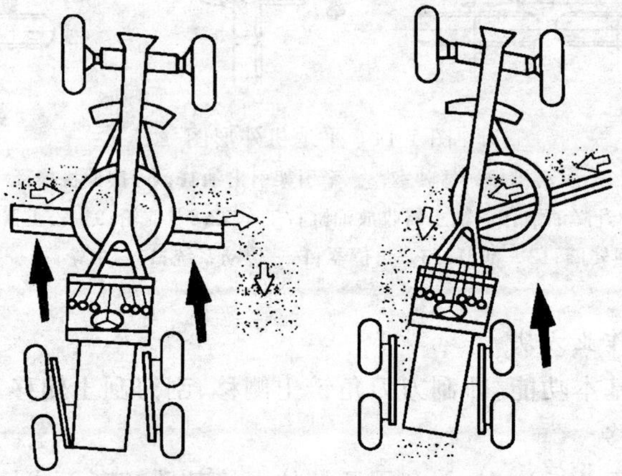
(a)机外卸土　(b)机内卸土

图 1-16　平地机刮刀刮土侧移作业

3. 刮土直移

这种作业适用于修整不平度较小的场地，在路基施工中可用于路拱的修整和材料的整平。

作业前首先调整刮刀的铲土角，为了增大刀身的高度，一般铲土角位在 60°～70°。再将刮刀平置(平面角为 90°)，平地机用Ⅰ、Ⅱ挡前进后，将刮刀两端等量下降，使之少量切入土中。被刮起的土积在刀身前，并且大部分随刀向前推送，少量的土从刮刀的两端溢出。溢出的土可在最后阶段将刮刀切入标准高度后，以快速前进的方法将其全部铺散，如图 1-19 所示。

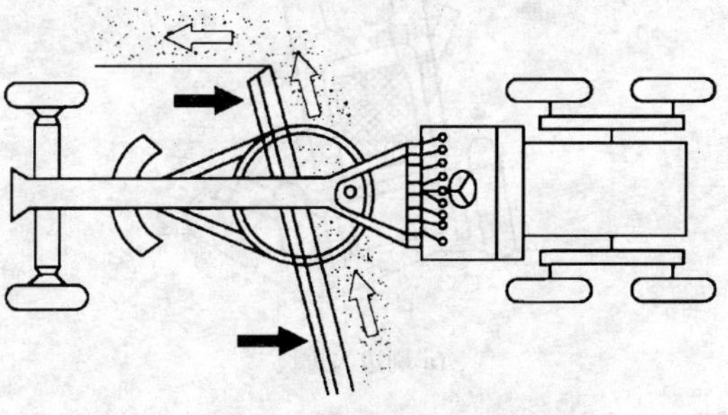

图 1-18　刮刀全回转平地机倒退作业

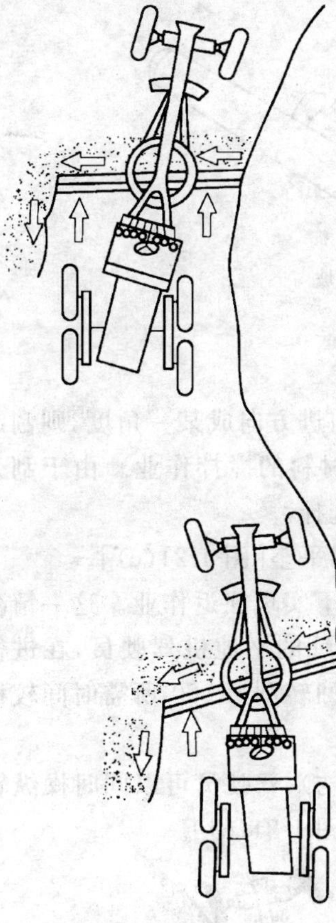

图 1-17　全轮转向平地机在弯道作业

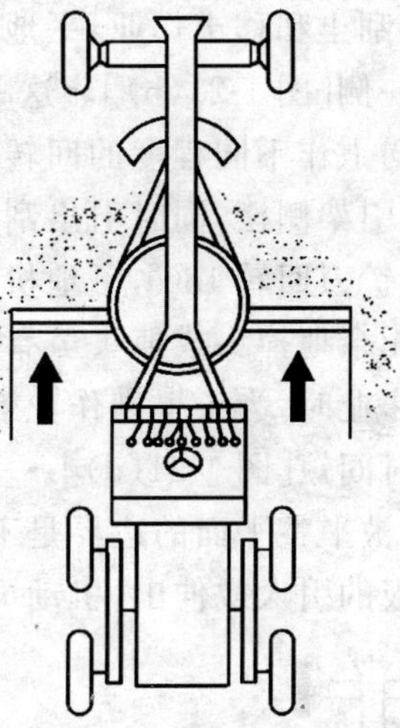

图 1-19　平地机刮土直移作业

4. 机外刮土

这种作业主要用于修筑路堤、路堑边坡、边沟边坡等。

作业时，首先将刮刀倾斜于机外，再将刮刀的上端向前倾，平地机以Ⅰ挡前进；放下刮刀切入土中，被刮下的土即沿刀身卸于两轮之间，然后再用刮刀将土运走。

当刷边沟的边坡时，刮刀的平面角应小些，如图 1-20(a)所示；刷路堑边坡时，平面角应大些，如图 1-20(b)所示。

从上述各种作业中可以看出，平地机刮刀的各种角度调整是比较频繁而费时的，特别是刮刀上下升降以控制切土深度。而带有自动找平装置的平地机，可以按照施工对象的要求，沿着一条基准线自动调整刮刀高度。这样不但提高了生产效率，而且保证了工程质量。

(四)平地机施工技术

平地机之所以具有多种辅助作业能力，是由于它的刮刀能在空间完成 6 个自由度参数的运动，即沿空间坐标轴 X、Y、Z 的移动和转动。这 6 种动作可以单独进行，也可以组合进行，它的主要施工方法有以下几种。

1. 平地作业

(1)正铲平整作业：刮刀垂直于平地机的纵向轴线，平地机直线前进完成平整作业。刮刀以较小的入土深度和最大切削宽度状态工作[图 1-21(a)]。

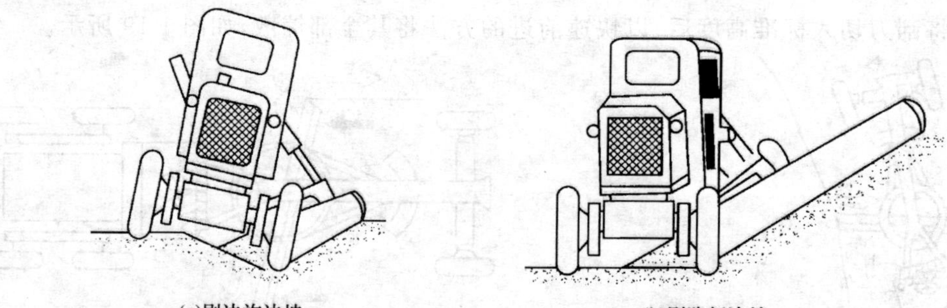
(a)刷边沟边坡 (b)刷路堑边坡

图 1-20 平地机机外刮土刷坡作业

(2)斜身刮土和移土作业:平地机斜身直行时,将刮刀置于与前进方向成某一角度,则刮起的土被移至一侧[图 1-21(b)]。这一作业方式也可用于大量筑路材料的搅拌作业。由于刮刀可在不同方向上作不同程度的回转,所以可以根据作业需要进行选择。

(3)将牵引架侧摆,同时引出刮刀,可对机器侧边较远地方加以平整[图 1-21(c)]。

(4)借助铲刀回转 180°,平地机可在不需掉头的进退行驶状态下实现往返作业。这一情况多半在机器无余地掉头或掉头虽有可能但较困难时采用。对于熟练的平地机驾驶员,在进行大面积平整作业时,为了提高作业效率也往往采用这种方法,因为回转刮刀 180°所需时间较机器掉头所花时间短[图 1-21(d)]。

(5)如果被平整平面的边界是不规则的曲线(边界有曲线障碍物),驾驶员可以同时操纵转向和将刮土板的引入或伸出,机动灵活地沿曲折的边界进行作业[图 1-21(e)]。

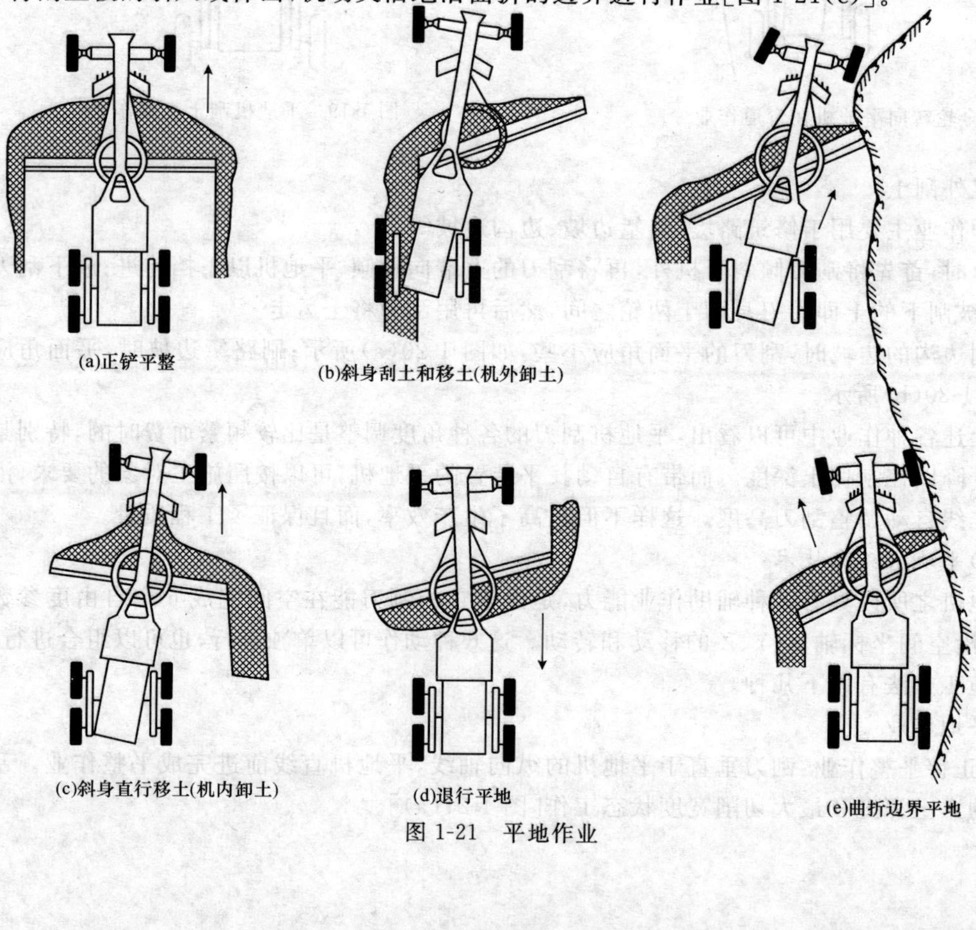
(a)正铲平整 (b)斜身刮土和移土(机外卸土) (c)斜身直行移土(机内卸土) (d)退行平地 (e)曲折边界平地

图 1-21 平地作业

2. 刷坡作业

刷坡是一种对斜坡表面的平整作业。需要修刷的坡面有路堤边坡、边沟边坡、路堑边坡、取土坑和边沟坡等。在刷坡时，平地机的刮刀要侧向伸出，并调成与坡面相适应的倾角，平地机以Ⅰ挡行驶，为使其行驶稳定，前轮应向反刮刀侧伸方向倾斜。

路堤边坡的修刷如图 1-22 所示。当路堤边坡高于平地机刮刀所能修刷的范围时（坡面长度应小于刮刀长度），可用一台平地机在路堤上沿路堤边缘环形行驶[图 1-22(a)]。如果路堤较高，一台平地机无法修刷全坡时，则可用两台平地机联合作业[图 1-22(b)]。一台平地机在路堤上向下刮土，另一台平地机在路基边缘沿取土坑向上刮土。开始时，在路堤上的平地机应先行一步（先行 10 m 以上），然后堤下的平地机再开始工作。这样不会因堤上平地机工作时所刮下的土散落而影响在堤下的平地机的工作，同时也便于堤下平地机驾驶员以堤上平地机所刮成的边坡斜度为标准，把两个平面连成一个斜面。若修刷边坡与修整路型结合进行时，可装用下弯的刷坡刀，平地机沿路堤边驶过，即可同时修整路堤和修刷坡面。

(a)单机刷坡　　(b)双机刷坡

图 1-22　平地机修刷路堤边坡

边沟边坡和路堑坡面的修刷如图 1-23 所示。先将刮刀倾斜于机侧，然后使刮刀上端朝前，平地机以 1 挡前驶并放刀切土，于是被刮下的土顺刀卸于左右车轮之间，尔后再将此土移走。

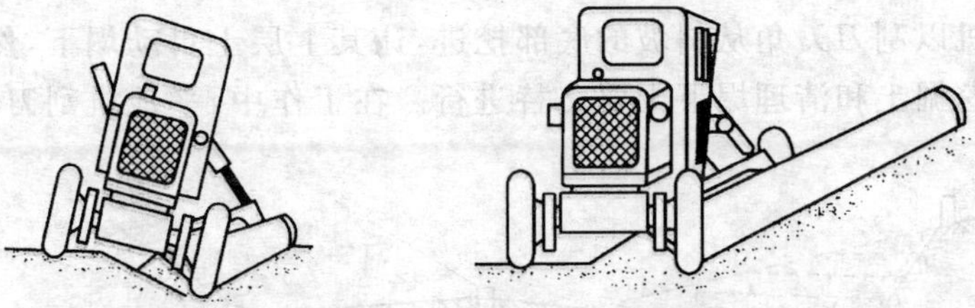

(a)刷边沟边坡　　(b)刷路堑边坡

图 1-23　平地机修刷路堑边坡和边沟边坡

在刷路堑边坡时刮土角应大些，刷边沟边坡时刮土角应小些。若要修刷 90°陡坡时，应将平地机刮刀倾角调整为 90°。为达到此目的，首先要改变刮刀升降机构的支承位置，然后靠刮刀的倾斜、侧伸和升降等三个机构的协调工作来实现。

3. 填筑路堤

利用平地机来填筑路堤时，堤高在 0.5 m 以内时，效率最高；堤高达 0.5～0.8 m 时，效率较低。用平地机来填筑路堤时，只适合于路侧取土坑取土，然后把土移送到路线上堆成路堤。

平地机堆土方法有散堆法、半挤紧堆土法和挤紧堆土法等三种，在施工中根据施工要求应用不同的堆土方法。

两侧取土填筑路堤的施工方法如图 1-24 所示。路堤底层(第一层)采用散堆法或半挤紧堆土法，从路边向路中心逐次铺垫，每移送一层土堆后应及时修平。面层(第二层)从路中心向路边缘逐次铺垫，其堆土方法可以采用挤紧堆土法[图 1-24(a)]；或先采用半挤紧堆土法，靠路边的最后数列土堆则用挤紧堆土法[图 1-24(b)]；最后修平堤面和坡面。在堆筑过程中，每推一层土后应用压路机进行压实。

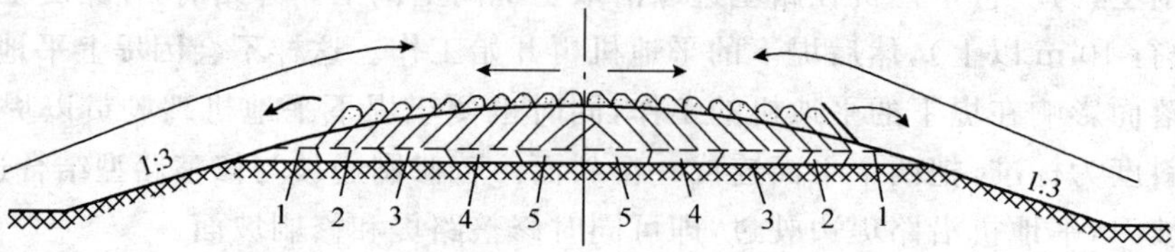

(a)面层用挤紧堆土法

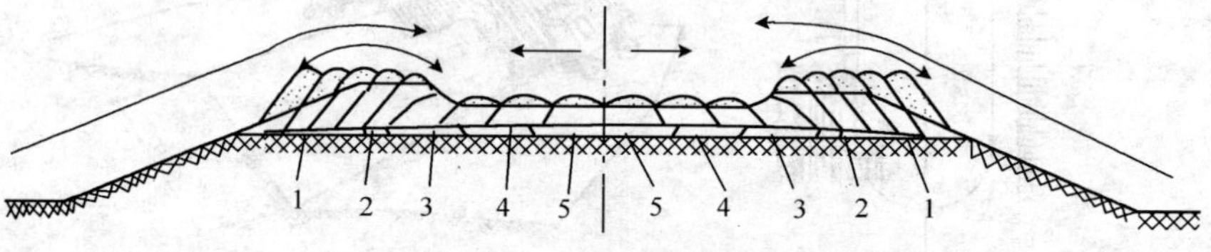

(b)面层用半挤紧堆土法和挤紧堆土法

图 1-24　平地机从两侧取土填筑路堤

平地机在横坡上填筑半路堤的施工方法如图 1-25 所示。平地机驾驶员先将挖掘处的表层草皮、杂物除去，然后按施工员标出的挖掘次序进行作业。挖掘方法有两种：一是从上到下，按矩形断面分层进行[图 1-25(a)]；二是从下挖掘[图 1-25(b)]。采用前一种方法时，平地机在移送土时，其稳定性较好。若是全回转式刮刀，则可进、退都进行挖掘，以提高功效。采用第二种方法时，平地机以刮刀刀角从斜坡的底部挖进，让其上层土自动塌下，然后把塌下的土移送到填方处，因而挖掘土和清理塌下土要交替进行。在工作中，平地机刮刀要适当侧伸，前轮要相应倾斜。

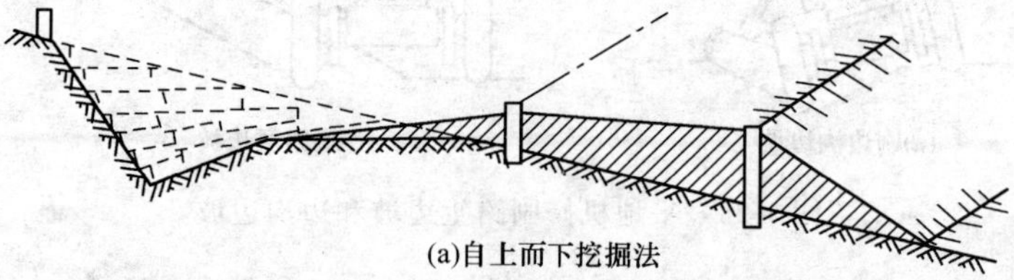

(a)自上而下挖掘法

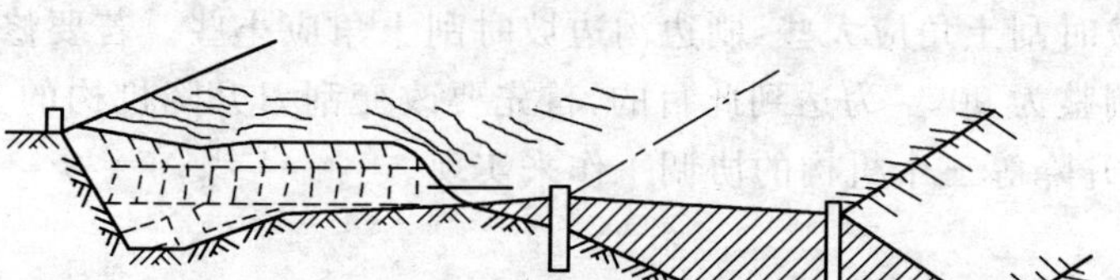

(b)下部挖掘法

图 1-25　平地机在横坡上堆筑半路堤

4. 修整路型

平地机修整路型的施工作业内容就是按路基、路堑规定的横断面图的要求开挖边沟，并将边沟内所挖出的土移送到路基上，然后修成路拱。在施工之前，应由技术人员根据路基宽度、边沟的大小、土性质及机械类型绘制出施工图，说明平地机所需各工序的行程数和施工程序，并规定刮刀的调整位置及车轮的位置等。平地机驾驶员必须按施工图施工。平地机修整路拱时的某施工程序如图 1-26 所示。

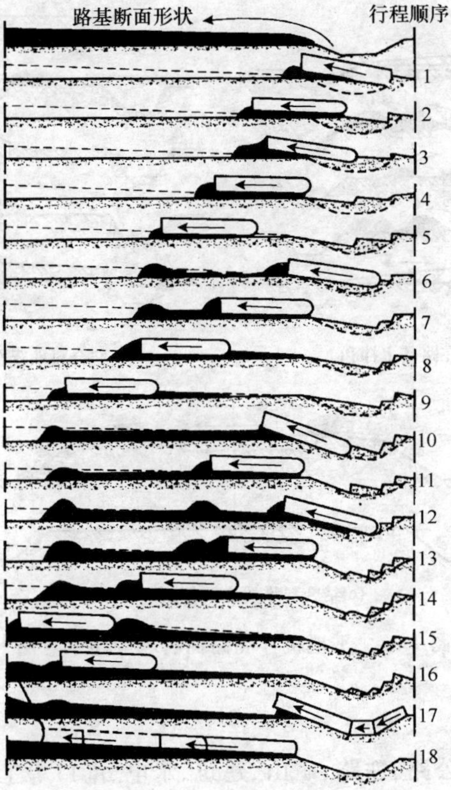

图 1-26　平地机修整路型的施工程序图

5. 拌和路面材料

在修筑碎石路面、加固土路面和路面的稳定土层施工中，除了采用专用路拌机械外，也可用平地机的刮刀进行拌和作业。

在路基上拌和路面材料有三种方法，如图 1-27 所示。

当土和拌和料（石灰或水泥）分层摊铺在路基上施工时，施工顺序是：首先用平地机齿耙把土耙松，并用刮刀刮平，再在其上摊铺结合料，用刮刀刮平，然后开始拌和。第一次拌和先将结合料向外刮。第一行程平地机先用刮刀沿路槽中线铲入，将土与结合料向外刮送，刮送时刮刀一定要触及硬土层，此时被铲除的土与结合料就在路肩上列成一堆。第二行程，刮刀沿路槽中线铲入，又把土和结合料堆向路肩另一边，形成第二土堆。所需铲刮次数视路槽宽度而定。第二次拌和是将各列土堆依次向路槽中心刮回，以后各次拌和依此类推，直到拌和均匀为止。最后用大平面角刮刀将拌和材料刮平并修成路拱，如图 1-27(a)所示。

当结合料堆置在路基中线上时，其拌和方法是应先将路基中部的土翻松，再将结合料堆置在已翻松的土上。然后用刮刀将土和结合料向两边铲开，这样一次就能完成初拌和的效果。

此后和上述相同，向内外交替刮拌，直至拌和均匀为止，再将路面修成一定拱度，如图 1-27(b)所示。

当结合料堆置在两侧路肩时，由于两种材料成长条堆形状，应首先将一侧材料刮至路基中间铺平，再将另一侧的材料刮入，铺在第一层材料上。然后按照在路基上拌和土和结合料的方式进行拌和和铺平，如图 1-27(c)所示。

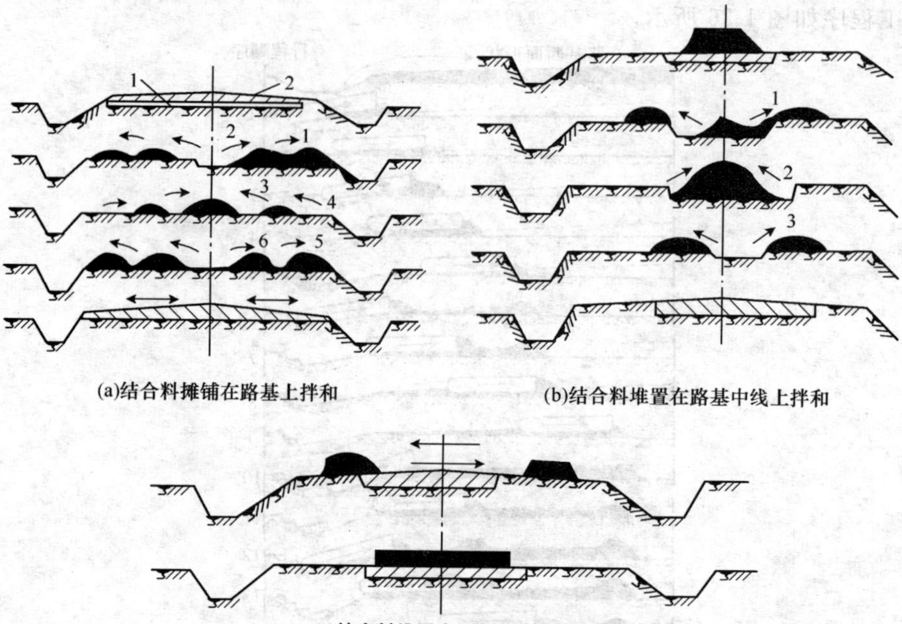

(a)结合料摊铺在路基上拌和　(b)结合料堆置在路基中线上拌和

(c)结合料堆置在两侧路肩上拌和

图 1-27　平地机拌和路面材料顺序示意图

三、装载机

装载机是一种广泛用于公路、铁路、矿山、建筑、水电、港口等工程的土石方施工机械，它主要用来铲、装、卸、运土与砂石一类散状物料，也可对岩石、硬土进行轻度铲掘作业。如果安装不同的工作装置，还可以扩大其使用范围，完成推土、起重、装卸其他物料的工作。在公路特别是高等级公路施工中，它主要用于路基工程的填挖、沥青和水泥混凝土料场的集料和装料等作业。由于它具有作业速度快、效率高、操作轻便等优点，因而装载机在国内外得到迅速发展，成为公路建设中土石方施工机械的主要机种之一。

装载机的作业对象主要是：各种土、砂石料、灰料及其他筑路用散粒状物料等。

(一)装载机的分类、特点及适用范围

装载机的分类、特点及适用范围见表 1-2。

表 1-2　装载机的分类、特点及适用范围

分类形式	分类	特点及适用范围
发动机功率	小型	功率小于 74 kW
	中型	功率 74～147 kW
	大型	功率 147～515 kW
	特大型	功率大于 515 kW

续上表

分类形式	分类	特点及适用范围
传动形式	机械传动	结构简单、制造容易、成本低、使用维修较容易；传动系冲击振动大、功率利用差。仅小型装载机采用
	液力机械传动	传动系冲击振动小、传动件寿命高、车速随外载自动调节、操作方便、减少司机疲劳。大中型装载机多采用
	液压传动	无级调速、操作简单；启动性差、液压元件寿命较短。仅小型装载机采用
	电传动	无级调速、工作可靠、维修简单；设备质量大、费用高。大型装载机采用
行走系结构	轮式装载机： (1)铰接式； (2)整体式车架装载机	质量轻、速度快、机动灵活、效率高、不易损坏路面；接地比压大、通过性差、稳定性差、对场地和物料块度有一定要求。应用范围广泛。 转弯半径小、纵向稳定性好，生产率高。不但适用路面，而且可用于井下物料的装载运输作业。 车架是一个整体，转向方式有后轮转向、全轮转向、前轮转向及差速转向。仅小型全液压驱动和大型电动装载机采用
	履带式装载机	接地比压小、通过性好、重心低、稳定性好、附着性能好、牵引力大、切入力大；速度低、灵活机动性差、制造成本高、行走时易损坏路面、转移场地需拖运。用在工程量大、作业点集中、路面条件差的场合
装载方式	前卸式	前端铲装卸载，结构简单、工作可靠、视野好。适用于各种作业场地，应用广
	回转式	工作装置安装在可回转 90°～360°的转台上，侧面卸载不需调车，作业效率高；结构复杂、质量大、成本高、侧稳性差。适用狭小的场地作业
	后卸式	前端装料，后端卸料，作业效率高；作业安全性差，应用不广

（二）轮式装载机的构造

轮式装载机由工作装置、行走装置、发动机、传动系统、转向制动系统、液压系统、操纵系统和辅助系统组成，如图 1-28 所示。

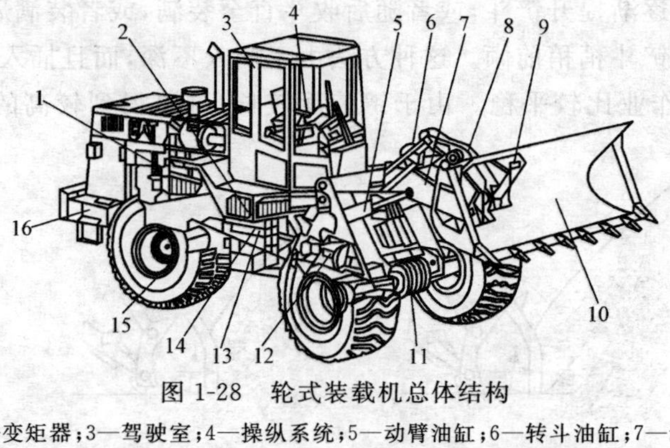

图 1-28　轮式装载机总体结构

1—发动机；2—变矩器；3—驾驶室；4—操纵系统；5—动臂油缸；6—转斗油缸；7—动臂；8—摇臂；9—连杆；10—铲斗；11—前驱动桥；12—传动轴；13—转向油缸；14—变速器；15—后驱动桥；16—车架

（三）装载机的基本施工方法

1. 铲装作业

（1）对松散物料的铲装作业。

首先将铲斗放到水平位置，并下放至与地面接触，然后以Ⅰ挡、Ⅱ挡的速度前进，使铲斗斗齿插入料堆中。此后，边前进边收斗，待铲斗装满后，将动臂升到转运位置（离地约 50 cm），再驶离工作面。如装满有困难时，可操纵铲斗上下颤动或稍举动臂。其装载过程，如图 1-29 所示。

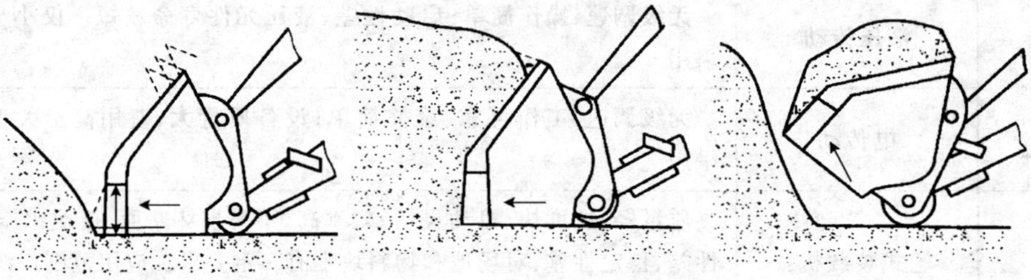

图 1-29　铲装松散物料的作业

（2）铲装停机面以下物料作业。

铲装时应先放下铲斗并转动，使其与地面成一定的铲土角，然后前进，使铲斗切入土中，切土深度一般保持在 150～200 mm 左右，直至铲斗装满，然后将铲斗举升到转运位置，再驶离工作面运至卸料处。铲斗下切的铲土角约为 10°～30°。对于难铲的土，可操纵动臂使铲斗颤动，或者稍改变一下切入角度。其装载过程，如图 1-30 所示。

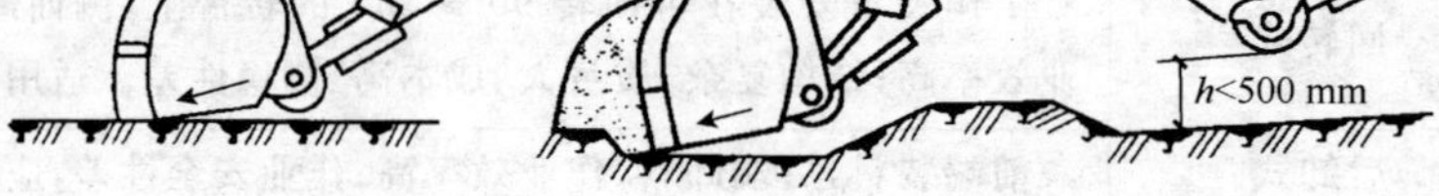

图 1-30　铲装停机面以下物料作业

（3）铲装土丘时作业。

装载机铲装土丘时，可采用分层铲装或分段铲装法。分层铲装时，装载机向工作面前进，随着铲斗插入工作面，逐渐提升铲斗，或者随后收斗直至装满，或者装满后收斗，然后驶离工作面。开始作业前，应使铲斗稍稍前倾。这种方法由于插入不深，而且插入后又有提升动作的配合，所以插入阻力小，作业比较平稳。由于铲装面较长，可以得到较高的充满系数，如图 1-31 所示。

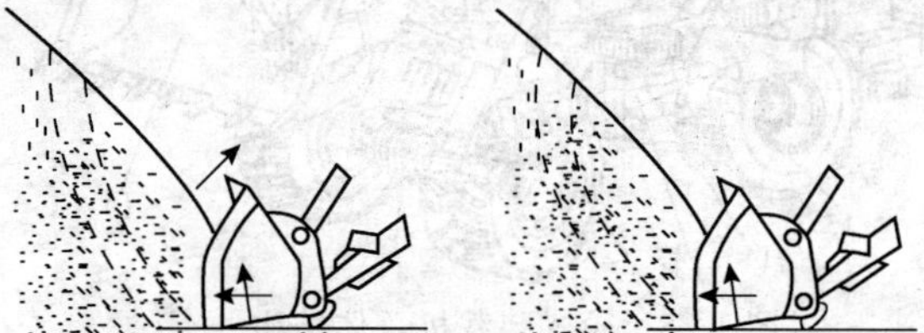

图 1-31　铲装机分层作业

如果土较硬，也可采取分段铲装法。这种方法的特点是铲斗依次进行插入动作和提升动作。作业过程是铲斗稍稍前倾，从坡角插入，待插入一定深度后，提升铲斗。当发动机转速降低时，切断离合器，使发动机恢复转速。在恢复转速过程中，铲斗将继续上升并装一部分土，转速恢复后，接着进行第二次插入，这样逐段反复，直至装满铲斗或升到高出工作面为止，如图1-32所示。

2. 装卸作业

装载机驶向自卸车或指定货场，并对准车厢或货台，逐渐将动臂提升到一定高度(使铲斗前翻不致碰到车厢或货台)，操纵铲斗手柄前倾卸料(适当控制手柄，以达到逐渐卸料的目的)。卸料时要求动作轻缓，以便减轻物料对自卸车的冲击。如果物料黏附在铲斗中，可往复扳动操纵手柄，让铲斗振动，使物料脱落。卸料完毕后，收斗倒车，然后使动臂下降，进行下一个作业循环。

3. 其他作业

装载机还可以进行推土作业、刮平作业、拖平作业等，分别如图 1-33～图 1-35 所示。

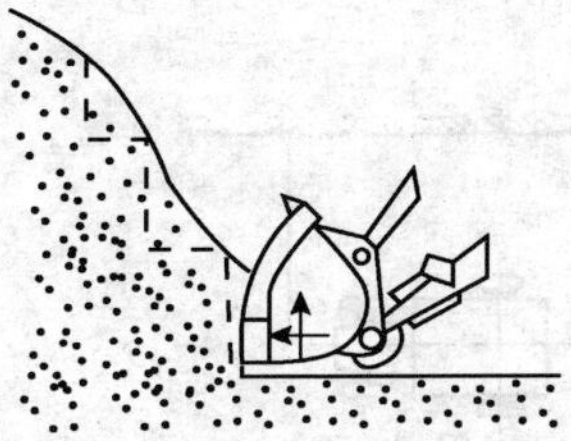

图 1-32　铲装机分段作业

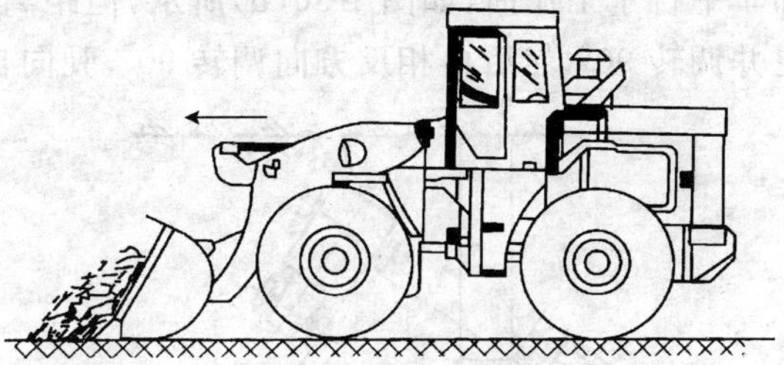

图 1-33　推土作业

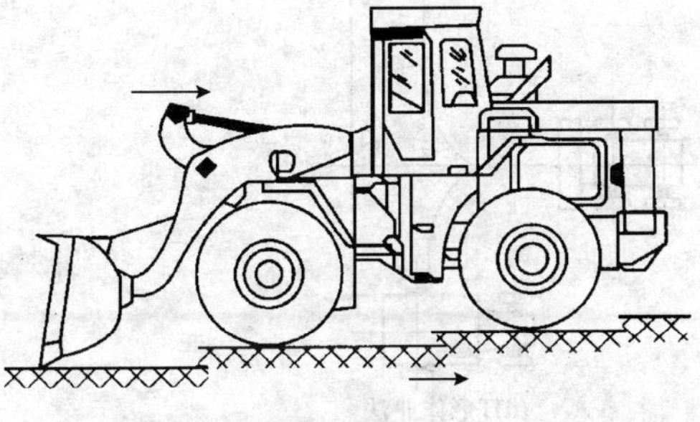

图 1-34　刮平作业

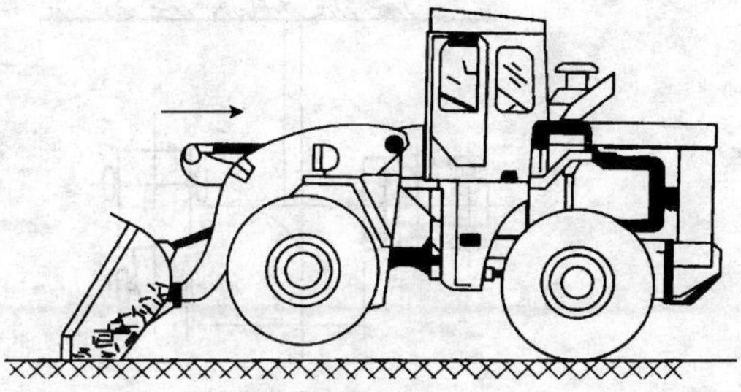

图 1-35　拖平作业

(四)装载机施工技术

装载机生产率在很大程度上与其作业方式有关。装载机常用的作业方式有如下四种(图 1-36所示)。

1. V 形作业法

自卸运输车与工作面呈 50°～55°布置，如图 1-36(a)所示，而装载机的工作过程则根据本身结构型式而有所不同。装满斗后，倒车驶离工作面，并掉头 50°～55°，垂直于自卸车，然后驶向自卸车卸载。卸载后装载机倒车驶离自卸车，然后调头转向料堆，进行下一个作业循环。V 形作业法作业循环时间短，在许多场合得到广泛应用。

2. I形作业法

自卸车平行工作面适时地作往复前进和后退，如图 1-36(b)所示，而装载机穿梭式地垂直于工作面前进和后退，所以该作业法又称穿梭式作业法。装载机装满斗后直线后退，同时举升铲斗到卸载高度，自卸车后退到与装载机垂直位置，然后装载机驶向自卸车并卸载。装载机卸载后自卸车向前行驶一段距离，以保证装载机驶向工作面进行下一个作业循环，直至自卸车装满为止。I形作业法省去了装载机的调头时间，对于不易转向的履带式及整体车架轮式装载机比较适用，但增加了自卸车前进、后退的次数。因此，采用这种作业方式的装载机，作业循环时间取决于与其配合作业的自卸车驾驶员的操作熟练程度。

3. L形作业法

自卸车垂直于工作面，如图 1-36(c)所示，但距离工作面较远。装载机铲装物料后倒退并调头 90°，然后驶向自卸车卸载。空载的装载机后退并调转 90°，然后驶向料堆进行下一次铲装。这种作业方式运距较短，作业场地较宽时装载机可同时与两台自卸车配合工作。

4. T形作业法

自卸车平行于工作面，如图 1-36(d)所示，但距离工作面较远。装载机铲装物料后倒退并调转 90°，然后再相反方向调转 90°，驶向自卸车。

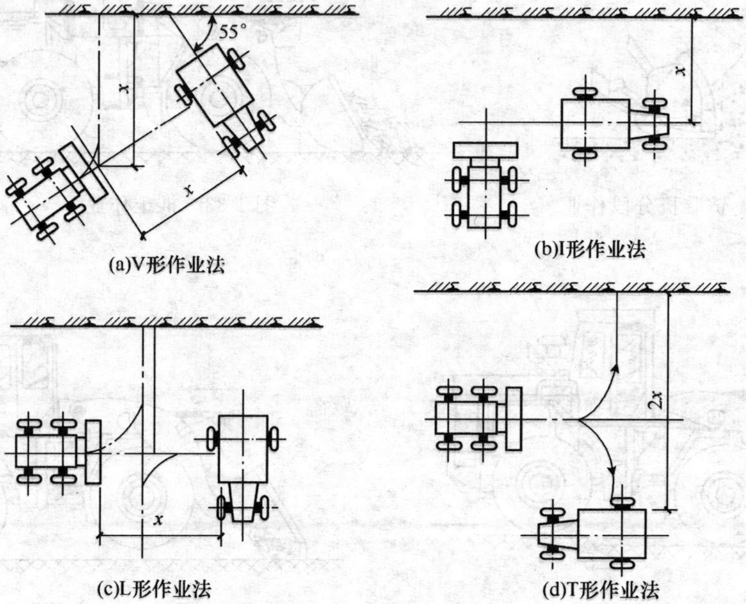

图 1-36 装载机作业方式

四、挖掘机

(一)挖掘机的用途和分类

1. 挖掘机的用途及工作对象

挖掘机是筑养路机械中的一个主要机种，是土石方施工工程中的主要机械设备之一。各种类型与功能的挖掘机在国民经济建设的许多行业，如工业与民用建筑、交通运输、水利电力工程、农田改造、矿山采掘及现代化军事工程等的机械化施工中被广泛地采用。据统计，工程施工中约有 60% 以上的土石方量是靠挖掘机来完成的。在各类工程施工中，挖掘机主要用于完成下列工作：

(1)开挖建筑物或厂房基础；

(2)挖掘土料，剥离采矿场覆盖层；

(3)采石场、隧道内、地下厂房和堆料场中的装载作业；

(4)开挖沟渠、运河和疏浚水道；

(5)更换工作装置后可进行混凝土浇筑、起重、安装、打桩、夯土等作业。

2.挖掘机的分类

挖掘机根据其工作装置的分类如图 1-37 所示；按行走装置分为履带式、轮式、汽车式三种；按传动系统分为机械式、半液压式、液压式三种。其中机械式单斗挖掘机主要工作装置形式如图 1-38 所示；液压式单斗挖掘机主要工作装置形式如图 1-39 所示。

- 单斗挖掘机
  - 工作装置刚性连接的挖掘机
    - 正铲挖掘机
    - 反铲挖掘机
    - 刨铲挖掘机
    - 刮铲挖掘机
  - 工作装置挠性连接的挖掘机
    - 拉铲挖掘机
    - 抓斗挖掘机

图 1-37　按工作装置分类

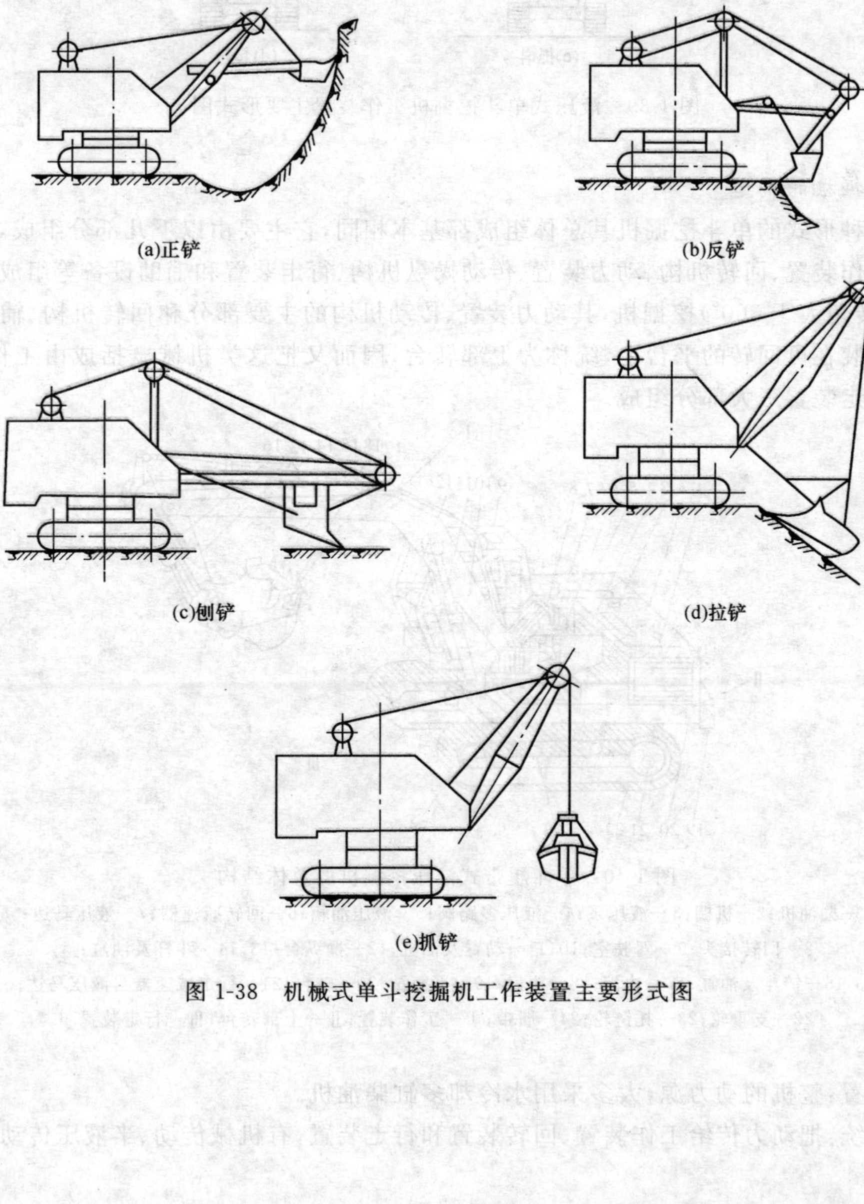

图 1-38　机械式单斗挖掘机工作装置主要形式图

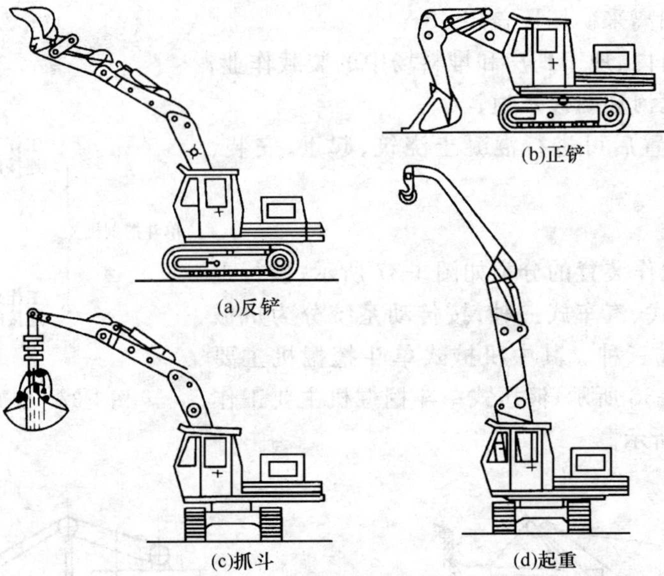

图 1-39　液压式单斗挖掘机工作装置主要形式图

(二)挖掘机的构造

不论哪种形式的单斗挖掘机其总体组成都基本相同，它主要由以下几部分组成，如图 1-40 所示。由工作装置、回转机构、动力装置、传动操纵机构、行走装置和辅助设备等组成。常用的全回转式(转角大于 360°)挖掘机，其动力装置、传动机构的主要部分和回转机构、辅助设备及驾驶室等都装在可回转的平台上，统称为上部转台，因而又把这类机械概括成由工作装置、上部转台和行走装置三大部分组成。

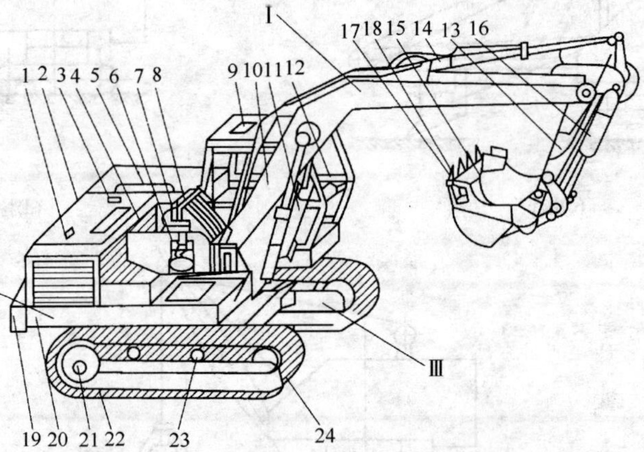

图 1-40　单斗履带式液压挖掘机的总体结构

1—柴油机；2—机棚；3—液压泵；4—液压多路阀；5—液压油箱；6—回转减速器；7—液压马达；8—回转接头；9—驾驶室；10，11—动臂及油缸；12—操纵台；13，14—斗杆及油缸；15，16—铲斗及油缸；17—边齿；18—斗齿；19—平衡重；20—转台；21—行走减速器与液压马达；22—支重轮；23—托链轮；24—履带；Ⅰ—工作装置；Ⅱ—上部转台；Ⅲ—行走装置

动力装置：整机的动力源，大多采用水冷却多缸柴油机。

传动系统：把动力传给工作装置、回转装置和行走装置，有机械传动、半液压传动与全液压传动三种形式。

工作装置:用来直接完成挖掘任务,包括动臂、铲斗和斗柄等。

回转装置:使转台以上的工作装置连同发动机、驾驶室等向左或右回转,以实现挖掘与卸料。

行走装置:支承全机质量,并执行行驶任务,有履带式、轮式和汽车式等。

操纵系统:操纵工作装置、回转装置和行走装置的动作,有机械式、液压式、气压式和复合式等。

机棚:盖住发动机、传动系统与操纵系统等,一部分作为驾驶室。

底座(机架):全机的装配基础,除行走装置装在其下面外,其余组成部分都装在其上面。

(三)挖掘机的施工方法

大多数液压挖掘机都采用双手柄,以便于各种复合动作。液压挖掘机的作业循环主要分为:挖掘、回转、卸土和返回四个步骤。在每一个步骤中都有可能有复合动作,即铲斗转动和斗杆收放、动臂升降和转台回转。

(1)反铲挖掘作业。

铲斗挖掘:基本方法是将动臂斗杆液压缸置于一定的位置不动,只操作铲斗油缸挖掘手柄,使铲斗转动切削土体。

斗杆挖掘:将动臂和铲斗油缸置于一定位置,然后操作斗杆油缸控制手柄,使斗杆连同铲斗一同转动切削土体。采用斗杆挖掘时,为了使挖掘阻力更小,更利于斗尖插入土层中,应使铲斗转至斗底线与斗尖推动轨迹圆成切线的位置,才不会产生铲斗切削角度过大或斗底挤压土的现象。

复合挖掘:铲斗油缸与斗杆油缸配合进行挖掘。有采取两组液压缸顺序动作的挖掘方式,也有同时动作的挖掘方式。

平整作业:略前垂直位置放置斗杆,并使铲斗转向后方。慢慢升高动臂的同时,操作斗杆收入功能,一旦斗杆移过垂直位置,便慢慢地降低动臂,使铲斗保持稳定的平面运动。

反铲工作面有正挖掘工作面和侧挖掘工作面两种,还可以挖掘垂直基坑和修整边坡。挖掘作业时为保证挖掘作业的合理性和科学性,应注意以下几点:根据机型的作业条件设计工作区域范围;停机位置应保证每次挖掘满斗率高,铲斗行程不大,并尽可能减少移机次数;合理确定运输车辆的停置点,它将决定每一挖掘循环的回转角,直接影响工作周期和生产率;合理安排工作的推移路线或挖掘面的开挖顺序。要充分利用工作面的宽度和高度,合理确定铲斗取土顺序及调集土体的可能性;铲斗一般要从挖掘面的根部开始挖掘,并尽量使用铲斗挖掘,一定要通过铲斗转动来调动切削角和装斗。

(2)回转作业。

回转过程是在铲斗装满后工作装置从挖掘面旋转到卸土地点的过程。这一过程要求铲斗底部一经离开挖掘面,便提升动臂(或同时调整斗杆油缸)与调整铲斗转角,以适应所要求的卸土高度。当铲斗回转接近装土车辆时,松开回转手柄,然后便用回转制动器慢慢地制动住转台,并同时卸土。应当注意铲斗回转到装土车辆上空时,回转速度要慢(一般是惯性滑动),制动不能过猛,避免斗中石块抛洒出来砸在车辆上,造成事故。

(3)卸土。

当工作装置基本停稳后,翻转铲斗卸土。卸土操作时,要求铲斗中的土石卸下时的土堆中心对准车辆车斗中部。要特别注意掌握铲斗的卸土高度,切不可高抛高卸,以防砸坏车辆。

(4)返回。

卸土完毕后,工作装置应立刻返回挖掘面。返回过程中,铲斗翻转,然后一边回转一边下降动臂(有时还调整斗杆油缸),当铲斗对准第二次取土点时,应尽快调整好切削角使铲斗切入土中,开始重复挖掘动作。返回过程全部采用复合动作,动作要协调,快而准确。

(四)挖掘机施工技术

(1)沟端开挖法。

挖掘机沿着沟端逐渐倒退。当挖窄沟时,装载车辆可停在沟侧,动臂只要回转 40°～50°即可卸料,如图 1-41 所示。如果所挖的沟宽为机械的最大挖掘半径的 2 倍时(即在机械每停置一处在 180°的回转范围挖掘),装载车辆只能停置在挖掘机侧面,工作装置要作 90°回转才能卸料。

(2)沟侧开挖法。

机械沿沟侧行驶,装载车辆一开始停在沟端,以后就只能停置在沟侧。这样机械需要作 90°回转卸料,每一循环所用的时间较多,每次挖掘宽度只能在其挖掘半径以内。此法的主要缺点是机械沿沟侧行驶,沟的边坡较大。此方法也可采用逐段分次挖掘成较宽的基坑,如图 1-42 所示。

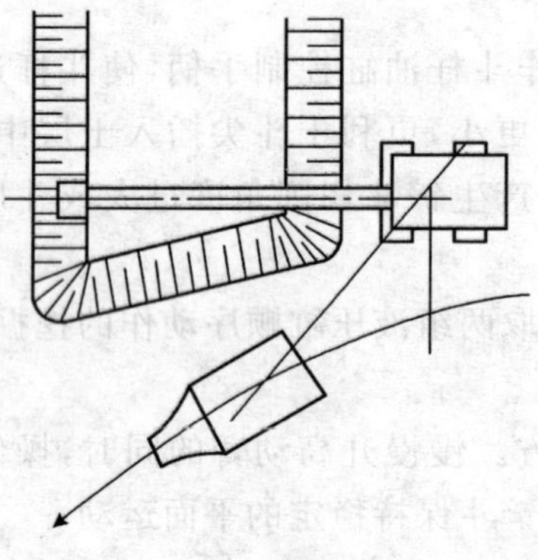

图 1-41　沟端开挖法

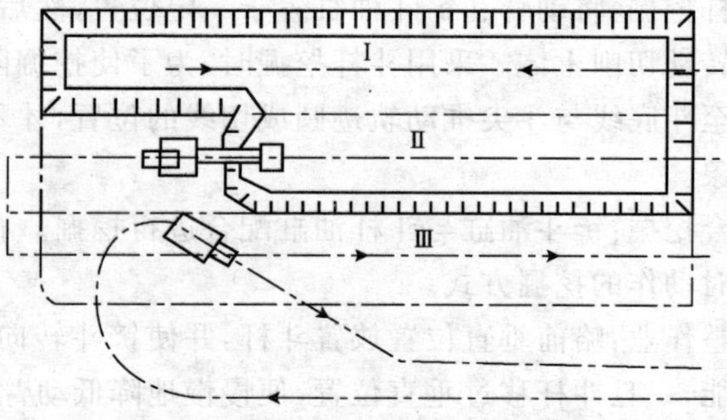

图 1-42 沟侧开挖法

第三节　填方路基的施工技术

一、路基填料的选择

(一)路基填料的一般要求

(1)含草皮、生活垃圾、树根、腐殖质的土严禁作为填料。

(2)泥炭、淤泥、冻土、强膨胀土、有机质土及易溶盐超过允许含量的土,不得直接用于填筑路基;确需使用时,必须采取技术措施进行处理,经检验满足设计要求后方可使用。

(3)液限大于 50%、塑性指数大于 26、含水率不适宜直接压实的细粒土,不得直接作为路堤填料;需要使用时,必须采取技术措施进行处理,经检验满足设计要求后方可使用。

(4)粉质土不宜直接填筑于路床,不得直接填筑于冰冻地区的路床及浸水部分的路堤。

(5)填料强度和粒径,应符合表 1-3 的规定。

表 1-3 路基填方材料最小强度和最大粒径表

填料应用部位（路床顶面以下深度）(m)		填料最小强度(CBR)(%)			填料最大粒径(mm)
		高速公路、一级公路	二级公路	三、四级公路	
路堤	上路床(0～0.30)	8	6	5	100
	下路床(0.30～0.80)	5	4	3	100
	上路堤(0.80～1.50)	4	3	3	150
	下路堤(>1.50)	3	2	2	150
零填及挖方路基	0～0.30	8	6	5	100
	0.30～0.80	5	4	3	100

注：1. 列表强度按《公路土工试验规程》(JTG E40—2007)规定的浸水 96 h 的 CBR 试验方法测定。

2. 三、四级公路铺筑青混凝土和水泥混凝土路面时，应采用三级公路的规定。

3. 表中上下路堤填料最大粒径 150 mm 的规定不适用与填石路堤和土石路堤。

(二)路基填料的工程性质

(1)石质土由粒径大于 2 mm 的碎(砾)石，其含量由 25%～50%及大于 50%两部分组成。如碎(砾)石土，孔隙度大、透水性强、压缩性低、内摩擦角大、强度高、属于较好的路基填料。

(2)砂土没有塑性，但透水性好，毛细水上升高度很小，具有较大的摩擦系数。砂土路基强度高，水稳定性好。但砂土黏性小，易于松散，受水流冲刷和风蚀易损坏，在使用时可掺入黏性大的土改善质量。

(3)砂性土是良好的路基填料，既有足够的内摩擦力，又有一定的黏聚力。一般遇水干得快、不膨胀，易被压实，易构成平整坚实的表面。

(4)粉质土不宜直接填筑于路床，必须掺入较好的土体后才能用作路基填料，且在高等级公路中，只能用于路堤下层(距路槽底 0.8 m 以下)。

(5)轻、重黏土不是理想的路基填料，规范规定：液限大于 50%、塑性指数大于 26、含水率不适宜直接压实的细粒土，不得直接作为路基填料，需要使用时，必须采取技术措施进行处理，经检查满足设计要求后方可使用。

(6)黄土、盐渍土、膨胀土等特殊土体不得已必须用作路基填料时，应严格按其特殊的施工要求进行施工。泥炭、淤泥、冻土、有机质土、强膨胀土、含草皮土、生活垃圾、树根和含有腐殖物质的土不得用作路基填料。

(7)满足要求(最小强度 CBR、最大粒径、有害物质含量等)或经过处理之后满足要求的煤渣、高炉矿渣、钢渣、电石渣等工业废渣可以用作路基填料，但在使用过程中应注意避免造成环境污染。

二、土方路堤施工技术

(一)填筑要求

(1)性质不同的填料，应水平分层、分段填筑，分层压实。同一水平层路基的全宽应采用同一种填料，不得混合填筑。每种填料的填筑层压实后的连续厚度不宜小于 500 mm。填筑路床顶最后一层时，压实后的厚度应不小于 100 mm。

(2)对潮湿或冻融敏感性小的填料应填筑在路基上层。强度较小的填料应填筑在下层。

在有地下水的路段或临水路基范围内，宜填筑透水性好的填料。

(3)在透水性不好的压实层上填筑透水性较好的填料前，应在其表面设2%～4%的双向横坡，并采取相应的防水措施。不得在由透水性较好的填料所填筑的路堤边坡上覆盖透水性不好的填料。

(4)每种填料的松铺厚度应通过试验确定。

(5)每一填筑层压实后的宽度不得小于设计宽度。

(6)路堤填筑时，应从最低处起分层填筑，逐层压实；当原地面纵坡大于12%或横坡陡于1∶5时，应按设计要求挖台阶，或设置坡度向内并大于4%、宽度大于2 m的台阶。

(7)填方分几个作业段施工时，接头部位如不能交替填筑，则先填路段，应按1∶1坡度分层留台阶；如能交替填筑，则应分层相互交替搭接，搭接长度不小于2 m。

(二)土方路堤填筑施工工艺流程

土方路堤填筑施工工艺流程，如图1-43所示。

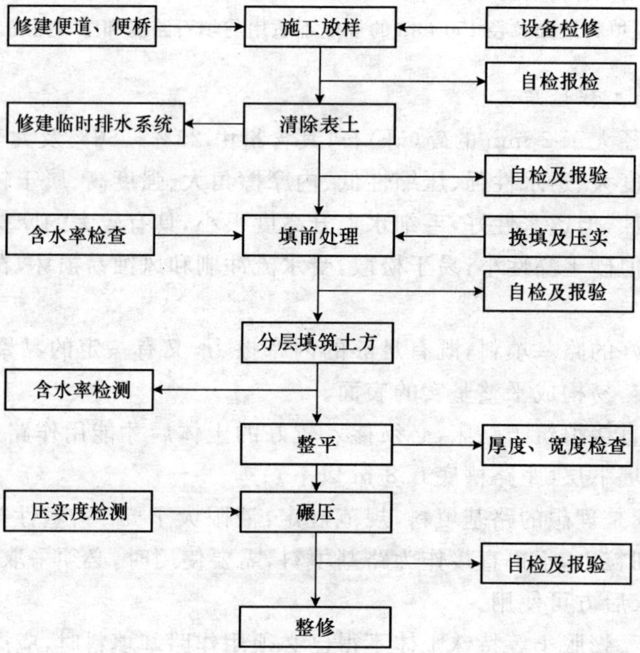

图1-43　土主路堤填筑施工工艺流程图

(三)填筑方法

土方路堤填筑常用推土机、铲运机、平地机、挖掘机、装载机等机械按以下几种方法作业。

1.分层填筑法

(1)水平分层填筑(图1-44)：填筑时按照横断面全宽分成水平层次，逐层向上填筑，是路基填筑的常用方式。

(2)纵向分层填筑(图1-45)：依路线纵坡方向分层，逐层向上填筑。常用于地面纵坡大于12%用推土机从路堑取料、填筑距离较短的路堤。缺点是不易碾压密实。

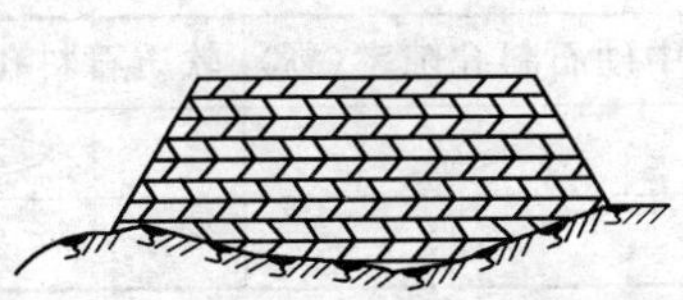

图 1-44 水平分层填筑示意图

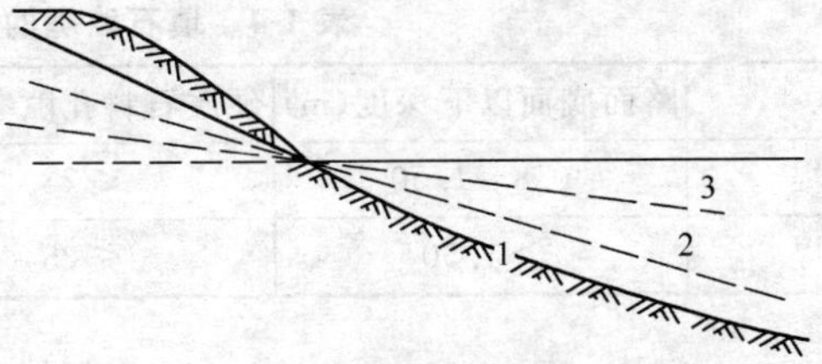

图 1-45 纵向分层填筑示意图

2.横向填筑法

横向填筑法如图 1-46 所示。

从路基一端或两端按横断面全高逐步推进填筑。由于填土过厚,不易压实,仅用于无法自下而上填筑的深谷、陡坡、断岩、泥沼等机械无法进场的路堤。

3.联合填筑

联合填筑法如图 1-47 所示。

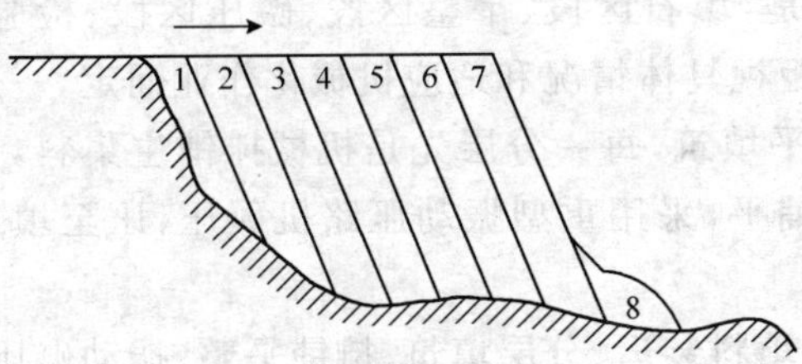

图 1-46 横向填筑示意图

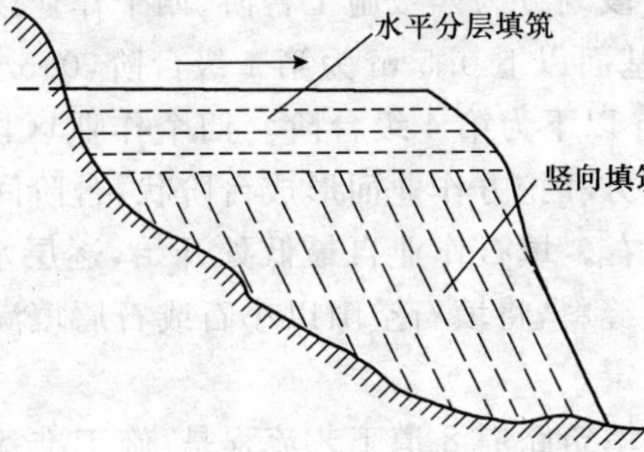

图 1-47 联合填筑示意图

路堤下层用横向填筑而上层用水平分层填筑。适用于因地形限制或填筑堤身较高,不宜采用水平分层填筑或横向填筑法进行填筑的情况。单机或多机作业均可,一般沿线路分段进行,每段距离以 20～40 m 为宜,多在地势平坦,或两侧有可利用的山地土场的场合采用。

三、填石路基施工技术

(一)填筑要求

(1)路堤、路床施工前,应先修筑试验路段,确定松铺厚度、压实机械型号及组合、压实速度及压实遍数、沉降差等参数符合相关规定。

(2)二级及二级以上公路的填石路堤应分层填筑压实。二级以下砂石路面公路在陡峻山坡地段施工特别困难时,可采用倾填的方式将石料填筑于路堤下部,但在路床底面以下不小于 1.0 m 范围内仍应分层填筑压实。

(3)岩性相差较大的填料应分层或分段填筑。严禁将软质石料与硬质石料混合使用。

(4)中硬、硬质石料填筑路堤时,应进行边坡码砌,码砌边坡的石料强度、尺寸及码砌厚度应符合设计要求。边坡码砌与路基填自由式宜基本同步进行。

(5)压实机械宜选用自重不小于 18 t 的振动压路机。

(6)在填石路堤顶面与细粒土填土层之间应按设计要求设过渡层。

(7)填石路堤的压实质量标准见表 1-4。

表 1-4　填石路堤的压实质量标准

分区	路面底面以下深度(m)	硬质石料孔隙率(%)	中硬石料孔隙率(%)	软质石料孔隙率(%)
上路堤	0.8～1.50	≤23	≤22	≤20
下路堤	>1.50	≤25	≤24	≤22

(二)填筑方法

1.竖向填筑法(倾填法)

主要用于二级及二级以下且铺设低级路面的公路在陡峻山坡施工特别困难或大量爆破以挖作填路段,以及无法自下而上分层填筑的陡坡、断岩、泥沼地区和水中作业的填石路堤。该方法施工路基压实、稳定问题较多。

2.分层压实法(碾压法)

是普遍采用并能保证填石路堤质量的方法。该方法自下而上水平分层,逐层填筑,逐层压实。高速公路、一级公路和铺设高级路面的其他等级公路的填石路堤采用此方法。填石路堤将填方路段划分为四级施工台阶、四个作业区段、八道工艺流程进行分层施工。四级施工台阶是:在路基面以下 0.5 m 为第 1 级台阶,0.5～1.5 m 为第 2 级台阶,1.5～3.0 m 为第 3 级台阶,3.0 m 以下为第 4 级台阶。四个作业区段是:填石区段、平整区段、碾压区段、检验区段。施工中填方和挖方作业面形成台阶状,台阶间距视具体情况和适应机械化作业而定,一般长为 100 m 左右。填石作业自最低处开始,逐层水平填筑,每一分层先是机械摊铺主集料,平整作业铺撒嵌缝料,将填石空隙以小石或石屑填满铺平,采用重型振动压路机碾压,压至填筑层顶面石块稳定。

石方填筑路堤 8 道工艺流程是:施工准备、填料装运、分层填筑、摊铺平整、振动碾压、检测签认、路基成型、路基整修。

3.冲击压实法

利用冲击压实机的冲击碾周期性大振幅低频率地对路基填料进行冲击,压密填方;强力夯实法用起重机吊起夯锤从高处自由落下,利用强大的动力冲击,迫使岩土颗粒位移,提高填筑层的密实度和地基强度。

4.强力夯实法

填石分层强夯施工,要求分层填筑与强夯交叉进行,各分层厚度的松铺系数,第一层可取 1.2,以后各层根据第一层的实际情况调整。每一分层连续挤密式夯击,夯后形成夯坑,夯坑以同类型石质填料填补。由于分层厚度为 4～5 m,填筑作业采用堆填法施工,装运用大型装载机和自卸汽车配合作业,铺筑时用大型履带式推土机摊铺和平整,夯坑回填也用推土机完成,每层主夯和面层的主夯与满夯由起重机和夯锤实施,路基面需要用振动压路机进行最后的压实平整作业。

强夯法与碾压法相比,只是夯实与压实的工艺不同,而填料粒径控制、铺填厚度控制都要进行,强夯法控制夯击击数,碾压法控制压实遍数,机械装运摊铺平整作业完全一样,强夯法需要进行夯坑回填。

四、土石路堤施工技术

(一)填筑要求

(1)压实机械宜选用自重不小于 18 t 的振动压路机。

(2)施工前,应根据土石混合材料的类别分别进行试验路段施工,确定能达到最大压实干密度的松铺厚度、压实机械型号及组合、压实速度及压实遍数、沉降差等参数。

(3)土石路堤不得倾填。

(4)碾压前应使大粒径石料均匀分散在填料中,石料间孔隙应填充小粒径石料、土和石渣。

(5)压实后透水性差异大的土石混合材料,应分层或分段填筑,不宜纵向分幅填筑;如确需纵向分幅填筑,应将压实后渗水良好的土石混合材料填筑于路堤两侧。

(6)土石混合材料来自不同料场,其岩性或土石比例相差较大时,宜分层或分段填筑。

(7)填料由土石混合材料变化为其他填料时,土石混合材料最后一层的压实厚度应小于300 mm,该层填料最大粒径宜小于150 mm,压实后,该层表面应无孔洞。

(8)中硬、硬质石料的土石路堤,应进行边码砌,码砌边坡的石料强度、尺寸及码砌厚度应符合设计要求。边坡码砌与路堤填筑宜基本同步进行。软质石料土石路堤的边坡按土质路堤边坡处理。

(二)填筑方法

土石路堤不得采用倾填方法,只能采用分层填筑,分层压实。当土石混合料中石料含量超过70%时,宜采用人工铺填;当土石混合料中石料含量小于70%时,可用推土机铺填,最大层厚40 cm。

五、桥、涵及结构物的回填施工技术

(一)填筑要求

台背及与路堤间的回填施工应符合以下规定。

(1)二级及二级以上公路应按设计做好过渡段,过渡段路堤压实度应不小于96%,并应按设计做好纵向和横向防排水系统。

(2)二级以下公路的路堤与回填的连接部,应按设计要求预留台阶。

(3)台背回填部分的路床宜与路堤路床同步填筑。

(4)桥台背和锥坡的回填施工宜同步进行,一次填足并保证压实整修后能达到设计宽度要求。

涵洞回填施工应符合以下规定:

(1)洞身两侧,应对称分层回填压实,填料粒径宜小于150 mm。

(2)两侧及顶面填土时,应采取措施防止压实过程对涵洞产生不利后果。

(二)填筑方法

1.桥台台背填筑的方法

采用水平分层填筑的方法,人工摊铺为主,分层松铺厚度宜小于20 cm。当采用小型低等级夯具时,一级以上公路松铺厚度宜小于15 cm。压实尽量使用大型机械,在临近桥台边缘或狭窄地段,则采用小型夯压机械,分薄层认真夯压密实,为保证填土与桥台衔接处的压实质量,施工中可采用夯压机械横向碾压的方法。

2.拱涵的填筑方法

回填土时,拱券黏土保护层做好后,于拱涵两侧进行填筑,按层厚30 cm对称水平摊铺压实,达到最佳密实度的90%;当填筑到拱脚处时,先填筑拱涵孔径宽度的拱顶部分,达到最佳压实度的80%,然后自对称水平层填筑压实两侧缺口部分。填筑拱顶3 m以下时,只可采用无振动碾压。

回填石时，可采用分层填筑法和片石套拱法。

分层填筑法是在 20 cm 黏土保护层外的拱涵两侧各 3 m 及拱顶以上 1.8 m 范围内，选用粒径不大于 1.5 cm 的混合料，先填两侧至拱脚，再填拱顶至一定高度，然后填拱脚以上的两侧缺口。

片石套拱法是在 20 cm 黏土保护层外的拱涵两侧各 3 m 及拱顶以上 1.8 m 内干码片石，挤紧，平整，以形成套拱。然后先对拱涵两侧至拱脚处这部分进行水平分层填筑，再在拱顶填筑一定高度，最后填筑拱脚以上两侧缺口。

必要时可采取加拱涵内刚性支撑和拱顶预压技术措施。

盖板涵填筑法参照拱涵。

3. 涵管处的填筑方法

涵管两侧对称水平分层填筑，层铺厚度以 15 cm 为宜。填土初期轻压，采用小型夯压机或人工夯实，至管顶填高 60 cm 后，按一般路基压实要求碾压。

4. 挡土墙墙背的回填方法

挡土墙墙趾部分的基坑，应及时回填压实，并做成向外倾斜的横坡。填土过程中防止水的侵害。回填结束后，顶部应及时封闭。

第四节 挖方路基的施工技术

一、路堑施工工艺流程

路堑施工工艺流程，如图 1-48 所示。

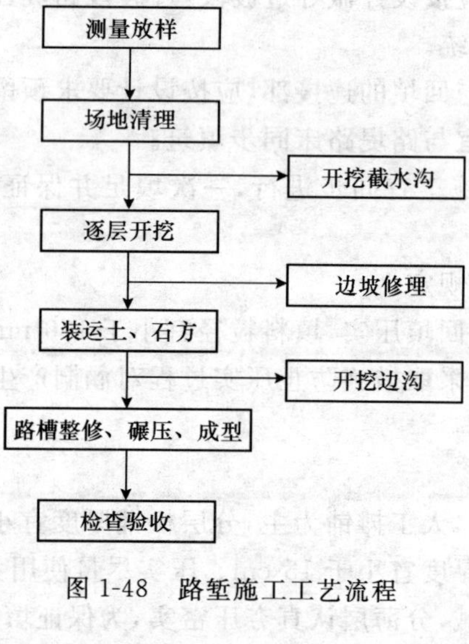

图 1-48 路堑施工工艺流程

二、土质路堑施工技术

(1)开挖方法：路堑的开挖方法根据路堑深度、纵向长短及现场施工条件，有横向挖掘法、纵向挖掘法和混合式挖掘法等几种基本方法。

横向挖掘法包括单层横向全宽挖掘法(适用于挖掘浅且短的路堑)和多层横向全宽挖掘法

(适用于挖掘深且短的路堑)；纵向挖掘法具体方法有分层纵挖法、通道纵挖法、分段纵挖法；混合式挖掘法为多层横向全宽挖掘法和通道纵挖法混合使用。

纵向挖掘法示意图，如图 1-49 所示。

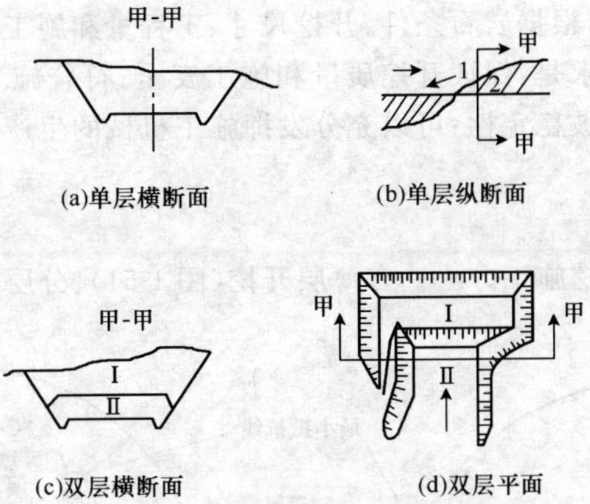

图 1-49　纵向挖掘示意图

横向挖掘法和混合挖掘法示意图，如图 1-50 所示。

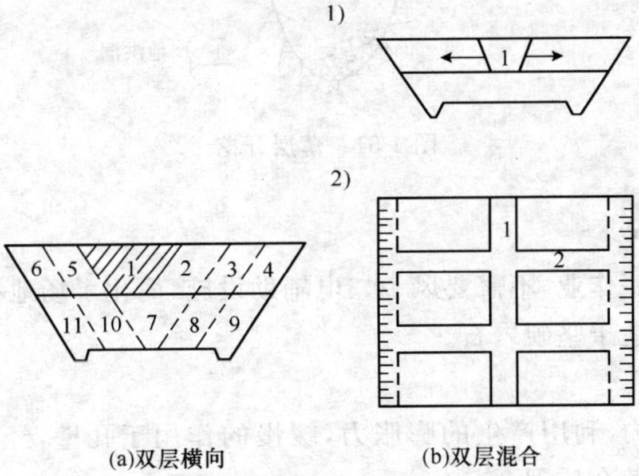

图 1-50　横向和混合挖掘示意图

(2)推土机开挖土质路堑作业：推土机具有操作灵活、运转方便、所需土作场地小、短距离运土效率高等特点，既可独立作业，也可配合其他机械施工，带松土器的推土机还可进行松土作业，因此是土方路堑施工中最常用的机械之一。推土机开挖土方作业由切土、运上、卸土、倒退(或折返)、空回等过程组成一个循环。影响作业效率的主要因素是切土和运土两个环节。因此，必须以最短的时间和距离切满土，并尽可能减少土在推运过程中散失。推土机开挖土质路堑作业方法与填筑路基相同的有下坡推土法、槽形推土法、并列推土法、接力推土法和波浪式推土法。另有斜铲推土法和侧铲推土法。

(3)挖掘机开挖土质路堑作业：公路工程施工中以单斗挖掘机最为常见，而路堑土方开挖中又以正铲挖掘机使用最多。正铲挖掘机挖装作业灵活，回转速度快，工作效率高，特别适用于与运输车辆配合开挖土方路堑。正铲工作面的高度一般不应小于 1.5 m，否则将降低生产效率，过高则易塌方，损伤机具。其作业方法有侧向开挖和正向开挖。

三、石质路堑施工技术

（一）基本要求

在开挖程序确定之后，根据岩石条件、开挖尺寸、工程量和施工技术要求，通过方案比较拟定合理的方式。其基本要求是：保证开挖质量和施工安全；符合施工工期和开挖强度的要求；有利于维护岩体完整和边坡稳定性；可以充分发挥施工机械的生产能力；辅助工程量少。

（二）开挖方式

1. 钻爆开挖

是当前广泛采用的开挖施工方法。有薄层开挖（图 1-51）、分层开挖（梯段开挖）、全断面开挖和特高梯段开挖等方式。

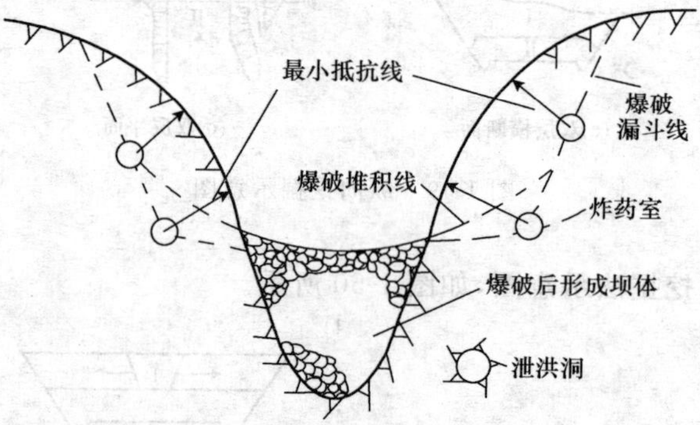

图 1-51　薄层开挖

2. 直接应用机械开挖

该方法没有钻爆工序作业，不需要风、水、电辅助设施，简化了场地布置，加快了施工进度，提高了生产能力。但不适于坚硬岩石。

3. 静态破碎法

将膨胀剂放入炮孔内，利用产生的膨胀力，缓慢的作用于孔壁，经过数小时至 24 h 达到 300～500 MPa 的压力，使介质裂开。

（三）石质路堑爆破施工方法

1. 常用爆破方法

（1）光面爆破：在开挖限界的周边，适当排列一定间隔的炮孔，在有侧向临空面的情况下，用控制抵抗线和药量的方法进行爆破，使之形成一个光滑平整的边坡。

（2）预裂爆破：在开挖限界处按适当间隔排列炮孔，在没有侧向临空面和最小抵抗线的情况下，用控制药量的方法，预先炸出一条裂缝，使拟爆体与山体分开，作为隔震减震带，起保护和减弱开挖限界以外山体或建筑物的地震破坏作用。

（3）微差爆破（图 1-52）：两相邻药包或前后排药包以毫秒的时间间隔（一般为 15～75 ms）依次起爆，称为微差爆破，亦称毫秒爆破。多发一次爆破最好采用毫秒雷管。当装药量相等时其优点是，可减震 1/3～2/3 左右；前发药包为后发药包开创了临空面，从而加强了岩石的破碎效果；降低多排孔一次爆破的堆积高度，有利于挖掘机作业；由于逐发或逐排依次爆破，减少了岩石夹制力，可节省炸药 20%，并可增大孔距，提高每米钻孔的炸落方量。炮孔排列和起爆顺序，根据断面形状和岩性。多排孔微差爆破是浅孔深孔爆破发展的方向。

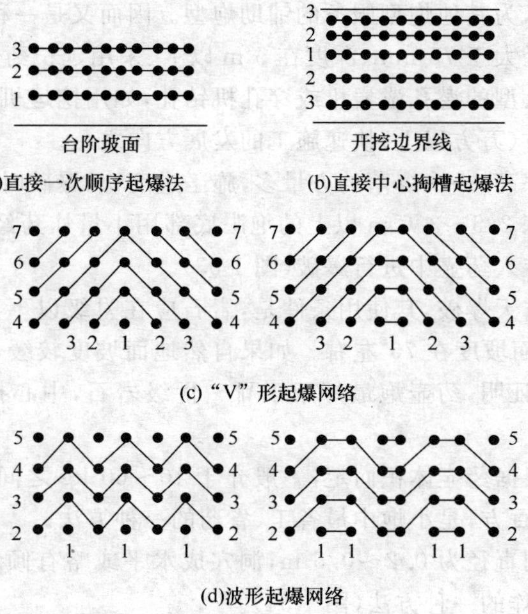

图 1-52 微差爆破各种起爆网络图(图中数字为起爆顺序)

(4)定向爆破:利用爆破能将大量土石方按照指定的方向,搬移到一定的位置并堆积成路堤的一种爆破施工方法,称为定向爆破。它减少了挖、装、运、夯等工序,生产效率高。在公路工程中用于以借为填或移挖作填地段,特别是在深挖高填相间、工程量大的鸡爪形地区,采用定向爆破,一次可形成百米以至数百米路基。

(5)洞室爆破:为使爆破设计断面内的岩体大量抛掷(抛坍)出路基,减少爆破后的清方工作量,保证路基的稳定性,可根据地形和路基断面形式,采用抛掷爆破、定向爆破、松动爆破方法。抛掷爆破有三种形式:

1)平坦地形的抛掷爆破(亦称扬弃爆破)。自然地面坡角 $\alpha<15°$,路基设计断面为拉沟路堑,石质大多是软石时,为使石方大量扬弃到路基两侧,通常采用稳定的加强抛掷爆破。

2)斜坡地形路堑的抛掷爆破。自然地面坡角 α 在 15°～50°之间,岩石也较松软时,可采用抛掷爆破。

3)斜坡地形半路堑的抛坍爆破。自然地面坡度 $\alpha>30°$,地形地质条件均较复杂,临空面大时,宜采用这种爆破方法。在陡坡地段,岩石只要充分破碎,就可以利用岩石本身的自重坍滑出路基,提高爆破效果。

2.综合爆破施工技术

综合爆破是根据石方的集中程度,地质、地形条件,公路路基断面的形状,结合各种爆破方法的最佳使用特性,因地制宜,综合配套使用的一种比较先进的爆破方法。一般包括小炮和洞室两大类。小炮主要包括钢钎炮、深孔爆破等钻孔爆破;洞室炮主要包括药壶炮和猫洞炮,随药包性质、断面形状和微地形的变化而不同。用药量 1 t 以上为大炮,1 t 以下为中小炮。

(1)钢钎炮通常指炮眼直径和深度分别小于 70 mm 和 5 m 的爆破方法。

1)特点:炮眼浅,用药少,每次爆破的方数不多,并全靠人工清除;不利于爆破能量的利用。由于眼浅,以致响声大而炸下的石方不多,所以工效较低。

2)优点:比较灵活,在地形艰险及爆破量较小地段(如打水沟、开挖便道、基坑等),在综合爆破中是一种改造地形，为其他炮型服务的铺助炮型。因而又是一种不可缺少的炮型。

(2)深孔爆破是孔径大于 75 mm、深度在 5 m 以上、采用延长药包的一种爆破方法。

1)特点：炮孔需用大型的潜孔凿岩机或穿孔机钻孔，如用挖运机械清方可以实现石方施工全面机械化，是大量石方(万方以上)快速施工的发展方向之一。

2)优点：劳动生产率高，一次爆落的方量多，施工进度快，爆破时比较安全。

(3)药壶炮是指在深 2.5～3.0 m 以上的炮眼底部用小量炸药经一次或多次烘膛，使眼底成葫芦形，将炸药集中装入药壶中进行爆破(图 1-53)。

1)特点：主要用于露天爆破，其使用条件是，岩石应在Ⅺ级以下，不含水分，阶梯高度(H)小于 10～20 m，自然地面坡度在 70°左右。如果自然地面坡度较缓，一般先用钢钎炮切脚，炸出台阶后再使用。经验证明，药壶炮最好用于Ⅶ～Ⅸ级岩石，中心挖深 4～6 m，阶梯高度在 7 m以下。

2)优点：装药量可根据药壶体积而定，一般介于 10～60 kg 之间，最多可超过 100 kg。每次可炸岩石数十方至数百方，是小炮中最省工、省药的一种方法。

(4)猫洞炮系指炮洞直径为 0.2～0.5 m，洞穴成水平或略有倾斜(台眼)，深度小于 5 m，用集中炸药洞中进行爆炸的一种方法(图 1-54)。

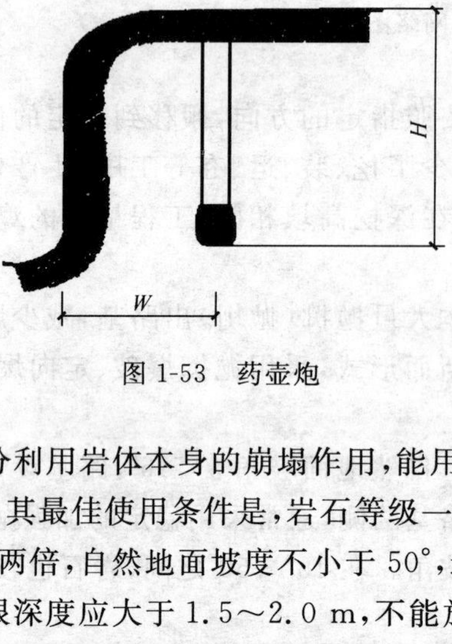

图 1-53　药壶炮

图 1-54　猫洞炮

1)特点：充分利用岩体本身的崩塌作用，能用较浅的炮眼爆破较高的岩体，一般爆破可炸松 15～150 m^3。其最佳使用条件是，岩石等级一般为Ⅸ级以下，最好是 Ⅴ～Ⅶ级；阶梯高度最小应大于眼深的两倍，自然地面坡度不小于 50°，最好在 70°左右。由于炮眼直径较大，爆能利用率甚差，故炮眼深度应大于 1.5～2.0 m，不能放孤炮。猫洞炮工效，一般可达 4～10 m^3，单位耗药量在 0.13～0.3 kg/m^3之间。

2)优点：在有裂缝的软石坚石中，阶梯高度大于 4 m，药壶炮药壶不易形成时，采用这种爆破方法，可以获得好的爆破效果。

四、爆破后安全检查

(1)起爆点(站)应远离爆区，宜设坚固严密的人工掩体，其位置和方向应能防止飞石、空气冲击波、炮烟和边坡滑落、滚石的危害。

(2)爆破后，必须按规定的等待时间进入爆破地点检查有无盲炮和其他不安全因素。

(3)爆破检查员如果发现危石、盲炮等现象，应及时处理，未处理前应在现场设立危险警戒或标志。

(4)各类盲炮的处理应按有关规定执行。经检查确认爆破地点安全后，经当班爆破班长同意，方准作业人员进入爆破地点。

(5)每次爆破后，爆破员应认真填写爆区。

(6)爆破结束后，爆破员应将剩余爆破器材仔细清点，如数及时直接交退给市公安局指定的市轻化公司爆破器材仓库。

第五节 特殊路基施工技术

一、软土路基施工技术

(一)软土的工程特性

淤泥、淤泥质土及天然强度低、压缩性高、透水性小的一般黏性土统称为软土。大部分软土的天然含水率30%～70%，孔隙比1.0～1.9，渗透系数为10^{-8}～10^{-7} cm/s，压缩性系数为0.005～0.02，抗剪强度低(快剪黏聚力在10 kPa左右，快剪内摩擦角0°～5°)，具有触变性，流变性显著。对于高速公路，标准贯击次数小于4，无侧限抗压强度小于50 kPa，含水量大于50%的黏性土和标准贯击次数小于4，且含水量大于30%的砂性土统称为软土。修建在软土地区的路基，主要是路堤填筑荷载引起软基滑动破坏的稳定问题和量大且时间长的沉降问题。

(二)软土地基处理施工技术

1.基底开挖换土施工方法

(1)开挖方式。

基底开挖同鱼塘清淤相似，深度在2 m以内可用推土机、挖掘机或人工直接清除至路基范围以外堆放或运至取土坑将其还原成水田；深度超过2 m时，要由端部向中央，分层挖除，并修筑临时运输便道，由汽车运载出坑。

软土在路基坡脚范围以内应全部清除。边部挖成台阶状再回填；路基穿过沼泽地只需要清除路基坡脚(含护坡道)范围以内的软土。护坡道以外，对于小滑塌的软土，可挖成1∶1～1∶2的坡度，对于泥沼地区的淤泥质高压缩性软土可将护坡道加宽加高至与沼泽地相平或高出。

(2)泥沼基底的换填。

对道路工程有严重影响的是泥炭泥沼。这类泥沼中以泥炭沉积为主，泥炭为半腐朽的植物残体，有机质含量一般大于50%，吸水能力极强，有很高的压缩性。道路工程上把泥炭泥沼按其沉积层的稳定程度分为三类：第一类泥沼，完全为稳定的泥炭所充满，相对稳定；第二类泥沼，为不稳定的泥炭所充满，相对不稳定；第三类泥沼，为水或流动的泥炭或淤泥所充满，表面有或无飘浮的泥炭皮，极不稳定。

1)在第一类泥沼地区，路堤高度小于3 m时，应采取部分挖填的方法，换填深度一般超过2 m，横向换填底宽应等于路基面宽；路堤高度大于3 m时，一般不予挖除；当淤泥表面干裂时，可采用齿墙式的路堤断面，即挖除路堤基底两侧的淤泥(每边可挖3 m宽)，换填良好的土质；淤底横向坡度陡于1∶10时，应进行整平处理。

2)在第二类泥沼地区，泥沼深度小于3 m时，不论路堤高度多少，均应将泥沼全部挖除，换填渗水土，使路堤落到沼底。为便于泥炭的挤出，表层植物覆盖层要铲除，在路堤两侧开挖泥炭接收沟；泥沼深度大于3 m时，应考虑部分换填和采取路堤两侧增建反压护道的措施换填深度不得小于3 m；沼底横向坡度陡于1∶15时，应进行整平处理。

3)在第三类泥沼地区，不论泥沼多深，路堤均应落到实底上，或将泥炭皮挖除后，抛填片石沉落到沼底。路堤水下部分的边坡根据换填的土质种类及泥沼水中的深度而定;沼底横向坡度陡于1:20时,应进行整平处理。

(3)填筑及压实。

1)软基在开挖时要注意解决渗水或雨水两个问题,可采用边挖边填,也可全部或局部清除后进行全部或局部回填,尽可能换填渗水性材料,并注意及时抽水。

2)碎石土及粉煤灰等工业废渣常作为换填材料,如果当地条件许可,可用这些填料回填至原地面或沼泽面。压实时,由于非土方填料分层厚度不宜小,为达到较好的压实效果,常采用振动压路机和重型静力压路机(三轮压路机12~15 t)。

3)如果路基与两侧沼泽完全隔离,就可按照一般路堤填筑方式进行填筑,分层碾压时控制好含水量、碾压遍数、碾压方式及路堤边坡、护坡道的密实程度,要做好泥沼与路堤之间的边沟的排水,保证路堤不受水毁,不受冻害。

4)路堤与两侧沼泽不能完全隔离,在清除路基底部软土后,如渗透性良好的土源缺乏,可在路堤底面用砂石料设置透水性路堤。

5)路堤两侧设立全铺式(块石、片石浆砌护坡)护坡或护面墙(挡土墙式护坡)时,砌石应用当地不易风化的片石,用砂浆砌筑,墙基应埋入非软基土中0.50~1.20 m左右,砌筑护坡时应夯实坡面,挡墙墙后应填筑石块并夯实。护面墙应在路堤压实稳定后再开挖砌筑。

2.砂垫层

在软土层顶面铺砂垫层,主要起浅层水平排水作用,使软土中的水分在路堤自重的压力作用下,加速沉降发展,缩短固结时间。但对基底应力分布和沉降量的大小无显著影响。适用于路堤高度小于两倍极限高度(在天然软土地基上,基底不作特殊加固处理而用快速施工方法修筑路堤的填筑最大高度),软土层及其硬壳较薄,或软土表面渗透性很低的硬壳等情况。亦适用于软土层稍厚但具有双面排水条件的地基。其形式有排水砂垫层、换土砂垫层、砂垫层和土工布混合使用等形式。

3.反压护道

在路堤两侧填筑一定宽度和高度的护道,以改善路堤荷载方式来增加抗滑力的方法,使路堤下的软基向两侧隆起的趋势得到平衡,从而保证路堤的稳定性。适用于路堤高度不大于1.5~2倍的极限高度,非耕作区和取土不太困难的地区。

4.土工聚合物处治

土工布铺设于路堤底部,在路基自重作用下受拉产生抗滑力矩,提高路基稳定性。土工布在软土地基加固中的作用包括排水、隔离、应力分散和加筋补强。土工布连接一般采用搭接法或缝接法。目前缝接法有一般缝法、丁缝法和蝶形法。

土工格栅加固土的机理存在于格栅与土的相互作用之中。一般可归纳为格栅表面与土的摩擦作用;格栅孔眼对土的锁定作用和格栅肋的被动抗阻作用。三种作用均能充分约束土的颗粒侧向位移,从而大大地增加了土体的自身稳定性,对土的加固效果明显高予其他土工织物。

5.抛石挤淤法

抛石挤淤法如图1-55所示。

在路基底部抛投一定数量片石,将淤泥挤出基底范围,以提高地基的强度。这种方法施工简单、迅速、方便。适用常年积水的洼地,排水困难,泥炭呈流动状态,厚度较薄,表层无硬壳,片石能沉达底部的泥沼或厚度为3~4 m的软土;在特别软弱的地面上施工由于机械无法进入，或是表面存在大量积水无法排除时；适用于石料丰富、运距较短的情况。

抛投片石的大小，随泥炭或软土的稠度而定。抛投顺序，应先从路堤中部开始，中部向前突进后再渐次向两侧扩展，以使淤泥向两旁挤出。当软土或泥沼底面有较大的横坡时，抛石应从高的一侧向低的一侧扩展，并在低的一侧多抛填一些。

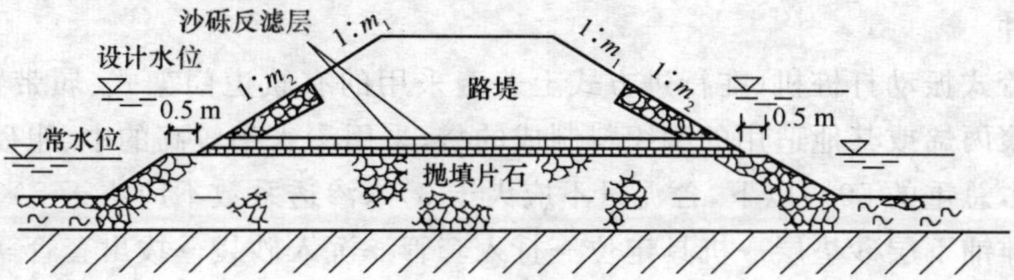

图 1-55　抛石挤淤法

6. 爆破排淤法

爆破排淤法如图 1-56 所示。

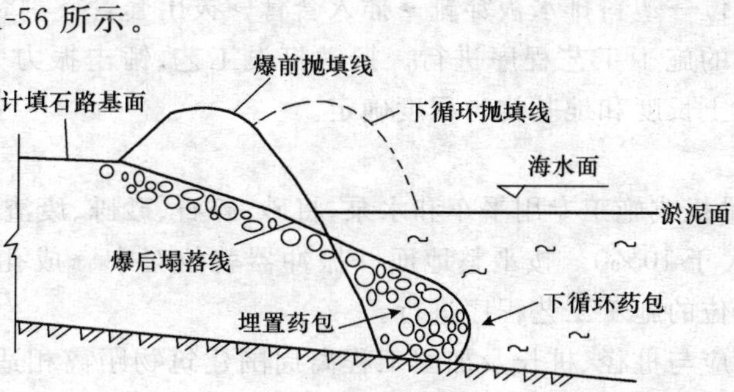

图 1-56　爆炸挤淤填石置换原理图

将炸药放在软土或泥沼中爆炸，利用爆炸时的张力作用，把淤泥或泥沼扬弃，然后回填强度较高的渗水性土，如砂砾、碎石等。爆破排淤是换土的一种施工方法，较一般方法换填深度大、工效较高，软土、泥沼均可采用。

爆破排淤分为两种，一种方法是先在原地面上填筑低于极限高度的路堤，再在基底下爆破，适用于稠度较大的软土或泥沼。另一种方法是先爆后填，适用于稠度较小，回淤较慢的软土。

7. 堆载预压法

在软基上修筑路堤，通过填土堆载预压，使地基土压密、沉降、固结，从而提高地基强度，减少路堤建成后的沉降量。堆载预压法对各类软弱地基均有效；使用材料、机具简单，施工操作方便。但堆载预压需要一定的时间，适合工期要求不紧的项目。对于深厚的饱和软土，排水固结所需要的时间很长，同时需要大量的堆载材料，在使用上会受限。

其方式有超载预压（进行预压的荷载超过设计的道路工程荷载）和等载预压（预压荷载等于道路工程荷载）两种。

8. 砂井

用振动打桩机、柴油打桩机（冲击式和振动式），以及下端装有活瓣钢桩靴的桩管将砂（含泥量不大于 3%）或砂和角砾混合料（含泥量不大于 5%）形成砂井。在施工时考虑避免“缩颈”和减少对土的扰动。具体方法有套管法（将带有活瓣管尖或套有混凝土端靴的套管沉到预定深度，然后在管内灌砂后，拔出套管，形成砂井。根据沉管工艺的不同，又分为静压沉管法、振动沉管法等)、水冲成孔法(通过专用喷头,在水压力作用下冲孔,成孔后清孔,再向孔内灌砂形成。适用于土质较好且均匀的砂性土)、螺旋钻成孔法(以动力螺旋钻钻孔,提钻后灌砂成砂柱。适用于陆上工程,砂井长度 10 m 以内,且土质较好,不会出现缩颈、塌孔现象的软弱地基)。

9.袋装砂井

主要用导管式振动打桩机(在行进方式上普遍采用的有轨道门架式、履带臂架式、吊机导架式等),选用聚丙烯或其他适用的编织料制成的袋,采用渗水率较高的中、粗砂(大于0.5 mm的砂的含量宜占总重的 50%以下,含泥量不应大于 3%,渗透系数不应小于 5×10^{-3} cm/s),按平整原地面→摊铺下层砂垫层→机具定位→打入套管→沉入砂袋→拔出套管→机具移位→埋砂袋头→摊铺上层砂垫层的施工工艺流程进行。

10.塑料排水板

用插板机,或与袋装砂井打设机共用(将圆形套管换成矩形套管)。按平整原地面→摊铺下层砂垫层→机具就位→塑料排水板穿靴→插入套管→拔出套管→割断塑料排水板→机具移位一摊铺上层砂垫层的施工工艺程序进行。振动打设工艺、锤击振力大小,根据每次打设根数、导管断面大小、入土长度和地基均匀程度确定。

11.粒料桩

主要用振冲器、吊机或施工专用平车和水泵,将砂、碎石、砂砾、废渣等粒料(粒径宜为20～50 mm,含泥量不应大于 10%)。按平整地面→振冲器就位对中→成孔→清孔→加料振密→关机停水→振冲器移位的施工工艺程序进行。

选择振冲器型号应与桩径、桩长及加固工程离周围建筑物距离相适应。应配备适用的供水设备,出口水压应为 400～600 kPa,流量 20～30 m^3/h。起重机械起吊能力应大于 200 kN。

12.旋喷桩

施工材料:可采用水泥、生石灰、粉煤灰等作为加固料。施工机具包括:喷粉桩机及配套贮灰罐及喷粉系统、空气压缩机、75kW 以上的发电机等。喷粉桩机由液压步履式底架和导向加减压机构、钻机传动系统、钻具、液压系统、喷粉系统、电气系统等部分组成。施工流程:平整原地面→钻机定位→钻进→上提喷粉(或喷浆)→强制搅拌→复拌→提杆出孔→钻机移位。

13.生石灰桩

主要用振冲器、吊机或施工专用步履式、门架式振动沉桩设备。配备适用的空压机,超重机械起吊能力应大于 200 kN。使用材料为生石灰(颗粒直径不超过 30 mm 要求填充材料要密实)。按平整地面→振冲器就位对中→成孔→空气压缩机注入生石灰→边振动边拔出套管→振冲器移位→封紧生石灰桩孔的施工工艺程序进行。

选择振冲器型号应与桩径、桩长及加固工程离周围建筑物距离相适应。

二、膨胀土路基施工技术

(一)膨胀土工程特性

膨胀土具有较大吸水膨胀、失水收缩特性的高液限黏土称为膨胀土。膨胀土黏性成分含量很高,其中 0.002 mm 的胶体颗粒一般超过 20%,黏粒成分主要由水矿物组成。土的液限 $W_L>40\%$,塑性指数 $I_P\geq17$,多数在 22～35 之间。自由膨胀率一般超过 40%。按工程性质分为强膨胀土、中等膨胀土、弱膨胀土 3 类。

膨胀土具有显著的吸水膨胀、失水收缩两种变形特性,一般强度较高,压缩性低,易被误认为是较好地基土。膨胀土对道路危害较大,其变形破坏具有多次反复性,膨胀土地区的公路路面常常出现大幅度的随季节变化的波浪变形。

(二)膨胀土的使用要求

强膨胀土稳定性差,不应作为路填料,中等膨胀土宜经处理后作为填料,高速公路及一、二级公路采用中等膨胀土作为路堤填料时应经改性处理后方可填筑。膨胀土改性处理的掺灰最佳配比,以其掺灰后胀缩总率不超过 0.7%为宜。弱膨胀土作为路堤填料时,若胀缩总率不超过 0.7%,可直接填筑。

(三)膨胀土地区路基施工技术

膨胀土地区路基施工,应避开雨期作业,加强现场排水,基底和已填筑的路基不得被水浸泡。膨胀土地区路基应分段施工,各道工序应紧密衔接,连续完成。路基边坡按设计要求修整,并应及时进行防护施工。

1.基底处理要求

对二级及二级以上公路路堤基底处理应符合以下规定:

(1)高度不足 1 m 的路堤,应按设计要求采取换填或改性处理等措施处治。

(2)表层为过湿土,应按设计要求采取换填或进行固化处理等措施处治。

(3)填土高度小于路面和路床的总厚度,基底为膨胀土时,宜挖除地表 0.30～0.60 m 的膨胀土,并将路床换填为非膨胀土或掺灰处理。若为强膨胀土,挖除深度应达到大气影响深度。

2.路堤施工

根据膨胀土自由膨胀率的大小,选用工作质量适宜的碾压机具,碾压时应保持最佳含水量;膨胀土路基填筑松铺厚度不得大于 300 mm;土块粒径应小于 37mm。在路堤与路堑交界地段,应采用台阶方式搭接,其长度不应小于 2 m,并碾压密实。

填筑膨胀土路堤时,应及时对路堤边坡及顶面进行防护。路基完成后,当年不能铺筑路面时,应按设计要求做封层,其厚度应不小于 200 mm,横坡不小于 2%。

3.路堑施工

路堑施工前,先施工截、排水设施,将水引至路幅以外。

边坡施工过程中,必要时,宜采取临时防水封闭措施保持土体原状含水量。边坡不得一次挖到设计线,应预留厚度 300～500 mm,待路堑完成时,再分段削去边坡预留部分,并立即进行加固和封闭处理。

膨胀土地区的路堑,应对路堑路床 0.80 m 范围内膨胀土进行超挖,换填为符合规定的填料,或者进行土质改良或采取其他适宜的加固措施。对强膨胀土、地下水发育、运营中处理困难的路堑,路床的换填深度应加深至 1.0～1.5 m,并应采取地下排水措施。

宜用支挡结构对强膨胀土边坡进行防护。支挡结构基坑应采取措施防止暴晒或浸水,基础埋深应在大气风化作用影响深度以下。

三、滑坡地段路基施工技术

1.各类滑坡的共同特征

(1)滑带土体软弱,易吸水不易排水,呈软塑状,力学指标低。

(2)滑带的形状在匀质土中多近似于圆弧形,在非匀质土中为折线形。

(3)水多是滑坡发展的主要原因,地层岩性是产生滑坡的物质基础,滑坡多是沿着各种软弱结构面发生的。

(4)自然因素和人为因素引起的斜坡应力状态的改变(爆破、机械振动等)均有可能诱发滑坡。

2.滑坡防治的工程措施

滑坡防治的工程措施主要有排水、力学平衡和改变滑带土三类。

(1)对于滑坡的处治,应分析滑坡的外表地形、滑动面、滑坡体的构造、滑动体的土质及饱水情况,以了解滑坡体的形式和形成的原因,根据公路路基通过滑坡体的位置、水文、地质等条件,充分考虑路基稳定的施工措施。

(2)滑坡直接影响到公路路基稳定时,不论采用何种方法处理,都必须做好地表水及地下水的处理。

(3)对于滑坡顶面的地表水,应采取截水沟等措施处理,不让地表水流入滑动面内。必须在滑动面以外修筑一两条环形截水沟;对于滑坡体下部的地下水源应截断或排出。

(4)在滑坡体未处治之前,禁止在滑坡体上增加荷载(如停放机械、堆放材料、弃土等)。

(5)对于挖方路基上边坡发生的滑坡,应修筑一条或数条环形截水沟。

(6)当挖方路基上边坡发生的滑坡不大时,可采用刷方(台阶)减重、打桩或修建挡土墙进行处理以达到路基边坡稳定。

(7)填方路堤发生的滑坡,可采用反压土方或修建挡土墙等方法处理。

(8)沿河路基发生滑坡,可修建河流调治构造物(堤坝、丁坝、稳定河床等)及挡土墙方法处理。

(9)滑坡表面处治可采用整平夯实山坡,填筑积水坑,堵塞裂隙或进行山坡绿化固定表土。

3.滑坡地段路基的施工技术要点

(1)迅速排除降水及地下水。

地下水活动是诱发滑坡产生的主要外因,不论采用何种方法处理滑坡,都必须做好地表水及地下水的处理,排除降水及地下水的主要方法如下:

1)环形截水沟。

施工技术规范规定:对于滑坡顶面的地表水,应采取截水沟等措施处理,不让地表水流入滑动面内。必须在滑动面以外修筑1~2条环形截水沟。环形截水沟设置处,应在滑坡可能发生的边界以外不少于5 m的地方。若山坡汇水面积大,地表径流流量和流速均相应较大时,则应根据情况设计不只一条截水沟,截水沟间距以50~60 m为宜,截水沟的断面尺寸,应根据沟间汇水面积确定。

截水沟应采用浆砌片石防护。在石料缺乏的地方,可用预制混凝土块铺砌防护。

2)树枝状排水沟。

树枝状排水沟的主要作用是排除滑体坡面上的径流。在设置树枝状排水沟时,应结合地形条件,充分利用坡面上的自然沟系,汇集并旁引坡面径流排出滑体外,若以自然沟渠作为排除地表水的渠道时,必须对其进行必要的整修、加固和铺砌,使水流通畅,不渗漏。

3)平整夯实滑坡体表面的土层,防止地表水渗入滑体坡面造成高低不平,不利于地表水的排除,易于积水,应将坡面做适当平整。当坡面土质疏松,地表水易下渗,故需将其夯实。坡面上有裂缝时,应将裂缝两侧的土挖开,宽度不小于0.5 m,深度宜为1~2 m,然后用黏质土分层填筑夯实;当坡面上有封闭的洼地或泉水露头时,应设水沟将其排出滑坡坡面,疏干积水。

4)排除地下水。

排除地下水的方法较多,有支撑渗沟、边坡渗沟、暗沟、平孔等。

(2)减轻滑体上作业机械、土体重力和振动。

(3)改善土的工程性质,将上积土体减重,加重底脚处。

当挖方路基上边坡发生的滑坡不大时,可采用刷方减重,反压坡脚的方法来防治滑坡。经过地质调查、勘探和综合分析,确定滑坡性质为推动式,或为由错落转化成的滑坡后,可采用此方法。

反压到坡脚的土体必须填在抗滑地段,不能填在主滑地段。填方时,必须做好地下排水工程,不能因填土堵死原有的地下水出口,造成后患。

减重的上积土的位置须在主滑地段的上部,而不能在抗滑段减重,否则,将削弱抗滑段的作用。

滑坡减重后,坡面的土体一般渗水性都很强。因此,应根据刷方后的地形来设置地表排水沟,在斜坡上设多级小台阶,并设置集水设备以利排水,坡面可采用植树造林或种草等生物防护方式进行保护,同时,对于开挖台阶部分,应按需要采取砌石圬工框架支撑等。即使是基岩露头部分,当裂隙发育易风化时,也应采取喷浆防护等措施。

(4)选择干旱的施工季节,集中力量突击滑坡施工段。

水是引起坡体失稳的重要因素。因此,选择干旱的季节,集中力量突击滑坡段的工程。施工前,应对当地的气象资料(无气象资料时,可自行调查)进行分析,选择干旱季节,精心做好施工组织设计,调配好劳动力和施工机具,做好作业面上的平行、交叉作业,在干旱季节内尽可能快地完成滑坡地带的施工。

(5)牵引式滑坡、具有膨胀性质的滑坡不宜用滑坡减重法。

牵引式滑坡是指坡脚的土体先失稳,向下滑动,坡体后部土体由于失去支承而相继滑下。上积土减重后并不能防治该类滑坡的产生和发展,因而对于牵引式滑坡,不采用减重法。牵引式滑坡多发生于黏土和堆积层滑坡中。具有膨胀性质的滑坡的滑带土(或滑体)具有卸荷膨胀的特性,减重后能使滑带土松散,地下水浸湿后其阻滑力减小,因而引起滑坡下滑,故不宜采用减重法。

四、湿陷性黄土地区路基施工

1.湿陷性黄土的工程特性

一般呈黄色或黄褐色,粉土含量常占60%以上,含有大量的碳酸盐、硫酸盐等可溶盐类,天然孔隙比在1左右,肉眼可见大孔隙。在自重压力或自重压力与附加压力共同作用下,受水浸湿后土的结构迅速破坏而发生显著下沉。具有湿陷性和易溶蚀、易冲刷、各向异性等工程特性,导致黄土地区的路基易产生多种问题及病害。

2.湿陷性黄土地基的处理措施

湿陷性黄土地基应采取拦截、排除地表水的措施,防止地表水下渗,减少地基地层湿陷下沉。其地下排水构造物与地面排水沟渠必须采取防渗措施。

若地基土层有强湿陷性或较高的压缩性,且容许承载力低于路堤自重力时,应考虑地基在路堤自重和活载作用下所产生的压缩下沉。除采用防止地表水下渗的措施外,可根据湿陷性黄土工程特性和工程要求,因地制宜采取换填土、重锤夯实、强夯法、预浸法、挤密法、化学加固法等措施对地基进行处理。

(1)换填土——挖除一定深度湿陷性黄土,换以合乎要求的土或灰土分层填筑,分层夯实。

(2)强夯法——用几十吨重锤从高处落下,反复多次夯击,对地基进行强力夯实,使浅层、深层得到不同程度的加固，强夯施工法振动大，对附近建筑物有影响，因此应注意施工附近建筑物安全。

采用强夯法处理湿陷性黄土地区路基的地基，土的含水量宜低于塑限含水量1%～3%。

(3)预浸法——通过钻孔注水，使其预先湿陷。可用于湿陷性土层厚度大于10 m，自重湿陷量不小于50 cm的地段。

(4)挤密法——通过冲击，振动或爆扩成孔，再灌以石灰或灰土分层捣实。

(5)化学加固法——用硅酸钠溶液，通过有孔的注射管压入土中，使其与土中水溶性盐相互作用，产生硅胶，把土胶结。

3.地基陷穴处理方法

灌砂法适用小而直的陷穴，以干砂灌实整个洞穴。

灌浆法适用于洞身不大，但洞壁起伏曲折较大，并离路基中线较远的小陷穴，施工时先将陷穴出口用草袋装土堵塞，再在陷穴顶部每隔4～5 m打钻孔作为灌浆孔，待灌好和土浆凝固收缩后，再在各孔作补充灌浆，一般需重复2～3次，有时为了封闭水道也可灌水泥砂浆。

开挖回填夯实法适用于各种形状的陷穴。

导洞和竖井法适用较大、较深的洞穴。由洞内向外逐步回填夯实，在回填前，应将穴内虚土和杂物彻底清除干净。当接近地面0.5 m时，应用老黄土或新黄土加10%的石灰拌匀回填夯实。

处理好的陷穴，其土层表面均应用石灰∶土＝3∶7的石灰土填筑夯实或铺填透水材料加以改善。石灰土厚度应按设计严格执行。如原设计未要求时，其厚度不宜小于30 cm。并将流向陷穴的附近地面水引离，防止形成地表积水或水流集中产生冲刷。

黄土陷穴的处理范围，应视具体情况而定，宜在路基填方或挖方边坡外，上侧50 m，下侧10～20 m。若陷穴倾向路基，虽在50 m以外，仍应作适当处理。对串珠状陷穴应彻底进行处治。

第二章　路面工程

第一节　路面结构分类与图例

一、路面结构概述

公路路面是在路基表面上用各种不同材料或混合料分层铺筑而成的一种层状结构物，它的功能不仅是提供汽车在道路上能全天候的行使，而且要保证汽车以一定的速度，安全、舒适而经济地运行。

(一)路面结构及其层次划分

为了减小雨水对路面的浸湿和渗透入路基，从而降低路面结构的强度，道路表面应筑成直线形和抛物线形的路拱。等级较高的路面，其平整度和水稳性较好，透水性也小，可采用较小的路拱横坡度，反之则应采用较大的横坡度。

路肩横坡度应较路面横坡大 1%，以利于迅速排水。路肩全宽或部分宽度表面最好用砂材料或再加结合料予以处治，形成平整、坚实不透水的表面。

根据使用要求、受力情况和自然因素等作用程度不同，把整个路面结构自上而下分成若干层次来铺筑，如图 2-1 所示。

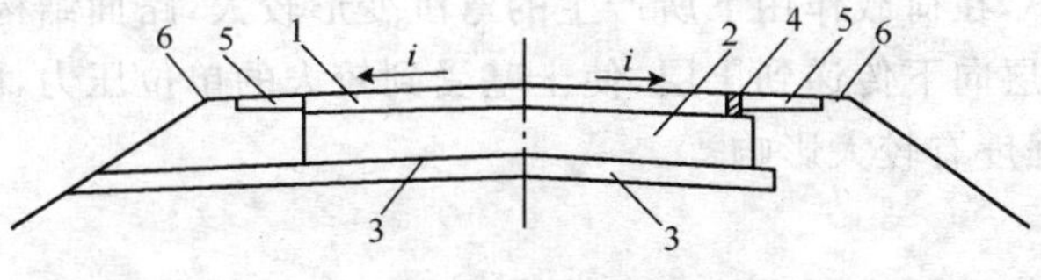

图 2-1　路面结构示意图

i—路拱横坡度；1—面层；2—基层；3—垫层；4—路缘石；5—加固路肩；6—土路肩

如图 2-1 所示为一个典型的路面结构示意图。值得注意的是：实际上路面并不一定都具有那么多的结构层次。此外，路面各结构层次的划分，也不是一成不变的。为保护沥青路面的边缘，其基层应较面层每边宽出约 0.25 m，垫层也要较基层每边宽出约 0.25 m。当不设横向盲沟时，应将垫层向两侧延伸直至路基边坡表面，以利于排水。

(二)路面的分级

路面的分级根据面层的使用品质、材料组成类型以及结构强度和稳定性的不同，将路面分成四个等级。

1. 高级路面

(1)面层类型：水泥混凝土、沥青混凝土、厂拌沥青碎石、整齐石块或条石。

(2)所使用的公路等级：高速、一级、二级公路。

(3)特点：强度和刚度高，稳定性好、使用寿命长，能适应繁重的交通量，平整无尘，能保证高速行车，其养护费少，运输成本低。但其基础建设投资大，需要质量较高的材料来建筑。

2. 次高级路面

(1)面层类型:沥青灌入碎(砾)石、路拌沥青碎(砾)石、沥青表面处理、半整齐石块。

(2)所使用的公路等级:二级、三级公路。

(3)特点:强度和刚度较高,使用寿命较长,能适应较大交通量,行车速度也较高,造价低于高级路面。但要求定期修理,养护费用和运输成本也相对较高。

3. 中级路面

(1)面层类型:泥结或级配碎(砾)石、水结碎石、不整齐石块,其他粒料。

(2)所使用的公路等级:三级、四级公路。

(3)特点:强度和刚度较低,稳定性较差,使用期限较短,平整度较差,易扬尘,仅能适应一般的交通量,行车速度低,需要经常维修和补充材料,方可延长使用年限。造价虽低,但养护工作量大,运输成本也高。

4. 低级路面

(1)面层类型:各种粒料或当地材料改善土,如炉渣土、砾石土、砾土和砂等。

(2)所使用的公路等级:四级。

(3)特点:强度和刚度低,水稳性和平整度均差,易生灰,只能保证低速行车,适应的交通量较小,雨季有时不能通车。造价虽低,但要求经常养护维修,而且运输成本很高。

(三)路面的分类

根据路面的力学性能,可将路面分为:柔性路面、刚性路面。

1. 柔性路面

指各种基层(水泥混凝土除外)和各类沥青面层、碎(砾)石面层或块石面层所组成的路面结构。

其特点是,刚度小,在荷载作用下所产生的弯沉变形较大,路面结构本身抗弯拉强度较低。车轮荷载通过各结构层向下传递到土层,使土基受到较大的单位压力,因而土基的强度和稳定性,对路面结构整体强度有较大影响。

2. 刚性路面

指用水泥混凝土作面层或基层的路面结构。

其特点是,水泥混凝土的强度较高,其抗弯拉强度比各种路面材料要高得多,弹性模量也大很多,因而刚性很大。水泥混凝土路面板在车轮荷载作用下弯沉变形极小,荷载通过混凝土板体的扩散分布作用,传递到基础上的单位压力,较柔性路面小得多。

按照筑路材料划分,路面可分为:以有机材料为结合料的路面、以无机材料结合料的路面见表 2-1。

表 2-1 按筑路材料划分的路面的分类

序号	名称	含义	内容
1	以无机物材料为结合料的路面	集料为碎(砾)石和砂,黏结料以水泥、黏土为主,也常用石灰作黏结料	(1)水泥混凝土路面; (2)泥结碎(砾)石和级配碎(砾)石路面; (3)稳定土路面

续上表

序号	名　称	含　义	内　容
2	以有机物材料的结合路面	以碎石或砾石及砂为主要材料，以石油沥青（包括渣油）或煤沥青为结合料，用不同方式或不同施工方法铺筑成的路面	(1)沥青混凝土路面； (2)沥青碎石； (3)沥青灌入式

二、路面结构示意图

路面结构施工图常采用断面图的形式表示其构造做法。表 2-2 列出了路面结构常用材料示意图。

表 2-2　路面结构常用示意图表

序号	路面类型	示意图	说　明
1	高级路面	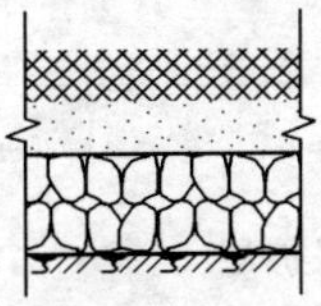	沥青混凝土（中）3～5 cm，碎石（或沥青）贯入碎石 4～8 cm，碎（砾）石 10～20 cm
			沥青混凝土（粗）或碎石 3～5 cm. 三渣 30～40 cm（石灰、水淬渣、碎石或石灰、煤渣、碎石）
2	次级路面	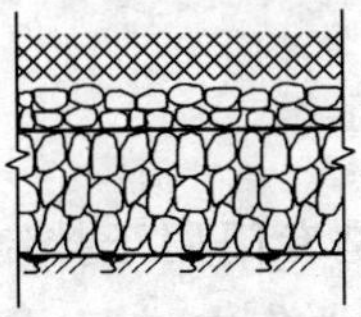	路拌渣油（沥青）级配碎（砾）石 2.5～4 cm，泥结碎（砾）石 8～15 cm，碎碎（砾）石 8～15 cm
		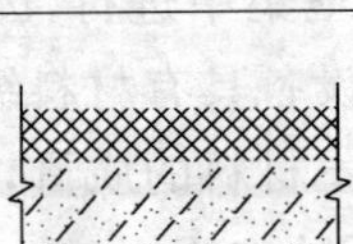	路拌渣油（沥青）级配碎（砾）石 2.5～4 cm，石灰煤渣、石灰砾石土或石灰土 15～25 cm
		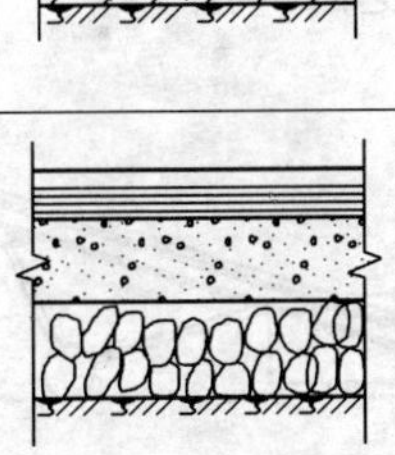	渣油（沥青）表面，表面处理 1.5～3 cm，泥结碎（砾）石 8～15 cm，碎（砾）石 8～15 cm
		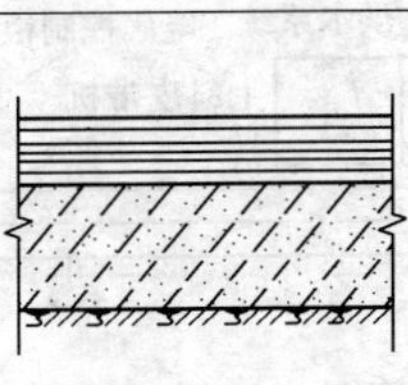	渣油（沥青）表面处理 1.5～3 cm，石灰煤渣、石灰、砾石土或石灰土 15～25 cm

续上表

序号	路面类型	示意图	说 明
3	中级路面	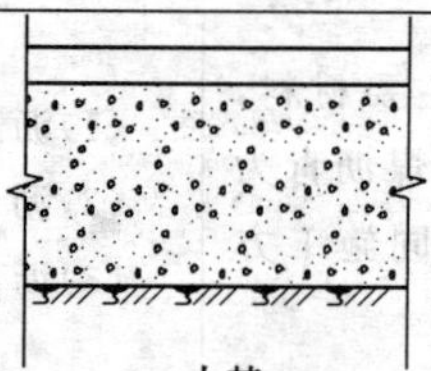 土基	砂土石屑磨耗层泥结碎石 8～20 cm(或级配砾石)(或用砾石砂、碎砖等集料加强)
		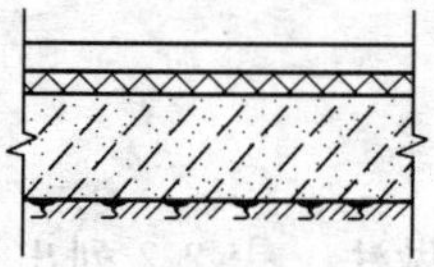	砂土石屑磨耗层嵌入碎石一层石灰煤渣土(或石灰土)15～25 cm
4	低级路面	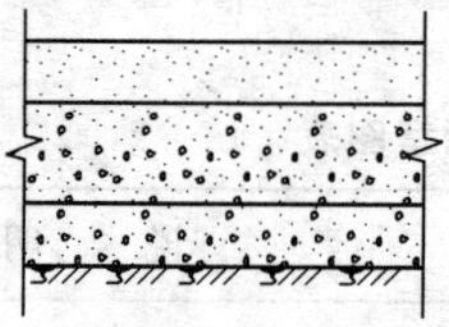 压实土基	细煤渣 3 cm，碎砖 10 cm，粗煤渣 5 cm
		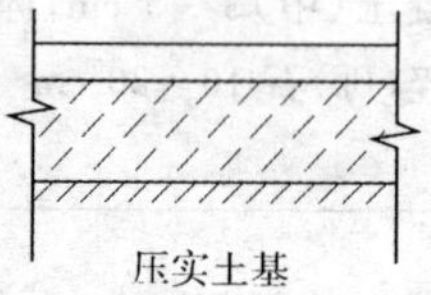 压实土基	压入石屑保护层 1～2 cm，8%石土 12 cm

第二节 路面工程主要施工机械

一、稳定土厂拌设备

稳定土厂拌设备是路面工程机械的主要机种之一，是专门用于拌制以水硬性材料为结合剂的稳定混合料的搅拌机组。由于这项工作是在固定场地集中进行，因而稳定土厂拌设备较路拌机(路拌稳定土拌和机)有明显的优势。稳定土厂拌设备具有材料级配准确、拌和均匀、节省材料、便于使用微机进行自动控制等优点，易于了稳定土材料的质量，因而在公路建设、城市道路及货场、机场等需要稳定土材料的工程中得到了广泛的应用。

稳定土厂拌设备的总体构成如图 2-2 所示。

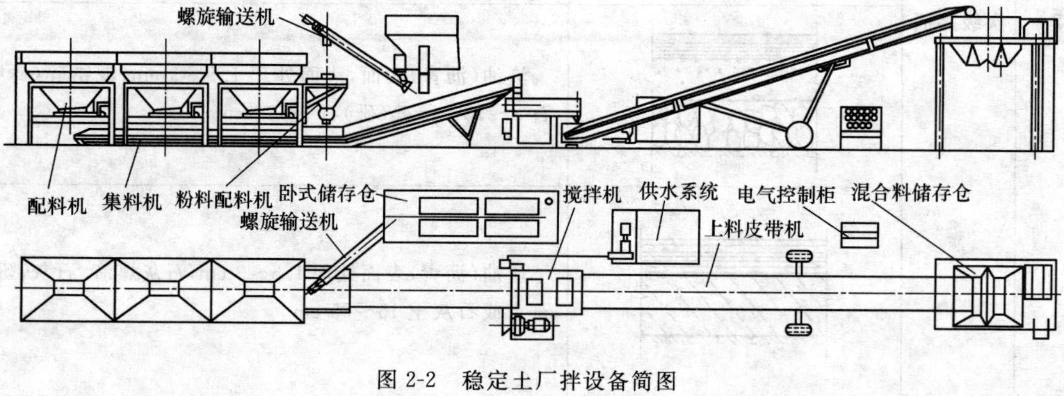

图 2-2 稳定土厂拌设备简图

稳定土厂拌设备主要用来拌制水泥稳定土、石灰稳定土、石灰工业废渣稳定土。这里的水泥稳定土和石灰稳定土都是一个广义的概念，既包括各种稳定细粒土（如塑性指数不同的各种黏性土、砂和石屑等），也包括各种稳定中粒土和粗粒土（如沙砾土、碎石土、级配沙砾、级配碎石等）。厂拌设备拌制各类稳定土时的工艺流程基本相同。以水泥稳定碎石底基层为例，其生产工艺流程如图 2-3 所示。

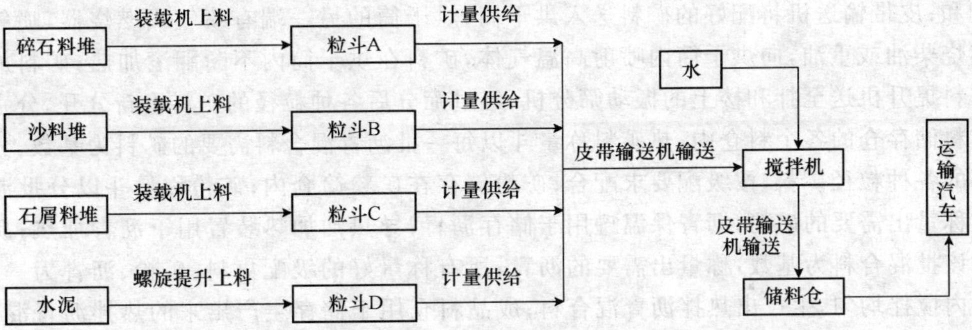

图 2-3　稳定土厂拌设备的生产工艺流程图

二、沥青混合料拌和站

按拌和工艺流程可分为连续式拌和站和间歇式拌和站。

（一）连续式沥青混合料拌和站。

连续式沥青混合料拌和站的特点是加热、拌和、掺入沥青都是在一个很长的加热烘干滚筒内一次完成，故也称滚筒式沥青混合料拌和站。其生产工艺如图 2-4 所示，不同粒径的石料经过集料配料机按比例配合，加入矿粉，通过输送机连续不断地从一端送入烘干筒内，烘干筒不断转动，矿料在其中搅拌均匀，烘干筒的一端有燃烧器，向烘干筒内喷射高温气体，矿料在烘干筒内不断翻滚中搅拌、加热，然后喷入沥青，继续搅拌直至均匀；拌好后沥青混合料从加热烘干筒的另一端连续不断地输出，故称为连续式沥青混合料拌和站；拌好的沥青混合料暂时存放在成品料仓中，再由自卸车将沥青混合料运走。

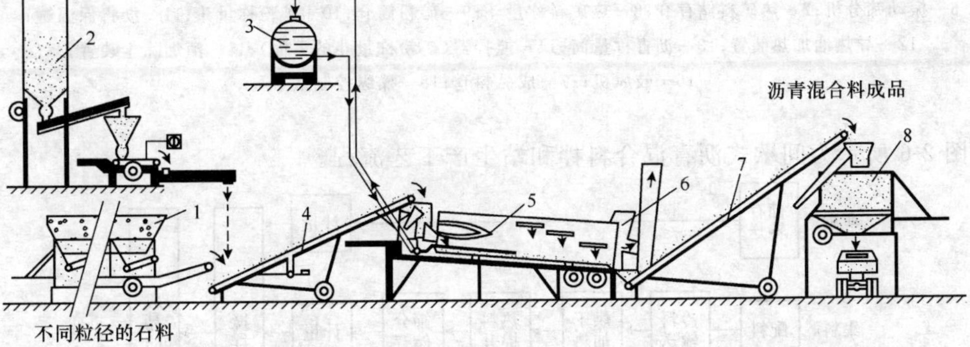

图 2-4　连续式沥青混合料拌和站

1—集料配料机；2—矿粉仓；3—沥青罐；4,7—输送机；5—烘干筒；6—燃烧器；8—成品料仓

连续式沥青混合料拌和站工艺流程短、生产效率高，但对采石场提供矿料的粒径的准确度要求高，否则不能保证沥青混合料的级配。

(二)间歇式沥青混合料拌和站

制备沥青混合料使用的沥青、矿粉和集料等原材料运到沥青混合料拌和站分别存放起来。沥青存放在沥青罐内,矿粉存放在矿粉仓内,集料分成不同粒径分堆存放在料场。沥青混合料拌和站利用这些原材料生产出沥青混合料。如图 2-5 所示为大型间歇式沥青混合料拌和站构造。

如图 2-5 所示的大型间歇式沥青混合料拌和站的工作原理如下:集料配料装置用于矿料初步配和;皮带输送机将配好的矿料送入烘干筒;烘干筒的另一端有喷气式燃烧器,喷气式燃烧器燃烧柴油或重油,向烘干筒内喷射高温气体,矿料在烘干筒内不断翻滚加热;矿料加热后由热矿料提升机送至拌和楼上的振动筛分机;经过筛分后各种粒径的矿料重新分开,分别存放在热矿料储存仓的各个料仓内;热矿料称量斗以每一批沥青混合料需要的矿料为基数,分别称量需要的各种粒径矿料,按级配要求配合;矿粉储存在矿粉筒仓内;矿粉称量斗以分批混合料为基数称量出需要的矿粉;沥青保温罐用于储存沥青;导热油加热装置用于沥青加热;沥青称量桶以该批混合料为基数,称量出需要的沥青;所有称量好的级配集料、矿粉、沥青为一批,在搅拌器内搅拌均匀,生产出热拌沥青混合料;成品料仓用于储存生产出来的热拌沥青混合料;消烟除尘装置用于消除生产过程中出现的烟尘;操纵控制室对整个拌和站进行控制。

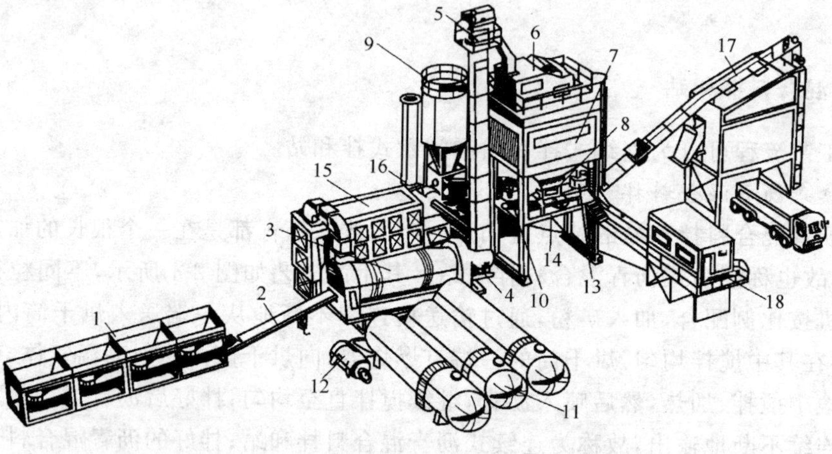

图 2-5 大型间歇式沥青混合料拌和站构造

1—集料配料装置;2—皮带输送机;3—烘干筒;4—喷气式燃烧器;5—热矿料提升机;
6—振动筛分机;7—热矿料储存仓;8—热矿料称量斗;9—矿粉筒仓;10—矿粉称量斗;11—沥青保温罐;
12—导热油加热装置;13—沥青称量筒;14—搅拌器(矿粉称量斗的下面);15—消烟除尘装置;
16—鼓风机;17—成品料仓;18—操纵控制室

如图 2-6 所示为间歇式沥青混合料拌和站生产工艺流程。

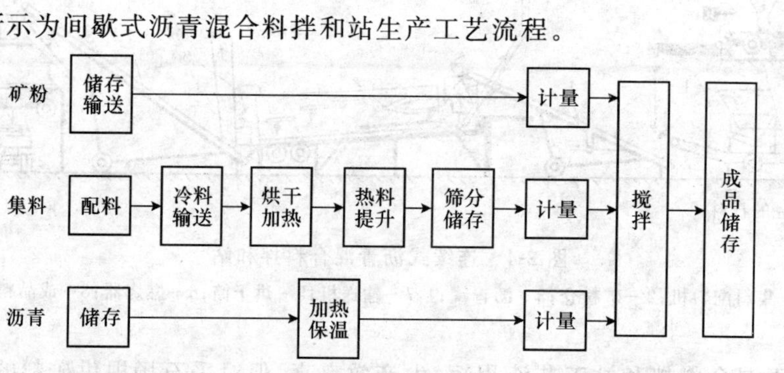

图 2-6 间歇式沥青混合料拌和站生产工艺流程

三、沥青混合料摊铺机

(一)沥青混合料摊铺机的分类

沥青混合料摊铺机发展至今已有很多品种,性能相当完善,可以适应各种施工情况的需求。

1.按施工摊铺能力分类

(1)大型摊铺机:最大摊铺宽度大于等于 9 m,有些摊铺机的摊铺宽度可达 16 m。

(2)中型摊铺机:摊铺宽度可达 5～9 m。

(3)小型摊铺机:摊铺宽度为 2～5 m,有些超小型摊铺机的摊铺宽度只有 1.5 m,可以在狭窄的社区街道进行铺筑。

2.按行驶系统分类

(1)履带式摊铺机。

(2)轮胎式摊铺机。

3.按熨平板的结构形式分类

(1)机械拼装式摊铺机。

(2)液压伸缩式摊铺机。

4.按熨平板碾压密实度分类

(1)普通摊铺机;

(2)高密度振动摊铺机。

(二)沥青混合料摊铺机的构造

沥青混合料摊铺机的基本构造如图 2-7 和图 2-8 所示,主要包括:动力装置、液压传动系统、行驶系统、工作装置。

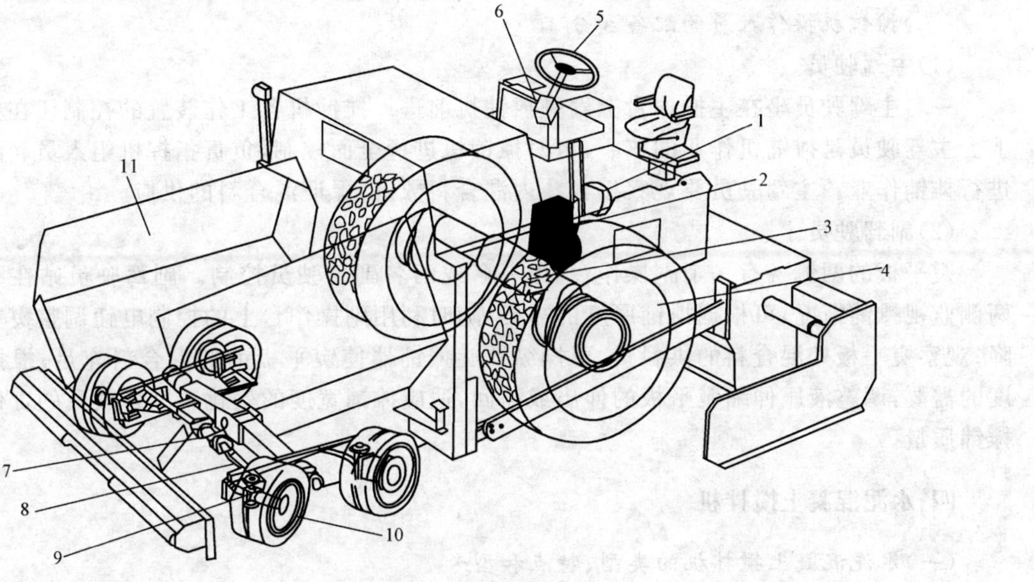

图 2-7 轮胎式摊铺机的构造

1—驱动马达;2—减速箱;3—驱动桥;4—后轮;5—方向盘;6—转向阀;7—转向油缸;8—转向拉杆;9—转向轴;10—前轮;11—接料斗

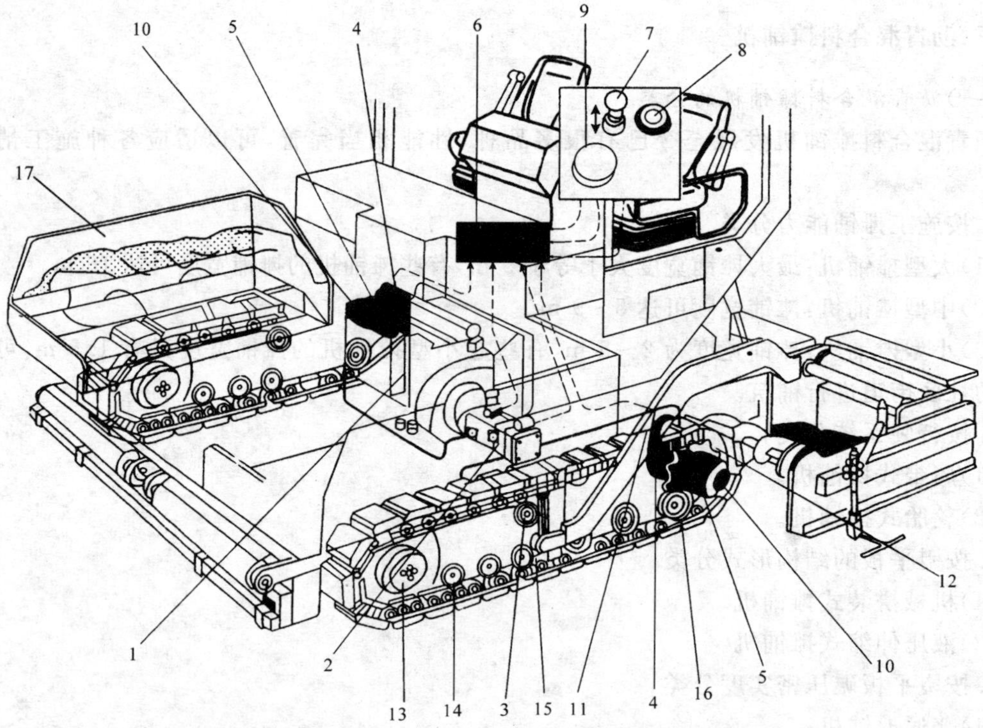

图 2-8 履带式摊铺机的构造

1—发动机；2—液压泵；3—液压泵控制阀；4—速度传感器；5—液压马达；6—电子驱动控制箱；7—前进、倒退控制杆；8—速度控制钮；9—转向控制钮；10—减速箱；11—弹簧载荷制动器；12—驱动齿轮；13—引导轮；14—支重轮；15—托链轮；16—履带；17—接料斗

（三）摊铺机操作人员的配备和分工

(1)主驾驶员。

一名主驾驶员坐在主操作台上驾驶摊铺机前进。摊铺机各工作装置的控制钮在主操作台上。主驾驶员是摊铺机作业的核心，可对摊铺机进行全面控制，负责指挥机组人员和配合人员进行摊铺作业。主驾驶员要观察接料斗内混合料数量，保证混合料的供应。

(2)副驾驶员。

熨平板的两侧各有一个副操作台，由一名或两名副驾驶员控制。副驾驶员站在熨平板的两侧监视摊铺情况，可根据摊铺厚度的需要，随时利用副操作台上的控制电钮调整熨平板的升降；观察熨平板处混合料的供料量，可操纵螺旋摊铺器使熨平板前的混合料充足；根据摊铺宽度的需要，调整液压伸缩熨平板的伸出或缩回，适应摊铺宽度的变化。副驾驶员的责任是保证摊铺质量。

四、水泥混凝土搅拌机

（一）水泥混凝土搅拌机的类型、特点和型号

(1)按作业方式分有循环作业式和连续作业式两种。

循环作业式的供料、搅拌、卸料三道工序是按一定的时间间隔进行的，即按份拌制。由于拌制的各种物料都经过准确的称量，故搅拌质量好。目前大多采用此种类型的作业方式。

连续作业式的上述三道工序是在一个较长的筒体内连续进行的。虽然其生产率较循环作

业式高，但由于各料的配合比、搅拌时间难以控制，故搅拌质量差。目前使用较少。

(2)按搅拌方式分有自落式搅拌和强制式搅拌两种。

自落式搅拌机就是把混合料放在一个旋转的搅拌鼓内，随着搅拌鼓的旋转，鼓内的叶片把混合料提升到一定的高度，然后靠自重自由撒落下来。这样周而复始地进行，直至拌匀为止。这种搅拌机一般拌制塑性和半塑性混凝土。

强制式搅拌机是搅拌鼓不动，而由鼓内旋转轴上均置的叶片强制搅拌。这种搅拌机拌制质量好，生产效率高，但动力消耗大，且叶片磨损快。一般适用于拌制干硬性混凝土。

(3)按装置方式分有固定式和移动式两种。

固定式搅拌机是安装在预先准备好的基础上，整机不能移动。它体积大、生产效率高，多用于拌和楼或搅拌站。

移动式搅拌机本身有行驶车轮，且体积小、重量轻，故机动性能好。多用于中小型临时工程。

(4)按出料方式分有为倾翻式和非倾翻式两种。

倾翻式靠搅拌鼓倾翻卸料，而非倾翻式靠搅拌鼓反转卸料。

(5)按搅拌鼓的形状不同，有梨形、鼓筒形、双锥形、圆盘立轴式和圆槽卧轴式五种。

前三种系自落式搅拌；后两种为强制式搅拌，目前国内较少使用。

(6)按搅拌容量分有大型(出料容量 1 000～3 000 L)、中型(出料容量 300～500 L)和小型(出料容量 50～250 L)

部分搅拌机的分类见表 2-3。

表 2-3 搅拌机分类

自落式				强制式		
倾翻式出料		非倾翻式出料		竖轴式		卧轴式
单口	双口	斜槽出料	反转出料	涡桨式	行星式	双槽式
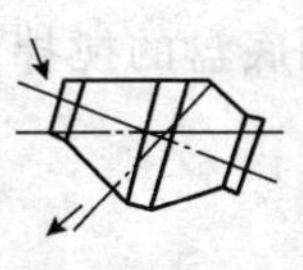	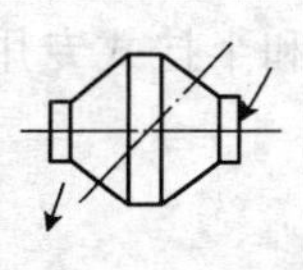	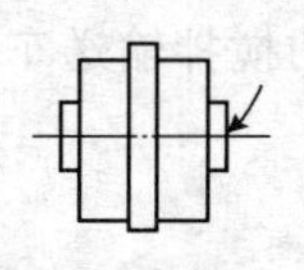	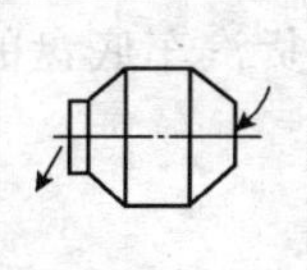	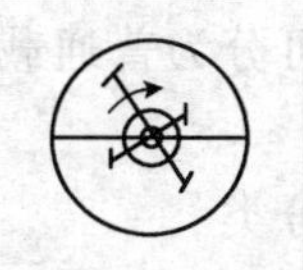	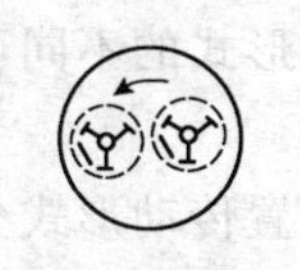	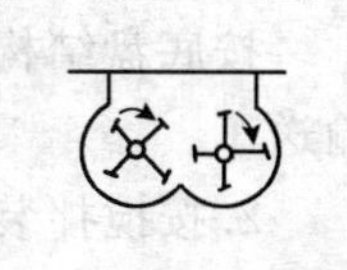

(二)水泥混凝土搅拌机的主要结构

水泥混凝土搅拌机主要由上料系统、搅拌机构、供水系统等三大部分组成。水泥混凝土搅拌机总体结构(以 JZ750 为例)如图 2-9 所示。

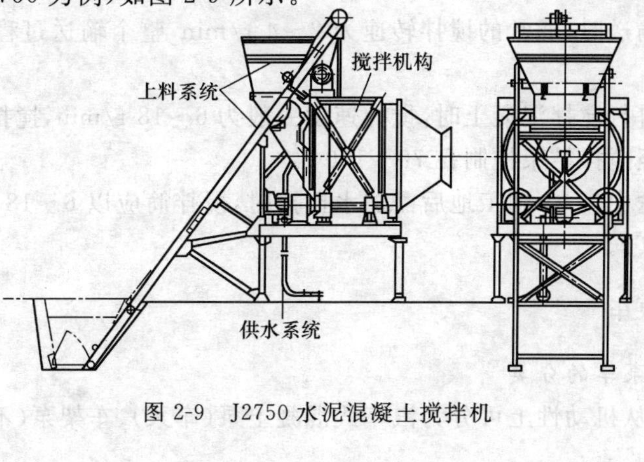

图 2-9 J2750 水泥混凝土搅拌机

五、水泥混凝土搅拌输送车

水泥混凝土搅拌输送车(混凝土罐车)是一种用于长距离输送混凝土的机械设备。它是在汽车底盘上安装一套带搅拌机构、倾斜卸料机构等设备的工程车,兼有载运和搅拌混凝土的双重功能,可以在运送混凝土的同时对其进行搅拌,以保证混凝土运输到施工现场后,不致产生离析现象。

水泥混凝土搅拌输送车的外形,如图 2-10 所示。

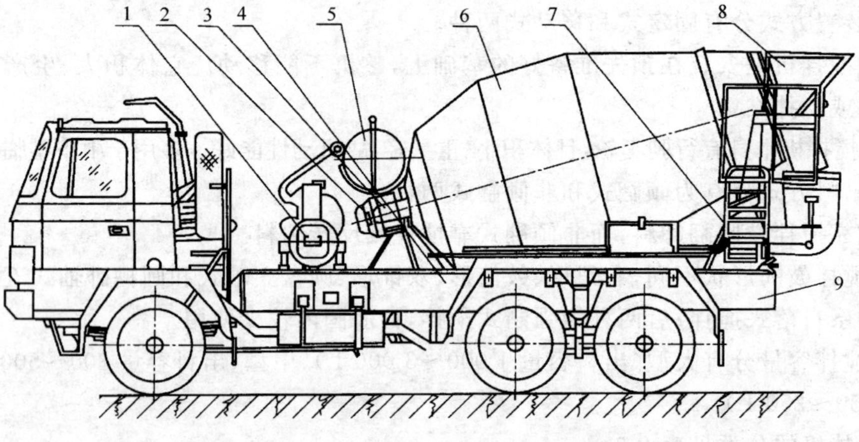

图 2-10　水泥混凝土搅拌输送车

1—泵连接组件;2—减速机总成;3—液压系统;4—机架;5—给水装置;6—搅拌筒;7—操纵系统;8—进出料装置;9—底盘

(一)水泥混凝土搅拌输送车的分类

1. 按底盘结构形式分类

按底盘结构形式的不同可分为普通载货汽车底盘的搅拌输送车和半挂式专用底盘的搅拌输送车。

2. 按搅拌装置传动形式分类

按混凝土搅拌装置传动形式可分为机械传动的混凝土搅拌输送车和液压传动的混凝土搅拌输送车。

(二)搅拌输送技术

(1)混凝土必须能在最短的时间内均匀、无离析地排出,且出料干净,以满足施工的要求。

(2)混凝土搅拌输送时,通常的搅拌转速为 2～4 r/min,整个输送过程中搅拌筒的总转数应控制在 300 r 以内。

(3)若采用干料自行搅拌混凝土时,搅拌速度一般为 6～18 r/min,搅拌转数应从混合料和水加入搅拌筒起,直至搅拌结束控制在 70～100 r。

(4)因搅拌输送途中失水,到工地后需加水搅拌时,搅拌筒应以 6～18 r/min 的速度搅拌,并另外再转动至少 30 r。

六、水泥混凝土泵车

(一)水泥混凝土泵车的分类

水泥混凝土泵车从机动性上可分为汽车式混凝土泵(车泵)、车架泵(不带活动臂架)、拖式混凝土泵三种类型。

水泥混凝土泵车从动力形式上可分为电动式和内燃机式。

水泥混凝土泵车从泵送形式上，目前国内普遍采用的有斜置闸板阀和"S"管阀式。前者的优点是对混凝土中集料直径要求较宽(40 mm)，售价较低，缺点是闸板阀需不间断润滑，泵送高度约100 m；后者无润滑系统，集料要求严格(不大于33 mm)，泵送高度可达150 m以上，售价一般较高。

(二)水泥混凝土泵车的结构

水泥混凝土泵车的基本结构组成如图2-11所示。水泥混凝土泵车通过动力分动箱将发动机的动力传给液压泵，液压泵推动活塞带动混凝土泵工作。然后利用水泥混凝土泵车上的布料杆和输送管，将混凝土输送到一定的高度和距离。在作业中，水泥混凝土泵车的发动机除了驱动泵车行使外，同时也用来驱动泵送机构、搅拌机构及布料机构等工作装置。其外形结构如图2-12所示，主要由汽车底盘、回转机构、布料装置、混凝土泵和支腿等组成。

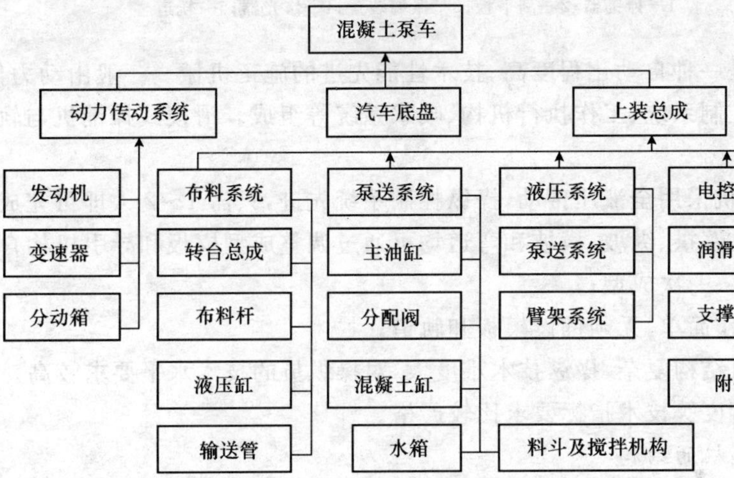

图2-11 水泥混凝土泵车基本结构组成

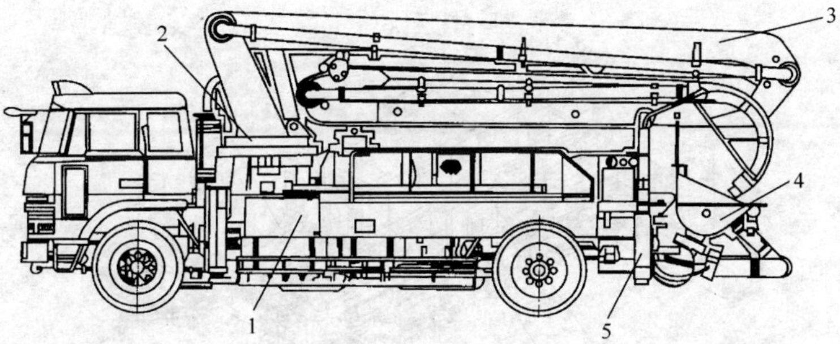

图2-12 水泥混凝土泵车外形构造

1—底盘；2—回转机构；3—布料装置；4—混凝土泵；5—支腿

七、水泥混凝土摊铺机

水泥混凝土摊铺机是修筑水泥混凝土路面的主要施工机械，其功能是把已经搅拌好的水泥混凝土均匀及平整地摊铺在路基上，再经振捣和光整表面等工序，使之形成符合标准规范要求的混凝土路面。

(一)水泥混凝土摊铺机的分类及特点

水泥混凝土摊铺机按其运行方式的不同分为轨道式摊铺机和滑模式摊铺机两种。

轨道式摊铺机又称为固定模板式摊铺机(图 2-13),它采用固定模板作铺筑作业。

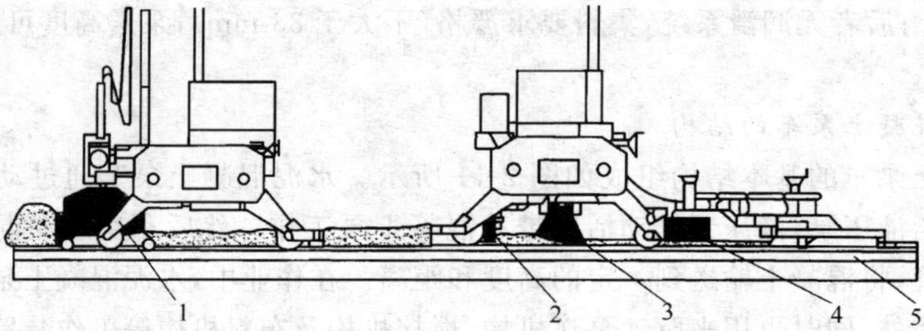

图 2-13　轨道式摊铺机

1—摊铺器;2—刮平板;3—振捣装置;4—修光器;5—轨道

滑模式摊铺机是一种自动化程度高、技术性能先进的施工机械。一般由动力传动系统、机架、行走机构、自动控制系统、工作执行机构、喷水系统等组成。滑模式摊铺机与轨道式摊铺机相比有以下优点:

(1)滑模式摊铺机采用全液压传动,操纵控制系统先进,只需 1～2 人即可完成施工作业;

(2)摊铺路面时,路拱、纵坡、横坡和弯道均可通过调整成型模板和导引机构自动实现。整个路面可以全幅施工、一次成型;

(3)生产准备工作简单,无须铺设模板和轨道;

但滑模式摊铺机结构复杂,操纵技术难度大,对操纵员的技术水平要求较高。同时对所用混凝土的级配和坍落度等技术指标要求比较严格。

(二)滑模式摊铺机的结构

现以 SF350 型滑模式摊铺机为例介绍其结构如图 2-14 所示。

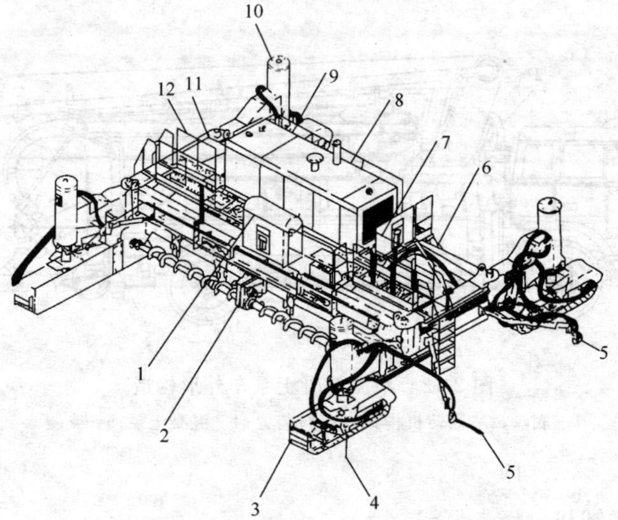

图 2-14　SF350 型滑模式摊铺机外形

1—控制室;2—螺旋摊铺机总成;3—履带总成;4—转向传感器总成;5—调平传感器总成;6—伸缩式机架;7—扶梯;8—发动机;9—油箱;10—支腿立柱;11—端梁;12—走台扶梯

该机为四履带滑模式摊铺机，主要由动力传动系统、主机架、螺旋摊铺器、虚方控制板、振捣系统、成型模板(含侧模板和超铺控制板)、浮动抹光板、拖布、清洗系统、调平与转向系统等组成。

(三)滑模式摊铺机的摊铺工艺

摊铺工艺流程为：螺旋摊铺器→虚方控制板→振动棒→捣实板→成型模板→浮动抹光板→拖布，如图 2-15 所示。经过上述工艺过程基本上完成铺筑作业，拉毛、喷洒养生剂、切缝等由其他机械完成。

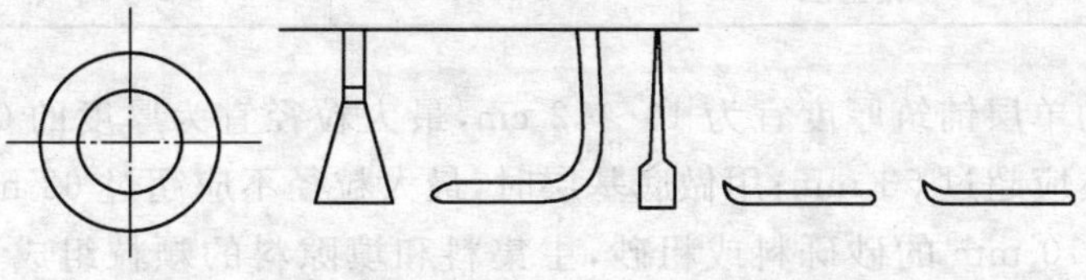

图 2-15 滑模式摊铺机摊铺工艺图

第三节 基层施工技术

一、粒料基层(底基层)施工

(一)粒料基层分类及适用范围

1. 粒料分类

(1)嵌锁型——包括泥结碎石、泥灰结碎石、填隙碎石等。

(2)级配型——包括级配碎石、级配砾石、符合级配的天然砂砾、部分砾石经轧制掺配而成的级配砾、碎石等。

2. 粒料类适用范围

(1)级配碎石可用于各级公路的基层和底基层。级配碎石可用做较薄沥青面层与半刚性基层之间的中间层。

(2)级配砾石、级配碎砾石以及符合级配、塑性指数等技术要求的天然砂砾，可适用于轻交通的二级和二级以下公路的基层以及各级公路的底基层。

(3)填隙碎石可用于各等级公路的底基层和二级以下公路的基层。

(二)对原材料的技术要求

各类基层(底基层)的集料压碎值应符合表 2-4 的规定。

表 2-4 集料压碎值

材料类型 \ 公路等级		高速公路 一级公路	二级公路	三、四级公路
填隙碎石 泥结碎石	基层	—	—	≤26%
	底基层	≤30%	≤30%	≤30%
级配碎石	基层	≤26%	≤30%	≤35%
	底基层	≤30%	≤35%	≤40%

续上表

材料类型 \ 公路等级		高速公路 一级公路	二级公路	三、四级公路
级配或天然砂砾	基层	—	—	≤35%
	底基层	≤30%	≤35%	≤40%
级配砾石	基层	—	—	≤26%
	底基层	≤30%	≤30%	≤30%

(1)填隙碎石的单层铺筑厚度宜为10～12 cm，最大粒径宜为厚度的0.5～0.7倍。用做基层时，最大粒径不应超过53 mm；用做底基层时，最大粒径不应超过63 mm。填隙料可用石屑或最大粒径小于10 mm的砂砾料或粗砂，主集料和填隙料的颗粒组成可参照有关规范的规定。

(2)级配碎石宜用几种粒径不同的碎石和石屑掺配拌制而成，其粒料的级配组成应符合相应的试验规程的要求，且级配应接近圆滑曲线。用于底基层的未筛分碎石的级配，宜符合相应的试验规程的要求。

级配碎石用做基层时，其压实度不应小于98%；用做底基层时，其压实度不应小于96%。

(3)级配砾石或天然砂砾用做基层或底基层，其颗粒组成应符合相应的试验规程的要求，且级配宜接近圆滑曲线。

(三)填隙碎石施工

1. 填隙碎石基层施工一般要求

(1)细集料应干燥。

(2)应采用振动轮每米宽质量不小于1.8 t的振动压路机进行碾压。填隙料应填满粗碎石层内部的全部孔隙。碾压后，表面粗碎石间的孔隙应填满，但不得使填隙料覆盖粗集料而自成一层，表面应看得见粗碎石。碾压后基层的固体体积率应不小于85%，底基层的固体体积率应不小于83%。

(3)填隙碎石基层未洒透层沥青或未铺封层时，禁止开放交通。

2. 填隙碎石基层施工方法

填隙碎石施工工艺流程，如图2-16所示。

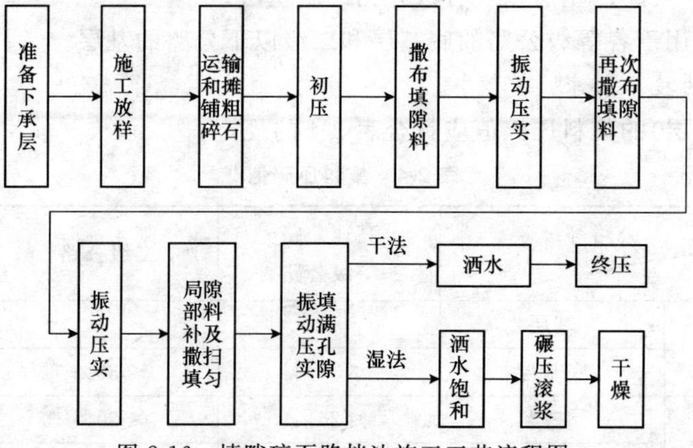

图2-16 填隙碎石路拌法施工工艺流程图

(1)备料。

根据各路段基层或底基层的宽度、厚度及松铺系数，计算各段需要的粗碎石数量；根据运料车辆的车厢体积，严格要求每车料的堆放距离。填隙料的用量约为粗碎石质量的30%～40%。

(2)运输粗碎石。

在同一料场的路段内，由远到近将粗碎石按规范计算的距离卸置于下承层上。卸料距离应严格掌握，避免有的路段料不够或料过多。

(3)摊铺。

用平地机或其他合适的机具将粗碎均匀地摊铺的预定的宽度上，表面应力求平整，并有规定的路拱。应同时摊铺路肩用料。检查松铺材料层的厚度是否符合预计要求，必要时，应进行减料或补料工作。

(4)撒铺填隙料和碾压(分干法施工和湿法施工)。

1)干法施工。

①初压：用8 t两轮压路机碾压3～4遍，使粗碎石稳定就位。

②撒铺填隙料：用石屑撒布机或类似的设备将干填隙料均匀地撒铺在已压稳的粗碎石层上，松铺厚度约2.5～3.0 cm。必要时，用人工或机械扫匀。

③碾压：用振动压路机慢速碾压，将全部填隙料振入粗碎石间的孔隙中。如没有振动压路机，可用重型振动板。碾压方法同前，但路前两侧应多压2～3遍。

④再次撒布填隙料：用石屑撒布机或类似的设备将干填隙料再次撒铺在粗碎石层上，松铺厚度约2.0～2.5 cm。用人工或机械扫匀。

⑤再次碾压：用振动压路机按前述进行碾压。在碾压过程中，对局部填隙料不足之处，人工进行找补。局部多余的填隙料应扫除。

⑥再次碾压后，如表面仍有未填满的孔隙，则应补撒填隙料，并用振动压路机继续碾压，直到全部孔隙被填满为止。表面必须能看得见粗碎石。如填隙碎石层上为薄沥青面层，应使粗碎石的棱角外露3～5 mm。

⑦当需分层铺筑时，应将已压成的填隙碎石层表面粗碎石外露约5～10 mm，然后在上摊铺第二层粗碎石。

⑧填隙碎石表面孔隙全部填满后，用12～15 t三轮压路机再碾压1～2遍。在碾压过程中，不应有任何蠕动现象。在碾压之前，宜在表面先洒少量水，洒水量宜为3 kg/m^{2}以上。

2)湿法施工。

①开始工序与前面要求相同。

②粗石层表面孔隙全部填满后，立即用洒水车洒水，直到饱和，但应注意避免多余水浸泡下承层。

③用12～15 t三轮压路机跟在洒水车后进行碾压。在碾压过程中，将湿填隙料继续扫入所出现的孔隙中。需要时，再添加新的填隙料。洒水和碾压应一直进行到填隙料和水形成粉砂浆为止。粉砂浆应填塞全部孔隙，并在压路机轮前形成微波纹状。

④干燥：碾压完成的路段应让水分蒸发一段时间。结构层变干后，表面多余的细料以及细料覆盖层都应扫除干净。

⑤当需分层铺筑时，应待结构层变干后，将已压成的填隙碎石层表面的填隙料扫除一些，使表面粗碎石外露5～10 mm，然后在上摊铺第二层粗碎石。

(四)级配碎石施工方法

1.级配碎石基层施工要求

(1)颗粒组成应是一根顺滑的曲线。配料必须准确。塑性指数应符合规定。

(2)混合料必须拌和均匀,没有粗细颗粒离析现象。

(3)级配碎石应在最佳含水量时进行碾压,用做中间层时,其重型击实标准的压实度不应小于100%;用做基层时,其重型击实标准的压实度不应小于98%;用做底基层时,其重型击实标准的压实度不应小于96%。

(4)应使用12 t以上三轮压路机碾压,每层的压实厚度不应超15~18 cm。用重型振动压路机和轮胎压路机碾压时,每层的压实厚度可达20 cm。

(5)级配碎石基层未洒透层沥青或未铺封层时,禁止开放交通,以保护表层不受破坏。

2.路拌法施工

级配碎石路拌法施工工艺流程,如图2-17所示。

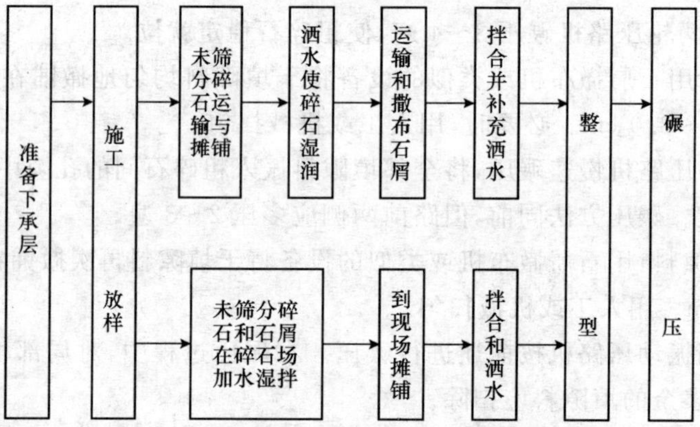

图2-17 级配碎石路拌法施工工艺流程

(1)备料。

1)计算材料用量。

①采用未筛分碎石和石屑组成级配碎石时,按表2-5的要求,计算未筛分碎石和石屑的配合比。

表2-5 级配碎石或级配碎砾石的颗粒组成范围

项目	通过质量百分率(%) \ 编号	1	2
筛孔尺寸(mm)	37.5	100	
	31.5	90~100	100
	19.0	73~88	85~100
	9.5	49~69	52~74
	4.75	29~54	29~54
	2.36	17~37	17~37
	0.6	8~20	8~20
	0.075	0~7[②]	0~7[②]

续上表

项目 ＼ 通过质量百分率(%) ＼ 编号	1	2
液限(%)	<28	<28
塑性指数	<6(或9①)	<6(或9①)

①潮湿多雨地区塑性指数宜小于6，其他地区塑性指数宜小于9。

②对于无塑性的混合料，小于0.075的颗粒含量应接近高限。

②采用不同粒级的单一尺寸碎石和石屑组成级配碎石时，按表2-5的要求，计算不同粒级碎石和石屑的配合比。

③根据各路段基层或底基层的宽度、厚度及规定的压实干密度并按确定的配合比分别计算各段需要的未筛分碎石和石屑的数量或不同粒级碎石和石屑的数量，并严格控制每车料的堆放距离。

2)未筛分碎石的含水率较最佳含水率宜大1%左右。

3)未筛分碎石和石屑可按预定比例在料场混合，同时洒水加湿，使混合料的含水率超过最佳含水率约1%。

(2)集料装车时，应控制每车料的数量基本相等。在同一料场供料的路段内，宜由远到近卸置集料。卸料距离应严格掌握，避免料不够或过多。未筛分碎石和石屑分别运送时，应先运送碎石。

(3)应事先通过试验确定集料的松铺系数并确定松铺厚度。人工摊铺混合料时，其松铺系数约为1.40～1.50；平地机摊铺混合料时，其松铺系数约为1.25～1.35。

(4)用平地机或其他合适的机具将料均匀地摊铺在预定的宽度上，表面应力求平整，并具有规定的路拱。应同时摊铺路肩用料。

(5)对于二级及二级以上公路，应采用稳定土拌和机拌和级配碎石。对于二级以下的公路，在无稳定土拌和机的情况下，可采用平地机或多铧犁与缺口圆盘耙相配合进行拌和。

用稳定土拌和机应拌和两遍以上。拌和深度应直到级配碎石层底。在进行最后一遍拌和之前，必要时先用多铧犁紧贴底面翻拌一遍。

用平地机进行拌和，宜翻拌5～6遍，使石屑均匀分布于碎石料中。平地机拌和的作业长度，每段宜为300～500 m。平地机刀片的安装角度宜符合要求。

(6)整形后，当混合料的含水量等于或略大于最佳含水量时，立即用12 t以上三轮压路机、振动压路机或轮胎压路机进行碾压。直线和不设超高的平曲线段，由两侧路肩开始向路中心碾压；在设超高的平曲线段，由内侧路肩向外侧路肩进行碾压。碾压时，后轮应重叠1/2轮宽；后轮必须超过两段的接缝处。后轮压完路面全宽时，即为一遍。碾压一直进行到到达要求的密实度为止。一般需碾压6～8遍，应使表面无明显轮迹。压路机的碾压速度，头两遍以采用1.5～1.7 km/h为宜，以后用2.0～2.5 km/h。

3.中心站集中拌和法施工

(1)级配碎石混合料可以在中心站用多种机械进行集中拌和，如强制式拌和机、卧式双转轴桨叶式拌和机、普通水泥混凝土拌和机等。

(2)对用于高速公路和一级公路的级配碎石基层和中间层，宜采用不同粒级的单一尺寸碎石和石屑,按预定配合比在拌和机内拌制级配碎石混合料。

(3)在正式拌制级配碎石混合料之前,必须先调试所用的厂拌设备,使混合料的颗粒组成和含水量都能达到规定的要求。在采用未筛分碎石和石屑时,如未筛分碎石或石屑的颗粒组成发生明显变化,应重新调试设备。

(4)将级配碎石用于高速公路和一级公路时,应用沥青混凝土摊铺机或其他碎石摊铺机摊铺碎石混合料。摊铺机后面应设专人消除粗细集料离析现象。

(5)振动压路机、三轮压路机进行碾压,碾压方法同路拌法。

(6)级配碎石用于二级和二级以下公路时,如没有摊铺机,也可用自动平地机(或摊铺箱)摊铺混合料。

二、无机结合料稳定基层施工

(一)无机结合料稳定基层(也称半刚性类型)主要包括

(1)水泥稳定土包括水泥稳定级配碎石、未筛分碎石、砂砾、碎石土、砂砾土、煤矸石、各种粒状矿渣等,适用于各级公路的基层和底基层,但水泥稳定细粒土不能用做二级和二级以上公路高级路面的基层。

(2)石灰稳定土包括石灰稳定级配碎石、未筛分碎石、砂砾、碎石土、砂砾土、煤矸石、各种粒状矿渣等,适用于各级公路的底基层,以及二级和二级以下公路的基层,但石灰土不得用做二级公路的基层和二级以下公路高级路面的基层。

(3)石灰工业废渣稳定土可分为石灰粉煤灰类与石灰其他废渣类两大类。除粉煤灰外,可利用的工业废渣包括煤渣、高炉矿渣、钢渣(已经过崩解达到稳定)及其他冶金矿渣、煤矸石等,适用于各级公路的基层和底基层,但二灰、二灰土和二灰砂不应做二级和二级以上公路高级路面的基层。

(二)对原材料的技术要求

(1)水泥:普通硅酸盐水泥、矿渣硅酸盐水泥和火山灰质硅酸盐水泥均可做结合料,但应初凝时间 3 h 以上和终凝时间较长(宜在 6 h 以上)的水泥。

(2)石灰:石灰质量应符合《建筑生石灰》(JC/T 479－1992)《建筑消石灰粉》(JC/T 481－1992)的规定。

(3)粉煤灰:粉煤灰中 SiO_2、Al_2O_3 和 Fe_2O_3 的总含量应大于 70%,烧失量不宜大于 20%,比表面积宜大于 2 500 cm^2/g(或 90%通过 0.3 mm 筛孔,70%通过 0.075 mm 筛孔)。

(4)集料:集料压碎值除应符合表 2-6 压碎值要求,还要满足级配要求的规定。

表 2-6 集料压碎值要求

压碎值应符合		高速、一级公路	二级和二级以下公路
水泥稳定土 石灰工业废渣稳定土	基层	≤30%	≤35%
	底基层	≤30%	≤40%
石灰稳定土	基层	—	≤35%
	底基层	≤35%	≤40%

(5)无机结合料稳定细料时,细料土的技术要求应符合表 2-7 的要求。

表 2-7 细粒土技术要求

材料类型	塑性指数	有机质含量	硫酸盐含量
水泥稳定土	≤17	≤2%	≤0.25%
石灰稳定土	12～18	≤10%	≤0.8%
石灰工业废渣稳定土	12～18	≤10%	≤0.8%

(6)水泥稳定类材料的压实度(按重型击实标准)及 7 d(在非冰冻区 25℃、冰冻区 20℃条件下湿养 6 d、浸水 1 d)龄期的无侧限抗压强度应满足表 2-8 的要求。

表 2-8 水泥稳定类基层、底基层的压实度及 7 d 抗压强度

<table>
<tr><th rowspan="2">层位</th><th rowspan="2">土类</th><th colspan="2">高速公路、一级公路</th><th colspan="2">二级和二级以下公路</th></tr>
<tr><th>压实度(%)</th><th>抗压强度(MPa)</th><th>压实度(%)</th><th>抗压强度(MPa)</th></tr>
<tr><td rowspan="3">基层</td><td>粗粒土</td><td rowspan="2">≥98</td><td rowspan="3">3～4</td><td rowspan="2">≥97</td><td rowspan="3">2～3</td></tr>
<tr><td>中粒土</td></tr>
<tr><td>细粒土</td><td>—</td><td>≥93</td></tr>
<tr><td rowspan="3">底基层</td><td>粗粒土</td><td rowspan="2">≥97</td><td rowspan="3">≥2.0</td><td rowspan="2">≥95</td><td rowspan="3">≥1.5</td></tr>
<tr><td>中粒土</td></tr>
<tr><td>细粒土</td><td>≥95</td><td>≥93</td></tr>
</table>

(7)水泥剂量:水泥剂量应通过配合比设计试验确定,但设计水泥剂量宜按配合试验确定的剂量增加 0.5%～1%,对集中厂拌法宜增加 0.5%,对路拌法宜增加 1%。当水泥稳定土(中、粗粒土)做基层时,应控制水泥剂量不超过 6%。水泥的最小剂量应符合表 2-9 的规定。

表 2-9 水泥最小剂量

	路拌法	集中厂拌法
中、粗粒土	4%	3%
细粒土	5%	4%

(8)采用水泥稳定碎石土、砾土或含泥量大的砂、砂砾时,宜参入一定剂量石灰进行综合稳定,当水泥用量占结合料总量的 30%以上时,应按水泥稳定类进行设计,否则按石灰稳定类设计。

(9)水泥稳定粒径均匀且不含或细料很少的砂砾、碎石以及不含土的砂时,宜在集料中添加 20%～40%的粉煤灰,或添加剂量为 10%～12%的石灰土进行综合稳定。

(10)石灰工业废渣稳定类材料用作高速公路和一级公路基层时的压实度(按重型击实标准)应≥98%。用作二级和二级以下公路基层时的压实度(按重型击实标准)稳定中粒土和粗粒土应≥97%,稳定细粒土应≥93%;7 d(在非冰冻区 25℃、冰冻区 20℃条件下湿养 6 d、浸水

1 d)龄期的无侧限抗压强度应满足相关要求。

（三）无机结合料稳定基层施工方法

1. 无机结合料稳定基层施工备料

（1）土料：应在预定的深度范围内采集土，不应分层采集，当需分层采集土时，应将土先分层堆放在一场地上，然后从前到后将上下层土一起装车运送到现场。对于塑性指数大于 12 的黏性土，机械拌和时，可视土质和机械能确定是否需要过筛。人工拌和时，应筛除 15 mm 以上的土块。

（2）集料：无机结合料使用的碎石、砂砾、煤矸、各种粒状矿渣应满足规范所要求的强度、与其他材料混合后应满足相应的规范级配要求。掺加的碎石宜加工成 3～4 个不同粒径，以便于和其他自然材料（工业废渣、天然砂砾）混合后达到规范要求的颗粒组成范围。

（3）水泥：路拌法宜选用袋装水泥、场拌法宜选用散装水泥。

（4）生石灰：当石灰堆放时间较厂时，应覆盖封存；生石灰块应在使用前 7～10 d 充分消除。消除后的石灰应保持一定的湿度，不得产生扬尘，也不可过湿成团；消石灰宜过孔径 10 mm的筛，并尽快使用。

（5）粉煤灰：运到现场的粉煤灰应含有足够的水分防止扬尘，在干燥和多风的季，应使料堆表面保持湿润，或者覆盖。场拌法施工宜选用工厂经过处理的符合规范的散装粉煤灰。

2. 无机结合料基层路拌法施工

（1）施工工艺流程。

1）路拌法水泥稳定土基层施工工艺流程按图 2-18 的顺序进行。

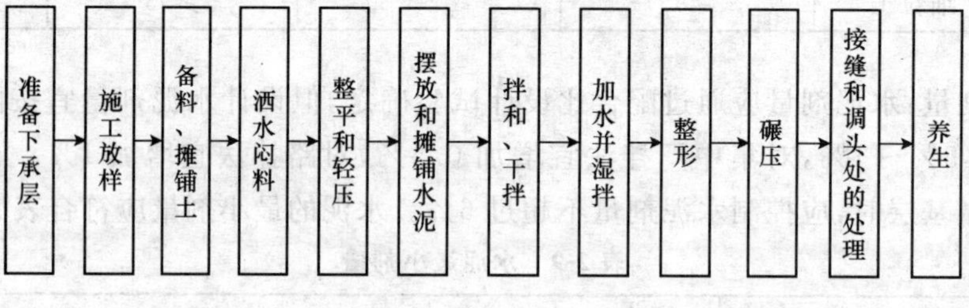

图 2-18　路拌水泥稳定土基层路拌法施工工艺流程

2）路拌法石灰稳定土基层施工工艺流程按图 2-19 的顺序进行。

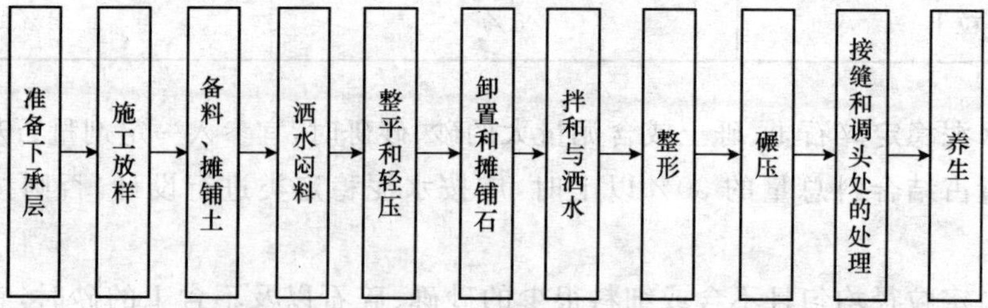

图 2-19　石灰稳定土基层路拌法施工工艺流程

3）路拌法石灰工业废渣稳定土基层施工工艺流程按图 2-20 的顺序进行。

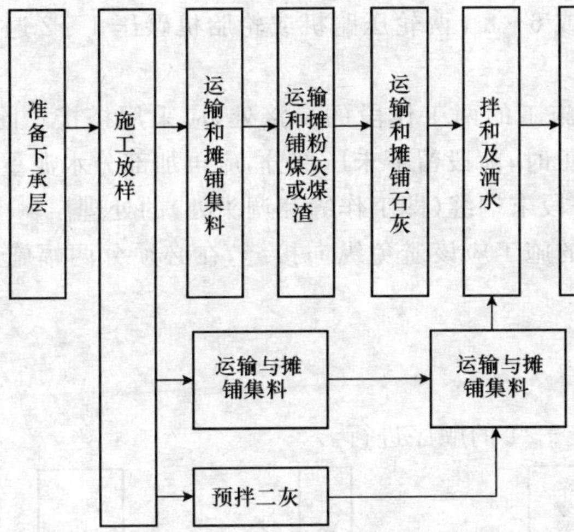

图 2-20　石灰工业废渣稳定土基层路拌法施工艺流程

(2)摊铺土:应先做通地试验确定土的松铺系数;摊铺土应在摊铺水泥的前一天进行。摊铺长度按日进度的需要量控制,满足次日完成掺加水泥、拌和、碾压成型即可。

(3)洒水闷料:如已整平的土(含粉碎的老路面)含水量过小,应在土层上洒水闷料。

(4)整平和轻压:对人工摊铺的土层整平后,用 6～8 t 两轮压路机碾压 1～2 遍,使其表面平整,并有一定的压实度。

(5)摆放和摊铺水泥(或石灰):按计算出的每袋水泥(或石灰)的纵横间距,在土层上做安放标记。用刮板将水泥(或石灰)均匀摊开,并注意使每袋水泥的摊铺面积相等,水泥摊铺完后,表面应没有空白位置,也没有水泥过分集中的地点。

(6)拌和(干拌):对二级及二级以上公路,应采用稳定土拌和机进行拌和并设专人跟随拌和机,随时检查拌和深度并配合拌和机操作员调整拌和深度。拌和深度应达稳定层底并宜侵入下承层 5～10 mm,以利上下层黏结。严禁在拌和层底部留有素土夹层。通常应拌和两遍以上,在最后一遍拌和之前,必要时可先用多铧犁紧贴底面翻拌一遍。直接铺在土基上的拌和层也应避免素土夹层。

(7)加水并湿拌:在上述拌和过程结束时,如果混合料的含水率不足,应用喷管式洒水车(普通洒水车不适宜用作路面施工)补充洒水。混合料拌和均匀后应色泽一致,没有灰条、灰团和花面,即无明显粗细集料离析现象,且水分合适和均匀。

(8)整形:混合料拌和均匀后,应立即用平地机初步整形。在直线段,平地机由两侧向路中心进行刮平;在平曲线段,平地机由内侧向外侧进行刮平。必要时,再返回刮一遍。

(9)碾压。

1)根据路宽、压路机的轮宽和轮距的不同,制订成碾压方案,应使各部分碾压到次数尽量相同,路面的两侧应多压 2～3 遍。

2)整形后,当混合料的含水量为最佳含水率(±1%～±2%)时,应立即用轻型压路机并配合 12 t 以上压路机在结构层全宽内进行碾压。直线和不设超高的平曲线段,由两侧路肩向路中心碾压;设超高的平曲线段,由内侧路肩膀向外侧路肩进行碾压。碾压时,应重叠 1/2 轮宽,后轮必须超过两段的接缝处,后轮压完路面全宽时,即为一遍。一般需碾压 6～8 遍。压路机的碾压速度,头两遍以采用 1.5～1.7 km/h 为宜,以后宜采用 2.0～2.5 km/h。采用人工摊铺和整形的稳定土层，宜先用拖拉机或6～8 t两轮压路机或轮胎机碾压1～2遍，然后再用重型压路机碾压。

3)接缝和调头处的处理：同日施工的两工作段的衔接处，应采用搭接。前一段拌和整形后，留5～8 m不进碾压，后一段施工时，前段留下未压部分，应再加部分水泥重新拌和，并与后一段一起碾压。应注意每天最后一段末端缝(即工作缝和调头处)的处理。

4)纵缝的处理：水泥稳定土层的施工应该避免纵向接缝，在必须分两幅施工时，纵缝必须垂直相接，不应斜接。

3. 中心站集中拌和法施工

(1)施工工艺流程。

1)集中拌和生产工艺流程按图2-21的顺序进行。

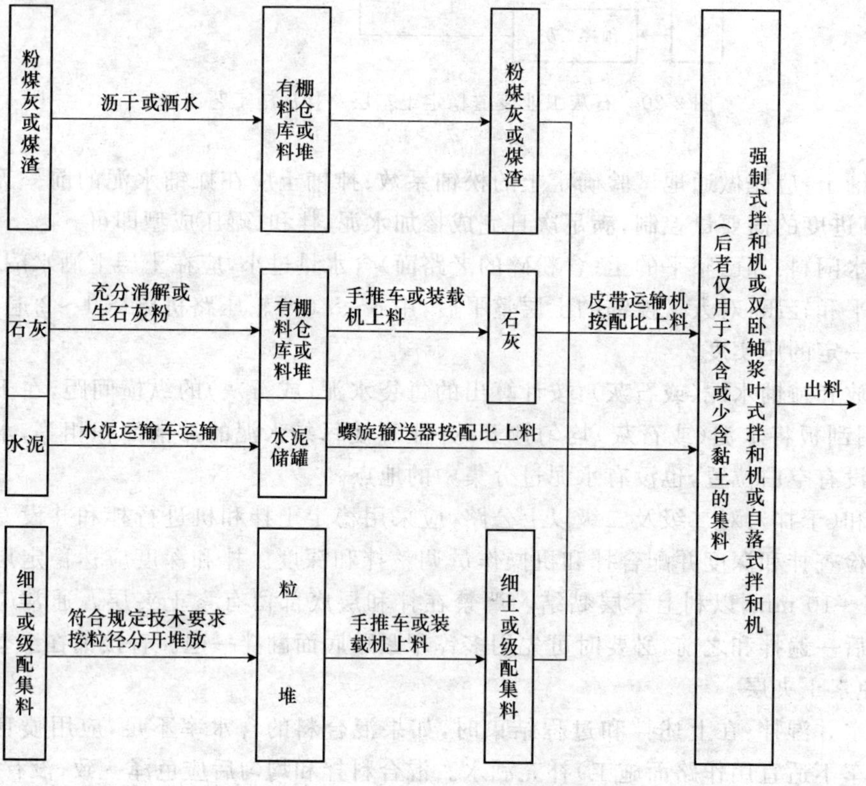

图2-21 集中拌和生产工艺流程

2)中心站集中拌和法施工工艺流程按图2-22的顺序进行。

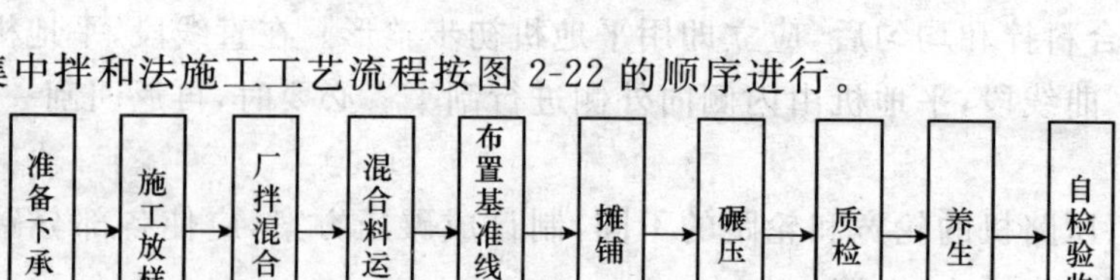

图2-22 中心站集中拌和法施工工艺流程

(2)混合料拌和：无机结合料稳定土可以在中心站用厂拌设备进行集中拌和，对于高速公路和一级公路，应采用专用稳定土集中厂拌机械拌制混合料。

(3)混合料运输:拌和好的混合料应采用大吨位的翻斗车运输,运输车应备有覆盖苫布,以防止混合料因阳光照射失水或雨淋,降低混合料的质量。

(4)混合料摊铺。

1)采用沥青混凝土摊铺机或稳定土摊铺机摊铺混合料。如下承层是稳定细粒土,应先将下承层顶面拉毛,再摊铺混合料。

2)摊铺机应根据供料情况控制行走速度,做到连续稳步前进,以保证摊铺平整度。

3)摊铺机后面应跟人,负责消除粗细集料离析现象,铲除局部粗集料"窝",并及时用新拌制的混合料填补。

4)在二、三、四级公路上,没有摊铺机时可以采用摊铺箱摊铺混合料,也可以用自动找平平地机辅以人工整平。

(5)碾压:宜先用轻型两轮压路机跟在摊铺机后及时进行碾压,后用重型振动压路机、三轮压种机或轮胎压路机继续碾压密实。当碾压厚度较厚,压实机具不能有效压实整个结构层厚度时,应分两层进行摊铺,但是最小厚度不宜小于 10 cm。碾压应紧跟摊铺机,及时进行碾压,以防混合料水分挥发,保证结构层在合适的含水量下成型。

4.无机结合料基层养生

(1)每一段碾压完成并经压实度检查合格后,应立即开始养生。

(2)对于高速公路和一级公路,基层的养生期不宜少于 7 d。对于二级和二级以下的公路,如养生期少于 7 d 即铺筑沥青面层,则应限制重型车辆通行。

(3)水泥稳定土基层也可采用沥青乳液进行养生。

(4)二灰基层宜采用泡水养生法,养生期应为 14 d。

(5)石灰稳定土养生期间,不应过湿或忽干忽湿。

5.无机结合料基层施工注意事项

(1)水泥稳定土基层水泥剂量不宜超过 6%。

(2)水泥稳定土基层施工时,必须采用流水作业法,使各个工序紧密衔接。特别是要尽量缩短从拌和到完成碾压之间的延迟时间。

(3)水泥稳定土基层施工时,应作水泥稳定土的延迟时间对其强度影响的试验,以指导施工,确保不合格混合料不用于工程。

(4)水泥稳定土基层施工时,要综合考虑水泥终凝时间对施工运输车辆、运距、摊铺碾压时间的要求,必要时添加缓凝剂,确保施工顺利进行。

(5)水泥稳定土基层分层施工时,第二层必须在第一层养生 7 天后方可铺筑。铺筑第二层之前,应在第一层顶面洒少量水泥或水泥浆。

(6)石灰稳定土基层、石灰工业废渣稳定土基层,分层施工时,下层石灰稳定土碾压完成后,可以立即铺筑上一层石灰稳定土,不需要专门的养生期。

(7)无机结合料基层施工宜在春末和气温较高的季节组织施工,施工期的日最低气温应在 5℃以上,在有冰冻的地区,并应在第一次重冰冻(−5℃～−3℃)到来之前半个月到一个月完成。

三、路面沥青稳定基层施工

(一)沥青稳定类基层分类及适用范围

1.分类

包括热拌沥青碎石、沥青贯入碎石、乳化沥青碎石混合料等。

2.适用范围

(1)热拌沥青碎石适用于柔性路面上基层及调平层。

(2)沥青贯入式碎石可设在沥青混凝土与粒料基层之间,作上基层,此时应不撒封层料,也不做上封层。

(3)乳化沥青碎石混合料适于各级公路调平层。

(二)施工一般要求

(1)按施工规范要求做好各项施工准备工作。

(2)按施工规范规定的步骤进行热拌沥青碎石的配合比设计,即包括目标配合比设计阶段、生产配合比设计阶段、生产配合比验证阶段。

配合比设计采用马歇尔试验设计方法。

(三)路面沥青稳定基层施工

1.热拌沥青碎石基层施工

(1)热拌沥青碎石的拌制。

1)沥青混合料必须在沥青拌和场拌制,可采用间歇式拌和机或连续式拌和机拌制。

2)拌和机拌制的沥青混合料应均匀一致,无花白料,无结团成块或严重的粗细料分离现象,不符要求时不得使用,并应及时调整。

3)出厂的沥青混合料应逐车用地磅称重。

(2)热拌沥青混合料的运输。

1)热拌沥青混合料应采用较大吨位的自卸汽车运输、车厢应清扫干净。为防止沥青与车厢板黏结,车厢侧板和底板可涂一薄层油水(柴油与水的比例可为 1∶3)混合料,但不得有余液积聚在车厢底部。

2)从拌和机向运料车上放料时,应每卸一斗混合料挪动一下汽车位置,以减少粗细集料的离析现象。

3)运料车应用篷布覆盖,用以保温、防雨、防污染。

(3)热拌沥青混合料的摊铺。

1)铺筑沥青混合料前,应检查确认下层的质量。当下层质量不符合要求,或未按规定洒布透层、黏层、铺筑下封层时,不得铺筑沥青面层。

2)热拌沥青混合料应采用机械摊铺。

3)沥青混合料的摊铺温度应符合规范要求,并应根据沥青标号、黏度、气温、摊铺层厚度选用。

4)当高速公路和一级公路施工气温低于 10℃、其他等级公路施工气温低于 5℃时,不宜摊铺热拌沥青混合料。

5)沥青混合料的松铺系数应根据实际的混合料类型,由试铺试压方法或根据以往实践经验确定。

6)沥青混合料的松铺系数:机械摊铺 1.15～1.30,人工摊铺 1.20～1.45。

7)用机械摊铺的混合料,不应用人工反复修整。

8)可用人工作局部找补或更换混合料;摊铺不得中途停顿。摊铺了的沥青混合料应紧接碾压,如因故不能及时碾压或遇雨时,应停止摊铺。

(4)热拌沥青混合料的压实及成型

1)压实后的沥青混合料应符合压实度及平整度的要求,沥青混合料的分层压实厚度不得大于 10 cm。

2)应选择合理的压路机组合方式及碾压步骤,以达到最佳结果。沥青混合料压实宜采用钢筒式静态压路机与轮胎压路机或振动压路机组合的方式。压路机的数量应根据生产率决定。

3)沥青混合料的压实应按初压、复压、终压(包括成型)三个阶段进行。压路机应以慢而均匀的速度碾压,压路机的碾压速度应符合规定。

4)初压应在混合料摊铺后较高温度下进行,应采用轻型钢筒式压路机或关闭振动装置的振动压路机碾压 2 遍。压路机应从外侧向中心碾压。相邻碾压带应重叠 1/3～1/2 轮宽,最后碾压路中心部分,压完全幅为一遍。

5)复压应紧接在初压后进行,复压宜采用重型的轮胎压路机,也可采用振动压路机或钢筒式压路机。碾压遍数应经试压确定,不宜少于 4～6 遍,达到要求的压实度,并无显著轮迹。

6)终压应紧接在复压后进行。终压可选用双轮钢筒式压路机或关闭振动压路机碾压,不宜少于两遍,并无轮迹。路面压实成型的终了温度应符合规范要求。

(5)接缝。

1)在施工缝及构造物两端的连接处必须仔细操作,保证紧密、平顺。纵向接缝部分的施工,摊铺时采用梯队作业的纵缝应采用热接缝。施工时应将已铺混合料部分留下 10～20 cm 宽暂不碾压,作为后摊铺部分的高程基准面,在最后作跨缝碾压以消除缝迹。

2)半幅施工不能采用热接缝时,宜加设挡板或采用切刀切齐。铺另半幅前必须将缝边缘清扫干净,并涂洒少量黏层沥青。摊铺时应重叠在已铺层上 5～10 cm,摊铺后用人工将摊铺在前半幅上面的混合料铲走。碾压时先在已压实路面上行走,碾压新铺层 10～15 cm,然后压实新铺部分,再伸过已压实路面 10～15 cm,充分将接缝压实紧密。

2.沥青贯入碎石基层施工方法

沥青贯入式路面的施工应按表 2-10。

表 2-10 沥青贯入碎石基层施工方法

序号	项　目	内　容
1	撒布主层集料	撒布时应避免颗粒大小不均,并应检查松铺厚度。撒布后严禁车辆在铺好的集料层上通行
2	初压	主层集料撒布后应采用 6～8 t 的钢筒式压路机进行初压,碾压速度宜为 2 km/h。碾压应自路边缘逐渐移向路中心,每次轮迹重叠约 30 cm,接着应从另一侧以同样方法压至路中心,以此为碾压一遍。然后检验路拱和纵向坡度,当不符合要求时,应调整找平再压,至集料无显著推移为止。然后再用 10～12 t 压路机进行碾压,每次轮迹重叠 1/2 左右,宜碾压 4～6 遍,直至主层集料嵌挤稳定,无显著轮迹为止
3	浇洒第一层沥青	主层集料碾压完毕后,应立即浇洒第一层沥青。浇洒方法应按规范进行。沥青的浇洒温度应根据沥青标号及气温情况选择。当采用乳化沥青贯入时,为防止乳液下漏过多,可在主层集料碾压稳定后,先撒布一部分上一层嵌缝料,再浇洒主层沥青。乳化沥青在常温下洒布,当气温偏低需要加快破乳速度时,可将乳液加温后洒布,但乳液温度不得超过 60℃

续上表

序号	项　目	内　容
4	均匀撒布第一层嵌缝料	主层沥青浇洒后，应立即均匀撒布第一层嵌缝料，嵌缝料撒布后应立即扫匀，不足处应找补。当使用乳化沥青时，石料撒布必须在乳液破乳前完成
5	碾压	嵌缝料扫匀后应立即用 8～12 t 钢筒式压路机进行碾压，轮迹重叠 1/2 左右，宜碾压 4～6 遍，直至稳定为止。碾压时随压随扫，使嵌缝料均匀嵌入。因气温过高使碾压过程中发生较大推移现象时，就立即停止碾压，待气温稍低时再继续碾压
6	浇洒沥青	浇洒第二层沥青，撒布第二层嵌缝料，然后碾压，再浇洒第三层沥青
7	撒布封层料	施工要求应与撒布嵌缝相同
8	最后碾压	宜采用 6～8 t 压路机碾压 2～4 遍

3.乳化沥青碎石基层施工方法

(1)乳化沥青碎石混合料宜采用拌和机拌和。在条件限制时也可在现场用人工拌制。

(2)采用阳离子乳化沥青时，在与乳液拌和前需用水湿润集料，使集料总含水量达到 5% 左右，天气炎热宜多加，低温潮湿可少加。当集料湿润后仍不能与乳液拌和均匀时，应改用破乳速度更慢的乳液，或用 1%～3%浓度的氯化钙水溶液代替水预先润湿集料表面。

(3)混合料的拌和时间应保证乳液与集料拌和均匀。机械拌和不宜超过 30 s(自矿料中加进乳液的时间算起)；人工拌和不宜超过 60 s。

(4)混合料应具有充分的施工和易性，混合料的拌和、运输和摊铺应在乳液破乳前结束。已拌好的混料应立即运至现场进行摊铺。拌和与摊铺过程中已破乳的混合料，应予废弃。

(5)拌制的混合料宜用沥青摊铺机摊铺。当用人工摊铺时，应防止混合料离析。乳化沥青碎石混合料的松铺系数可通过试验确定。

(6)乳化沥青碎石混合料的碾压，可按热拌沥青混合料的规定进行，并应符合下列要求：

1)混合料摊铺后，应采用 6 t 左右的轻型压路机初压，宜碾压 1～2 遍，使混合料初步稳定，再用轮胎压路机或轻型筒式压路机碾压 1～2 遍。初压时应匀速进退，不得在碾压路段上紧急制动或快速启动。

2)当乳化沥青开始破乳，混合料由褐色转变成黑色时，用 12～15 t 轮胎压路机或 10～12 t 钢筒式压路机复压。复压 2～3 遍后，立即停止，待晾晒一段时间，水分蒸发后，再补充复压至密实为止。当压实过程中有推移现象时应立即停止碾压，待稳定后再碾压。如当天不能完全压实，应在较高气温状态下补充碾压。

3)碾压时发现局部混合料有松散或开裂时，应立即挖除并换补新料，整平后继续碾压密实。修补处应保证路面平整。压实成型后的路面应做好早期养护，并封闭交通 2～6 h。

4)阳离子乳化沥青碎石混合料可在下层潮湿的情况下施工，施工过程中遇雨应停止铺筑，以防雨水将乳液冲走。

第四节 路面面层施工技术

一、沥青面层施工技术

(一)沥青路面面层原材料要求

1. 沥青材料。

(1)特性:沥青是由一些极其复杂的高分子碳氢化合物和它们的一些非金属(氧、硫、氮等)衍生物所组成的混合物,沥青是公路铺筑路面的主要物资,也是房屋、桥梁、涵洞等构造物常用的主要防水材料和嵌缝材料。

(2)沥青材料分为地沥青(天然沥青、石油沥青)和焦油沥青(煤沥青、木沥青、页岩沥青)两类。

(3)公路工程用沥青主要是道路石油沥青、乳化沥青、改性沥青和改性乳化沥青。道路沥青分为A、B、C三级沥青,每级沥青又分为7个标号;乳化沥青分为阳离子乳化沥青,阴离子乳化沥青,非离子乳化沥青三类;改性沥青根据使用改性材料(高分子聚合物)不同分为SBS类、SBR类、EVA及PE类;改性乳化沥青分为喷洒型改性乳化沥青及拌和用乳化沥青。

2. 沥青混合料。

(1)特性:沥青混合料是由沥青、粗集料、细集料和粉矿以及外加剂组成的一种复合材料,将不同粒径的碎石、天然砂或破碎砂等按适当的配比配制成符合规定级配范围的混合料加热后,与适当比例的热沥青及矿粉在规定的温度下拌和均匀所得混合料称为沥青混凝土混合料。

(2)沥青混合料主要分为沥青混凝土(简称AC)和沥青碎石混合料(简称AM)。

(二)沥青路面面层施工技术

1. 热拌沥青混合料面层施工技术

热拌沥青混合料是人工组配的矿质混合料与黏稠沥青在专门设备中加热拌和而成,用保温运输工具运送至施工现场,并在热态下进行摊铺和压实的混合料。

热拌沥青混合料(HMA)适用于各种等级公路的沥青路面。热拌沥青混合料路面施工工艺,如图2-23所示。

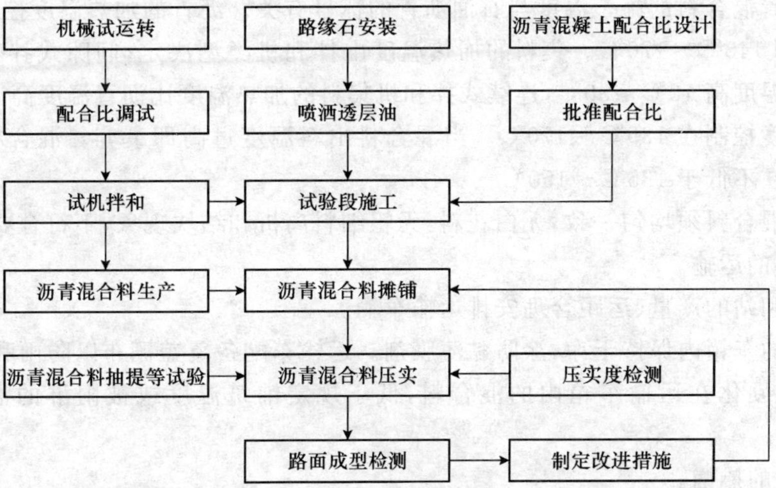

图2-23 热拌沥青混合料路面施工工艺流程图

(1)施工准备。

1)选购经调查试验合格的材料进行备料,矿料应分类堆放,矿粉必须是石灰岩磨细而成不得受潮,必要时做好矿料堆放场地的硬化处理和场地四周排水及搭设矿粉库房或储存罐。

2)做好配合比设计,对各种原材料进行符合性检验。

3)在验收合格的基层上恢复中线(底面层施工时),在边线外侧 0.3～0.5 m 处每隔 5～10 m 钉边桩进行水平测量,拉好基准线,画好边线。

4)对下承层进行清扫,底面层施工前两天在基层上洒透层油。在中底面层上喷洒黏层油。

5)试验段开工前 28 d 安装好试验仪器和设备。各层开工前 14 d 在现场备齐全部机械设备进行试验段铺筑,以确定松铺系数、施工工艺、机械配备、人员组织、压实遍数,并检查压实度,沥青含量,矿料级配,沥青混合料马歇尔各项技术指标等。

6)如果是以旧沥青路面作基层时,应根据旧路面质量,对原有路面的整平应按高程控制铺筑面层,旧沥青路面的正确整平方法如图 2-24 所示,分层整平的一层最大厚度不宜超过 100 mm。

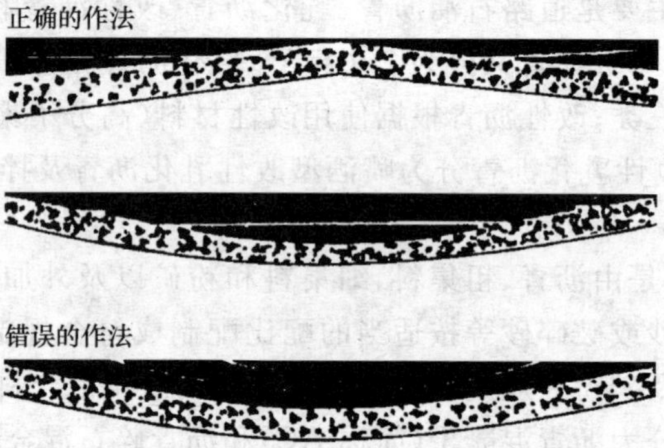

图 2-24　旧沥青路面整平方法示意图

(2)沥青混合料的拌和。

1)各种集料分类堆放,每个料源均进行试验,按要求的配合比进行配料。

2)设置间歇式具有密封性能及除尘设备,并有检测拌和温度装置的沥青混凝土拌和站。

3)拌和站设试验室,对沥青混凝土的原材料和沥青混合料及时进行检测。

4)热拌沥青混合料的施工温度与石油沥青的标号有关。沥青的加热温度控制在规范规定的范围之内,即 145℃～170℃。集料的加热温度由拌和机类型决定,间隙式拌和机集料的加热温度比沥青温度高 10℃～30℃,连续式拌和机集料的加热温度比沥青温度高 5℃～10℃;混合料的出料温度控制在 135℃～170℃。当混合料出料温度过高即废弃。混合料运至施工现场的温度控制在不低于 135℃～150℃。

5)出厂的混合料须均匀一致,无白花料,无粗细料离析和结块现象,不符合要求时应废弃。

(3)混合料的运输。

1)根据拌和站的产量、运距合理安排运输车辆。

2)运输车的车箱内保持干净,涂防黏薄膜剂。运输车配备覆盖棚布以防雨和热量损失。

3)已离析、硬化在运输车箱内的混合料,低于规定铺筑温度或被雨淋的混合料应予以废弃。

(4)混合料的摊铺。

1)根据路面宽度选用 1～2 台具有自动调节摊铺厚度及找平装置,可加热的振动熨平板,并运行良好的高密度沥青混凝土摊铺机进行摊铺。

2)底、中面层采用走线法施工,表面层采用平衡梁法施工。

3)摊铺机均匀行驶,行走速度和拌和站产量相匹配,以确保所摊铺路面的均匀不间断地摊铺。在摊铺过程中不准随意变换速度,尽量避免中途停顿。

4)沥青混合料的摊铺温度根据气温变化进行调节。一般正常施工控制在不低于125℃～140℃,在摊铺过程中随时检查并作好记录。

5)开铺前将摊铺机的熨平板进行加热至不低予100℃。

6)采用双机或三机梯进式施工时,相邻两机的间距控制在10～20 m。两幅应有5～10 cm宽度的搭接。

7)在摊铺过程中,随时检查摊铺质量,出现离析、边角缺料等现象时人工及时补洒料,换补料。

8)在摊铺过程中随时检查高程及摊铺厚度,并及时通知操作手。

9)摊铺机无法作业的地方,在监理工程师同意后采取人工摊铺施工。

(5)混合料的压实。

1)压路机采用2～3台双轮双振压路机及2～3台重量不小于16 t胶轮压路机组成。

2)初压:采用钢轮压路机静压1～2遍,正常施工情况下,温度应不低于120℃并紧跟摊铺机进行,当对摊铺后初始压实度较大,经实践证明采用振动压路机或轮胎压路机直接碾压无严重推移而有良好效果时,可免去初压;复压:紧跟在初压后开始,不得随意停顿。密级配沥青混凝土优先采用胶轮压路机进行搓揉碾压,以增加密水性,总质量不宜小于25 t。边角部分压路机碾压不到的位置,使用小型振动压路机碾压。

3)采用雾状喷水法,以保证沥青混合料碾压过程中不黏轮。

4)不在新铺筑的路面上进行停机,加水、加油活动,以防各种油料、杂质污染路面。压路机不准停留在温度尚未冷却至自然气温以下已完成的路面上。

5)碾压进行中压路机不得中途停留、转向或制动,压路机每次由两端折回的位置阶梯形随摊铺机向前推进,使折回处不在同一横断面上,振动压路机在已成型的路面上行驶关闭振动。

(6)接缝处理。

1)梯队作业采用热接缝,施工时将已铺混合料部分留下100～200 mm宽暂不碾压,作为后摊铺部分的高程基准面,后摊铺部分完成立即骑缝碾压,以除缝迹。

2)半幅施工不能采用热接缝时,采用人工顺直刨缝或切缝。铺另半幅前必须将边缘清扫干净,并涂洒少量黏层沥青。摊铺时应重叠在已铺层上50～100 mm,摊铺后将混料人工清走。碾压时先在已压实路面行走,碾压新铺层100～150 mm,然后压实新铺部分,再跨缝挤紧压实。

3)横接缝的处理方法:首先用3 m直尺检查端部平整度,不符合要求时,垂直于路中线切齐清除。清理干净后在端部涂黏层沥青接着摊铺。摊铺时调整好预留高度,接缝处摊铺层施工结束后再用3 m直尺检查平整度立即用人工处理。横向接缝的碾压先用双轮双振压路机进行横压,碾压时压路机位于已压实的混合料层上伸人新铺层的宽为150 mm,然后每压一遍向铺混合料移动150～200 mm,直至全部在新铺层上为止,再改为纵向碾压。

(7)检查试验。

1)按施工技术规范要求的频率认真做好各种原材料、施工温度、矿料级配、马歇尔试验、压实度等试验工作。

2)在施工过程中随时检查铺筑厚度、平整度、宽度、横坡度、高程。

3)所有检验结果资料报监理工程师审批和申报计量支付。

2.沥青表面处治施工技术

沥青表处,是由沥青和细粒碎石按比例组成的一种不大于 3 cm 的薄层路面。沥青表处路面薄、造价低、施工简便、行车性能好,适用于三级及三级以下公路的沥青面层。

沥青表面处治可采用道路石油沥青、乳化沥青、煤沥青铺筑,沥青表面处治的集料最大粒径应与处治层的厚度相等。

沥青表面处治通常采用层铺法施工,按照洒布沥青及铺撒矿料的层次的多少,可分为单层式、双层式和三层式 3 种,单层式和双层式为三层式的一部分。沥青表面处治宜选择在于燥和较热的季节施工,并在最高温度低于 15℃到来以前半个月及雨期前结束。

三层法施工工序是:施工准备→洒透层油→洒第一层沥青→撒第一层集料→辗压→洒第二层沥青→撒第二层集料→辗压→洒第三层沥青→撒第三层集料→辗压→初期养护成型。

3.沥青贯入式路面施工技术

在初步压实的碎石(或破碎砾石)上,分层浇洒沥青、撒布嵌缝料,或在上部铺筑热拌沥青混合料封层,经压实而成的沥青面层称为沥青贯入式沥青路面。沥青贯入式面层适用于三级及三级以下公路,也可以作为沥青路面的联接层或基层。其厚度宜为 4~8 cm,但乳化沥青贯入式路面的厚度不宜超过 5 cm。当贯入层上部加铺拌和的沥青混合料面层成为上拌下贯式路面时,拌和层的厚度宜不小于 1.5 cm。

沥青贯入式路面具有较高的强度和稳定性,其强度的构成,主要由以矿料的嵌挤为主,沥青的黏结力为辅构成。由于沥青贯入式路面是一种多空隙结构,为防止路表面水的浸入和增强路面的水稳定性,最上层应撒布封层料或加铺拌和层。乳化沥青贯入式路面铺筑在半刚性基层上时,应铺筑下封层。沥青贯入层作为连接层使用时,可不撒表面封层料。

沥青贯入式路面的施工工艺流程为:清扫基层→洒透层或黏层沥青(乳化沥青贯入式或沥青贯入式厚度小于 5 cm)→撒主层矿料→碾压→洒布第一遍沥青→撒布第一遍嵌缝料→碾压→洒布第二遍沥青→撒第二遍嵌缝料→碾压→洒布第三遍沥青→撒封层料→碾压→初期养护。沥青贯入式路面宜选择在干燥和较热的季节施工,并宜在日最高温度降低至 15℃以前半个月结束,使贯入式结构层通过开放交通碾压成型。

(三)沥青路面透层、黏层、封层施工技术

1.透层施工技术

(1)作用与适用条件。

1)透层的作用:为使沥青面层与非沥青材料基层结合良好,在基层上浇洒乳化沥青、煤沥青或液体沥青而形成的透入基层表面的薄层。

2)沥青路面各类基层都必须喷洒透层油。沥青层必须在透层油完全渗透入基层后方可铺筑。基层上设置下封层时,透层油不宜省略。

(2)一般要求。

1)凡是用水泥、石灰、粉煤灰等无机结合料稳定土或粒料的半刚性基层、级配砂砾、级配碎石基层都应喷洒透层油。

2)透层油沥青的稠度宜通过试验确定,对于表面致密的半刚性基层宜采用渗透性好的稀透层沥青;对级配砂砾、级配碎石等粒料基层宜采用软稠的透层沥青。

3)透层油沥青宜采用慢裂的洒布型乳化石油沥青,或者是中、慢裂液体石油沥青或煤沥青。

4)使用乳化石油沥青时,用于制作乳化沥青的沥青标号应根据基层种类、当地气候等条件确定。

5)透层沥青的品种和用量应根据基层的种类通过试验确定,并符合有关的技术要求。

(3)注意事项。

1)透层油洒布后应不致流淌,应渗入基层一定深度,不得在表面形成油膜。

2)如遇大风或将下雨时,不能喷洒透层油。气温低于10℃时不宜喷洒透层油。

3)应按设计喷油量一次均匀洒布,当有漏洒时,应人工补洒。

4)喷洒透层油后一定要严格禁止人和车辆通行。

5)在摊铺沥青前,应将局部尚有多余的未渗入基层的沥青清除。

6)透层油布洒后应待充分渗透,一般不少于24 h后才能摊铺上层,但也不能在透层油喷洒后很久不做上层施工,应尽早施工。

7)对无机结合料稳定的半刚性基层喷洒透层油后,如果不能及时铺筑面层时,并还需要开放交通,应铺撒适量的石屑或粗砂,此时宜将透层油增加10%的用量。用6~8 t钢筒式压路机稳压一遍,并控制车速。在摊铺上层时发现局部沥青剥落,应修补,还需清扫浮动石屑或砂。

2.黏层施工技术

(1)作用与适用条件。

1)黏层的作用:使上下层沥青结构层或沥青结构层与结构物(或水泥混凝土路面)完全黏结成一个整体。

2)符合下列情况,应浇洒黏层沥青。

①双层式或三层式热拌热铺沥青混合料路面的沥青层之间。

②水泥混凝土路面、沥青稳定碎石基层或旧沥青路面层上加铺沥青层。

③路缘石、雨水进水口、检查井等构造物与新铺沥青混合料接触的的侧面。

(2)一般要求。

1)黏层沥青的技术要求。黏层沥青材料目前一般多采用乳化沥青。使用乳化沥青时,宜使用快裂型的乳化沥青,也可以使用快、中凝液体石油沥青或煤沥青。黏层油的规格、质量应符合有关的要求。黏层沥青的种类、标号宜与面层所用沥青相同,但需经乳化或稀释。

2)黏层沥青的用量、品种选择。路面的基层结构不一样,使用黏层沥青的品种就不一样。如级配碎石基层的渗透性好,可采用慢裂乳化沥青,而半刚性基层使用慢裂石油沥青洒布后会严重流淌,应使用快裂型沥青。

(3)注意事项。

1)喷洒表面一定清扫干净,并表面干燥。

2)当气温低于10℃或路面潮湿时禁止喷洒。

3)喷洒黏层后,严禁车辆行人通过。

4)黏层沥青喷洒后,一定要等乳化沥青破乳,水分蒸发完后才能铺筑上层沥青混凝土。

3.封层的施工技术

(1)作用与适用条件。

1)封层的作用:一是封闭某一层起着保水防水作用;二是起基层与沥青表面层之间的过渡和有效连接作用;三是路的某一层表面破坏离析松散处的加固补强;四是基层在沥青面层铺筑前,要临时开放交通,防止基层因天气或车辆作用出现水毁。封层可分为上封层和下封层;就施工类型来分，可采用拌和法或层铺法的单层式表面处治，也可以采用乳化沥青稀浆封层。

2)符合下列情况之一时，应在沥青面层上铺筑上封层。

①沥青面层的空隙较大，透水严重。

②有裂缝或已修补的旧沥青路面。

③需加铺磨耗层改善抗滑性能的旧沥青路面。

④需铺筑磨耗层或保护层的新建沥青路面。

(2)一般要求。

1)使用层铺法沥青表面处治铺筑上封层时，施工方法按层铺法表面处治工艺施工。其材料用量要求应符合有关规定。沥青用量可采用规定范围的中、低限。

2)使用层铺法沥青表面处治铺筑下封层时，施工工艺同上封层。矿料用量应根据矿料尺寸、形状、种类等情况确定，宜为 5～8 m^3/1 000 m^2。沥青用量可采用规定范围的中、高限。

3)采用拌和法施工上、下封层时，应按照热拌沥青混凝土路面的施工工艺进行。

4)使用乳化沥青稀浆封层施工上、下封层。

①稀浆封层的厚度宜为 3～6 mm。

②稀浆封层的矿料类型，应根据封层的目的、道路等级进行选择；矿料级配应根据铺筑厚度、集料尺寸及摊铺用量等因素选用。

③稀浆封层使用的乳化沥青可采用慢裂或中裂的拌和型乳化沥青，当需要减缓破乳速度时，可掺加适量的氧化乳作外加剂。当需要加快破乳时，可采用一定数量的水泥或消石灰粉作填料。

④乳化沥青的合理用量通过试验确定。

⑤混合料的湿轮磨耗试验的磨耗损失不宜大于 800 g/m^2；轮荷压砂试验的砂吸收量不宜大于 600 g/m^2。

⑥稀浆封层混合料的加水量应根据施工摊铺和易性由稠度试验确定，要求的稠度应为 2～3 cm。

(3)注意事项。

1)当在被磨损的旧路面上铺筑稀浆封层时，施工前应先修补坑槽、整平路面。

2)稀浆封层施工时应在干燥情况下进行。

3)稀浆封层施工应使用稀浆封层铺筑机，其工作速度宜匀速铺筑，应达到厚度均匀，表面平整的要求。

4)稀浆封层铺筑后，必须待乳液破乳、水分蒸发、干燥成型后方可开放交通。

5)稀浆封层施工气温不得低于 10℃。

二、水泥混凝土路面施工技术

(一)水泥混凝土路面原材料

1. 水泥

(1)特重、重交通路面宜采用旋窑道路硅酸盐水泥，也可采用旋窑硅酸盐水泥或普通硅酸盐水泥；中、轻交通的路面可采用矿渣硅酸盐水泥；低温天气施工或有快通要求的路段可采用 R 型水泥(早强型水泥)，此外宜采用普通型水泥。各交通等级路面水泥抗折强度、抗压强度应符合表 2-11 的规定。

表 2-11　各交通等级路面水泥各龄期的抗折强度、抗压强度

交通等级	特重交通		重交通		中、轻交通	
龄期(d)	3	28	3	28	3	28
抗压强度(MPa),≥	25.5	57.5	22.0	52.5	16.0	42.5
抗折强度(MPa),≥	4.5	7.5	4.0	7.0	3.5	6.5

(2)水泥进场时每批量应附有化学成分、物理、力学指标合格的检验证明。各交通等级路面所使用水泥的化学成分、物理性能等路用品质要求应符合表 2-12 的规定。

表 2-12　各交通等级路面用水泥的化学成分和物理指标

水泥性能	特重、重交通路面	中、轻交通路面
铝酸三钙	不宜>7.0%	不宜>9.0%
铁铝酸四钙	不宜<15.0%	不宜<12.0%
游离氧化钙	不得>1.0%	不得>1.5%
氧化镁	不得>5.0%	不得>6.0%
三氧化硫	不得>3.5%	不得>4.0%
碱含量	$Na_2O+0.658K_2O\leqslant0.6\%$	怀疑有碱活性集料时,≤0.6%; 无碱活性集料时,≤1.0%
混合材种类	不得掺窑灰、煤矸石、火山灰和黏土, 有抗盐冻要求时不得掺石灰、石粉	不得掺窑灰、煤矸石、火山灰和黏土, 有抗盐冻要求时不得掺石灰、石粉
烧失量	不得>3.0%	不得>5.0%
比表面积	宜在 300～450 m^2/kg	宜在 300～450 m^2/kg
细度(80 μm)	筛余量不得>10%	筛余量不得>10%
初凝时间	不早于 1.5 h	不早于 4.5 h
终凝时间	不迟于 10 h	不迟于 10 h
28 d 干缩率	不得>0.09%	不得>0.10%
耐磨性	不得>3.6 kg/m^2	不得>3.6 kg/m^2

(3)选用水泥除满足表 2-12 的规定外,还应通过混凝土配合比试验,根据其配制弯拉强度、耐久性和工作性优选适宜的水泥品种、强度等级。

(4)采用机械化铺筑时、宜选用散装水泥。散装水泥的夏季出厂温度:南方不宜高于 65℃,北方不宜高于 55℃;混凝土搅拌时的水泥温度:南方不宜高于 60℃,北方不宜高于 50℃,且不宜低于 10℃。

(5)当贫混凝土和碾压混凝土用作基层时,可使用各种硅酸盐类水泥。不掺入粉煤灰时,宜使用强度等级 32.5 级以下的水泥。掺入粉煤灰时,只能使用道路水泥、硅酸盐水泥、普通水泥。水泥的抗压强度、抗折强度、安定性和凝结时间必须检验合格。

2. 粉煤灰和其他掺和料

(1)混凝土路面在掺用粉煤灰时,应掺用质量指标符合表 2-13 规定的粉煤灰Ⅰ、Ⅱ级干排

或磨细粉煤灰，不得使用Ⅲ级粉煤灰。贫混凝土、碾压混凝土基层或复合式路面下面层应掺用符合表 2-13 规定的Ⅲ级或Ⅲ级以上粉煤灰，不得使用等外粉煤灰。

表 2-13　粉煤灰分级和质量指标

粉煤灰等级	细度①（μm 气流筛，筛余量）（%）	烧失量（%）	需水量比（%）	含水量（%）	Cl^-（%）	SO_3（%）	混合砂浆活性指数②	
							7d	28d
Ⅰ	≤12	≤5	≤95	≤1.0	<0.02	≤3	≥75	≥85(75)
Ⅱ	≤20	≤8	≤105	≤1.0	<0.02	≤3	≥70	≥80(62)
Ⅲ	≤45	≤15	≤115	≤1.5	—	≤3	—	—

①45 μm 气流筛的筛余量换算为 80 μm 水泥筛的筛余量时换算系数约为 2.4。

②混合砂浆的活性指数为掺粉煤灰的砂浆与水泥砂浆的抗压强度比的百分数，适用于所配制混凝土强度等级大于等于 C40 的混凝土；当配制的混凝土强度等级小于 C40 时，混合砂浆的活性指数要求应满足 28 d 括号中的数值。

(2)粉煤灰宜采用散装灰，进货应有等级检验报告。应确切了解所用水泥中已经加入的掺和料种类和数量。

(3)路面和桥面混凝土中可使用硅灰或磨细矿渣，使用前应经过试配检验，确保路面和桥面混凝土弯拉强度、工作性、抗磨性、抗冻性等技术指标合格。

3. 粗集料

(1)粗集料应使用质地坚硬、耐久、洁净的碎石、碎卵石和卵石，并应符合表 2-14 的规定。高速公路、一级公路、二级公路及有抗(盐)冻要求的三、四级公路混凝土路面使用的粗集料级别应不低于Ⅱ级，无抗(盐)冻要求的三、四级公路混凝土路面、碾压混凝土及贫混凝土基层可使用Ⅲ级粗集料。有抗(盐)冻要求时，Ⅰ级集料吸水率不应大于 1.0%；Ⅱ级集料吸水率不应大于 2.0%。

表 2-14　碎石、碎卵石和卵石技术指标

项　目	技 术 要 求		
	Ⅰ级	Ⅱ级	Ⅲ级
碎石压碎指标(%)	<10	<15	<20
卵石压碎指标(%)	<12	<14	<16
坚固性(按质量损失计，%)	<5	<8	<12
针片状颗粒含量(按质量计，%)	<5	<15	<20
含泥量(按质量计，%)	<0.5	<1.0	<1.5
泥块含量(按质量计，%)	<0	<0.2	<0.5
有机物含量(比色法)	合格	合格	合格
硫化物及硫酸盐(按 SO_3^{2-} 质量计，%)	<0.5	<1.0	<1.0
岩石抗压强度	火成岩≥100 MPa；变质岩≥80 MPa；水成岩≥60 MPa		
表观密度	>2 500 kg/m³		
松散堆积密度	>1 350 kg/m³		

续上表

项目	技术要求		
	Ⅰ级	Ⅱ级	Ⅲ级
空隙率	＜47%		
碱集料反应	经碱集料反应试验后，试件无裂缝、酥裂、胶体外溢等现象，在规定试验龄期的膨胀率应小于0.10%		

(2)用做路面和桥面混凝土的粗集料不得使用不分级的集料，应按最大公称粒径的不同采用2～4个粒级的集料进行掺配，并应符合合成级配的要求。卵石最大公称粒径不宜大于19.0 mm；碎卵石最大公称粒径不宜大于26.5 mm；碎石最大公称粒径不应大于31 mm。贫混凝土基层粗集料最大公称粒径不应大于31.5 mm；钢纤维混凝土与碾压混凝土粗集料最大公称粒径不宜大于19 mm。碎卵石或碎石中粒径小于75 μm的石粉含量不宜大于1%。

4.细集料

(1)细集料应采用质地坚硬、耐久、洁净的天然砂、机制砂或混合砂，并应符合表2-15的规定。高速公路、一级公路、二级公路及有抗(盐)冻要求的三、四级公路混凝土路面使用的砂应不低于Ⅱ级，无抗(盐)冻要求的三、四级公路混凝土路面、碾压混凝土及贫混凝土基层可使用Ⅲ级砂。特重、重交通混凝土路面宜使用河砂，砂的硅质含量不应低于25%。

表2-15　细集料技术指标表

项目	技术要求		
	Ⅰ级	Ⅱ级	Ⅲ级
机制砂单粒级最大压碎指标(%)	＜20	＜25	＜30
氯化物(氯离子质量计，%)	＜0.01	＜0.02	＜0.06
坚固性(按质量损失计，%)	＜6	＜8	＜10
云母(按质量计，%)	＜1.0	＜2.0	＜2.0
天然砂、机制砂含泥量(按质量计，%)	＜1.0	＜2.0	＜3.0
天然砂、机制砂泥块含量(按质量计，%)	0	＜1.0	＜2.0
机制砂MB值＜1.4或合格石粉含量(按质量计，%)	＜3.0	＜5.0	＜7.0
机制砂MB值≥1.4或不合格石粉含量(按质量计，%)	＜1.0	＜3.0	＜5.0
有机物含量(比色法)	合格	合格	合格
硫化物及硫酸盐(按 SO_3^{2-} 质量计，%)	＜0.5	＜0.5	＜0.5
轻物量(按质量计，%)	＜1.0	＜1.0	＜1.0
机制砂母岩抗压强度	火成岩≥100 MPa；变质岩≥80 MPa；水成岩≥60 MPa		
表观密度	＞2 500 kg/m³		
松散堆积密度	＞1 350 kg/m³		
空隙率	＜47%		

续上表

项　目	技术要求		
	Ⅰ级	Ⅱ级	Ⅲ级
碱集料反应	经碱集料反应试验后，由砂配制成的试件无裂缝、酥裂、胶体外溢等现象，在规定试验龄期的膨胀率应<0.10%		

(2)细集料的级配要求应符合规范的规定，路面和桥面用天然砂宜为中砂，也可使用细度模数2.0～3.5之间的砂。同一配合比用砂的细度模数变化范围不应超过0.3，否则，应分别堆放，并调整配合比中的砂率后使用。

5.水

饮用水可直接作为混凝土搅拌和养护用水。对水质有疑问时，应检验下列指标，合格者方可使用。

(1)硫酸盐含量(按SO_4^{2-}计)小于0.002 7 mg/mm³。

(2)含盐量不得超过0.005 mg/mm³。

(3)pH不得小于4。

(4)不得含有油污、泥和其他有害杂质。

6.外加剂

(1)外加剂的产品质量应符合表2-16的各项技术指标。供应商应提供有相应资质外加剂检测机构的品质检测报告，检验报告应说明外加剂的主要化学成分，认定对人员无毒副作用。

表2-16　混凝土外加剂产品的技术性能指标

试验项目		普通减水剂	高效减水剂	早强减水剂	缓凝高效减水剂	缓凝减水剂	引气减水剂	早强剂	缓凝剂	引气剂
减水率(%)，≮		8	15	8	15	8	12	—	—	6
泌水率比(%)，≮		95	90	95	100	100	70	100	100	70
含气量(%)		≤3.0	≤4.0	≤3.0	<4.5	<5.5	>3.0			>3.0
凝结时间(min)	初凝	−90～+120	−90～+120	−90～+90	>+90	>+90	90～+120	−90～+90	>+90	−90～+120
	终凝				—	—			—	
抗压强度比(%)≮	1d	—	140	140	—	—	—	135	—	—
	3d	115	130	130	125	100	115	130	100	95
	7d	115	125	115	125	110	110	110	100	95
	28d	110	120	105	120	110	100	100	100	90
收缩率比(%)28d，≯		120	120	120	120	120	120	120	120	120
抗冻标号		50	50	50	50	50	200	50	50	200
对钢筋锈蚀作用		应说明对钢筋无锈蚀危害								

注：1.除含气量外，表中数据为掺外加剂混凝土与基准混凝土差值或比值；

2.凝结时间指标“－”表示提前，“＋”表示延缓。

(2)引气剂应选用表面张力降低值大、水泥稀浆中起泡容量多而细密、泡沫稳定时间长、不溶残渣少的产品。有抗冰(盐)冻要求地区,各交通等级路面、桥面、路缘石、路肩及贫混凝土基层必须使用引气剂;无抗冰(盐)冻要求地区,二级及二级以上公路路面混凝土中应使用引气剂。

(3)各交通等级路面、桥面混凝土宜选用减水率大、坍落度损失小、可调控凝结时间的复合型减水剂。高温施工宜使用引气缓凝(保塑)(高效)减水剂;低温施工宜使用引气早强(高效)减水剂。选定减水剂品种前,必须与所用的水泥进行适应性检验。

(4)处在海水、海风、氯离子、硫酸根离子环境的或冬季洒除冰盐的路面或桥面钢筋混凝土、钢纤维混凝土中宜掺阻锈剂。

7. 钢筋

(1)各交通等级混凝土路面、桥面和搭板所用钢筋网、传力杆、拉杆等钢筋应符合国家有关标准的技术要求。

(2)各交通等级混凝土路面、桥面和搭板所用钢筋应顺直,不得有裂纹、断伤、刻痕、表面油污和锈蚀。传力杆钢筋加工应锯断,不得挤压切断;断口应垂直、光圆,用砂轮打磨掉毛刺,并加工成 2～3 mm 圆倒角。

8. 钢纤维

(1)用于公路混凝土路面和桥面的钢纤维除应满足《混凝土用钢纤维》(YB/T 151—1999)的规定外,还应符合下列技术要求:

1)单丝钢纤维抗拉强度不宜小于 600 MPa。

2)钢纤维长度应与混凝土粗集料最大公称粒径相匹配,最短长度宜大于粗集料最大公称粒径的 1/3;最大长度不宜大于粗集料最大公称粒径的 2 倍;钢纤维长度与标称值的偏差不应超过±10%。

(2)路面和桥面混凝土中,宜使用防锈蚀处理的钢纤维;宜使用有锚固端的钢纤维。不得使用表面磨损前后裸露尖端导致行车不安全的钢纤维;不宜使用搅拌易成团的钢纤维。

9. 接缝材料

(1)应选用能适应混凝土面板膨胀和收缩、施工时不变形、弹性复原率高、耐久性好的胀缝板。高速公路、一级公路宜采用塑胶、橡胶泡沫板或沥青纤维板;其他公路可采用各种胀缝板。其技术要求应符合表 2-17 的规定。

表 2-17 胀缝板的技术要求

试验项目	胀缝板种类		
	木材类	塑胶、橡胶泡沫类	纤维类
压缩应力(MPa)	5.0～20.0	0.2～0.6	2.0～10.0
弹性复原率(%)	≥55	≥90	≥65
挤出量(mm)	<5.5	<5.0	<3.0
弯曲荷载(N)	100～400	0～50	5～40

注:各类胀缝板吸水后的压缩应力不应小于不吸水的 90%,木板应去除结疤,沥青浸泡后木板厚度应为[(20～25)±1] mm。

(2)填缝材料应具有与混凝土板壁黏结牢固、回弹性好、不溶于水、不渗水,高温时不挤出、不流淌、抗嵌入能力强、耐老化龟裂，负温拉伸量大，低温时不脆裂、耐久性好等性能。填缝料有常温施工式和加热施工式两种，其技术指标应分别符合表 2-18、表 2-19 的规定。常温施工式填缝料主要有聚(氨)酯、硅树脂类，氯丁橡胶泥类、沥青橡胶类等。加热施工式填缝料主要有沥青玛碲脂类、聚氯乙烯胶泥类、改性沥青类等。高速公路、一级公路应优选用树脂类、橡胶类或改性沥青类填缝材料，并宜在填缝料中加入耐老化剂。

表 2-18　常温施工式填缝料技术要求表

试验项目	低弹性型	高弹性型
失粘(固化)时间(h)	6～24	3～16
弹性复原率(%)	≥75	≥90
流动度(mm)	0	0
(−10 ℃)拉伸量(mm)	≥15	≥25
与混凝土黏结强度(MPa)	≥0.2	≥0.4
黏结延伸率(%)	≥200	≥400

注：低弹性型适宜在气候严寒、寒冷地区使用；高弹性型适宜在炎热、温暖地区使用。

表 2-19　加热施工式填缝料技术要求表

试验项目	低弹性型	高弹性型
针入度(0.01 m)	<50	<90
弹性复原率(%)	≥30	≥60
流动度(mm)	<5	<2
(−10 ℃)拉伸量(mm)	≥10	≥15

(3)填缝时应使用背衬垫条控制填缝形状系数。背衬垫条应具有良好的弹性、柔韧性、不吸水、耐酸碱腐蚀和高温不软化等性能。背衬垫条材料有聚氨酯、橡胶或微孔泡沫塑料等，其形状应为圆柱形，直径应比接缝宽度大 2～5 mm。

(二)水泥混凝土路面施工方法

1.水泥混凝土对基层的要求

垫层、基层除应符合《公路水泥混凝土路面设计规范》(JTG D40—2011)和《公路路面基层施工技术规范》(JTJ 034—2000)的规定外，尚应符合下列技术要求：

(上)基层纵、横坡一般可与面层一致，但横坡可略大 0.15%～0.20%，并不得小于路面横坡。硬路肩厚度薄于面板时，应设排水基层或排水盲沟。缘石和软路肩底部应有渗透排水措施。面层铺筑前，宜至少提供足够机械连续施工 10 d 以上的合格基层。

2.模板及其架设与拆除

(1)施工模板应采用足够刚度的槽钢，轨模或钢制边侧模板，不应使用木模板、塑料模板等易变形模板。

(2)支模前在基层上应进行模板安装及摊铺位置的测量放样，核对路面标高、面板分板、胀缝和构造物位置。

(3)纵横曲线路段应采用短模板，每块横板中点应安装在曲线切点上。

(4)模板安装应稳固、平顺、无扭曲，应能承受摊铺、振实、整平设备的负载行进，冲击和振动时不发生位移。

(5)模板与混凝土拌和物接触表面应涂脱模剂。

(6)模板拆除应在混凝土抗压强度不小于 8.0 MPa 方可进行。

3. 混凝土拌和物搅拌

(1)搅拌设备。

1)搅拌场的拌和能力配置应符合下列要求。

①采用滑模、轨道、碾压、三辊轴机组摊铺时，搅拌场配置的混凝土总拌和生产能力可按式(2-1)计算，并按总拌和能力确定所要求的搅拌楼数量和型号。

$$M=60\mu\cdot b\cdot h\cdot V_t \tag{2-1}$$

式中 M——搅拌楼总拌和能力(m^3/h)；

b——摊铺宽度(m)；

V_t——摊铺速度(m/min)(≥1 m/min)；

h——面板厚度(m)；

μ——搅拌楼可靠性系数，1.2～1.5，根据下述具体情况确定：搅拌楼可靠性高，μ 可取较小值；反之，μ 取较大值；拌和钢纤维混凝土时，μ 应取较大值；坍落度要求较低者，μ 应取较大值。

②不同摊铺方式所要求的搅拌楼最小生产容量应满足表 2-20 的规定。一般可配备 2～3 台搅拌楼，最多不宜超过 4 台。搅拌楼的规格和品牌尽可能统一。

表 2-20 混凝土路面不同摊铺方式的搅拌楼最小配置容量 (单位：m^3/h)

摊铺方式 / 摊铺宽度	滑模摊铺	轨道摊铺	碾压混凝土	三辊轴摊铺	小型机具
单车道 3.75～4.5 m	≥100	≥75	≥75	≥50	≥25
双车道 7.5～9 m	≥200	≥150	≥150	≥100	≥50
整幅宽≥12.5 m	≥300	≥200	≥200	—	—

2)搅拌楼的配备应符合表 2-21 的规定。应优先选配间歇式搅拌楼，也可使用连续式搅拌楼。

表 2-21 与公路等级相适应的机械装备

摊铺机械装备	高速公路	一级公路	二级公路	三级公路	四级公路
滑模摊铺机	√	√	√	▲	○
轨道摊铺机	▲	√	√	√	○
三辊轴机组	○	▲	√	√	√
小型机具	×	○	▲	√	√
碾压混凝土机械	×	○	√	√	▲
计算机自动控制强制搅拌楼(站)	√	√	√	▲	○
强制搅拌楼(站)	×	○	▲	√	√

注：1. 符号含义 √应使用；▲有条件使用；○不宜使用；×不得使用。

2. 各等级公路均不得使用体积计量、小型自落滚筒式搅拌机，严禁使用人工控制加水量。

3. 碾压混凝土亦可用于高速公路、一级公路复合式路面的下面层和贫混凝土基层。

(2)每台搅拌楼在投入使用前，必须进行标定和试拌。在标定有效期满或搅拌楼搬迁安装后，均应重新标定。施工中应每 15 d 校验一次搅拌楼计量精确度。搅拌楼配料计量偏差不得超过表 2-22 的规定。不满足时，应分析原因，排除故障，确保拌和计量精确度。采用计算机自动控制系统的搅拌楼时，应使用自动配料生产，并按需要打印每天(周、旬、月)对应路面摊铺桩号的混凝土配料统计数据及偏差。

表 2-22　搅拌楼的混凝土拌和计量允许偏差　(%)

材料名称	水泥	掺和料	钢纤维	砂	粗集料	水	外加剂
高速公路、一级公路每盘	±1	±1	±2	±2	±2	±1	±1
高速公路、一级公路累计每车	±1	±1	±1	±2	±2	±1	±1
其他公路	±2	±2	±2	±3	±3	±2	±2

(3)应根据拌和物的黏聚性、均质性及强度稳定性试拌确定最佳拌和时间。一般情况下，单立轴式搅拌机总拌和时间宜为 80～120 s，全部原材料到齐后的最短纯拌和时间不宜短于 40 s；行星立轴和双卧轴式搅拌机总拌和时间为 60～90 s，最短纯拌和时间不宜短于 35 s；连续双卧轴搅拌楼的最短拌和时间不宜短于 40 s。最长总拌和时间不应超过高限值的 2 倍。

(4)外加剂应以稀释溶液加入，其稀释用水和原液中的水量，应从拌和加水量中扣除。

(5)拌和引气混凝土时，搅拌楼一次拌和量不应大于其额定搅拌量的 90%。纯拌和时间应控制在含气量最大或较大时。

(6)混凝土拌和过程中，不得使用沥水、夹冰雪、表面沾染尘土和局部暴晒过热的砂石料。

(7)粉煤灰或其他掺和料应采用与水泥相同的输送、计量方式加入。粉煤灰混凝土的纯拌和时间应比不掺的延长 10～15 s。当同时掺用引气剂时，宜通过试验适当增大引气剂掺量，以达到规定含气量。

4. 混凝土拌和物的运输

(1)运输车辆。

1)机械摊铺系统配套的运输车数量，可按式(2－2)计算

$$N=2n\left(1+\frac{S\gamma_c m}{V_q g_q}\right) \tag{2－2}$$

式中　N——汽车辆数(辆)；

n——相同产量搅拌楼台数；

S——单程运输距离(km)；

γ_c——混凝土密度(t/m³)；

m——台搅拌楼每小时生产能力(m³/h)；

V_q——车辆的平均运输速度(km/h)；

g_q——汽车载重能力(t/辆)。

2)可选配车况优良、载重量 5～20 t 的自卸车，自卸车后挡板应关闭紧密，运输时不漏浆撒料，车箱板应平整光滑。远距离运输或摊铺钢筋混凝土路面及桥面时，宜选配混凝土罐车。

(2)运输技术要求。

1)应根据施工进度、运量、运距及路况，选配车型和车辆总数。总运力应比总拌和能力略

有富余。确保新拌和混凝土在规定时间内运到摊铺现场。

2)运输到现场的拌和物必须具有适宜摊铺的工作性。不同摊铺工艺的混凝土拌和物从搅拌机出料到运输、铺筑完毕的允许最长时间应符合表 2-23 的规定。不满足时应通过试验、加大缓凝剂或保塑剂的剂量。

表 2-23 混凝土拌和物出料到运输、铺筑完毕允许最长时间

施工气温*(℃)	到运输完毕允许最长时间(h)		到铺筑完毕允许最长时间(h)	
	滑模、轨道	三轴、小机具	滑模、轨道	三轴、小机具
5～9	2.0	1.5	2.5	2.0
10～19	1.5	1.0	2.0	1.5
20～29	1.0	0.75	1.5	1.25
30～35	0.75	0.50	1.25	1.0

注:* 指施工时间的日间平均气温,使用缓凝剂延长凝结时间后,本表数值可增加 0.25～0.5 h。

3)混凝土拌和物的运输除应满足上述规定外,尚应符合下列技术要求:

①运送混凝土的车辆装料前,应清净厢罐,洒水润壁,排干积水。装料时,自卸车应挪动车位,防止离析。搅拌楼卸料落差不应大于 2 m。

②混凝土运输过程中应防止漏浆、漏料和污染路面,途中不得随意耽搁。自卸车运输应减小颠簸,防止拌和物离析。车辆起步和停车应平稳。

③超过表 2-23 规定摊铺允许最长时间的混凝土不得用于路面摊铺。混凝土一旦在车内停留超过初凝时间,应采取紧急措施处置,严禁混凝土硬化在车厢(罐)内。

④烈日、大风、雨天和低温天远距离运输时,自卸车应遮盖混凝土,罐车宜加保温隔热套。

⑤使用自卸车运输混凝土最远运输半径不宜超过 20 km。

⑥运输车辆在模板或导线区调头或错车时,严禁碰撞模板或基准线,一旦碰撞,应告知测工重新测量纠偏。

⑦车辆倒车及卸料时,应有专人指挥。卸料应到位,严禁碰撞摊铺机和前场施工设备及测量仪器。卸料完毕,车辆应迅速离开。

⑧碾压混凝土卸料时,车辆应在前一辆车离开后立即倒向摊铺机,并在机前 10～30 cm 处停住,不得撞击沥青摊铺机。然后换成空挡,并迅速升起料斗卸料,靠摊铺机推动前进。

5. 轨道式摊铺机进行混凝土面层铺筑

(1)机械选型与配套。

高速公路混凝土路面施工根据具体条件可使用轨道式摊铺机进行施工。一级公路、二级公路、三级公路混凝土路面施工应使用轨道式摊铺机进行施工。

轨道摊铺机的选型应根据路面车道数或设计宽度按表 2-24 的技术参数选择。最小摊铺宽度不得小于单车道 3.75 m。

表 2-24 轨道摊铺机的基本技术参数表

项　目	发动机功率(kW)	最大摊铺宽度(m)	摊铺厚度(mm)	摊铺速度(m/min)	整机质量(t)
三车道轨道摊铺机	33～45	11.75～18.3	250～600	1～3	13～38
双车道轨道摊铺机	15～33	7.5～9.0	250～600	1～3	7～13
单车道轨道摊铺机	8～22	3.5～4.5	250～450	1～4	≤7

轨道摊铺机按布料方式不同,可选用刮板式、箱式和螺旋式。

(2)准备工作。

1)提前做好模板的加工与制作.制作数量应为摊铺机摊铺能力的1.5～2.0倍模板数量,以及相应的加固固定杆和钢钎。

2)测量放样:恢复定线,直线段每20 m设一中桩,弯道段每5～10 m设一中桩。经复核无误后,以恢复的中线为依据,放出混凝土路面浇筑的边线桩,用3寸长钢钉直线每10 m一钉,弯道每5 m一钉。对每一个放样钢钉位置进行高程测量,并计算出与设计高程的差值,经复核确认后,方可导线架设。

3)导线架设:在距放样钢钉2 cm左右处,钉打钢钎(以不扰动钢钉为准)长度约45 cm左右,打入深度以稳固为宜。进行抄平测量,在钢钎上标出混凝土路面的设计标高位置线(可用白粉笔)应精确到±2 mm。然后将设计标高线用线绳拉紧栓记牢固,中间不能产生垂度,不能扰动钢钎,位置要正确。

4)模板支立:依导线方向和高度立模板,模板顶面和内侧面应紧贴导线,上下垂直,不能倾斜,确保位置正确。模板支立应牢固,保证混凝土在浇筑、振捣过程中,模板不会位移、下沉和变形。模板的内侧面应均匀涂刷脱模剂,不能污染环境和传力杆钢筋以及其他施工设备。安装拉杆钢筋时,其钢筋间距和位置要符合设计要求,安装牢固,保证混凝土浇筑后拉杆钢筋应垂直中心线与混凝土表面平行。

5)铺设轨道:轨遭可选用12号工字钢或12号槽钢均可,一般只需配备4根标准工字钢长度即可,向前倒换使用,并应将工字钢或槽钢固定在0.5 m×0.15 m×0.15 m的小型枕木上,枕木间距为1 m。轨道应与中心线平行,轨道顶面与模板顶面应为一个固定差值,轨道与模板间的距离应保持在一个常数不变。应保证轨道平稳顺直,接头处平滑不突变。

6)摊铺机就位和调试:每天摊铺前,应将摊铺机进行调试,使摊铺机调试为与路面横坡度相同的倾斜度。调整混凝土刮板至模板顶面路面设计标高处,检查振捣装置是否完好和其他装置运行是否正常。

(3)混凝土摊铺。

1)摊铺前应对基层表面进行洒水润湿,但不能有积水。

2)混凝土入模前,先检查坍落度,控制在配合比要求坍落度20～40 cm范围内,制作混凝土检测抗压抗折强度的试件。

3)摊铺过程中,间断时间应不大于混凝土的初凝时间。

4)摊铺现场应设专人指挥卸料,应根据摊铺宽度、厚度,每车混凝土数量均匀卸料,严格掌握,不能亏料,可适当略有富余,但又不能太多,防止被刮到模板之外。

5)摊铺过后,对拉杆要进行整理,保证拉杆平行与水平,同时要用铝合金直尺进行平整度初查,确保混凝土表面平整,不缺料。

6)每日工作结束,施工缝宜设在胀缝或缩缝处,按胀缝和缩缝要求处治。因机械故障或其他原因中断浇筑时,可设临时工作缝。宜设在缩缝处,按缩缝处理。

7)当摊铺到胀缝位置时,应按胀缝设计要求设置胀缝和安装传力杆,传力杆范围内的混凝土可用人工振实和整平。如继续浇筑,摊铺机需跳开一块板的长度开始进行,留下部分待模板拆除并套上胀缝后用人工摊铺振捣成型。

8)摊铺机在摊铺时,两侧应各设1名辅助操作员,保证摊铺机运行安全和摊铺质量。

6. 混凝土振捣(小型机具施工)

(1)在待振横断面上,每车道路面应使用 2 根振捣棒,组成横向振捣棒组,沿横断面连续捣密实,并应注意路面板底、内部和边角处不得欠振或漏振。

(2)振捣棒在每一处的持续时间,应以拌和物全面振动液化,表面不再冒气泡和泛水泥浆为限,不宜过振,也不宜少于 30 s。振捣棒的移动间距不宜大于 500 mm;至模板边缘的距离不宜大于 200 mm。应避免碰撞模板、钢筋、传力杆和拉杆。

(3)在振捣棒已完成振实的部位,可开始振动板纵横交错两遍全面提浆振实,每车道路面应配备 1 块振动板。

(4)振动板移位时,应重叠 100～200 mm,振动板在一个位置的持续振捣时间不应少于 15 s。振动板须由两人提位振捣和移位,不得自由放置或长时持续振动。移位控制以振动板底部和边缘泛浆厚度 3±1 mm 为限。

(5)缺料的部位,应铺以人工补料找平。

(6)振动梁振实,每车道路面宜使用 1 根振动梁。振动梁应具有足够的刚度和质量,振动梁应垂直路面中线沿纵向拖行,往返 2～3 遍,使表面泛浆均匀平整。

7. 整平饰面

(1)每车道路面应配备 1 根滚杠(双车道两根)。振动梁振实后,应拖动滚杠往返 2～3 遍提浆整平。

(2)拖滚后的表面宜采用 3 m 刮尺,纵横各 1 遍整平饰面,或采用叶片式或圆盘式抹面机往返 2～3 遍压实整平饰面。

(3)在抹面机完成作业后,应进行清边整缝,清除黏浆,修补缺边、掉角。整平饰面后的面板表面应无抹面印痕,致密均匀,无露骨,平整度应达到规定要求。

8. 真空脱水

(1)一般要求。

1)小型机具施工三、四级公路混凝土路面,应优先采用在拌和物中掺外加剂,无掺外加剂条件时,应使用真空脱水工艺,该工艺适用于面板厚度不大于 240 mm 混凝土面板施工。

2)使用真空脱水工艺时,混凝土拌和物的最大单位用水量可比不采用外加剂时增大 3～12 kg/m^3;拌和物适宜坍落度:高温天 30～50 mm;低温天 20～30 mm。

(2)真空脱水机具。

1)真空度稳定、有自动脱水计量装置,有效抽速不小于 15 L/s 的脱水机。

2)真空度均匀,密封性能好,脱水效率高、操作简便、铺放容易、清洗方便的真空吸垫。每台真空脱水机应配备不少于 3 块吸垫。

(3)真空脱水作业。

1)脱水前,应检查真空泵空载真空度不小于 0.08 MPa,并检查吸管、吸垫连接后的密封性,同时应检查随机工具和修补材料是否齐备。

2)吸垫铺放应采取卷放,避免皱折;边缘应重叠已脱水的面板 50～100 mm。

3)开机脱水,真空度应逐渐升高,最大真空度不宜超过 0.085 MPa。

4)最短脱水时间不宜短于表 2-25 的规定。当脱水达到规定时间和脱水量要求后(双控),应先将吸垫四周微微掀起 10～20 mm,继续抽吸 15 s,以便吸尽作业表面和吸管中的余水。

表 2-25 最短脱水时间 （单位：min）

面板厚度 h	昼夜平均气温 T					
	3～5 ℃	6～10 ℃	11～15 ℃	16～19 ℃	20～25 ℃	＞25 ℃
18 mm	26	24	22	20	18	17
22 mm	30	28	26	24	22	21
25 mm	35	32	30	27	25	24

5）真空脱水后，应采用振动梁、滚杠或叶片、圆盘式抹面机重新压实精平 1～2 遍。

6）真空脱水整平后的路面，应采用硬刻槽方式制作抗滑构造。

7）真空脱水混凝土路面切缝时间可比规定时间适当提前。

9. 纵缝施工

（1）当一次铺筑宽度小于路面和硬路肩总宽度时，应设纵向施工缝，位置应避开轮迹，并重合或靠近车道线，构造可采用平缝加拉杆型。当所摊铺的面板厚度大于 260 mm 时，也可采用插拉杆的企口型纵向施工缝。采用滑模施工时，纵向施工缝的拉杆可用摊铺机的侧向拉杆装置插入。采用固定模板施工方式时，应在振实过程中，从侧模预留孔中手工插入拉杆。

（2）当一次铺筑宽度大于 4.5 m 时，应采用假缝拉杆型纵缝，即锯切纵向缩缝，纵缝位置应按车道宽度设置，并在摊铺过程中用专用的位杆插入装置插入拉杆。

（3）钢筋混凝土路面、桥面和搭板和纵缝拉杆可由横向钢筋延伸穿过接缝代替。钢纤维混凝土路面切开的假纵缝可不设拉杆，纵向施工缝应设拉杆。

（4）插入的侧向拉杆应牢固，不得松动、碰撞或拔出。若发出拉杆松脱或漏插，应在横向相邻路面摊铺前，钻孔重新植入。当发现拉杆可能被拔出时，宜进行拉杆拔出力（握裹力）检验。

10. 横缝设置与施工

（1）每天摊铺结束或摊铺中断时间超过 30 min 时，应设置横向施工缝，其位置宜与胀缝或缩缝重合，确有困难不能重合时，施工缝应采用设螺纹传力杆的企口缝形式。横向施工缝在缩缝处采用平缝加传力杆型，如图 2-25 所示。在胀缝处其构造与胀缝相同。

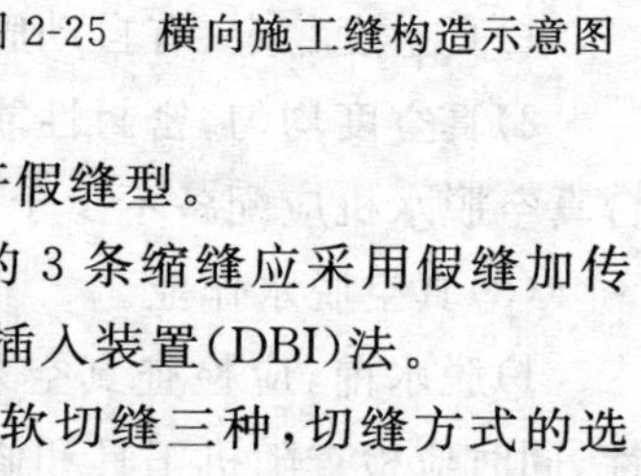

图 2-25 横向施工缝构造示意图

（2）普通混凝土路面横向缩缝宜等间距布置。不宜采用斜缝。不得不调整板长时，最大板长不宜大于 6.0 m；最小板长不宜小于板宽。

（3）在中、轻交通的混凝土路面上，横向缩缝可采用不设传力杆假缝型。

（4）在特重和重交通公路、收费广场、邻近胀缝或路面自由端的 3 条缩缝应采用假缝加传力杆型。缩缝传力杆的施工方法可采用前置钢筋支架法或传力杆插入装置（DBI）法。

（5）横向缩缝的切缝方式有全部硬切缝、软硬结合切缝和全部软切缝三种，切缝方式的选用，应由施工期间该地区路面摊铺完毕到切缝时的昼夜温差确定。

11. 胀缝设置与施工

（1）普通混凝土路面、钢筋混凝土路面和钢纤维混凝土路面的胀缝间距视集料的温度膨胀性大小、当地年温差和施工季节综合确定：高温施工，可不设胀缝；常温施工，集料温缩系数和年温差较小时，可不设胀缝；集料温缩系数或年温差较大，路面两端构造物间距大于等于500 m时，宜设一道中间胀缝；低温施工，路面两端构造物间距大于等于350 m时，宜设一道胀缝。邻近构造物、平曲线或与其他道路相交处的胀缝应按《公路水泥混凝土路面设计规范》(JTG D40－2011)的规定设置。

(2)普通混凝土路面的胀缝应设置胀缝补强钢筋支架、胀缝板和传力杆，胀缝构造如图2-26所示。钢筋混凝土和钢纤维混凝土路面可不设钢筋支架。胀缝宽20～25 mm，使用沥青或塑料薄膜滑动封闭层时，胀缝板及填缝宽度宜加宽到25～30 mm。传力杆一半以上长度的表面应涂防黏涂层，端部应戴活动套帽，套帽材料与尺寸应符合有关规定的要求。胀缝板应与路中心线垂直，缝壁垂直；缝隙宽度一致；缝中完全不连浆。

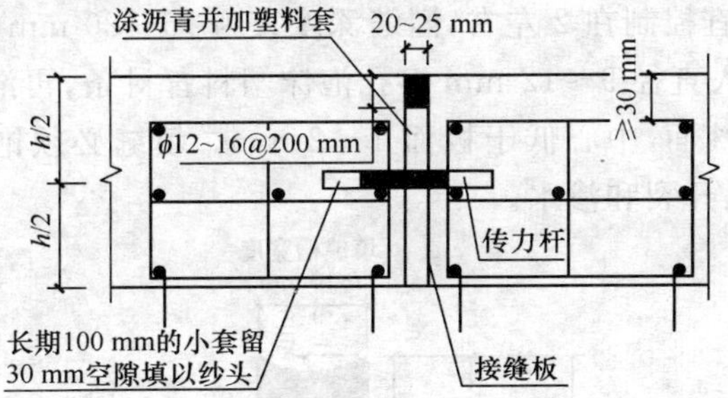

图 2-26　胀缝构造示意图

(3)胀缝应采用前置钢筋支架法施工，也可采用预留一块面板，高温时再铺封。前置法施工，应预先加工、安装和固定胀缝钢筋支架，并在使用手持振捣棒振实胀缝板两侧的混凝土后再摊铺。宜在混凝土未硬化时，剔除胀缝板上部的混凝土，嵌入(20～25) mm×20 mm 的木条，整平表面。胀缝板应连续贯通整个路面板宽度。

12. 抗滑构造施工

(1)摊铺完毕或精整平表面后，宜使用钢支架拖挂1～3层叠合麻布、帆布或棉布，洒水湿润后作拉毛处理。人工修整表面时，宜使用木抹。用钢抹修整过的光面，必须再拉毛处理，以恢复细观拉滑构造。

(2)当日施工进度超过500 m时，抗滑沟槽制作宜选用拉毛机械施工，没有拉毛机时，可采用人工拉槽方式。

(3)特重和重交通混凝土路面宜采用硬刻槽，凡使用圆盘、叶片式抹面机精平后的混凝土路面、钢纤维混凝土路面必须采用硬刻槽方式制作抗滑沟槽。

13. 混凝土路面养生

(1)混凝土路面铺筑完成或软作抗滑构造完毕后立即开始养生。机械摊铺的各种混凝土路面、桥面及搭板宜采用喷洒养生剂同时保湿覆盖的方式养生。在雨天或养生用水充足的情况下，也可采用覆盖保湿膜、土工毡、土工布、麻袋、革袋、草帘等洒水湿养生方式，不宜使用围水养生方式。

(2)养生时间根据混凝土弯拉强度增长情况而定，不宜小于设计弯拉强度的80%，应特别注重前7 d的保温(温)养生。一般养生天数宜为14～21 d，高温天不宜小于14 d，低温天不宜小于21 d。掺粉煤灰的混凝土路面，最短养生时间不宜少于28 d，低温天应适当延长。

(3)混凝土板养生初期，严禁人、畜、车辆通行，在达到设计强度40%后，行人方可通行。在路面养生期间，平交道口应搭建临时便桥。面板达到设计弯拉强度后，方可开放交通。

14. 灌缝

(1)混凝土板养生期满后,应及时灌缝。

(2)应先采用切缝机清除接缝中夹杂的砂石、凝结的泥浆等,再使用压力大于等于0.5 MPa的压力水和压缩空气彻底清除接缝中的尘土及其他污染物,确保缝壁及内部清洁、干燥。缝壁检验以擦不出灰尘为灌缝标准。

(3)使用常温聚氨酯和硅树脂等填缝料时,应按规定比例将两组分材料按1h灌缝量混拌均匀后使用。

(4)使用加热填缝料时应将填缝料加热至规定温度。加热过程中应将填缝料融化,搅拌均匀,并保温使用。

(5)灌缝的形状系数宜控制在2左右,灌缝深度宜为15～20 mm,最浅不得小于15 mm如图2-27所示。先挤压嵌入直径9～12 mm多孔泡沫塑料背衬条,再灌缝。灌缝顶面热天应与板面齐平;冷天应填为凹液面,中心低于板面1～2 mm。填缝必须饱满、均匀、厚度一致并连续贯通,填缝料不得缺失、开裂和渗水。

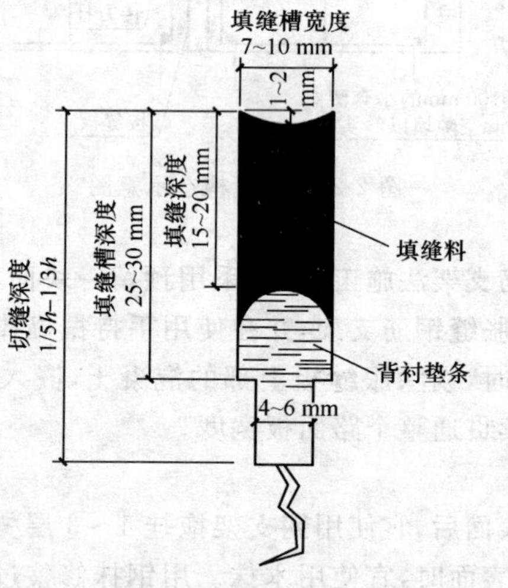

图2-27 缩缝切缝、填缝(槽)、垫条细部尺寸

(6)常温施工式填缝料的养生期,低温天宜为24 h,高温天宜为12 h。加热施工式填缝料的养生期,低温天宜为2 h,高温天宜为6 h。在灌缝料养生期间应封闭交通。

路面胀缝和桥台隔离缝等应在填缝前,凿去接缝板顶部嵌入的木条,涂黏结剂后,嵌入胀缝专用多孔橡胶条或灌进适宜的填缝料,当胀缝的宽度不一致或有啃边、掉角等现象时,必须灌缝。

第三章　桥涵工程

第一节　桥梁的组成和分类

一、桥梁的组成

（一）桥梁的组成

概括地说，桥梁由上部结构、下部结构、支座系统和附属设施四个基本部分组成。

上部结构通常又称为桥跨结构，是在线路中断时跨越障碍的主要承重结构；下部结构包括桥墩、桥台和基础；桥梁附属设施包括桥面系、伸缩缝、桥头搭板和锥形护坡等，桥面系包括桥面铺装（或称行车道铺装）、排水防水系统、栏杆（或防撞栏杆）、灯光照明等。

桥梁上下部结构示意图，如图 3-1 所示。

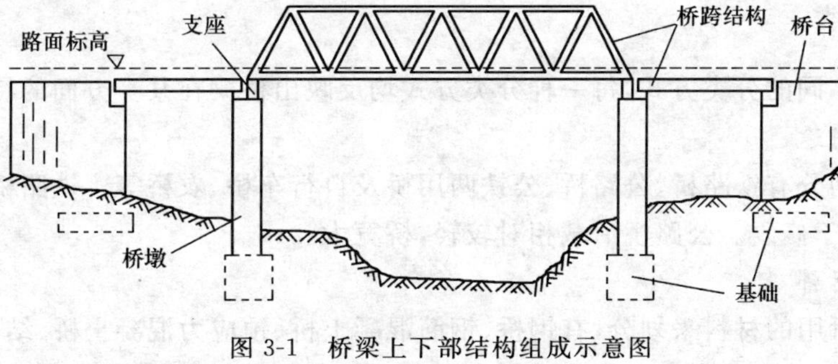

图 3-1　桥梁上下部结构组成示意图

（二）桥梁相关尺寸与术语名称

桥梁相关术语名称见表 3-1。

表 3-1　桥梁相关术语名称

项目	内　容
净跨径	对于梁式桥是设计洪水位上相邻两个支座中心之间的净距，用 l_0 表示；对于拱式桥则是每孔拱跨两个拱脚截面最低之间的水平距离
总跨径	多孔桥梁中各孔净跨径的总和，也称桥梁孔径（Σl_0），它反映了桥下宣泄洪水的能力
计算跨径	对于具有支座的桥梁，是指桥跨结构相邻两个支座中心之间的距离，用 l 表示。拱圈（或拱肋）各截面形心点的连线称为拱轴线，计算跨径为拱轴线两端点之间的水平距离
桥梁全长简称桥长	桥梁两端两个桥台的侧墙或八字墙后端点之间的距离，用 L 表示。对于无桥台的桥梁为桥面自行车道的全长

续上表

项目	内　　容
桥梁高度简称桥高	指桥面与低水位之间的高差,或为桥面与桥下线路面之间的距离。桥高在某种程度上反映了桥梁施工的难易性
桥下净空高度	设计洪水位或计算通航水位至桥跨结构最下缘之间的距离,以 H 表示。它应保证能安全排洪,并不得小于对该河流通航所规定的净空高度
桥梁建筑高度	桥上行车路面标高至桥跨结构最下缘之间的距离,它不仅与桥梁结构的体系和跨径的大小有关,而且还随行车部分在桥上布置的高度位置而异。公路定线中所确定的桥面标高,与通航净空顶部标高之差,又称为容许建筑高度。桥梁的建筑高度不得大于其容许建筑高度,否则就不能保证桥下的通航要求
净矢高	从拱顶截面下缘至相邻两拱脚截面下线最低点之间连线的垂直距离,用 f_0 表示;计算矢高:是从拱顶截面形心至相邻两拱脚截面形心之间连线的垂直距离,用 f 表示
矢跨比	拱桥中拱圈(或拱肋)的计算矢高 f 与计算跨径 l 之比 $\left(\frac{f}{l}\right)$,也称拱矢度,它是反映拱桥受力特性的一个重要指标

二、桥梁的分类

桥梁有各种不同的分类方式,每一种分类方式均反映出桥梁在某一方面的特征。

(一)按桥梁用途

按桥梁用途划分有铁路桥、公路桥、公铁两用桥及自行车桥、农桥等。铁路桥活载大,桥宽小,结实耐用且易于修复。公路桥活载相对较轻,桥宽大。

(二)按桥跨材料

按桥跨结构所用的材料来划分,有钢桥、钢筋混凝土桥、预应力混凝土桥、结合桥等。钢桥具有较大的跨越能力,在跨度上一直处于领先地位。钢与混凝土形成的结合桥主要指钢梁与钢筋混凝土桥面板组合成的梁式桥。

(三)按桥梁平面形状

按桥梁的平面形状划分,有直桥、斜桥、弯桥。绝大部分桥梁为直桥(正交桥),斜桥指水流方向同桥的轴线不呈直角相交的桥。

(四)按桥梁全长和跨径

按桥梁全长和跨径的不同,分为特大桥、大桥、中桥和小桥。

(五)按跨越障碍的性质

按跨越障碍的性质,可分为跨河桥、跨线桥(立体交叉)、高架桥和栈桥。

(六)按上部结构的行车道位置

按上部结构的行车道位置,分为上承式桥、下承式桥和中承式桥。

(七)按桥梁结构体系

按结构体系即结构受力及立面形状划分,有梁式桥、拱桥、悬索桥和钢架桥四种基本体系,以及由基本体系与其他体系或基本构件(塔、柱、斜索等)形成的组合体系桥。

1. 梁式桥

梁式桥主要承重构件是梁(板)，梁部结构只受弯、剪，不承受轴向力，主要以其抗弯能力来承受荷载。桥梁的整体结构在竖向荷载作用下无水平反力，只承受弯矩，墩台也仅承受竖向压力。梁桥结构简单，施工方便，对地基承载能力的要求不高，跨越能力有限，常用跨径在 25 m 以下，如图 3-2 所示。

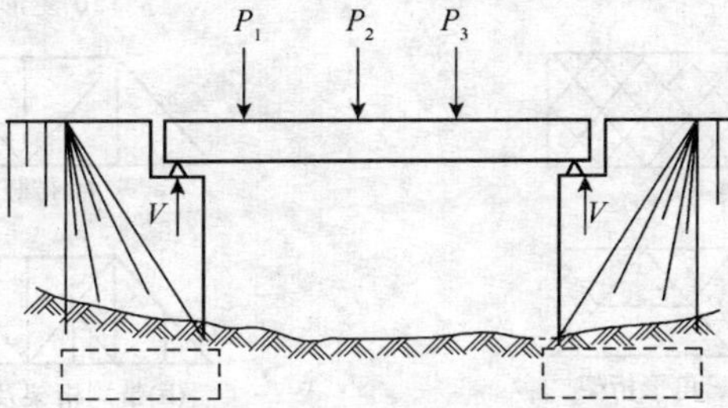

图 3-2 梁式桥简图

梁式体系是古老的结构体系。梁作为承重结构是以它的抗弯能力来承受荷载的。

按主梁的静力图示分，桥梁可以分为简支梁、悬臂梁和连续梁。都是利用支座上的卸载弯矩去减少跨中弯矩，使梁跨内的内力分配更合理，以同等抗弯能力的构件断面就可建成更大跨径的桥梁。

悬臂梁又分为单悬梁和双悬梁，其结构示意图，如图 3-3 所示。

图 3-3 悬臂梁桥

1—悬臂；2—铰；3—悬挂孔；4—锚固孔

连续梁的结构示意图，如图 3-4 所示。

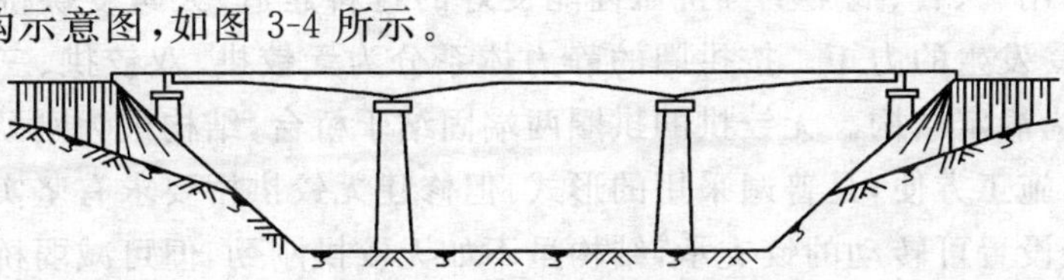

图 3-4 连续梁示意图

按主要承重结构的形式分，梁式桥可以分为实腹实梁和桁架梁，前者梁的截面型式多为 T 形、工字形和箱形等，后者指主要由拉杆、压杆、拉压杆以及连接件组成的桁架式桥跨结构，如图 3-5 所示。

2. 拱桥

拱桥的建造经济合理，有很大跨越能力，外形美观大方。拱桥的主要承重结构是拱圈或拱肋，拱圈的截面形式可以是实体矩形、肋形、箱形、桁架等(图 3-6)。

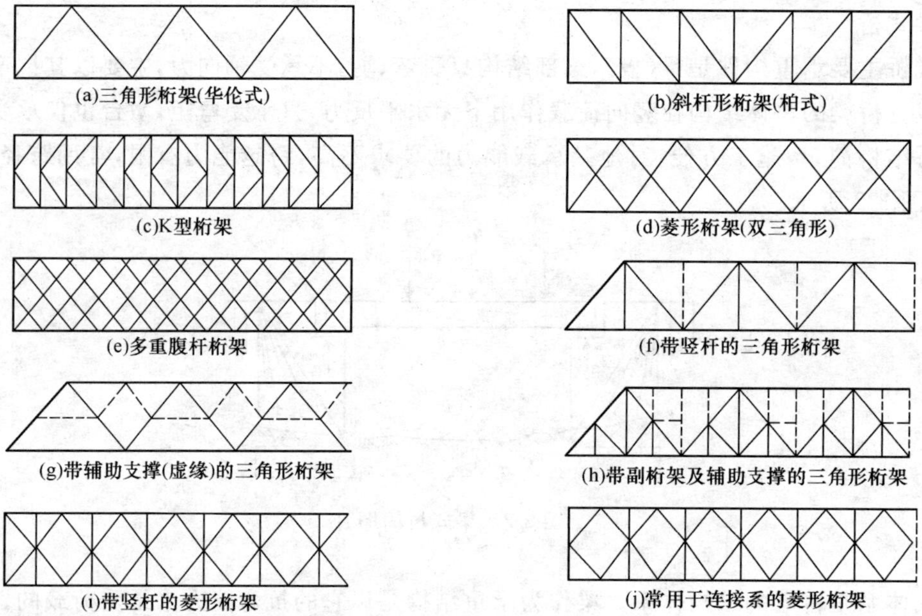

图 3-5　梁式桥桁架形式

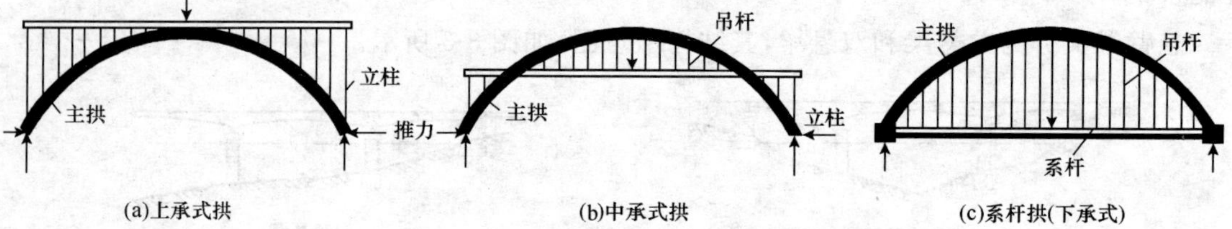

图 3-6　各类拱式桥承重体系及拱桥示例

以承受轴向压力为主的拱圈或拱肋作为主要承重构件的桥梁，拱结构由拱圈(拱肋)及其支座组成。拱桥可用砖、石、混凝土等抗压性能良好的材料建造；大跨度拱桥则用钢筋混凝土或钢材建造，以承受发生的力矩。按拱圈的静力体系分为无铰拱、双铰拱、三铰拱。前二者为超静定结构，后者为静定结构。无铰拱的拱圈两端固结于桥台，结构最为刚劲，变形小，比有铰拱经济，结构简单，施工方便，是普遍采用的形式，但修建无铰拱桥要求有坚实的地基基础。双铰拱是在拱圈两端设置可转动的铰支承，结构虽不如无铰拱刚劲，但可减弱桥台位移等因素的不利影响，在地基条件较差和不宜修建无铰拱的地方，可采用双铰拱桥。三铰拱则是在双铰拱的拱顶再增设一铰，结构的刚度更差些，拱顶铰的构造和维护也较复杂，一般不宜作主拱圈。拱桥按结构形式可分为板拱、肋拱、双曲拱、箱形拱、桁架拱。拱桥为桥梁基本体系之一，一直是大跨径桥梁的主要形式。

拱桥的组成部分示意图如图 3-7 所示。

3. 悬索桥

悬索桥主要由索(缆)、塔、锚碇、加劲梁等组成。现代悬索桥的悬索一般均支承在两个塔柱上。塔顶设有支承悬索的鞍形支座。承受很大拉力悬索的端部通过锚碇固定在地基中，个别也有固定在刚性梁的端部，称为自锚式悬索桥，如图 3-8 所示。

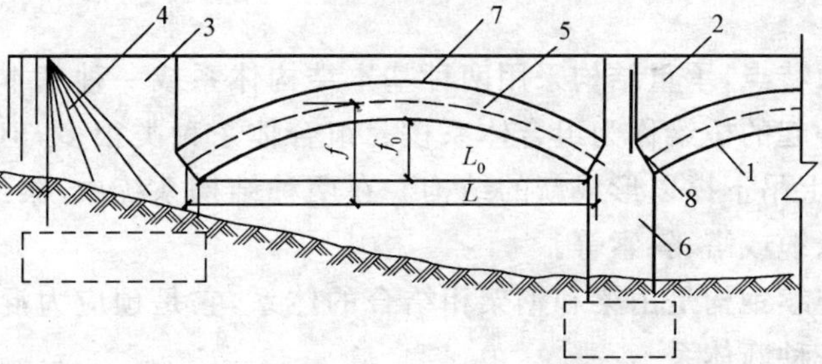

图 3-7　拱桥的组成部分示意图

1—拱圈；2—拱上结构；3—桥台；4—锥坡；5—搭轴线；6—桥墩；7—拱顶；8—拱脚

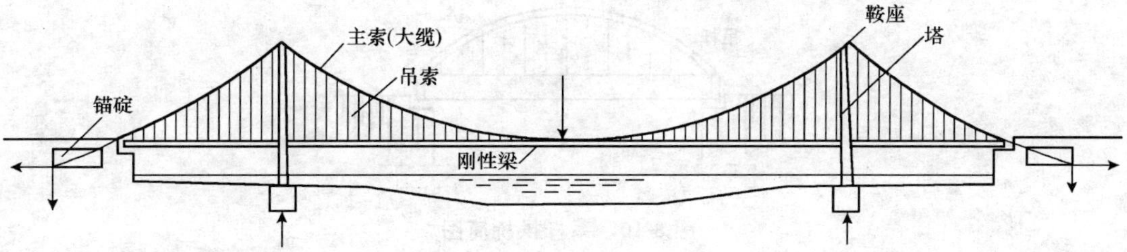

图 3-8　悬索桥组成部分及示例

对跨度小、活载大且加劲梁较刚劲的悬索桥，可以视为缆与梁的组合体系。但大跨度悬索桥的主要承重结构为缆，组合体系效应可以忽略。在竖向荷载作用下，其悬索受拉，锚碇处会产生较大向上的竖向反力和水平反力。悬索是由高强度钢丝制成的圆形大缆，加劲梁则多采用钢桁架或扁平箱梁，桥塔可采用钢筋混凝土或钢架。因悬索的抗拉性能得以充分发挥且大缆尺寸基本上不受限制，故悬索桥的跨越能力在各种桥型中具有无可比拟的优势。

4. 刚架(构)桥(图 3-9)

刚架桥是介于梁与拱之间的一种结构体系，它是由受弯的上部梁(或板)与承压的下部柱(或墩)整体结合在一起的结构。由于梁与柱的刚性连接，梁因柱的抗弯刚度而得到卸载作用，整个体系是压弯结构，也是有推力的结构。刚架分直腿刚架与斜腿刚架。刚架桥施工较复杂，一般用于跨径不大的城市桥或公路高架桥和立交桥。

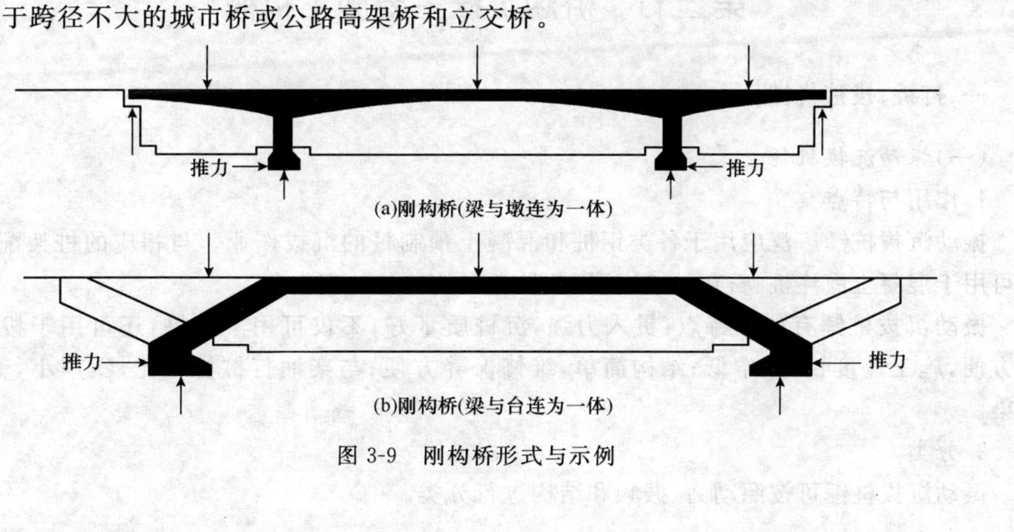

图 3-9　刚构桥形式与示例

5. 组合体系桥

根据结构的受力特点，承重结构采用两种基本结构体系或一种基本体系与某些构件(塔、柱、斜索等)组合在一起的桥梁称为组合体系桥。组合体系种类很多，但一般都是利用梁、拱、吊三者的不同组合，上吊下撑以形成新的结构。在两种结构系统中，梁经常是其中一种，与梁组合的，则可以是拱、缆或塔、斜索等。

(1)连续钢构：连续钢构是由梁和钢架相结合的体系，它是预应力混凝土结构采用悬臂施工法而发展起来的一种新体系。

(2)梁、拱组合体系：这类体系中有系杆拱、桁架拱、多跨拱梁结构等。它们利用梁的受弯与拱的承压特点组成联合结构。图 3-10 为梁和拱组合而成的系杆拱桥简图，其中梁和拱都是主要承重构件。

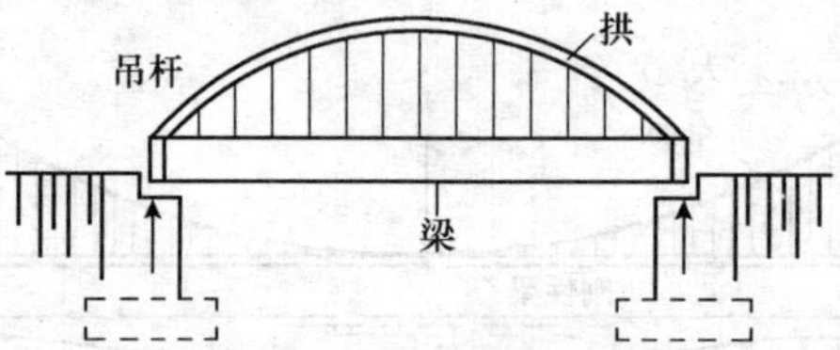

图 3-10　系杆拱桥简图

(3)斜拉桥(图 3-11)：它是由承压的塔、受拉的索与承弯的梁体组合起来的一种结构体系。

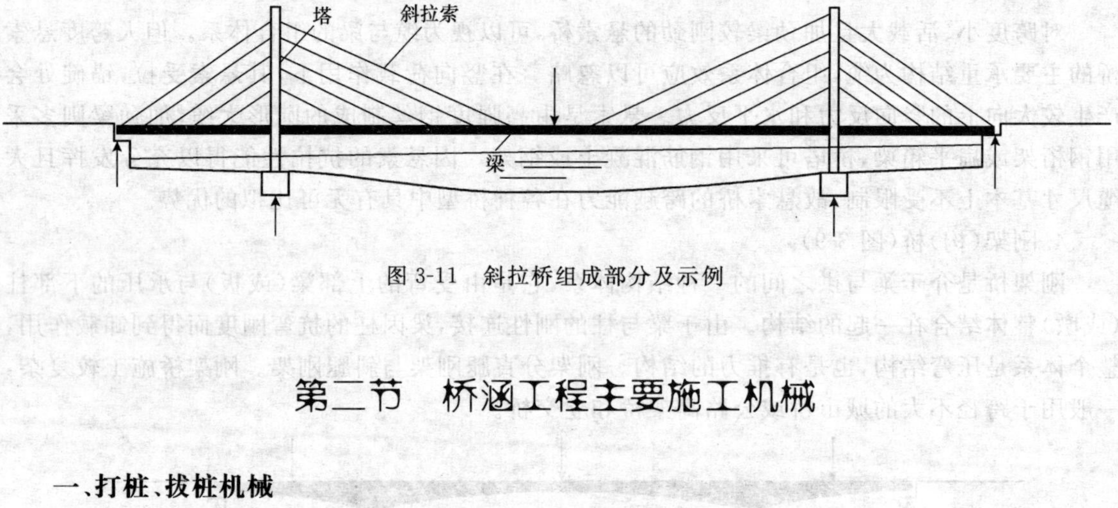

图 3-11　斜拉桥组成部分及示例

第二节　桥涵工程主要施工机械

一、打桩、拔桩机械

(一)振动沉拔桩锤

1. 作用与特点

振动沉拔桩锤广泛应用于各类钢桩和混凝土预制桩的沉拔作业。与相应的桩架配套后，也可用于混凝土灌注桩、石灰桩、砂桩等各种类型的地基处理作业。

振动沉拔桩锤有如下特点：贯入力强，沉桩质量好；不仅可用于沉桩，还可用于拔桩；使用方便，施工速度快，成本低；结构简单，维修保养方便；与柴油打桩机相比，噪声小，无大气污染。

2. 分类

振动沉拔桩锤可按照动力、振频和结构进行分类。

(1)按动力可分为电动振动沉拔桩锤和液压振动沉拔桩锤。前者动力是耐振电动机,后者是柴油发动机驱动液压泵—马达系统。

(2)振动锤的振动器是一个带偏心块的转轴,按其产生的振动频率可分为低频(300～700 r/min)、中频(700～1 500 r/min)、高频(2 300～2 500 r/min)、超高频(约 6 000 r/min),以适应不同地基的土质情况。

(3)按振动偏心块结构可分为固定式偏心块和可调式偏心块。

3. 主要结构

振动沉拔桩锤主要由以下几个部分组成:原动机、振动器、夹桩器和减振器。如图 3-12 所示是国产 DZ-800 振动沉拔桩锤。

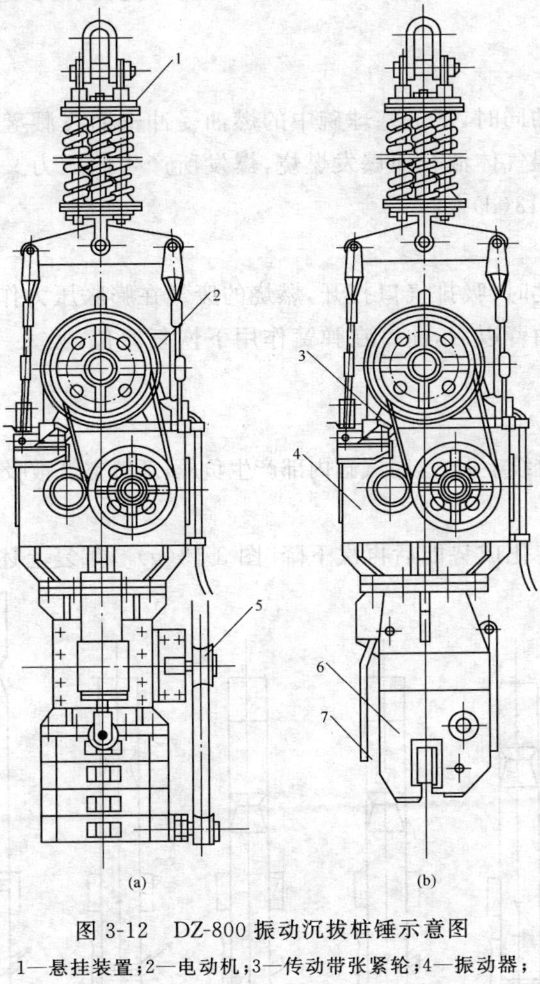

图 3-12　DZ-800 振动沉拔桩锤示意图

1—悬挂装置;2—电动机;3—传动带张紧轮;4—振动器;
5—加压导向装置;6—液压夹紧装置;7—高压软管

(二)柴油桩锤

柴油打桩机由柴油桩锤和桩架两部分组成。柴油桩锤按其动作特点可分为导杆式和筒式两种。导杆式柴油桩锤冲击体为气缸,它构造简单,但打桩能量小,只适用于打小桩,已逐渐被淘汰;筒式柴油桩锤冲击体为活塞,打击能量大,施工效率高。

1. 筒式柴油桩锤的工作循环及原理

筒式柴油桩锤是目前使用最广泛的一种打桩设备。下面以筒式柴油桩锤为例介绍柴油桩锤的工作原理。

(1)扫气、喷油。

上活塞在重力作用下降落,进行扫气;当上活塞继续下降时,触及燃油泵的曲臂,把适量的燃油射入下活塞凹形球碗内[图 3-13(a)]。

(2)压缩。

上活塞继续下降,把吸排气口关闭,气缸内的空气被压缩,空气的压力、温度升高,为燃烧爆发做好准备[图 3-13(b)]。

(3)冲击。

上活塞继续下降与下活塞相碰撞,产生强大的冲击力使桩下沉,这一冲击力是沉桩的主要作用力[图 3-13(c)]。

(4)爆发。

上活塞冲击下活塞的同时,下活塞球碗中的燃油受冲击而飞溅雾化(这一过程叫"冲击雾化")。雾化的燃油与高温气体混合而爆发燃烧,爆发所产生的压力又给桩一个下沉力;同时,使上活塞向上跳起[图 3-13(d)]。

(5)排气。

上活塞升至一定高度时,吸排气口打开,燃烧的废气在膨胀压力作用下:由吸排气口排出。当上活塞越过燃油泵的曲臂以后,曲臂在弹簧作用下恢复原位,吸入一定量的燃油,准备下一次的喷油[图 3-13(e)]。

(6)吸气。

在惯性作用下,活塞继续上升,这时气缸内部产生负压,新鲜空气被吸入气缸内[图 3-20(f)]。

(7)降落。

上活塞的动能全部转化成势能后再次下降[图 3-13(g)],重复上述各过程。

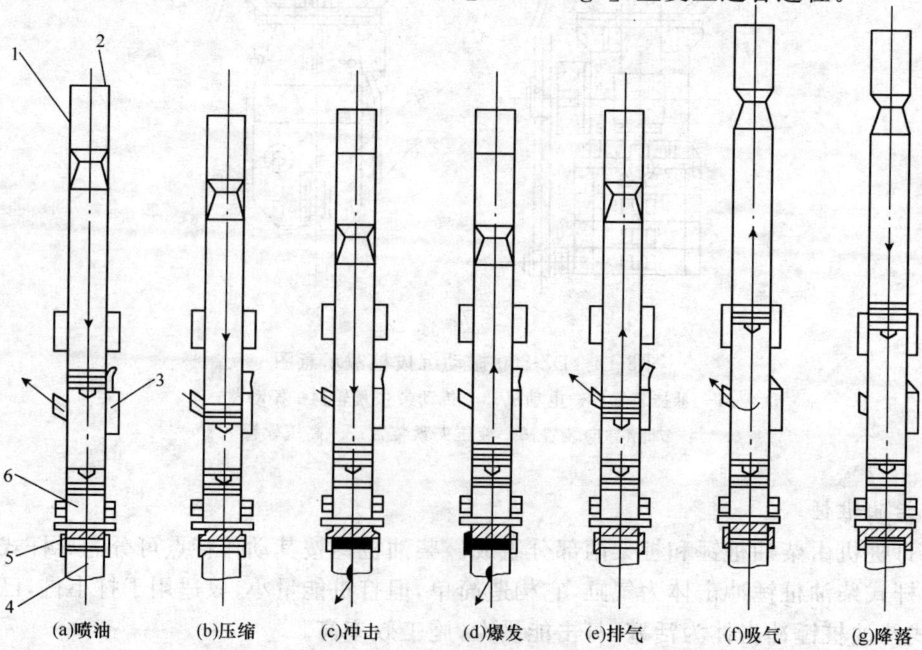

图 3-13　筒式柴油桩锤工作循环

1—气缸;2—上活塞;3—下活塞;4—燃油泵;5—桩帽;6—桩

2. 柴油桩锤的结构

柴油桩锤主要由锤体、燃油供给系统、润滑系统、冷却系统及起落架等部分组成。如图3-14所示是一种较典型的筒式柴油桩锤。

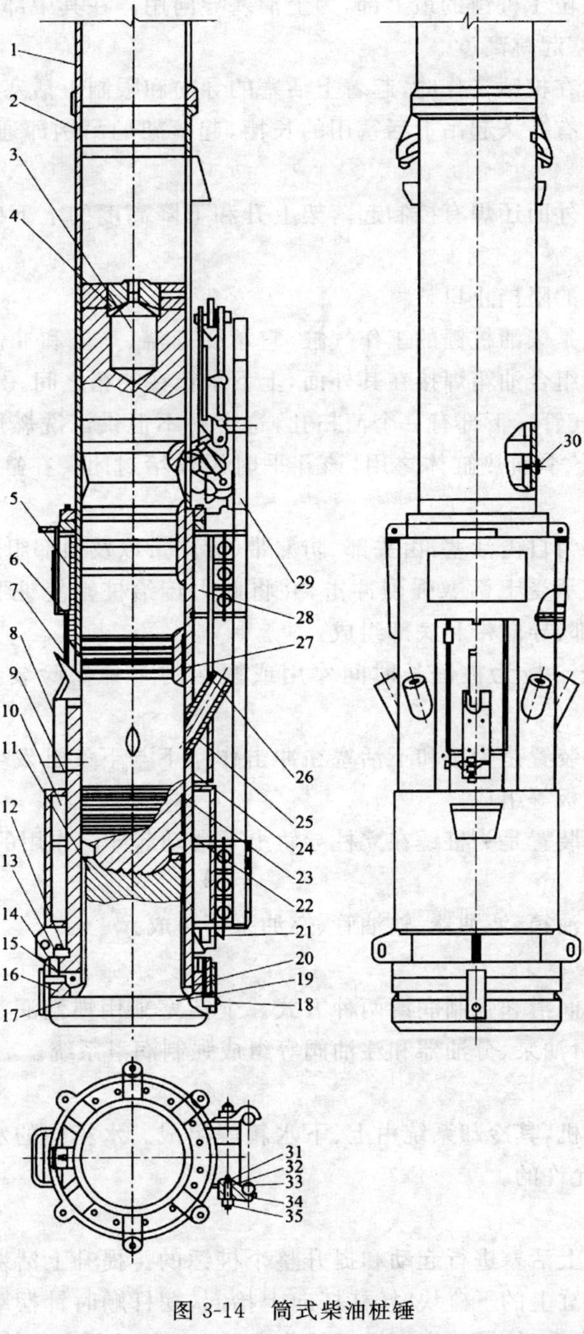

图 3-14 筒式柴油桩锤

1—导向缸；2—上气缸；3—润滑油室；4—上活塞；5—燃油箱；6—燃油滤清器；7—燃油管；8—燃油泵；9—下气缸；10—下水箱；11—下活塞；12—锥头螺栓；13—锥形螺母；14—月牙垫；15—半圆铜套；16—连接盘；17—缓冲胶垫；18—螺钉；19—连接套；20—卡板；21—润滑油泵；22—活塞环；23—阻挡环；24—上水箱；25—进、排气管；26—盖；27—导向环；28—润滑油箱；29—起落架；30—安全螺钉；31—固定螺栓；32—圆头螺栓；33—垫圈；34—导向板；35—锥形螺母

(1)锤体。

锤体是桩锤的主要部件，由导向缸、上气缸、下气缸、上活塞、下活塞、缓冲装置及导向装置等零件组成。

1)导向缸。导向缸位于桩锤的最上部，为上活塞导向用。在其中部开有一长条目测孔，用以观测上活塞起跳高度。

2)上气缸。上气缸在桩锤工作时，起着上活塞的导向和限制上活塞最大跳起高度的作用。在其一侧开有一条起吊上活塞用的长槽，起落架的吊钩即通过此槽伸入缸体内钩住上活塞的突肩。在其外面还焊有控制起落架上升和下降高度的上下碰块，在缸体上部加工有防止上活塞跳出缸口的阻挡止口。

3)下气缸。下气缸是柴油桩锤的工作气缸，它承受高温、高压和冲击载荷，材质和精度要求高。燃油及润滑油的组合油箱焊接在其外面，上下水箱在油箱之间。另外，在下气缸中部有六个孔，焊有六根进排气管。下部有一个清扫孔，这个孔不但供清洗燃烧室的油污、检查燃油泵的供油情况，而且供冬季预热缸体之用，该孔平时用丝堵封闭。在缸体四周还有四个润滑油孔。

4)上活塞。上活塞为自由活塞，由头部、防漏带、导向带以及顶部组成。

5)下活塞。下活塞承受上活塞强烈冲击，并将此力传给桩帽使桩下沉。它犹如一个“砧子”，同样由头部、防漏部、导向带和底部组成。

6)安全卡板。安全卡板为桩锤长时间停用或搬运的一种保险装置，由卡板、螺钉及套组成。

7)缓冲装置。缓冲装置是为缓和下活塞在冲击作用下与下气缸发生冲撞而设置的，由连接盘、缓冲胶垫、月牙胶板等组成。

8)导向装置。导向装置是为桩锤在立柱导轨上下滑动起导向作用的。

(2)燃油供给系统。

燃油供给系统由燃油箱、滤油器、输油管、燃油泵等组成。

(3)润滑系统。

润滑系统采用惯性润滑和强制润滑两种方式。上活塞采用惯性润滑；下活塞采用强制润滑，由油箱、三通阀、润滑油泵、分油器和注油阀等组成强制润滑系统。

(4)冷却系统。

桩锤一般采用水冷机，其冷却系统由上、下水箱等组成。水箱中的水是自然循环，桩锤长时间工作时，水沸腾是允许的。

(5)起落架。

起落架是用来提升上活塞进行起动和提升整个桩锤的。提升上活塞是利用钩子，当整个起落架下降杠杆碰到气缸上的下碰块时，杠杆向上抬起，摆杆顺时针摆动，推动连接钩子抬起并伸入气缸内，起落架上升，钩子就在上活塞的凸肩上把上活塞提起。当杠杆碰到气缸上的上碰块时，摆杆逆时针摆动，使钩子退回，上活塞脱钩下落。

在钩子的两侧还有提升桩锤的齿条凸块各一个。这一对凸块可以在操纵绳的控制下伸出挂住桩锤，将其提升起来；或者缩回，把桩锤释放，使之自由地坐在桩头上随桩下降。

(三)液压锤

液压锤是以压力油作为动力的冲击式打桩锤。按其结构和工作原理可分为单作用式与双作用式两种。

单作用式液压锤是通过液压油将冲击体提升到一定高度后快速释放,冲击体以自由落体方式冲击桩头。

双作用式液压锤是冲击体通过液压油提升到一定高度后,由液压系统控制,液压油改变方向,推动冲击体以更高的加速度冲击桩头,这时的冲击能除了冲击体的重力外,还有压力油的强大推力。因此,双作用式液压锤的冲击能量要比单作用式液压锤大,打桩工作效率高。

液压锤由液压系统、冲击块、桩帽、起吊导向框架及导向板组成。如图 3-15 所示为国外研制的一种液压锤结构示意图。

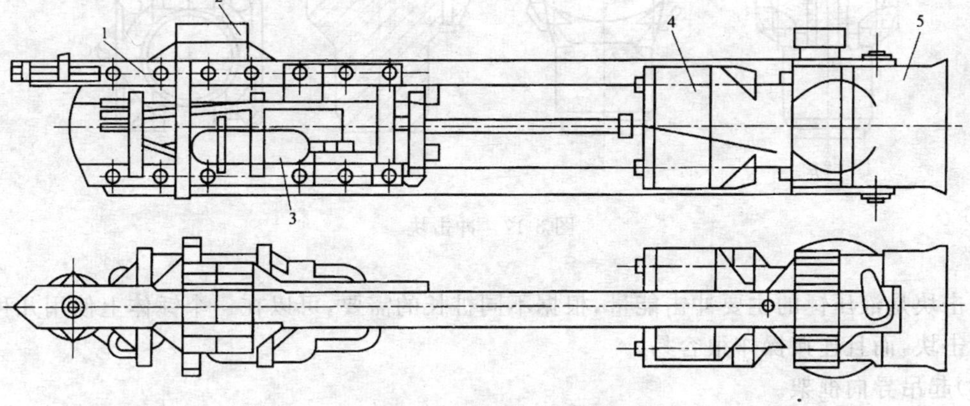

图 3-15　液压锤结构示意图

1—低压蓄能器;2—活塞;3—液压缸;
4—高压蓄能器;5—油管

(1)液压系统。

液压系统是液压锤的重要机构,它由双层液压缸、蓄能器、活塞和活塞杆、连接冲击块的球头等组成(图 3-16)。

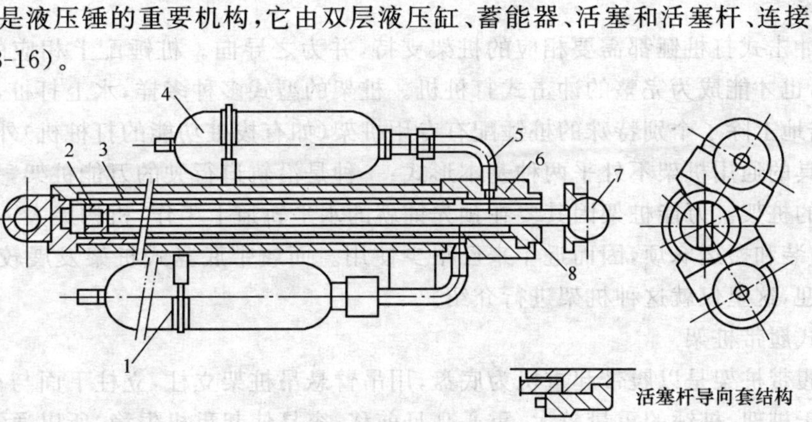

图 3-16　液压锤液压系统图

1—低压蓄能器;2—活塞;3—液压缸;4—高压蓄能器;5—油管;6—滑阀;7—球头;8—活塞导向套

(2)冲击块。

冲击块的功能类似柴油桩锤中的上活塞,但由于冲击块不存在对油的雾化等问题,所以结构简单，加工精度要求不高，一般用铸钢件加工而成(图 3-17)。

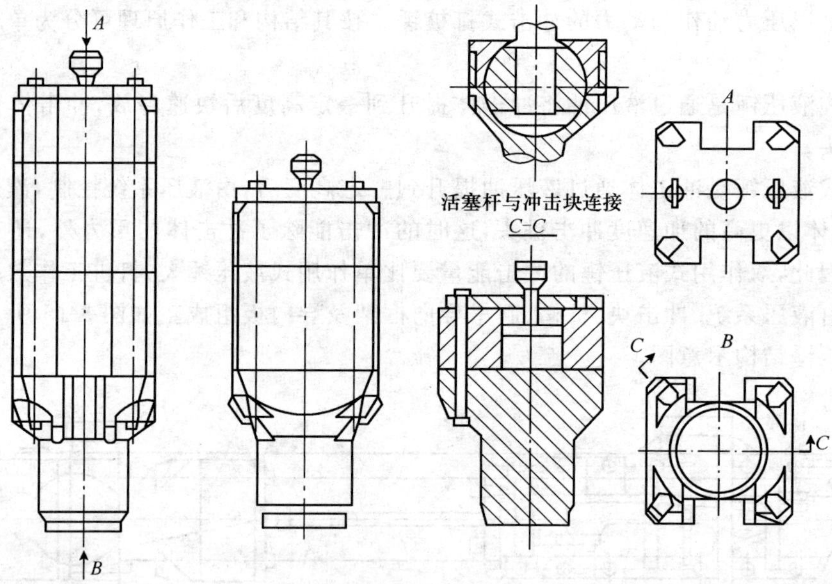

图 3-17　冲击块

冲击块是液压锤的主要冲击能量，根据不同桩长的需要，可以在一个锤体上使用几种重量级的冲击块，而且连接操作很容易。

(3)起吊导向框架。

起吊导向框架的作用相当于柴油桩锤气缸的一个作用，即导向作用。冲击块的两侧均留有凹槽，冲击块即通过凹槽在起吊导向架中上下运动，以保证锤击的中心。同时，起吊导向框架还兼有控制锤体整体升降的作用，不需另配备起落架。在框架后面装有四块导向板，根据桩机导杆的型式配备不同的导向板。

(四)桩架

所有的冲击式打桩锤都需要相应的桩架支持，并为之导向。桩锤配上相应的桩架才能进行打桩作业，也才能成为完整的冲击式打桩机。桩架的型式多种多样，水上打桩是把桩架固定在船上，而陆地上除了个别特殊的桩锤配有专用桩架(如有拔桩功能的打桩机)外，能适用于多种桩锤和桩具的通用桩架不外乎两种基本形式：一种是沿轨道行驶的万能桩架，另一种是装在履带底盘上的桩架。万能桩架因其要在预先铺就的水平轨道上工作，机构庞大，占用施工现场工作面大，组装和搬运麻烦，因而近年来已很少使用。而履带底盘式桩架发展较为迅速，很受工程部门欢迎，这里仅就这种桩架进行介绍。

1. 悬挂式履带桩架

悬挂式履带桩架是以履带起重机为底盘，用吊臂悬吊桩架立柱，立柱下面与车体以支撑连接而成。由于桩架、桩锤的重量较大，重心高且前移，容易使起重机失稳，所以通常在车体上增加一些配重。立柱在吊臂端部的安装比较简单。为了能方便地调整立柱的垂直度，立柱下端与车体支撑连接一般都是采用丝杠和液压式伸缩可调的机构，如图 3-18 所示。

悬挂式履带桩架很容易用起重机改装而成，所以具有一机多用的功能。值得注意的是，当用起重机改装成桩架后，由于增加配重，这时有必要对吊臂、行走系统和有关部件进行强度校核。悬挂式履带桩架的缺点是横向稳定性较差，立柱的悬挂不能很好地保持垂直，这一点限制了悬挂式履带桩架不能用于打斜桩。

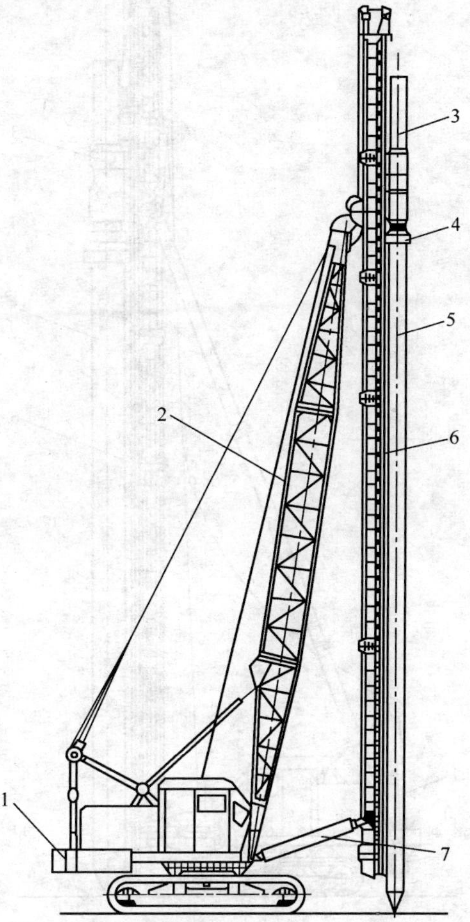

图 3-18 悬挂式履带桩架

1—车体;2—吊臂;3—桩锤;4—桩帽;5—桩;6—立柱;7—支撑叉

2.三点式履带桩架

三点式履带桩架也同样是以履带式起重机为底盘,但在使用时必须作较多的改动。首先要拆除吊臂,增加两个斜撑,斜撑下端用球铰支持在液压支腿的横梁上,使两个斜撑的下端在横向保持较大的间距,构成稳定的三点支撑结构如图 3-19 所示。

三点式履带桩架性能比较理想,工作幅度小,具有良好的稳定性。其次,还可通过斜撑的伸缩使立柱倾斜,以适应打斜桩的需要。

二、起重机械

(一)简单起重设备

简单起重设备一般只备有起升机构,用以起升重物。其构造简单,质量轻,便于携带,移动方便。常用的简单起重设备有液压千斤顶、卷扬机和起重葫芦等。

1.液压千斤顶

千斤顶是一种起重高度小(小于 1 m)的简单的起重设备。它有机械式和液压式两种。机械式千斤顶又有齿条式与螺旋式两种。液压式千斤顶(简称液压千斤顶)结构紧凑、工作平稳、

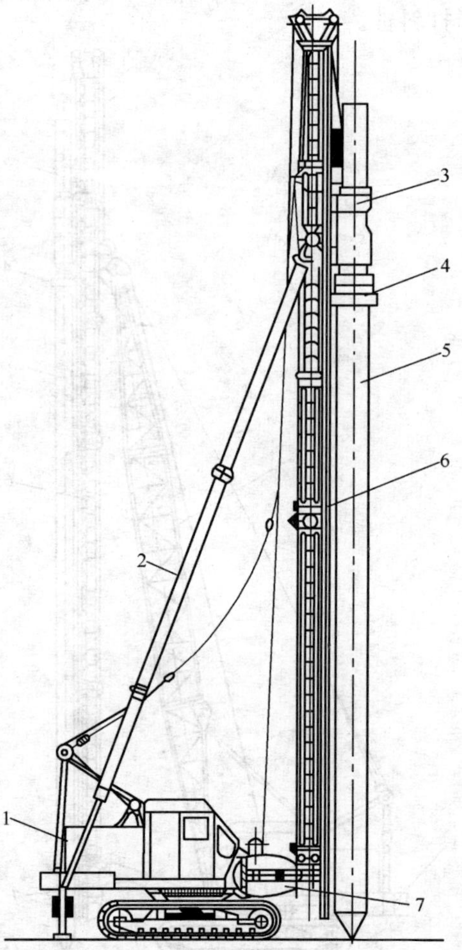

图 3-19　三点式履带桩架

1—车体；2—斜撑；3—桩锤；4—桩帽；5—桩；6—立柱；7—立柱支撑

有自锁作用，故使用广泛。其缺点是起重高度有限(10～25 cm)、起升速度慢。

液压千斤顶由油室、油泵、储油室、活塞、摇把及油阀等主要部分组成。

2. 卷扬机

卷扬机是最常用、最简单的起重设备之一，广泛应用在建筑施工中。它既可单独使用，也可作为其他起重机械上的主要工作机构，如起重机的起升机械和变幅机构、门式和井式起降机的动力装置等，用来起吊和运移各种物料。

3. 起重葫芦

常用的起重葫芦有手动和电动两种。电动起重葫芦是一种具有起升和行走两个机构的轻小型起重机械，通常安装在直线或曲线工字钢轨上，用以起升和运移重物，重物只能在已安装好的线路上运行。

(二)汽车起重机

汽车起重机(图 3-20)是在通用或专用载重汽车底盘上装上起重机设备而成，简称起重机。其本身自带行走装置，机动性好、快速，作业适应性好，多用于各种建设工程和设备安装工程。

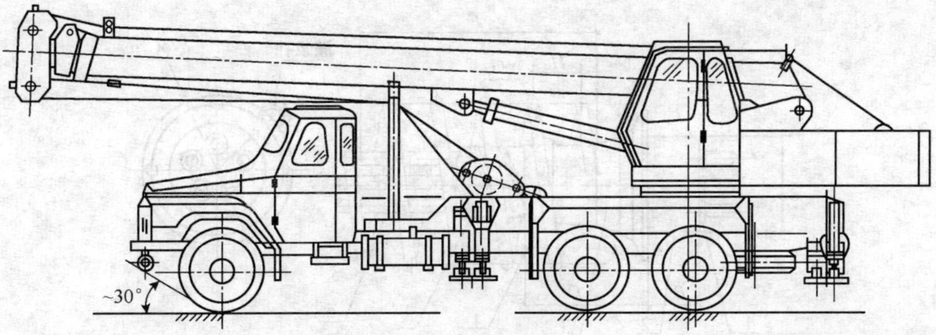

图 3-20　汽车起重机外形图

起重机按臂架系统分，有桁架起重臂和液压起重臂两种；按传动系统分有机械传动式、液压传动式、电力传动式和电力—液压传动式；按起升质量分，有 5 t、8 t、16 t、40 t 等起重机。目前起重机正向大吨位的方向发展。

三、预应力施工工具和机械

(一)预应力施工构件

1.锚具

(1)锚具的概念。

在后张法预应力混凝土结构或构件中，为保持预应力筋的拉力并将其传递到混凝土上所用的永久性锚固装置。

(2)锚具的分类。

锚具可分为张拉端锚具和固定端锚具两种。

(3)不同类型的锚具简介。

1)张拉端锚具。

①圆锚张拉端锚具的结构形式如图 3-21 所示。

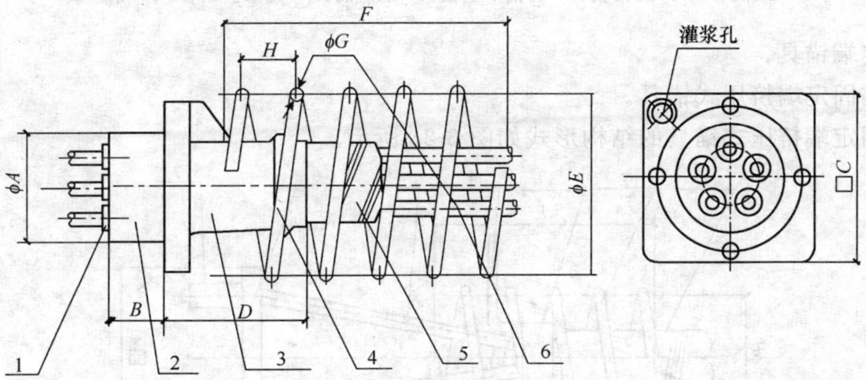

(a)方形锚下垫板

图　3-21

1—工作夹片；2—圆锚板；3—方形锚下垫板；4—螺旋筋；5—波纹管；6—钢绞线

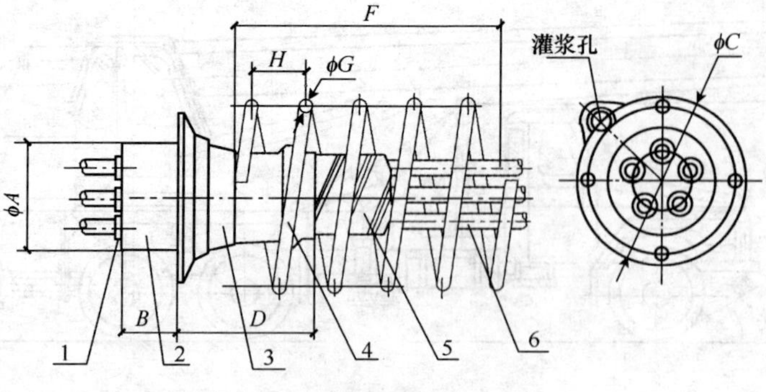

(b)圆形锚下垫板

图 3-21　圆锚张拉端锚具的结构形式

1—工作夹片；2—圆锚板；3—方形锚下垫板；4—螺旋筋；5—波纹管；6—钢绞线

②扁锚张拉锚具。

扁锚张拉端锚具的结构形式如图 3-22 所示。

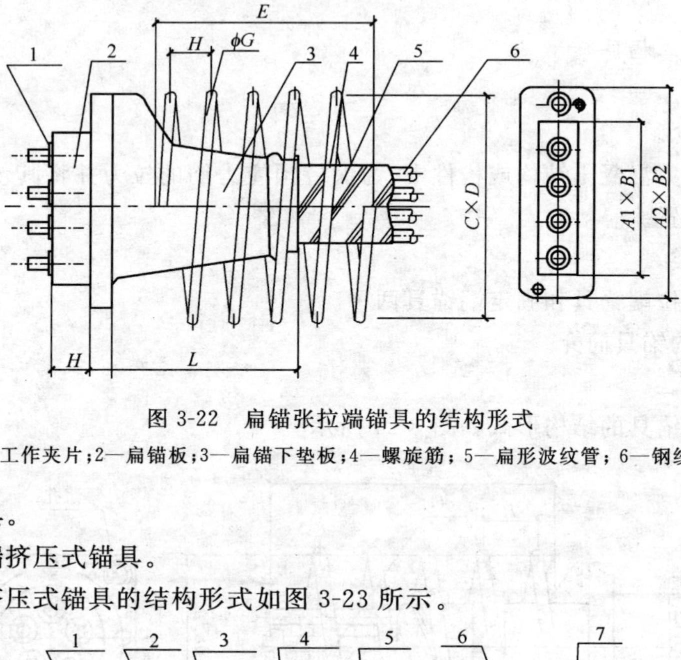

图 3-22　扁锚张拉端锚具的结构形式

1—工作夹片；2—扁锚板；3—扁锚下垫板；4—螺旋筋；5—扁形波纹管；6—钢绞线

2)固定端锚具。

①圆锚固定端挤压式锚具。

圆锚固定端挤压式锚具的结构形式如图 3-23 所示。

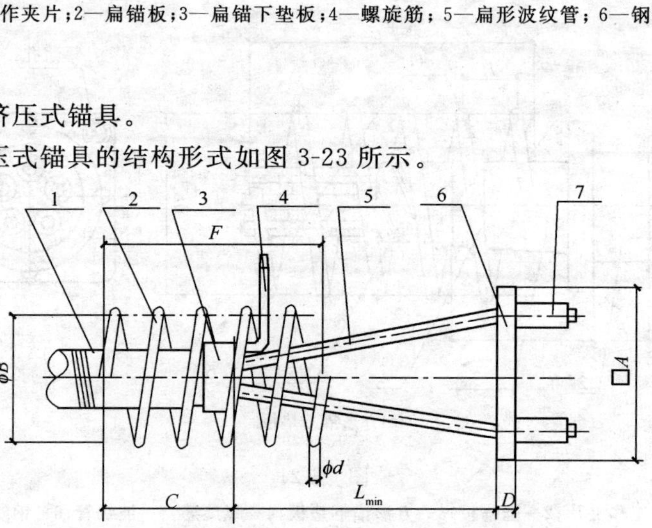

图 3-23　圆锚固定端挤压式锚具的结构形式

1—波纹管；2—螺旋筋；3—紧箍环；4—排气管；5—钢绞线；6—垫板；7—挤压式锚具

②扁锚固定端挤压式锚具。

扁锚固定端挤压式锚具的结构形式如图 3-24 所示。

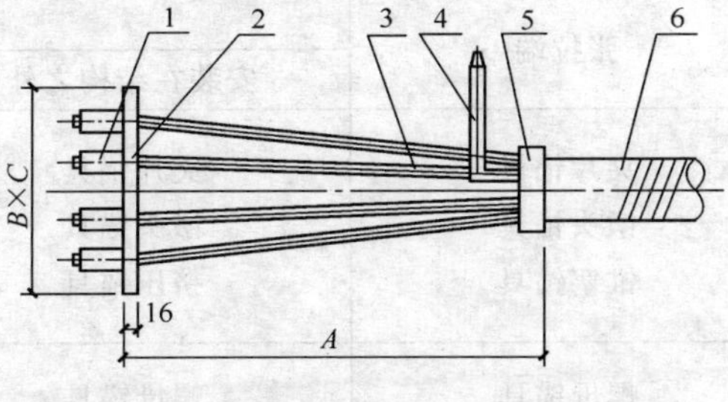

图 3-24　扁锚固定端挤压式锚具的结构形式(单位:mm)

1—挤压式锚具;2—垫板;3—钢绞线;4—排气管;5—紧箍环;6—扁形波纹管

2. 连接器

(1)连接器的概念。

用于连接预应力筋的装置。

(2)连接器的结构形式。

连接器的结构形式如图 3-25 所示。

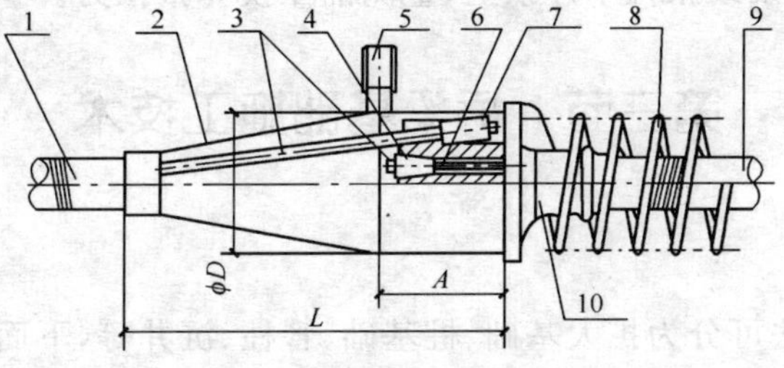

图 3-25　连接器的结构形式

1、9—波纹管;2—罩壳;3—钢绞线;4—工作夹片;5—排气管;6—连接体;

7—挤压式锚具;8—螺纹筋;10—锚下垫板

3. 夹具

夹具的概念是:在先张法预应力混凝土构件施工时,为保持预应力筋单位拉力并将其固定在生产台座(或设备)上的临时性锚固装置;在后张法预应力混凝土结构或构件施工时,在张拉千斤顶或设备上夹持预应力筋的临时性锚固装置。

4. 锚具、夹具和连接器的选用

预应力筋用锚具、夹具和连接器的性能均应符合规定要求。预应力筋用锚具、夹具和连接器按锚固方式不同,可分为夹片式(单孔和多孔夹片锚具),支承式[镦头锚具、螺母锚具等],锥塞式(钢质锥形锚具等)和握裹式[挤压锚具、压花锚具等]四种。应根据结构要求、产品技术性能和张拉施工方法,按表 3-2 选用锚具。

表 3-2　锚具选用

预应力筋品种	选用锚具形式		
	张拉端	固定端	
		安装在结构之外	安装在结构之内
钢绞线及钢绞线束	夹片锚具	夹片锚具 挤压锚具	压花锚具 挤压锚具

续上表

预应力筋品种	选用锚具形式		
	张拉端	固定端	
		安装在结构之外	安装在结构之内
高强钢丝束	夹片锚具 镦头锚具 锥塞锚具	夹片锚具 镦头锚具 挤压锚具	挤压锚具 镦头锚具
精轧螺纹钢筋	螺母锚具	螺母锚具	—

(二)张拉设备

以张拉钢筋的方法对混凝土结构建立预应力的设备。包括:张拉千斤顶、油泵、高压油管、压力表等。张拉千斤顶为液压驱动。按构造分为拉杆式千斤顶、穿心式千斤顶、锥锚式千斤顶。按功能分为单作用千斤顶、双作用千斤顶、三作用千斤顶。油泵为向千斤顶提供压力能的液压泵,通常用电动油泵。高压油管为连接油泵和千斤顶的输油管路,常用紫铜管或高压钢丝橡胶管,压力表安装在油泵或张拉千斤顶上,量测油压换算张拉力。

第三节 桥梁基础施工技术

一、桥梁基础分类

桥梁基础按施工方法可分为扩大基础、桩基础、管柱、沉井等,下面分别介绍各类基础的分类及受力特点。

1. 扩大基础

所谓扩大基础,是将墩(台)及上部结构传来的荷载由其直接传递至较浅的支承地基的一种基础形式,一般采用明挖基坑的方法进行施工,故又称为明挖扩大基础或浅基础。

扩大基础按其施工方法分为机械开挖基坑浇筑法、人工开挖基坑浇筑法、土石围堰开挖基坑浇筑法、板桩围堰开挖基坑浇筑法。

扩大基础按其材料性能特点可分为配筋与不配筋的条形基础和单独基础。无筋扩大基础常用的有混凝土基础、片石混凝土基础等,不配筋基础的材料都具有较好的抗压性,但抗拉、抗剪强度不高,设计时必须保证发生在基础内的拉应力和剪应力不超过相应的材料强度设计值。钢筋混凝土扩大基础的抗弯和抗剪性能良好,可在竖向荷载较大、地基承载力不高以及承受水平力和力矩荷载下使用。

扩大基础是由地基反力承担全部上部荷载,将上部荷载通过基础分散至基础底面,使之满足地基承载力和变形的要求。扩大基础主要承受压应力,一般用抗压性能好,抗弯拉、抗剪性能较差的材料(如混凝土、毛石、三合土等)建造,适用于地基承载力较好的各类土层,根据土质情况分别采用铁镐、十字镐、挖掘机、爆破等设备与方法开挖。

扩大基础在埋置深度和构造尺寸确定以后,应先根据最不利(有存在的可能性)的情况下的荷载组合,计算出基底的应力,然后进行基础的合力偏心距、稳定性以及地基的强度(包括持力层、弱下卧层的强度)的验算,需要时还应进行地基变形的验算。

2. 桩基础

桩基础是深入土层的柱形结构，其作用是将作用于桩顶以上的结构物传来的荷载传到较深的地基持力层中去。当荷载较大或桩数量较多时需在桩顶设承台将所有基桩联接成一个整体共同承担上部结构的荷载。

桩是垂直或微斜埋置于土中的受力杆件，它的横截面尺寸比长度小得多，其所承受的荷载由桩侧土的摩阻力及桩端地层的反力共同承担。

按不同条件，桩基础可以分成不同类型见表3-3。

表3-3 桩基础分类

项　目	内　容
按桩的使用功能分类	(1)竖向抗压桩。 主要承受竖向下压荷载(简称竖向荷载)的桩，应进行竖向承载力计算，必要时还需计算桩基沉降，验算软弱下卧层的承载力以及负摩阻力产生的下拉荷载。 (2)竖向抗拔桩。 主要承受竖向上拔荷载的桩，应进行桩身强度和抗裂计算以及抗拔承载力验算。 (3)水平受荷桩。 主要承受水平荷载的桩，应进行桩身强度和抗裂验算以及水平承载力和位移验算。 (4)复合受荷桩。 承受竖向、水平荷载均较大的桩，应按竖向抗压(或抗拔)桩及水平受荷桩的要求进行验算。
按桩承载性能分类	(1)摩擦桩。 当软土层很厚，桩端达不到坚硬土层或岩层上时，则桩顶的极限荷载主要靠桩身与周围土层之间的摩擦力来支承，桩尖处土层反力很小，可忽略不计。 (2)端承桩。 桩穿过软弱土层，桩端支承在坚硬土层或岩层上时，则桩顶极限荷载主要靠桩尖处坚硬岩土层提供的反力来支承，桩侧摩擦力很小，可以忽略不计。 (3)摩擦端承桩。 桩顶的极限荷载由桩侧阻力和桩端阻力共同承担，但主要由桩端阻力承受。 (4)端承摩擦桩。 桩顶的极限荷载由桩侧阻力和桩端阻力共同承担，但主要由桩侧阻力承受
按桩身材料分类	可分为木桩，混凝土桩，钢桩，组合桩等
按桩径大小分类	(1)小桩。 桩径 $d \leqslant 250$ mm。 (2)中等直径桩。 250 mm $< d <$ 800 mm。 (3)大直径桩。 桩径 $d \geqslant 800$ mm。 因为桩径大且桩端还可以扩大，因此，单桩承载力较高。此类桩除大直径钢管桩外，多数为钻、冲、挖孔灌注桩，近年来的发展较快，应用范围逐渐增大，并可实现柱下单桩的结构型式

续上表

项　目	内　容
按施工方法分类	(1)沉桩。 锤击沉桩法一般适用于松散、中密砂土、黏性土，桩锤有坠锤、单动汽锤、双动汽锤、柴油机锤、液压锤等，可根据土质情况选用适用的桩锤；振动沉桩法一般适用于砂土，硬塑及软塑的黏性土和中密及较松的碎石土；射水沉桩法适用在密实砂土，碎石土的土层中，用锤击法或振动法沉桩有困难时，可用射水法配合进行；静力压桩法在标准贯入度 $N<20$ 的软黏土中，可用特制的液压机或千斤顶或卷扬机等设备沉入各种类型的桩；钻孔埋置桩为钻孔后，将预制的钢筋混凝土圆形有底空心桩埋入，并在桩周压注水泥砂浆固结而成，适用于在黏性土、砂土、碎石土中埋置大量的大直径圆桩。 (2)钻孔灌注桩。 适用于黏性土、砂土、砾卵石、碎石、岩石等各类土层。 (3)挖孔灌注桩。 适用于无地下水或少量地下水，且较密实的土层或风化岩层，如空气污染物超标，必须采取通风措施

3. 管柱

管柱基础是由管柱群和钢筋混凝土承台组成的基础结构，也有由单根大型管柱构成基础的。它是一种深基础，埋入土层一定深度，柱底尽可能落在坚实土层或锚固于岩层中(图 3-26)，作用在承台的全部荷载，通过管柱传递到深层的密实土或岩层上。

管柱基础因其施工方法和工艺较为复杂，所需机械设备较多，所以较少采用。但当桥址处的地质水文条件十分复杂，如大型的深水或海中基础，特别是深水岩面不平、流速大或有潮汐影响等自然条件下，不宜修建其他类型基础时，可采用管柱基础。管柱基础主要适用于岩层、紧密黏土等各类紧密土质的基底，并能穿过溶洞、孤石支承在紧密的土层或新鲜岩层上，不适用于有严重地质缺陷的地区，如断层挤压破碎带或严重的松散区域。

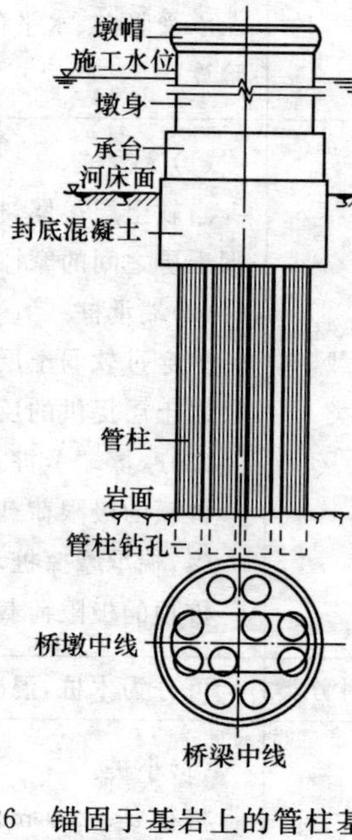

图 3-26　锚固于基岩上的管柱基础桥墩

管柱按材料分类有由钢筋混凝土管柱、预应力混凝土管柱及钢管柱三种。

管柱基础按地基土的支承情况可分为以下两种：

(1)如管柱穿过土层落于基岩上或嵌于基岩中，则柱的支承力主要来自柱端岩层的阻力，称为支承式管柱基础；

(2)如管柱下端未达基岩，则柱的支承力将同时来自柱侧土的摩擦力和柱端土的阻力，称为摩擦式或支承及摩擦式管柱基础。

由于管柱基础的结构形式和受力状态类似桩基础，故其设计计算与桩基础类同。

4.沉井(图 3-27)

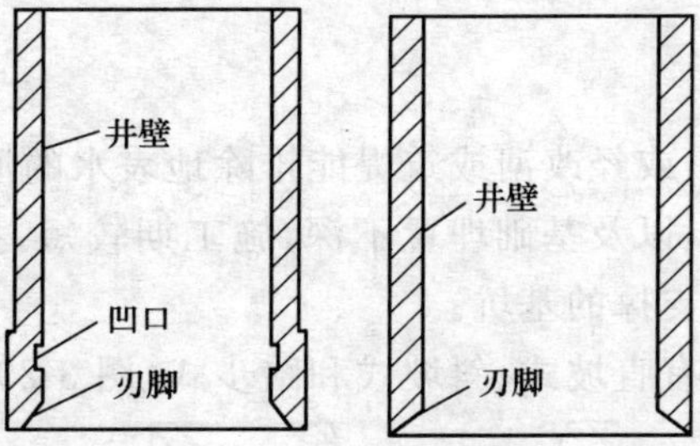

图 3-27　沉井断面图

沉井基础是一种断面和刚度均比桩要大得多的井筒状结构，是依靠在井内挖土，借助井体自重及其他辅助措施而逐步下沉至预定设计标高，最终形成的一种结构深基础型式。沉井基础施工时占地面积小，坑壁不需设临时支撑和防水围堰或板桩围护，与大开挖相比较，挖土量少，对邻近建筑物的影响比较小，操作简便，无需特殊的专业设备。

当桥梁结构上部荷载较大，而表层地基土的容许承载力不足，但在一定深度下有好的持力层，扩大基础开挖工作量大，施工围堰支撑有困难，或采用桩基础受水文地质条件限制时，此时采用沉井基础与其他深基础相比，经济上较为合理。

沉井是桥梁墩台常用的一种深基础型式，有较大的承载面积，可以穿过不同深度覆盖层，将基底放置在承载力较大的土层或岩面上，能承受较大的上部荷载。

沉井基础刚度大，有较大的横向抗力，抗振性能可靠，尤其适用于竖向和横向承载力大的深基础。

沉井基础按其制造情况可分为就地浇筑下沉沉井、浮式沉井；按其横截面形状分为圆形、矩形、椭圆形、圆端形、多边形及多孔井字形沉井等；按其竖向剖面形状可分为柱形、锥形、阶梯形沉井等；按材料可分为混凝土、钢筋混凝土、钢、砖、石、木沉井等。

沉井下沉示意图如图 3-28 所示。

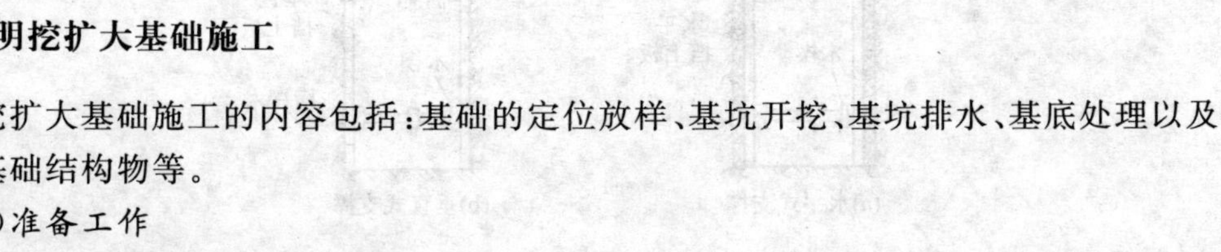

图 3-28　沉井下沉示意图

二、明挖扩大基础施工

明挖扩大基础施工的内容包括：基础的定位放样、基坑开挖、基坑排水、基底处理以及砌筑(浇筑)基础结构物等。

(一)准备工作

在开挖基坑前，应做好复核基坑中心线、方向和高程，并应按地质水文资料，结合现场情况，决定开挖坡度、支护方案以及地面的防水、排水措施。

放样工作是根据桥梁中心线与墩台的纵横轴线，推算出基础边线的定位点，再放线画出基坑的开挖范围。基坑底部的尺寸较设汁平面尺寸每边各增加 0.5～1.0 m，以便于支撑、排冰与立模板（坑壁垂直的无水基坑坑底，可不必加宽，直接利用坑壁作基础模板亦可）。

（二）基坑开挖

1. 坑壁不加支撑的基坑

对于在干涸河滩、河沟中，或经改河或筑堤能排除地表水的河沟中，在地下水位低于基底，或渗透量少，不影响坑壁稳定，以及基础埋置不深，施工期较短，挖基坑时，不影响邻近建筑物安全的场所，可选用坑壁不加支撑的基坑。

基坑开挖时，坑壁的形式有直坡式、斜坡式和踏步式（图 3-29）。

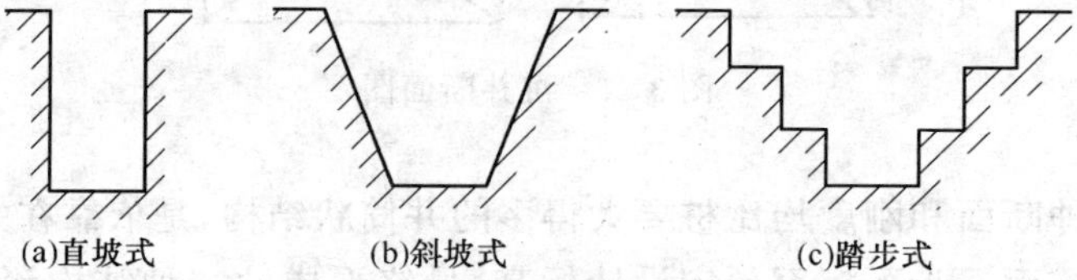

图 3-29　基坑形式

黏性土在半干硬或硬塑状态，基坑顶无活荷载，稍松土质，基坑深度不超过 0.5 m，中等密实（锹挖）土质基坑深度不超过 1.25 m，密实（镐挖）土质基坑深度不超过 2.0 m 时，均可采用垂直坑壁基坑。基坑深度在 5 m 以内，土的湿度正常时，采用斜坡坑壁开挖或按坡度比值挖成阶梯形坑壁，每梯高度为 0.5～1.0 m 为宜，可作为人工运土出坑的台阶。基坑深度大于 5 m 时，坑壁坡度适当放缓，或加做平台。土的湿度影响坑壁的稳定性时，应采用该湿度下土的天然坡度或采取加固坑壁的措施。当基坑的上层土质适合敞口斜坡坑壁条件，下层土质为密实黏性土或岩石，可用垂直坑壁开挖，在坑壁坡度变换处，应保留有至少 0.5 m 的平台。

2. 坑壁有支撑的基坑

当基坑壁坡不易稳定并有地下水，或放坡开挖场地受到限制，或基坑较深、放坡开挖工程数量较大，不符合技术经济要求时，可根据具体情况，采取加固坑壁措施，如挡板支撑、钢木结合支撑、混凝土护壁及锚杆支护等。

混凝土护壁一般采用喷射混凝土。根据经验，一般喷护厚度为 5～8 cm，一次喷护约需 1～2 h。一次喷护如达不到设计厚度，应等第一次喷层终凝后再补喷，直至达到要求厚度为止。喷护的基坑深度应按地质条件决定，一般不宜超过 10 m。

（1）横撑式支撑。

分为水平式支撑和垂直式支撑如图 3-30 所示。

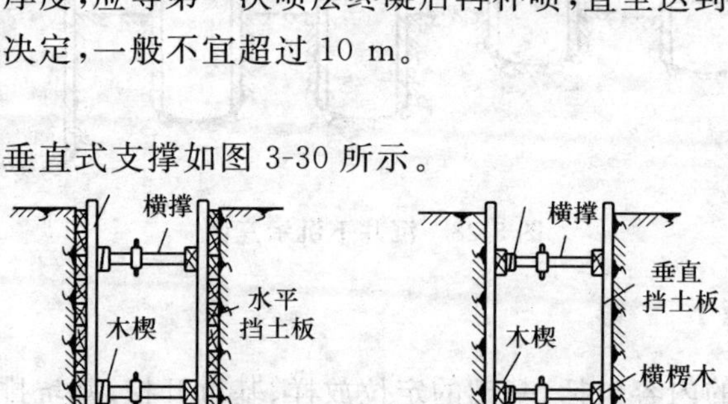

图 3-30　横撑式支撑

1）水平式支撑，断续或连续的挡土板水平放置。断续式水平挡土板支撑，适于能保持直立壁的干土或天然湿度的黏土，深度在 3 m 以内的基坑。连续式水平挡土板支撑，适于较潮湿的或散粒的土，深度在 5 m 以内的基坑。

2)垂直式支撑，断续或连续的挡土板垂直放置。适于土质较松散或土的湿度很高、地下水较少、深度不限的基坑。

(2)锚拉支撑。

水平挡土板支在柱桩的内侧，柱桩一端打入土中，另一端用拉杆与锚桩拉紧，锚桩必须设在土的破坏范围以外，在挡土板内侧回填土。适用于开挖面积较大、深度不大的基坑或使用机械挖土的基坑，如图 3-31(φ 为土的内摩擦角)所示。

(3)短柱横隔支撑。

打入短木桩，部分打入土中，部分露出地面，钉上水平挡土板，在背面填土。适于开挖宽度大的基坑，当部分地段下部放坡不够时使用。

(4)钢板桩支撑。

挖土之前在基坑的周围打入钢板桩或钢筋混凝土板桩，板桩入土深度及悬臂长度应经计算确定，如基坑深度较大，可加水平支撑。它适于在一般地下水位较高的黏性或砂土层中应用，如图 3-32 所示。

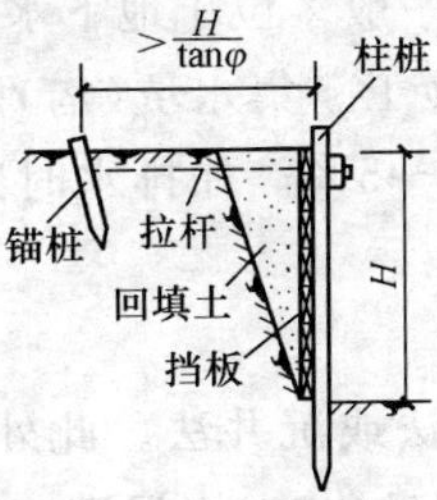

图 3-31 锚拉式支撑

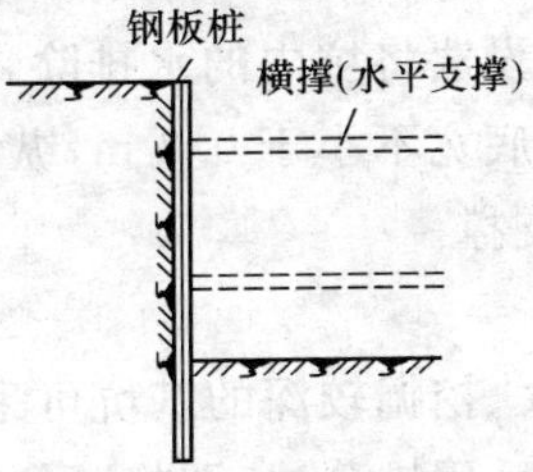

图 3-32 钢板桩支撑

(5)大型钢构架横撑。

在开挖的基坑周围打钢板桩或钢筋混凝土桩，在柱位置上打入暂设的钢柱，在基坑中挖土，每下挖 3～4 m，装上一层钢构架支撑体系，挖土在钢构架网格中进行，亦可不预先打下钢柱，随挖随接长支柱。适于在饱和软弱土层中开挖较大、较深基坑，钢板桩刚度不够时采用。

(6)钢筋混凝土灌注桩支撑。

在开挖的基坑周围，现场灌注钢筋混凝土桩，达到强度后，在基坑中间用机械或人工挖土，下挖 1 m 左右装上横撑，在桩背面装上拉杆与已设锚桩拉紧，然后继续挖土至要求深度。桩间土方挖成外拱形，使之起土拱作用。如基坑深度小于 6 m，或邻近有建筑物，亦可不设锚拉杆，采取加密桩距或加大桩径处理。适于开挖较大、较深(＞6 m)基坑，临近有建筑物，不允许支护，背面地基有下沉、位移时采用。

(7)土层锚杆支护。

沿开挖基坑边坡每 2～4 m 设置一层水平土层锚杆，直到挖土至要求深度。适于在较硬土层中或破碎岩石中开挖较大、较深基坑，如邻近有建筑物，必须保证边坡稳定时才可采用。

(8)地连墙加锚杆支护。

在基坑周围现浇地下连接墙，开挖土方至锚杆部位，用锚杆钻机在要求位置钻孔，放入锚杆，进行灌浆，待达到强度，装上锚杆横梁，或锚头垫座，然后继续下挖至要求深度。根据需要，锚杆可设 2～3 层，每挖一层装一层，采用快凝砂浆灌浆。适于开挖放大、较深(＞10 m)、不允许内部设支撑、有地下水的大型基坑。

(三)基坑排水

桥梁基础施工中常用的基坑排水方法有：

1.集水坑排水法(图 3-33)

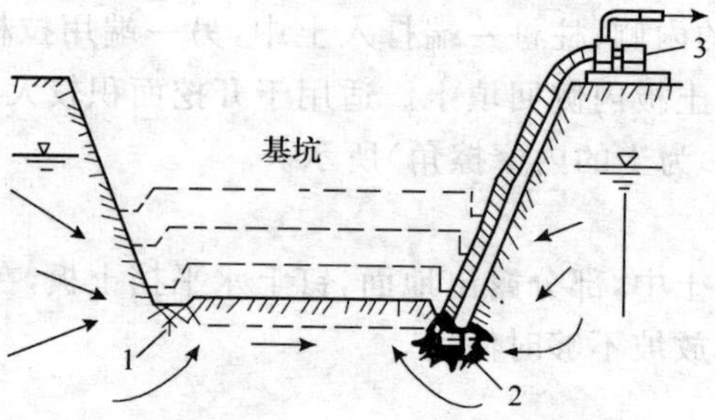

图 3-33 集水坑排水法示意图

1—排水沟；2—集水坑；3—水源

除严重流沙外，一般情况下均可采用。基坑坑底一般多位于地下水位以下，而地下水会经常渗进坑内，因此必须设法将坑内的水排除，以便于施工。集水坑(沟)的大小，主要根据渗水量的大小而定，排水沟底宽不小于 0.3 m，纵坡为 1%～5%。如排水时间较长或土质较差时，沟壁可用木板或荆笆支撑。

2.其他排水法

对于土质渗透较大、挖掘较深的基坑可采用板桩法或沉井法。此外，视现场条件、工程特点及工期等因素，还可采用帷幕法，即将基坑周围土用硅化法、水泥灌浆法、沥青灌浆法以及冻结法等处理成封闭的不透水的帷幕。这种方法除自然冻结法外，其余均因设备多、费用大，在桥涵基础施工时较少采用。

(四)基坑施工过程中注意要点

(1)在基坑顶缘四周适当距离处设置截水沟，并防止水沟渗水，以避免地表水冲刷坑壁，影响坑壁稳定性；

(2)坑壁边缘应留有护道，静荷载距坑边缘不小于 0.5 m，动荷载距坑边缘不小于 1.0 m，垂直坑壁边缘的护道还应适当增宽，水文地质条件欠佳时应有加固措施；

(3)应经常注意观察坑边缘顶面土有无裂缝，坑壁有无松散塌落现象发生；

(4)基坑施工不可延续时间过长，自开挖至基础完成，应抓紧时间连续施工；

(5)如用机械开挖基坑，挖至坑底时，应保留不小于 30 cm 厚度的底层，在基础浇筑圬工前用人工挖至基底标高；

(6)基坑应尽量在少雨季节施工；

(7)基坑宜用原土及时回填，对桥台及有河床铺砌的桥墩基坑，则应分层夯实。

三、桩基础

(一)沉入桩

沉入桩所用的基桩主要为预制的钢筋混凝土和预应力混凝土桩。截面形式常用的有实心方桩和空心管桩两种。管桩一般由工厂以离心成型法制成，分为上、中、下三节，管壁厚度为 8～10 cm。

1. 桩的制作

(1)制作方法。

钢筋混凝土方桩可在工厂或施工现场预制。工厂预制利用成组拉模生产，用不小于桩截面高度的槽钢安装在一起组成。现场预制宜采用工具式木模或钢模板，支在坚实、平整的混凝土地坪上，用间隔重叠的方法生产，重叠层数不宜超过 4 层。水平向可采用间隔施工的方法，图 3-34 为横向成排支模的间接法浇筑制桩施工示意图。间接浇筑法要求桩与邻桩的接触面不得发生黏结，且要求第一批桩的混凝土达到设计强度的 30%以后，方可拆除侧模。混凝土空心管桩采用成套钢管胎模在工厂用离心法生产。

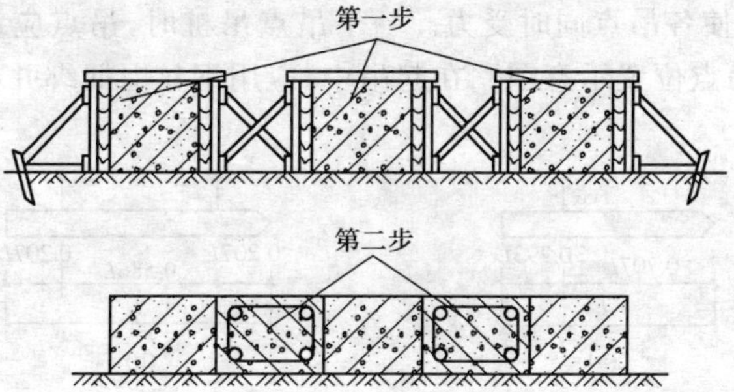

图 3-34　间接制桩法

(2)制作程序。

现场布置→场地整平与处理→场地地坪混凝土浇筑→支模→绑扎钢筋、安装吊环→浇筑混凝土→养护至 30%强度拆模，再支上层模，涂刷隔离层→重叠生产浇筑第二层桩混凝土→养护至 100%混凝土→起吊、运输、堆放→沉桩。

(3)钢筋设置。

桩内设纵向钢筋或预应力钢筋(丝)和横向钢箍，以承受桩在运输、起吊和沉桩过程中产生的弯曲应力和冲击应力。钢筋骨架的主筋连接宜用对焊或电弧焊，对于受拉钢筋，同一截面内的主筋接头数量不得超过 50%；相邻两根主筋接头截面的距离应大于 35 倍主筋直径。

(4)接桩方法。

桩的接桩方法有焊接、法兰盘接及硫磺胶泥锚接三种。前面两种可用于各种土类，硫磺胶泥锚接适用于软土层，且对一级建筑桩基或承受拔力的桩宜慎重。

焊接接桩时，钢板宜用低碳钢，焊条宜用 E43；法兰盘接桩时，钢板和螺栓宜用低碳钢；硫磺胶泥锚接时，硫磺胶泥配合比应通过试验确定。

(5)注意事项。

1)钢筋混凝土桩内的纵向主钢筋如需接头时，采用对焊接头；

2)螺旋筋或箍筋必须箍紧主筋，与主筋交接处应用点焊焊接或用铁丝扎接牢固；

3)预应力混凝土的纵向主筋采用冷拉钢筋且需焊接时，应在冷拉前采用闪光接触对焊焊接；

4)桩长用法兰盘连接时，法兰盘应对准位置焊接在钢筋或预应力筋上；对先张法预应力混凝土桩，法兰盘应先焊接在受力筋上，然后进行张拉；

5)混凝土应由桩顶向桩尖方向连续灌注，不得中断；填写制桩记录；

6)桩的钢筋骨架(包括预应力钢筋骨架)的允许偏差应在规定的范围以内；

7)当预制桩的长度不足时,需要接桩。

2. 施工要求

(1)沉桩前掌握桩基的工程地质、水文和试桩等资料。

(2)沉桩前对沉桩设备移动范围进行平整与加固,检验预制桩,并用油漆画出长度标志,测定墩、台、基桩的纵、横轴线并做好记录。

(3)桩的堆放、起吊与搬运:

1)堆放:按种类和使用顺序堆放,层数不超过四层,两点支承时应设在距桩端 0.21 倍桩长处,三点支承时应设在距桩端 0.15 倍桩长及桩中点处。

2)起吊:平稳提升,使各吊点同时受力。一个吊点吊桩时,吊点应设在距桩上端 0.3 倍桩长处。图 3-35 是桩的吊点位置示意图。在起吊中,应用钢丝绳捆绑并控制桩的下端。防止冲撞和发生附加弯矩。

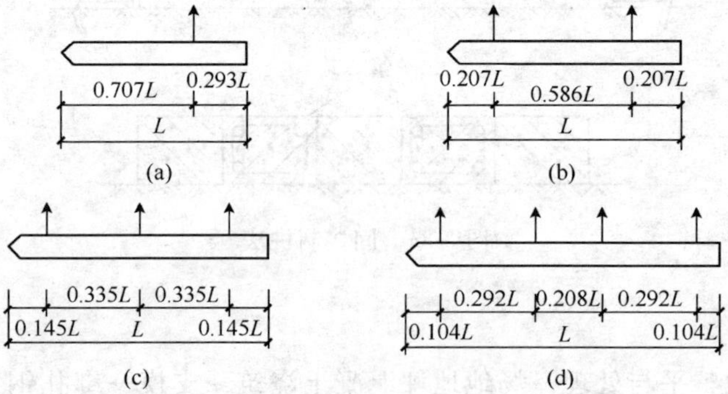

图 3-35　桩的吊点位置

(4)锤击沉桩时宜重锤低击,附近有重要建筑物(如高层建筑、堤防工程、铁路干线等)不宜选用振动或射水沉桩。锤击时考虑锤击振动对附近新浇筑混凝土的影响。

(5)沉桩顺序可按水流、地形、地质、桩架移动难易等因素确定,当桩基平面尺寸较大或桩距较小时,宜由中间向外周进行沉桩,在较松软的土层中宜由外周向中间进行沉桩。

3. 施工方法

沉桩顺序应根据现场地形条件、土质情况、桩距大小、斜桩方向、桩架移动的方便等来决定。同时应考虑使桩入土深度相差不多,土均匀挤密。

沉桩顺序与土挤密如图 3-36 所示。

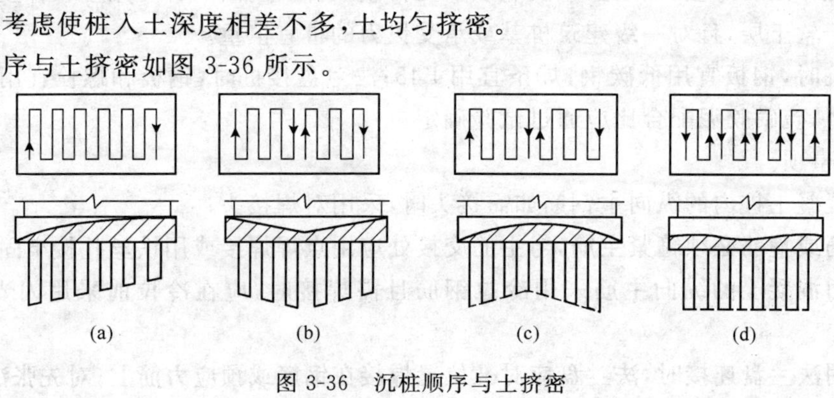

图 3-36　沉桩顺序与土挤密

沉入桩的施工方法主要有:锤击沉桩、振动沉桩、射水沉桩及静力压桩等。

(1)锤击沉桩。

一般适用于中密砂类土、黏性土。由于锤击沉桩依靠桩锤的冲击能量将桩打入土中，因此一般桩径不能太大（不大于 0.6 m），入土深度在 40 m 左右。

锤击沉桩的主要设备有桩锤、桩架及动力装置三部分。冲击锥的选择，原则上是重锤低击。桩架在沉桩施工中，承担吊锤、吊桩、插桩及桩在下沉过程中的导向作用等。其他设备中主要有桩帽与送桩。桩帽主要是承受冲击，保护桩顶，在沉桩时能保证锤击力作用于桩轴线而不偏心。送桩就是要把桩顶送到地面以下的设计深度。

送桩主要用于当桩顶被锤击低于龙门挺而仍需继续沉入时，即需把桩顶送到地面下必要深度处用。

1）施工要点：采用与桩和锤相适应的桩帽及适合桩帽大小的弹性衬垫。顶面和底面平整并与桩的中轴线相垂直。沉桩前，应对桩架、桩锤、动力机械等主要设备部件进行检查；开锤前应再次检查桩锤、桩帽或送桩与桩中轴线是否一致；锤击沉桩开始时，应严格控制各种桩锤的动能。如桩尖已沉入到设计标高，但沉入度仍达不到要求时，应继续下沉至达到要求的沉入度为止。沉桩时，如遇到：沉入度突然发生急剧变化；桩身突然发生倾斜、移位；桩不下沉，桩锤有严重回弹现象；桩顶破碎或桩身开裂、变形，桩侧地面有严重隆起现象等等，应立即停止锤击，查明原因，采取措施后方可继续施工。

2）停锤控制标准：

①设计桩尖标高处为硬塑黏性土、碎石土、中密以上的砂土或风化岩等土层时，根据灌入度变化并对照地质资料，确认桩尖已沉入该土层，贯入度达到控制贯入度。

②当贯入度已达到控制贯入度，而桩尖标高未达到设计标高时，应继续锤入 0.10 m 左右（或锤入 30～50 次），如无异常变化即可停锤；若桩尖标高比设计标高高得多时，应报有关部门研究确定。

③设计桩尖标高处一般为黏性土或其他松软土层时，应以标高控制，贯入度作为校核。

④在同一桩基中，各桩的最终贯入度应大致接近，而沉入深度不宜相差过大，避免基础产生不均匀沉降。

3）水上沉桩，可用固定平台、浮式平台或打桩船进行施工。有潮汐的水域，宜用固定平台或专用打桩船施工。如采用专用打桩船，当波浪超过 2 级（波峰高 0.25～0.5 m）、流速大于 1.5 m/s 或风力超过 5 级（风速大于 8.0～10.7 m/s）时，均不宜沉桩。其他船舶通过施工区，船行波影响打桩船稳定时，宜暂停沉桩。已沉好的水中桩，应用钢制杆件把相邻桩连成一体加以防护，并在水面设置标志。严禁在已沉好的桩上系缆。

4）使用打桩船进行沉桩施工时，对锚碇布置、船的停位及移动顺序等均应做好设计。施工过程中，应保持船体平衡。

（2）射水沉桩。

射水施工方法的选择视土质情况而异，在砂夹卵石层或坚硬土层中，一般以射水为主，锤击或振动为辅；在亚黏土或黏土中，为避免降低承载力，一般以锤击或振动为主，以射水为辅，并适当控制射水时间和水量；下沉空心桩，一般用单管内射水。

射水沉桩的施工要点如下：

1）吊插桩基时要注意及时引送输水胶管，防止拉断与脱落.

2）基桩插正立稳后，压上桩帽桩锤，并开始用较小水压，使桩靠自重下沉。初期应控制桩身不使下沉过快，以免阻塞射水管嘴，并注意随时控制和校正桩的方向。

3）下沉渐趋缓慢时，可开锤轻击，沉至一定深度（8～10 m）已能保持桩身稳定后，可逐步加大水压和锤的冲击动能。

4)沉桩至距设计标高一定距离(2.0 m以上)停止射水,拔出射水管,进行锤击或振动使桩下沉至设计要求标高。

(3)振动沉桩。

振动沉桩一般适用于松软的或可塑性黏土和较松散的砂土中,在紧密黏性土和砂质土中可用射水配合施工。

振动锤的振动力应大于下沉桩的土摩阻力。振动打桩机和机座(桩帽)必须与桩顶连接紧密、牢固。

在插好桩后,初期宜依靠桩和振动锤的自重下沉,待桩身入土达到一定深度并确认桩位和竖直度符合要求后再振动下沉。每根桩的沉桩作业应连续完成,不可中途停顿过久,以免土的阻力恢复,使继续下沉困难。

采用振动为主射水配合沉桩时,桩尖沉至距设计高程2 m时应停止射水并将射水管提高,应进行干振直至设计高程,当最后下沉贯入度小于试桩最后下沉贯入度、振幅符合规定时,即可认为沉桩合格。

同一基础的基桩全部沉完后,宜将全部基桩再进行一次干振,保证全部基桩达到合格标准。

(4)静力压桩。

静力压桩是以设备本身自重(包括配重)作反力,液压驱动,用静压力将桩压入土中,即以压桩机的自重克服沉桩过程中的阻力,适用于高压缩性黏土或砂性较轻的亚黏土层。这种施工工艺具有无震动、无噪声、无污染、无冲击力和施工应力小等特点。有利于避免沉桩振动对邻近建筑物和精密设备的影响,避免对桩头的冲击损坏,降低用钢量。在沉桩过程中还可以测定沉桩阻力,为设计和施工提供参数,预估和验证单桩极限承载力,检验桩的工程质量。

(5)水中沉桩。

在河流较浅时,一般可以搭设施工便桥、便道、土岛和各种类型的脚手架组成的工作平台,其上安置桩架并进行水中沉桩作业。在较宽阔的河中,可将桩安设在组合的浮体上或固定平台,亦可适用专门打桩船。此外还可采用:

1)先筑围堰后沉桩基法:一般在水不深,桩基临近河岸时采用;

2)先沉桩基后筑围堰法:一般适用于较深的水中桩基;

3)用吊箱围堰修筑水中桩基法:一般适用于修筑深水中的高桩承台。

(二)钻孔灌注桩基础施工

1.钻孔灌注桩的特点及方法

(1)钻孔灌注桩的特点。

钻孔灌注桩桩长可以根据持力土层的起伏面变化,并按使用期间可能出现的最不利内力组合配置钢筋,钢筋用量较少,便于施工,且承载能力强,故应用较为普遍。

(2)钻孔灌注桩的方法。

1)冲击法:用冲击钻机或卷扬机带动冲锥,借助锥头自重下落产生的冲击力,反复冲击破碎土石或把土石挤入孔壁中,用泥浆浮起钻渣,或用抽渣筒或空气吸泥机排出而形成钻孔。

2)冲抓法:用冲抓锥靠自重产生冲击力,切入土层或破碎土层,叶瓣抓土、弃土以形成钻孔。

3)旋转法:用钻机通过钻杆带动锥或钻头旋转切削土,用泥浆浮起并排出钻渣形成钻孔。

以上每种方法因动力与设备功能的不同而分为多种。如图 3-37 所示为钻孔方法的施工布置；如图 3-38 所示为常用的钻孔用钻头形式。

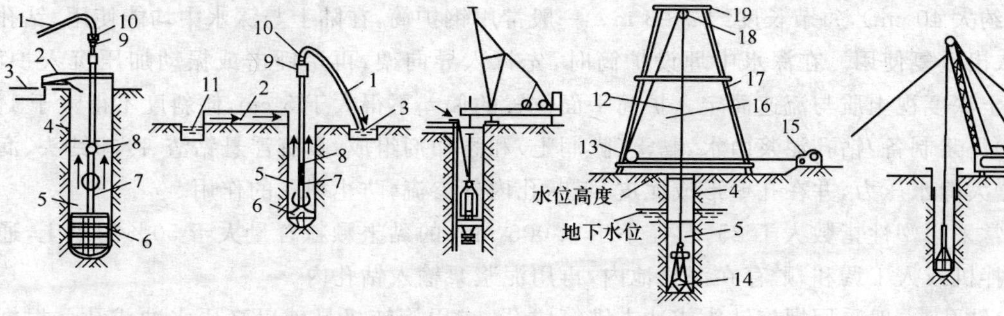

(a)正循环旋转钻　(b)反循环旋转钻　(c)潜水工程站　(d)冲抓钻　(e)冲击钻

图 3-37　几种钻孔方法的施工布置

1—胶管；2—流槽；3—沉淀池；4—护筒；5—钻孔；6—钻头；7—钻杆；8—接头；9—旋转活接头；10—水笼头；11—泥浆池；12—吊起钢丝绳；13—转向滑轮；14—冲抓锥；15—双筒卷扬机；16—开合钢丝绳；17—钻架；18—天滑轮；19—横梁

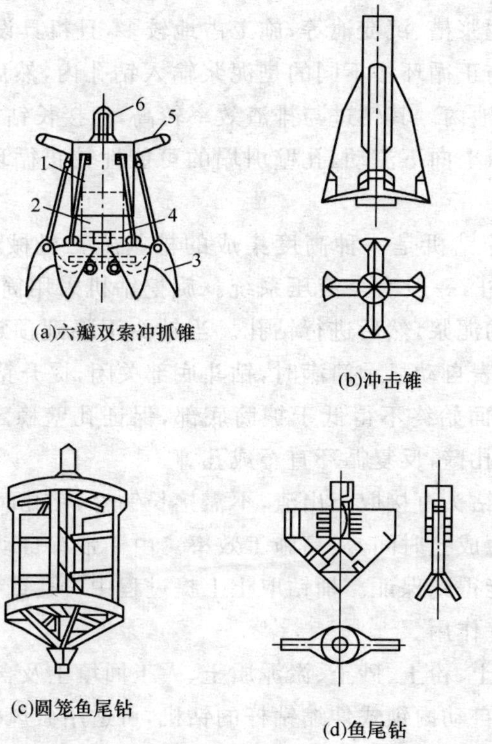

(a)六瓣双索冲抓锥　(b)冲击锥　(c)圆笼鱼尾钻　(d)鱼尾钻

图 3-38　常用的钻头形式

1—外套；2—内套；3—叶瓣；4—内套滑轮；5—导向圈；6—挂环

2. 钻孔灌注桩施工的主要工序

钻孔灌注桩施工的主要工序有：埋设护筒、制备泥浆、钻孔、清底、钢筋笼制作与吊装以及灌注混凝土等。

(1)埋设护筒：护筒能稳定孔壁、防止坍孔，还有隔离地表水、保护孔口地面、固定桩孔位置和起到钻头导向作用等。

护筒要求坚固耐用，不漏水，其内径应比钻孔直径大(旋转钻约大 20 cm，潜水钻、冲击或冲抓锥约大 40 cm)，每节长度约 2～3 m。一般常用钢护筒，在陆上与深水中均能使用，钻孔完成，可取出重复使用。在深水中埋设护筒时，先打入导向架，再用锤击或振动加压沉入护筒。护筒入土深度视土质与流速而定。护筒平面位置的偏差不得大于 5 cm，倾斜度不得大于 1%。

(2)泥浆制备：钻孔泥浆由水、黏土(膨润土)和添加剂组成，具有浮悬钻渣、冷却钻头、润滑钻具，增大静水压力，并在孔壁形成泥皮，隔断孔内外渗流，防止坍孔的作用。

通常采用塑性指数大于 25，粒径小于 0.005 mm 的黏土颗粒含量大于 50%的黏土，通过泥浆搅拌机或人工调和，贮存在泥浆池内，再用泥浆泵输入钻孔内。

(3)钻孔：一般采用螺旋钻头或冲击锥等成孔，或用旋转机具辅以高压水冲成孔。根据井孔中土(钻渣)的取出方法不同，常用的方法是：螺旋钻孔，正循环回转钻孔，反循环回转钻孔，潜水钻机钻孔，冲抓钻孔，冲击钻孔，旋挖钻机钻孔。

1)正循环回转钻孔：系利用钻具旋转切削土体钻进，泥浆泵将泥浆压进泥浆笼头，通过钻杆中心从钻头喷入钻孔内，泥浆挟带钻渣沿钻孔上升，从护筒顶部排浆孔排出至沉淀池，钻渣在此沉淀而泥浆流入泥浆池循环使用。其特点是钻进与排渣同时连续进行，在适用的土层中钻进速度较快，但需设置泥浆槽、沉淀池等，施工占地较多，且机具设备较复杂。

2)反循环回转钻孔：与正循环法不同的是泥浆输入钻孔内，然后从钻头的钻杆下口吸进，通过钻杆中心排出至沉淀池内。其钻进与排渣效率较高，但接长钻杆时装卸麻烦，钻渣容易堵塞管路。另外，因泥浆是从上向下流动，孔壁坍塌的可能性较正循环法的大，为此需用较高质量的泥浆。

3)旋挖钻机钻孔：旋挖钻机是一种高度集成的桩基施工机械，采用一体化设计、履带式360°回转底盘及桅杆式钻杆，一般为全液压系统。旋挖钻机采用筒式钻斗，钻机就位后，调整钻杆垂直度，注入调制好的泥浆，然后进行钻孔。当钻头下降到预定深度后，旋转钻斗并施加压力，将生挤入钻斗内，仪表自动显示筒满时，钻斗底部关闭，提升钻斗将土卸于堆放地点。钻进施工过程中应保证泥浆面始终不得低于护筒底部，保证孔壁稳定性。通过钻斗的旋转、削土、提升、卸土和泥浆撑护孔壁，反复循环直至成孔。

旋挖钻机特殊的桶型钻头直接取土出渣，不需接长钻杆，钻孔时孔口注浆以保持孔内泥浆高度即可，因而能大大缩短成孔时间，提高施工效率。由于带有自动垂直度控制和自动回位控制，成孔垂直度和孔位等能得到保证。桶钻取土上提过程中对孔壁扰动较小，桶钻周边设有溢浆孔，溢出泥浆可起到护壁作用。

旋挖钻机一般适用黏土、粉土、砂土、淤泥质土、人工回填土及含有部分卵石、碎石的地层。对于具有大扭矩动力头和自动内锁式伸缩钻杆的钻机，可适用微风化岩层的钻孔施工。

(4)孔径检查与清孔：钻孔的直径、深度和孔形直接关系到成桩质量，是钻孔桩成败的关键。为此，除了钻孔过程中严谨操作、密切观测监督外，在钻孔达到设计要求深度后，应采用适当器具对孔深、孔径、孔形等认真检查，符合设计要求后，填写“终孔检查表”。

1)清孔的方法有抽浆法、换浆法、掏渣法、喷射清孔法以及用砂浆置换钻渣清孔法等，应根据设计要求、钻孔方法、机具设备和土质条件决定。其中抽浆法清孔较为彻底，适用于各种钻孔方法的灌注桩。对孔壁易坍塌的钻孔，清孔时操作要细心，防止坍孔。

2)清孔的质量要求：对摩擦桩，孔底沉淀土的厚度，中、小桥不得大于(0.4～0.6)d(d 为桩的直径),大桥按设计文件规定。清孔后的泥浆性能指标,含砂率为4%～8%,相对密度为1.10～1.25,黏度为18～20 s。对支承桩(柱桩、嵌岩桩),宜用抽浆法清孔,并宜清理至吸泥管出清水为止。灌注混凝土前,孔底沉淀土厚度不得大于50 mm。若孔壁易坍塌,必须在泥浆中灌注混凝土时,建议采用砂浆置换钻渣清孔法,清孔后的泥浆含砂率不大于4%。其他泥浆性能指标同摩擦桩要求。对于沉淀土厚度的测量,用冲击、冲抓锤时,沉淀土厚度从锥头或抓锥底部所到达的孔底平面算起。沉淀土厚度测量方法可在清孔后用取样盒(开口铁盒)吊到孔底,待到灌注混凝土前取出,直接测量沉淀在盒内的沉渣厚度。

(5)钢筋笼制作与吊装:钢筋笼的制作应符合设计和规范要求,长桩骨架宜分段制作,分段长度应根据吊装条件确定;后场制作时应在固定胎架上进行,以保证钢筋笼的顺直;注意在钢筋笼外侧设置控制保护层厚度的垫块;钢筋笼起吊入孔一般用吊机,无吊机时,可采用钻机钻架、灌注塔架。

(6)灌注混凝土。

1)灌注普通混凝土。

在土中形成一定直径的井孔,达到设计标高后,将钢筋骨架(笼)吊入井孔中,灌注混凝土形成桩基础。每根灌注桩应留取混凝土抗压强度试件不少于2组。同时应以钻取芯样法或超声波法、机械阻抗法、水电效应法等无破损检测法对桩的匀质性进行检测。检测应符合下列规定:其一,宜对各墩台有代表性的桩用无破损法进行检测,重要工程或重要部位的桩宜逐根检测。其二,对质量有怀疑的桩及因灌注故障处理过的桩,均应进行检测。

2)灌注水下混凝土。

①灌注水下混凝土时配备的搅拌机等设备,应能满足桩孔在规定时间内灌注完毕。灌注时间不得长于首批混凝土初凝时间。若估计灌注时间长于首批混凝土初凝时间,则应掺入缓凝剂。

②水下混凝土一般用钢导管灌注,导管内径为200～350 mm,视桩径大小而定。导管使用前应进行水密承压和接头抗拉试验,严禁用压气试压。

③混凝土拌和物运至灌注地点时,应检查其均匀性和坍落度等,如不符合要求,应进行第二次拌和,二次拌和后仍不符合要求时,不得使用。

④首批灌注混凝土的数量应能满足导管首次埋置深度和填充导管底部的需要。首批混凝土拌和物下落后,混凝土应连续灌注。

⑤在灌注过程中,导管的埋置深度宜控制在2～6 m,在灌注过程中,应经常测探井孔内混凝土面的位置,及时地调整导管埋深。

⑥为防止钢筋骨架上浮,当灌注的混凝土顶面距钢筋骨架底部1 m左右时,应降低混凝土的灌注速度。当混凝土拌和物上升到骨架底口4 m以上时,提升导管,使其底口高于骨架底部2 m以上,即可恢复正常灌注速度。

⑦在灌注过程中,特别是潮汐地区和有承压水地区,应注意保持孔内水头。

⑧在灌注过程中,应将孔内溢出的水或泥浆引流至适当地点处理,不得随意排放,污染环境及河流。

⑨灌注中发生故障时,应查明原因,确定合理处理方案,及时处理。

⑩混凝土应连续灌注直至灌注到设计的混凝土顶面,以保证截切面以下的全部混凝土具有优良质量,如图3-39所示。

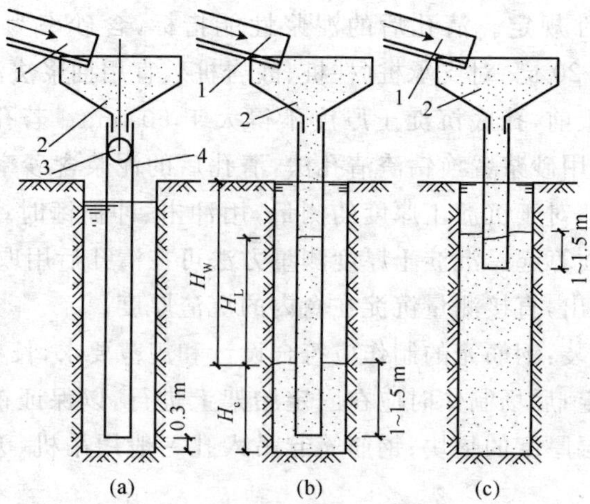

图 3-39 灌注水下混凝土

1—进料口；2—漏斗；3—隔水栓；4—导管

（三）人工挖孔灌注桩

人工挖孔灌注桩是指在桩位用人工和适当的小型爆破，配合简单机具挖直孔，每挖一段即施工一段支护结构，如此反复向下挖至设计标高，然后下放钢筋笼，灌注混凝土而成桩。这种方法的优点是：设备简单、对施工现场周围的原有建筑物影响小、在挖孔时，可直接观察土层变化情况、清除沉渣彻底、施工成本低等。

1. 挖掘成孔

人工挖孔灌注桩的直径除应满足设计承载力要求外，还应给施工人员提供足够的工作面。当用机械挖掘并用钢护筒护壁的孔，其孔径不宜小于 0.8 m；用人力挖掘的方桩边长或圆桩孔径不宜小于 1.4 m，孔深一般不宜超过 20 m。挖孔时必须采取孔壁支撑，支撑形式视土质、渗水情况、工期与工地条件而定，一般可用就地灌注混凝土或用便于拆装的钢、木支撑。支护应高出地面，以防杂物滚入孔内，支护结构应经过验算。施工人员进入孔内必须注意安全；孔内有人施工时，孔上必须有人监督防护；孔内照明应用安全电压设置鼓风机，向孔内输送洁净空气，排除有害气体。当挖至设计标高时，必须对孔底进行鉴别、处理后方可灌注混凝土。

钢套筒护圈法适宜于深度不大于 8 m，孔径小于 1.2 m 的桩。护圈一般由 3 mm 厚度的钢板焊接，做成分段组合式，以便于施工时安装拆卸、下放或提升。

混凝土护壁适用于砂土层，每节高度以 1 m 为宜，在易坍塌的砂层中，每节高度宜减为 0.5 m。为便于浇筑混凝土和严密接茬，护壁可做成上厚下薄，护壁的平均厚度不宜小于 100 mm，两节护壁的搭接长度不得小于 50 mm，并用钢筋拉结。扩大端斜面应以竖向钢筋拉结。护壁模板用二至四块弧形钢板拼装而成。护壁用 C15 细石混凝土现场浇筑，坍落度不小于 150 mm。

2. 浇筑混凝土

挖孔完毕并检查合格后应立即浇筑混凝土。有扩大端的先浇筑扩大端部分的混凝土，桩身混凝土应连续浇筑，分段振捣，每端高度不宜大于 1 m。浇筑时必须采用溜槽和串筒，不能直接从孔口倒入混凝土。

3. 安全措施

人工挖孔桩成孔工作的劳动条件比较差，施工时必须采取严格的安全措施，以防止发生安全事故。

(1)要了解孔内是否存在有害气体,深度超过 10 m 的孔应有通风设施,风量应大于25 L/s。

(2)供施工人员上下的井道电葫芦、吊篮等应有自动卡紧保险装置,不得用单绳徒手蹬井帮上下,孔内必须设置应急软梯。

(3)随时检查提升设备的完好情况。

(4)暂时停止施工的孔口应加盖板并设护栏,挖出的土方应及时运走,不得堆放在孔口附近。

(5)严守用电规程,各孔用电必须分闸,孔内电线必须有防潮湿、防折断的保护措施。

4. 不良地质条件下人工挖孔灌注桩的施工

人工挖孔灌注桩的施工受地质条件的制约很大,在不良地质条件下,如不采取必要的措施,不仅影响桩的质量,而且可能造成工程事故。下面主要讨论三种不良地质条件:

(1)涌水量较大时的混凝土护壁施工。当地下水位较高且土层透水性较好时,往往涌水量比较大,护壁隔水难以成功,造成施工困难,严重威胁桩孔安全,混凝土的浇筑质量明显下降。

单孔涌水量在每小时 1 t 以下时,对施工影响不大,在工作面上人工排水或潜水泵间断排水即可;当涌水量每小时超过 5 t 时,不宜采用人工挖孔灌注桩;对于涌水量每小时 1～5 t 的情况可采用抽水井集中降水法或钢管导水法施工。前者工期较长,造价较高,但降水后施工条件比较好,质量比较有保证,使用时应注意降水对邻近建筑物和市政设施的影响;后者在浇筑护壁混凝土时预埋导水钢管,将水引至吊桶中再用潜水泵将水抽走,此法比较简单,但水量不能太大。

(2)淤泥层较厚时混凝土护壁施工。淤泥层的厚度大小是能否进行人工挖孔灌注桩施工的控制因素,一般认为,当淤泥层的厚度超过一节护壁高度时便不能采用人工挖孔灌注桩。当淤泥层的厚度较厚时,可以缩短护壁的高度,在护壁内增加箍筋和插筋以增加护壁的整体性,对于厚度在 3 m 以内的软塑至流塑的淤泥也可采用钢套筒护圈的方法。

(3)有较厚含水砂砾石层的施工。含水砂砾石层的渗透系数比较大,涌水量大,且易垮孔。一般认为含水砂砾石层的厚度超过 2 节护壁厚度时不宜采用人工挖孔灌注桩。

当桩身混凝土灌注量在 4 000 m^3 以上,工程量巨大时,可采用抽水井大面积降低地下水位的方法,以降低水压力,减少坍孔的危险性。

(四)沉管灌注桩

沉管灌注桩也称为套管成孔灌注桩,这种方法采用振动、静压或锤击的办法将钢管沉入土层中,然后边浇筑混凝土边拔管而成,称为振动沉管灌注桩、静压沉管灌注桩和锤击沉管灌注桩。

沉管灌注桩在成孔时有挤上作用,由于有钢管护壁,孔壁不会坍塌;但要注意在灌注混凝土的同时拔起钢管,钢管和混凝土之间具有一定的摩擦力影响混凝土的成型,在钢管已拨出的部分土体挤向尚未结硬的混凝土:这些过程如处理不当,会影响桩身质量。施工步骤如图 3-40所示。

套管钻机适用于砂类土和黏性土层钻孔,当地下水位以下有厚于 5 m 的细砂层时,应选用上拔力较大的钻机。根据土层紧密情况和机械上拔力大小来决定套管下沉总深度。钻机就位后须用支腿将机身支平支牢,使套管竖直度满足设计要求。

套管钻机在开孔下套管时,钻进速度宜慢,并应反复上提下压套管,校正好位置和竖直度。中等密实或密实的土层中钻孔,宜随钻进随下套管;松散土层中钻孔,应先下套管并深入抓土面 1～1.5 m，然后钻进；地下水位较高的粉、细砂土层中，应随时向套管中补水，保持套管中水位不低于地下水位，防止翻砂。

钻孔作业过程中，应观察主机所在地面和支腿支承处地面变化情况，发现下沉现象应及时停机处理。因故停机时间较长时，应将套管口保险钩挂牢。

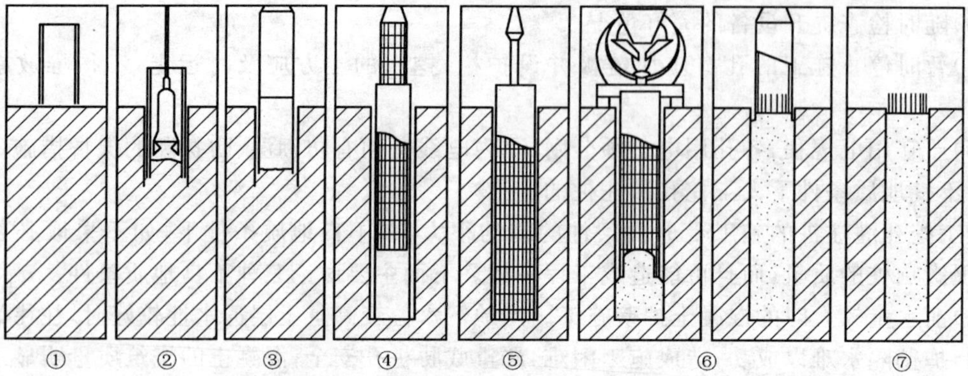

图 3-40　沉管灌注桩施工步骤

①—插入第 1 节钢管；②—抓泥并晃管下沉；③—安装第 2 节；

④—安装钢筋骨架；⑤—插入导管；⑥—灌注混凝土并上拔钢管；⑦—基桩完成

四、沉井基础

又称开口沉箱基础，由开口的井筒构成的地下承重结构物。一般为深基础，适用于持力层较深或河床冲刷严重等水文地质条件，具有很高的承载力和抗震性能。这种基础系由井筒、封底混凝土和预盖等组成，其平面形状可以是圆形、矩形或圆端形，立面多为垂直边，井孔为单孔或多孔，井壁为钢筋、木筋或竹筋混凝土，甚至由钢壳中填充混凝土等建成。

1. 施工方法

沉井法施工就是在墩台位置上，按照基础的外形尺寸，用钢筋混凝土或混凝土预先制成一段井筒，然后在井筒内挖土，随着挖土，井筒借助于自重逐渐下沉，沉完一段，接筑一段，一直下沉到设计高程为止。

若为陆地基础，它在地表建造，由取土井排土以减少刃脚土的阻力，一般借自重下沉；若为水中基础，可用筑岛法，或浮运法建造。筑岛法施工的作业过程如图 3-41 所示，在下沉过程中，如侧摩阻力过大，可采用高压射水法、泥浆套法或“空气幕”等加速下沉。

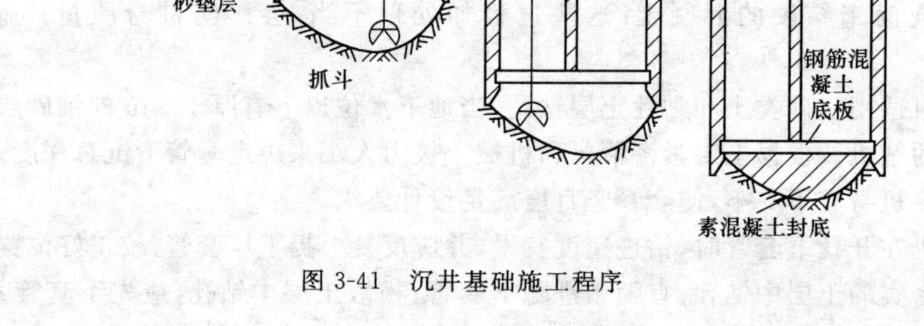

图 3-41　沉井基础施工程序

泥浆套法是把拌制好的泥浆，用高压泥浆泵（压力 150～500 kN/cm^2），通过预埋在井壁中的压浆管，直送井筒下部，喷向井壁外部，在井壁外周形成一圈厚度为 10～20 mm 的泥浆润滑套，使沉井下沉得又快又稳。

空气幕法则是向预埋在井壁四周的气管中压入高压气流，气流由喷气孔喷出壁外，沿沉井外壁上升，在井壁外周形成一圈压气层（亦称空气幕），使周围的土松动或激化，减少摩擦力，促使沉井顺利下沉。

当水很深，筑岛困难时，一般采用浮运法下沉沉井。图 3-42 为钢丝网水泥双壁浮运沉井，井筒由内外两层井壁组成，用横隔板相连，同时又将井筒分隔成多个空格。通过对不同空孔的灌注，可以调节井筒的下沉。井壁用钢筋网和铁丝网组成壁体，抹以不低于 M40 的水泥砂浆，使之充满网眼，并具有 1～3 cm 的保护层，就形成了井筒的两壁。

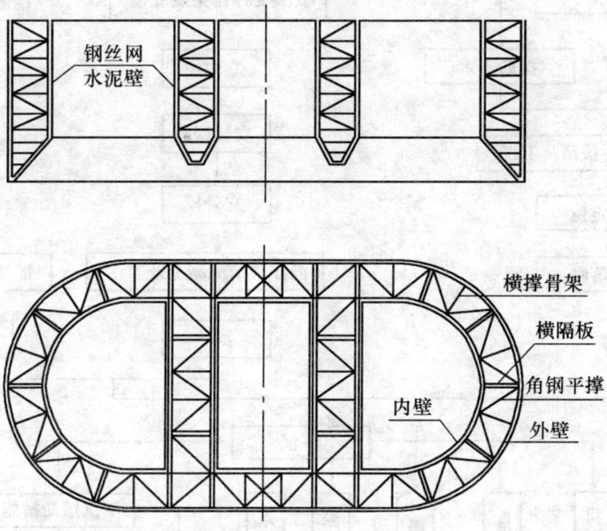

图 3-42 钢丝网水泥沉井

浮运沉井可以在岸上制造而滑入水中（图 3-43），也可在驳船上制造，而由驳船载运就位、吊放入水。

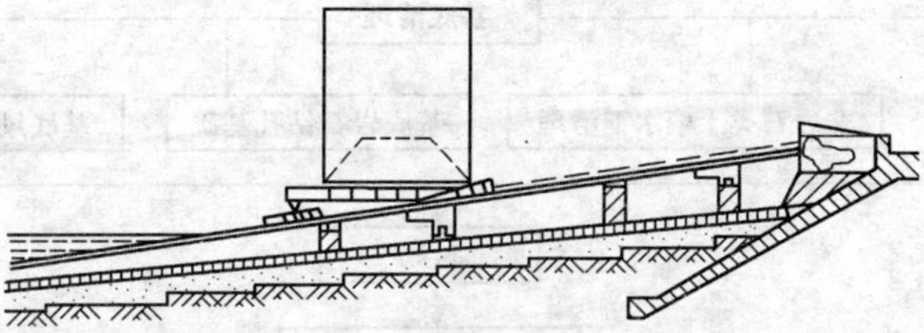

图 3-43 用滑道法使浮运沉井下水

沉井下沉到达基底设计高程后，把井底清理干净，灌注一层封底混凝土，然后用混凝土或砂石填实井筒（也有留成空心的），再在筒顶灌注混凝土盖板，桥梁墩身和台身就是建立在盖板上的。具体施工程序如图 3-44 所示。

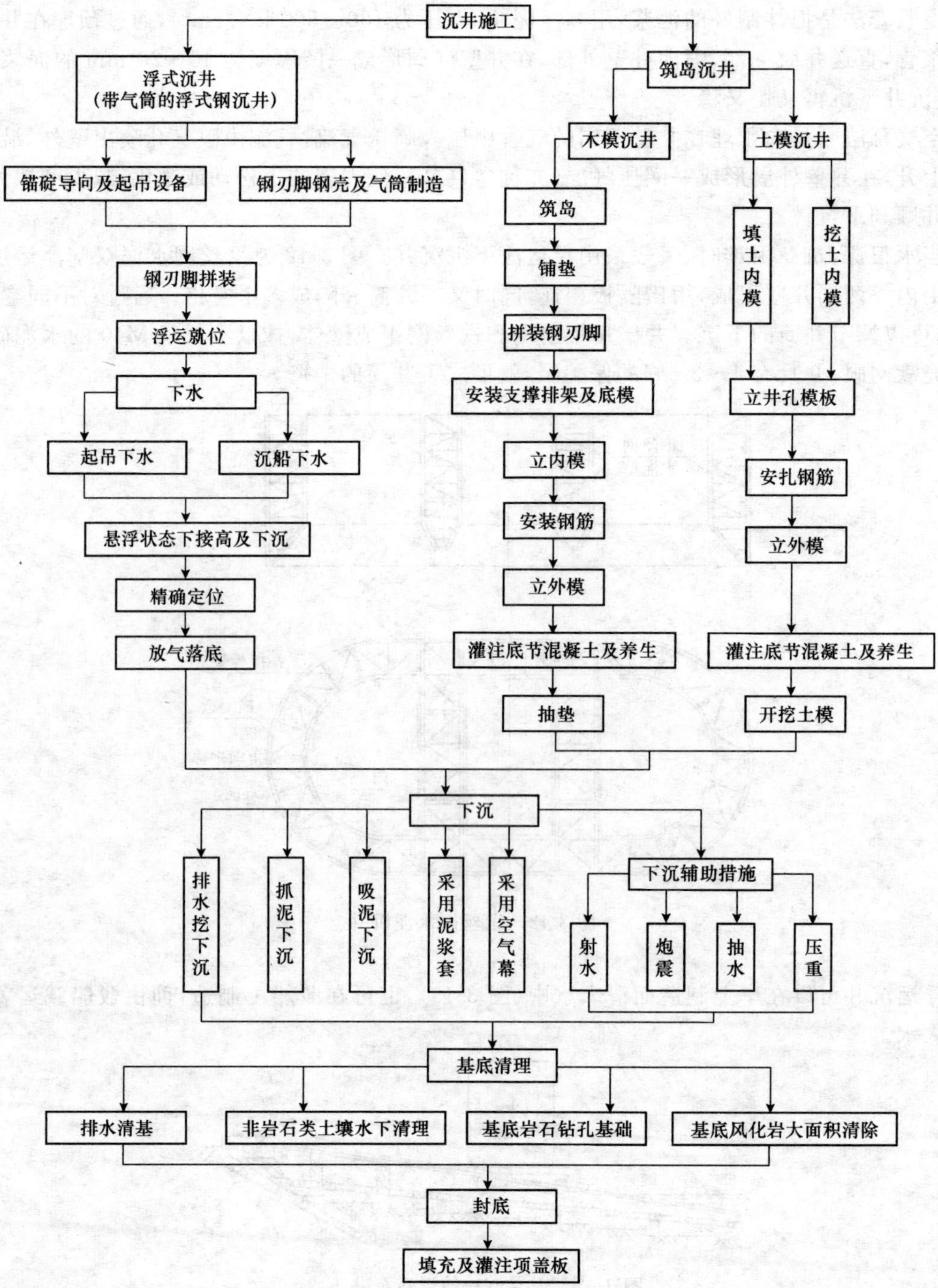

图 3-44　沉井施工顺序

2. 排除障碍物方法（表 3-4）

表 3-4　施工中常遇到的障碍和排除方法

障　碍	排除方法
施工过程中遇孤石时	可采取潜水员水下排除、爆破等方法。在水下爆破时，每次总药量不应超过 0.2 kg 炸药当量。井内无水时，通过计算后，可适当加大药量

续上表

障　碍	排除方法
施工过程中遇铁件时	可采取水下切割排除
施工前已经查明在沉井通过的地层中夹有胶结硬层时	可采取钻孔投放炸药爆破的办法预先破碎硬层

3.清底、封底及浇筑

(1)不排水清底。

1)沉井下沉至设计高程后基底面地质满足设计要求,如有不符须作处理时,其方法征得设计单位同意,必要时取样检查。

2)基底土面或岩面尽量整平。基底面距隔墙底面的高度和刃脚斜面露出的高度,满足设计规定的最小高度。

3)基底浮泥或岩面残存物(风化岩碎块、卵石、砂等)均应清除,封底混凝土与基底间不得产生有害夹层。清理后的有效面积(即沉井底面积扣除在刃脚斜面下一定宽度内不可能完全清除干净的面积)不得小于设计要求。

4)隔墙底部及封底混凝土高度范围内井壁上的泥污应清除。

(2)沉井在封底混凝土强度满足受力要求后方可抽水浇筑填充混凝土。

第四节　梁桥下部结构施工技术

一、承台施工

(一)围堰及开挖方式的选择

(1)当承台处于干处时,一般直接采用明挖基坑,并根据基坑状况采取一定措施后,在其上安装模板,浇筑承台混凝土。

(2)当承台位于水中时,一般先设围堰(钢板桩围堰或吊箱围堰)将群桩围在堰内,然后在堰内河底灌注水下混凝土封底,凝结后,将水抽干,使各桩处于干处,再安装承台模板,在干处灌注承台混凝土。

(3)对于承台底位于河床以上的水中,采用有底吊箱或其他方法在水中将承台模板支撑和固定,如利用桩基,或临时支撑。承台模板安装完毕后抽水,堵漏,即可在干处灌注承台混凝土。

(4)承台模板支承方式的选择应根据水深、承台的类型、现有的条件等因素综合考虑。

(二)承台底的处理(图 3-45)

1.低桩承台

当承台底层土质有足够的承载力,又无地下水或能排干水时,可按天然地基上修筑基础的施工方法进行施工。当承台底层土质为松软土,且能排干水施工时,可挖除松软土,换填 10～30 cm厚砂砾土垫层,使其符合基底的设计标高并整平,即立模灌注承台混凝土。

2.高桩承台

当承台底以下河床为松软土时,可在板桩围堰内填入砂砾至承台底面标高。填砂时视情况决定,可抽干水填入或静水填入,要求能承受灌注封底混凝土的重量。

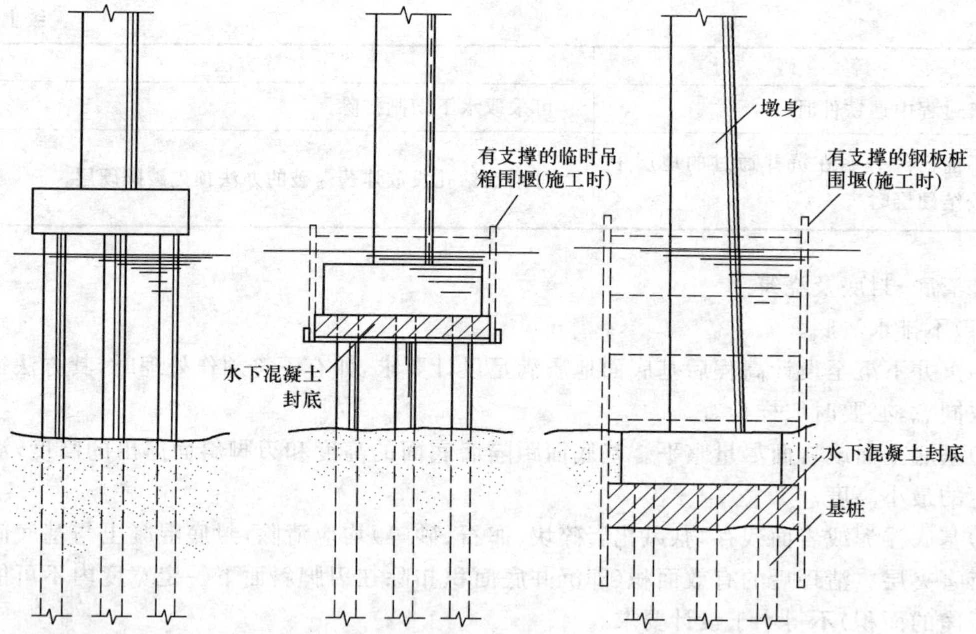

图 3-45　高桩和低桩承台

(三)模板及钢筋

(1)模板一般采用组合钢模,纵、横楞木采用型钢,在施工前必须进行详细的模板设计,以保证模板有足够的强度、刚度和稳定性,能可靠的承受施工过程中可能产生的各项荷载,保证结构各部形状、尺寸的准确。模板要求平整,接缝严密,拆装容易,操作方便。一般先拼成若干大块,再由吊车或浮吊(水中)安装就位,支撑牢固。

(2)钢筋的制作严格按技术规范及设计图纸的要求进行,墩身的预埋钢筋位置要准确、牢固。

(四)混凝土的浇筑

(1)混凝土的配制除要满足技术规范及设计图纸的要求外,还要满足施工的要求,如泵送对坍落度的要求。为改善混凝土的性能,根据具体情况掺加合适的混凝土外加剂,如减水剂、缓凝剂、防冻剂等。

(2)混凝土的拌和采用拌和站集中拌和,混凝土罐车通过便桥或船只运输到浇筑位置,采用流槽、漏斗或泵车浇筑。也可由混凝土地泵直接在岸上泵入。

(3)混凝土浇筑时要分层,分层厚度要根据振捣器的功率确定,要满足技术规范的要求。

(五)混凝土养生和拆模

混凝土浇筑后要适时进行养生,尤其是体积较大,气温较高时要尤其注意,防止混凝土开裂。混凝土强度达到拆模要求后再进行拆模。

二、整体式墩台施工

(一)桥梁墩台的构成及典型墩台构造图

桥梁墩台主要由墩(台)帽(图 3-46)、墩(台)身和基础三部分组成。主要作用是承受上部结构传来的荷载,并通过基础又将该荷载及自重传递给地基。

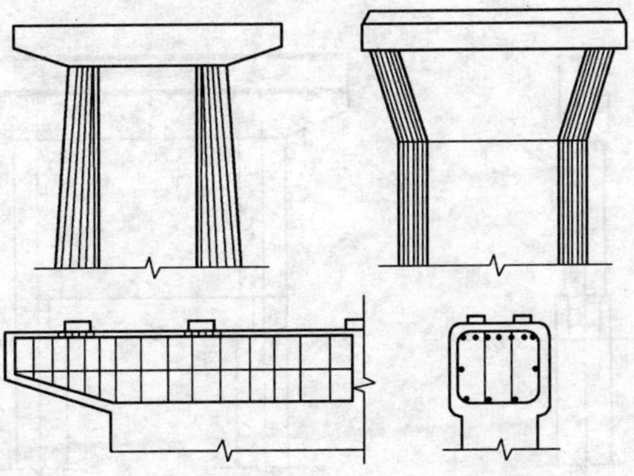

图 3-46　墩帽

1. 桥墩(图 3-47)

指多跨桥梁的中间支承结构物，除承受上部结构的荷载外，还要承受流水压力，风力及可能出现的冰荷载、船只、排筏或漂浮物的撞击力。

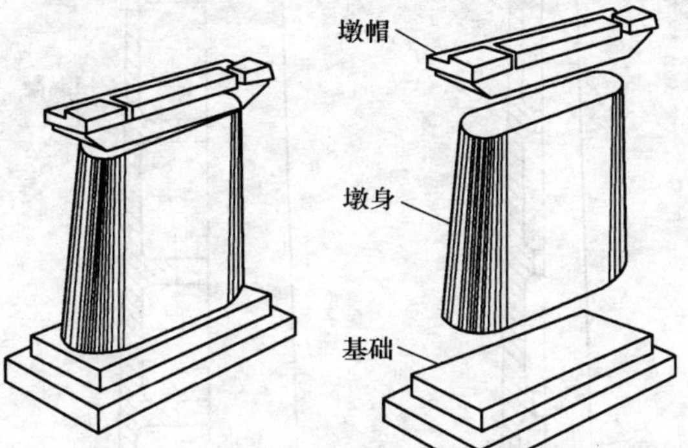

图 3-47　桥墩组成示意图

以下是举例重力式桥墩、桩柱式桥墩和空心轻型桥墩构造图，如图 3-48～图 3-50 所示。

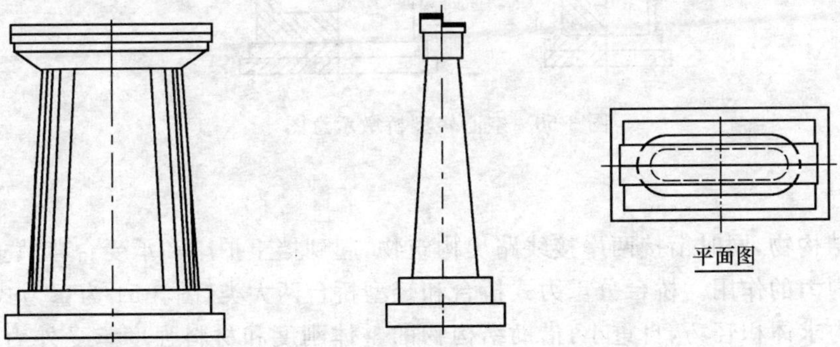

图 3-48　重力式桥墩构造图

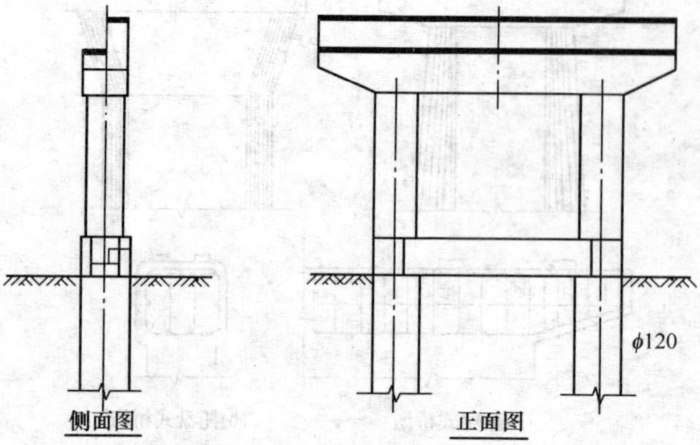

图 3-49　桩柱式桥墩示意图

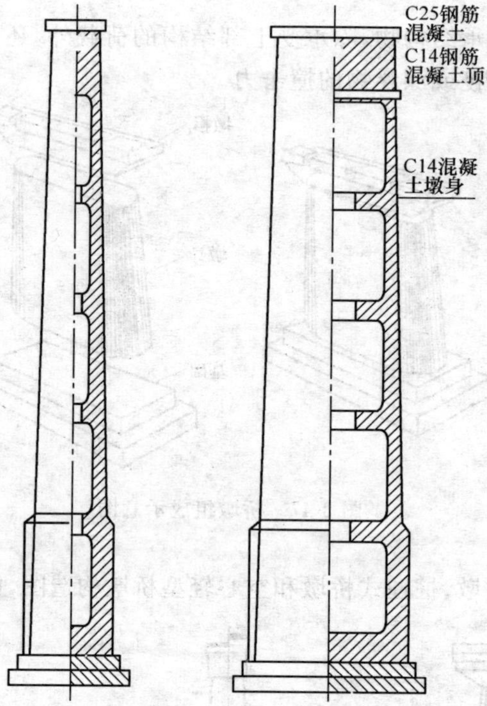

图 3-50　空心轻型桥墩示意图

2. 桥台

支撑桥跨结构物，同时衔接两岸接线路堤构筑物，起到挡土护岸和承受台背填土及填土上车辆荷载附加内力的作用。桥台分重力式桥台和轻型桥台两大类，图 3-51 为重力式桥台。

轻型桥台力求体积轻巧、自重小，借助结构物的整体刚度和材料强度承受外力，可节省材料，降低对地基强度的要求，可用于软土地基。

(1)设有支撑梁的轻型桥台。

这种桥台台身为直立的薄壁墙，台身两侧有翼墙，在两桥台下部设置钢筋混凝土支撑梁，上部结构与桥台通过锚栓连接，于是便构成四铰框架结构系统，并借助两端台后的被动土压力来保持稳定。图 3-52 为地下支撑梁轻型桥台。

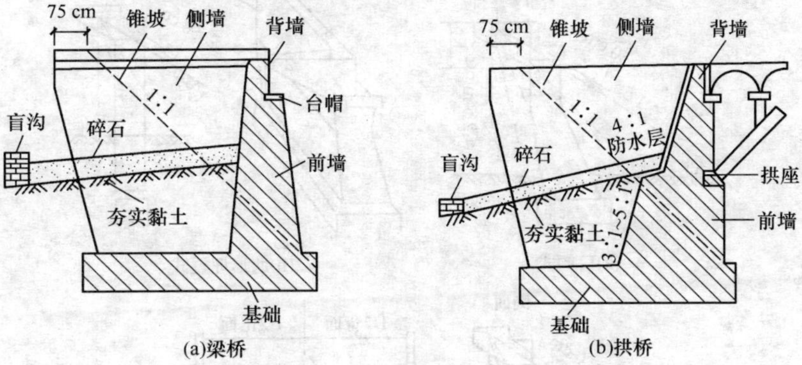

图 3-51 重力式 U 形桥台

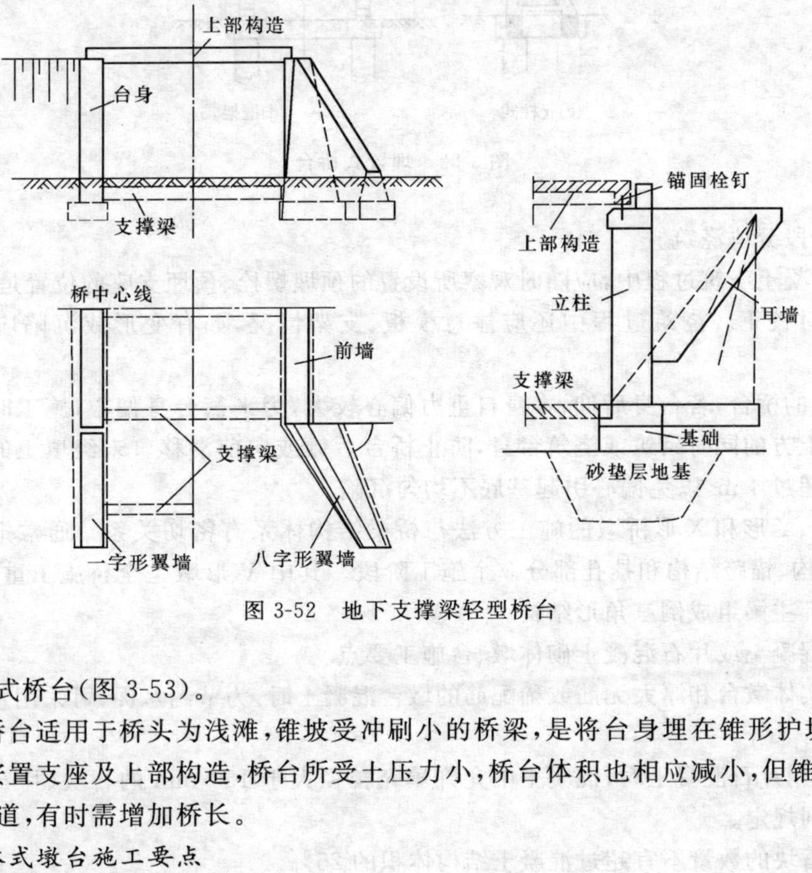

图 3-52 地下支撑梁轻型桥台

(2)埋置式桥台(图 3-53)。

埋置式桥台适用于桥头为浅滩，锥坡受冲刷小的桥梁，是将台身埋在锥形护坡中，只露出台帽在外以安置支座及上部构造，桥台所受土压力小，桥台体积也相应减小，但锥坡伸入到桥孔，压缩了河道，有时需增加桥长。

(二)整体式墩台施工要点

1. 混凝土及钢筋混凝土墩、台施工要点

(1)墩台施工前应在基础顶面放出墩、台中线和墩、台内、外轮廓线的准确位置。

(2)现浇混凝土墩、台钢筋的绑扎应和混凝土的浇筑配合进行。在配置垂直方向的钢筋时应有不同的长度，以使同一断面上的钢筋接头能符合《公路桥涵施工技术规范》(JTG/T F50—2011)的有关规定。水平钢筋的接头也应内外、上下互相错开。

(3)注意掌握混凝土的浇筑速度。

(4)若墩、台截面积不大时，混凝土应连续一次浇筑完成，以保证其整体性。若墩、台截面

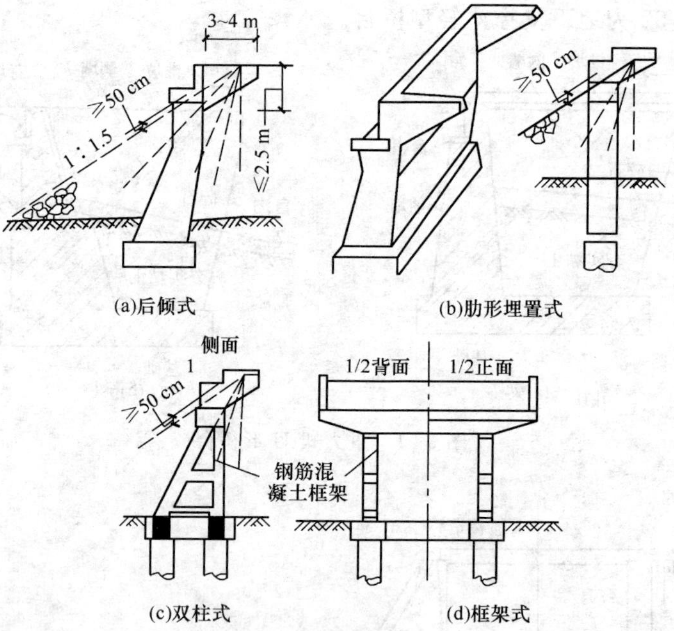

图 3-53　埋置式桥台

积过大，应分段分块浇筑。

(5)在混凝土浇筑过程中，应随时观察所设置的预埋螺栓、预埋支座的位置是否移动，若发现移位应及时校正。浇筑过程中还应注意模板、支架情况，如有变形或沉陷应立即校正并加固。

(6)高大的桥台，若台身后仰，本身自重力偏心较大，为平衡台身偏心，施工时应在填筑台身四周路堤土方的同时砌筑或浇筑台身，防止桥台后倾或向前滑移。未经填土的台身施工高度一般不宜超过 4 m，以免偏心引起基底不均匀沉陷。

(7)V 形、Y 形和 X 形桥墩的施工方法与桥梁结构体系有密切关系。通常把这种桥梁划为 V 形墩结构、锚跨结构和挂孔部分 3 个施工阶段。其中 V 形墩是全桥施工重点，它由两个斜腿和其顶部主梁组成倒三角形结构。

2. 片石混凝土或片石混凝土砌体墩、台施工要点

在浇筑实体墩台和厚大无筋或稀配筋的墩台混凝土时，为节约水泥，可采用片石混凝土或混凝土砌体。

(1)当采用片石混凝土时，混凝土中允许填充粒径大于 150 mm 的石块(片石或大卵石)，并应遵守下列规定。

1)填充石块的数量不宜超过混凝土结构体积的 25%。

2)应选用无裂纹、夹层和未煅烧过的并具有抗冻性的石块。

3)石块的抗压强度应符合《公路桥涵施工技术规范》(JTG/T F50－2011)的有关规定，与对碎石、卵石的要求相同。

4)石块在使用前应仔细清扫，并用水冲洗干净。

5)石块应埋入新浇筑捣实的混凝土中一半左右。受拉区混凝土不宜埋放石块；当气温低于 0℃时，应停埋石块。

6)石块应在混凝土中分布均匀，两石块间的净距不应小于 100 mm，以便捣实其间的混凝

土。石块距表面(包括侧面与顶面)的距离不得小于 150 mm,具有抗冻要求的表面不得小于 300 mm,并不得与钢筋接触和碰撞预埋件。

(2)当采用片石混凝土砌体时,石块含量可增加到砌体体积的 50%～60%,石块净距可减为 40～60 mm,其他要求与片石混凝土相同。

三、装配式桥墩施工要点

装配式桥墩主要采用拼装法施工。它用于预应力混凝土、钢筋混凝土薄壁墩、薄壁空心墩或轻型桥墩。拼装式桥墩主要由就地浇筑实体部分墩身和基础与拼装部分墩身组成。实体墩身与基础采用就地现浇施工时,在浇筑实体墩身与基础时应考虑其与拼装部分的连接、抵御洪水和漂流物的冲击、锚固预应力筋、调节拼装墩身的高度等问题。

装配部分墩身由基本构件、隔板、顶板和顶帽组成,在工厂制作,运到桥位处拼装成桥墩。装配部分墩身的分块,要根据桥墩的结构形式、吊装、起重工具和运输能力决定。要尽可能使分块大、接缝小,按照设计要求定型生产为宜。加工制作出来的拼装块件要质量可靠、尺寸准确、内外壁光洁度高。拼装要根据施工现场的地形、水文、运输条件以及墩的高度、起吊设备等具体情况拟定施工细则,认真组织实施。决定拼装方法时应注意预埋件的位置,接缝处理要牢固密实,预留孔道要畅通。

预应力混凝土空心墩的主要施工工艺流程为:

(1)浇筑桥墩基础。

(2)浇筑实体墩身(包括预埋锚固件和连接件)。

(3)安装预制的墩身构件包括:预制构件分块、模板制作及安装(在工厂进行)、制孔(在工厂进行)、预制构件浇筑(在工厂进行)、预制构件运输至桥位、安装墩身预制块件。

(4)施加预应力。

(5)孔道压浆。

(6)封锚。

四、高桥墩施工要点

随着交通事业的不断深入发展和公路等级不断提高,新桥型不断推出,高强度混凝土的不断推广应用,高桥墩(塔)也不断出现。但随着桥墩高度的增加,其施工难度及技术要求也相应增大和提高。目前比较成熟的方法有提升模板法、滑动模板法和预制拼装法。

1. 提升模板施工法

(1)单面整体提升模板法。

单面整体提升模板可分为拼装式模板和自制式模板。索塔施工时,应分节段支模和浇筑混凝土,每节段的高度应视索塔尺寸、模板数量和混凝土浇筑能力而定,一般宜为 3～6 m。用倒链或吊机吊起大块模板,安装好第一节段模板。在浇筑第一节段混凝土时,应在塔身内预埋螺栓,以支承第二节段模板和安装脚手架,如图 3-54 和图 3-55 所示。

(2)翻模法。

这种模板系统依靠混凝土对模板的黏着力自成体系,且制造简单、构件种类少,模板的大小可根据施工能力灵活选用,混凝土接缝较易处理,施工速度快。但模板本身不能提升,要依靠塔吊等起重设备提升。

施工程序为先安装第一层模板(接缝节＋标准节＋接缝节),浇筑混凝土,完成一个基本节段的施工；以已浇混凝土为依托，拆除最下一层的接缝节和标准节（顶节接缝节不拆），向上提升，将标准节接于第一层的顶节接缝节上，并将拆下的接缝节立于标准节上，安装对拉螺杆和内撑。完成第二层模板安装，如图 3-56 所示。

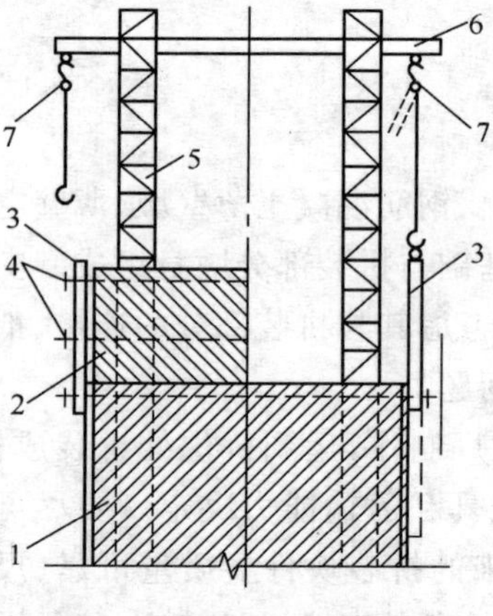

图 3-54　单面整体提升模板

1—已浇索塔；2—待浇节段；3—模板；4—对拉螺栓；5—钢架立柱；6—横梁；7—倒链

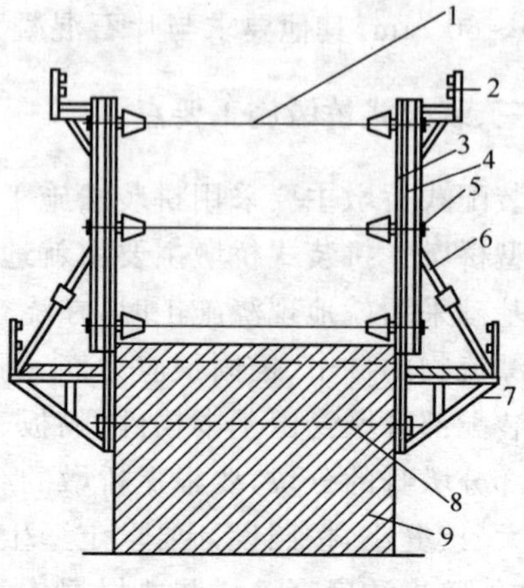

图 3-55　拼装式模板

1—拉杆；2—上脚手；3—模板；4—立柱；5—横肋；6—可调斜撑；7—下脚手；8—预埋螺栓；9—已浇索塔

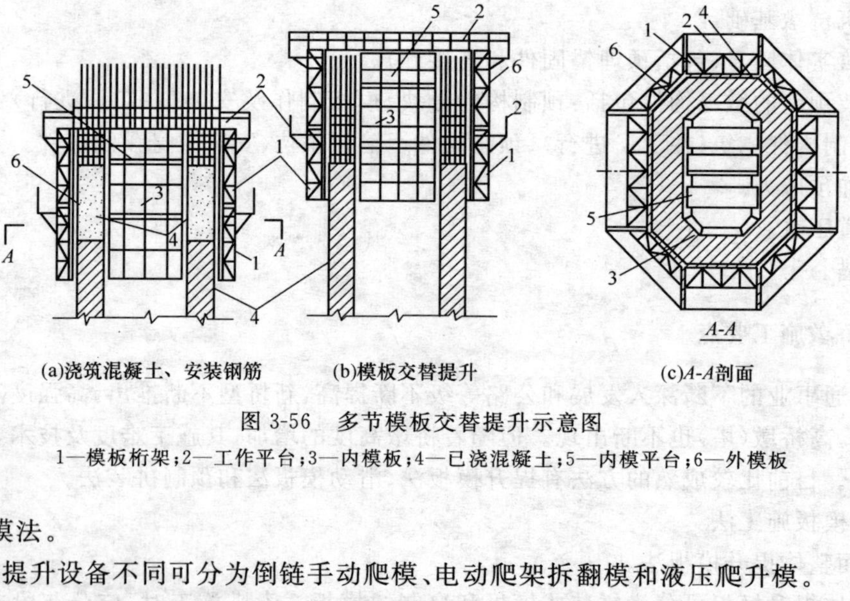

(a)浇筑混凝土、安装钢筋　(b)模板交替提升　(c)A-A剖面

图 3-56　多节模板交替提升示意图

1—模板桁架；2—工作平台；3—内模板；4—已浇混凝土；5—内模平台；6—外模板

(3)爬模法。

爬模按提升设备不同可分为倒链手动爬模、电动爬架拆翻模和液压爬升模。

1)倒链手动爬模。

此种装置一般由钢模、提升桁架及脚手架三部分组成，其中模板由背模、前模及左、右侧模组成。其施工要点是：利用提升架上的起重设备，拆除下一节钢模，将其安装到上一节钢模上，浇筑上节钢模内的混凝土并养生；同时绑扎待浇筑节段的钢筋，待混凝土达到规定强度后，用倒链将提升架沿背模轨向上提升（倒链的数量、起吊力的选择一定要依据可提升物的重力等考虑足够的安全系数，并考虑做保险链），再拆除最下节钢模。如此循环操作，全部施工设备随塔柱的升高而升高，具体步骤如图 3-57 所示。

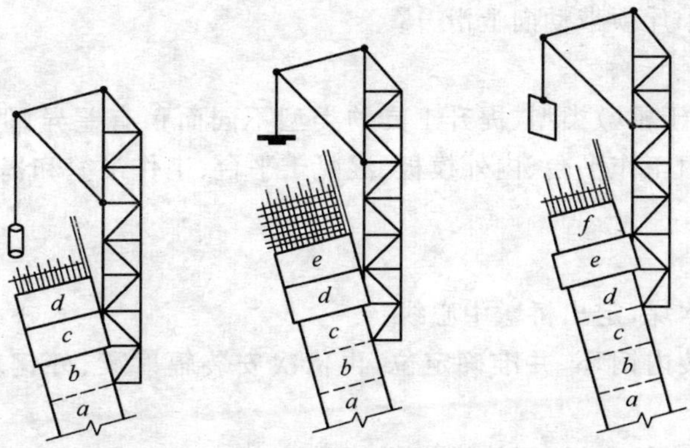

(a)浇混凝土　　(b)养生、绑扎钢筋　　(c)爬升模架、安装模板

图 3-57　爬模施工步骤

2)电动爬架拆翻模。

此种装置由模架、模板、电动提升系统和支承系统四部分组成,如图 3-58 所示。其施工步骤为模架爬升、模板拆除、钢筋安装和混凝土施工。

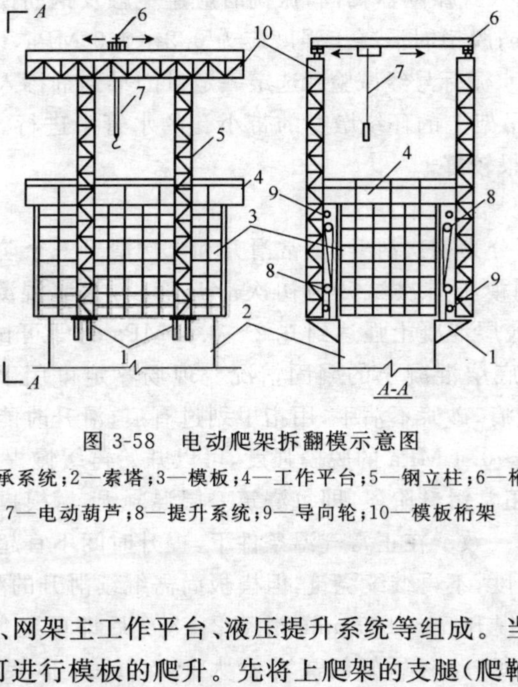

图 3-58　电动爬架拆翻模示意图

1—支承系统;2—索塔;3—模板;4—工作平台;5—钢立柱;6—桁车;
7—电动葫芦;8—提升系统;9—导向轮;10—模板桁架

3)液压爬升模。

此种装置由模板系统、网架主工作平台、液压提升系统等组成。当一个节段的混凝土已浇筑并达到规定强度后,即可进行模板的爬升。先将上爬架的支腿(爬靴)收紧以缩小外廓尺寸,然后操作液压控制台开关,两顶升油缸活塞杆支承在下爬架上,两缸体同时向上顶升,并通过上爬架、外套架带动整个爬模向上爬升。待行程达到要求的高度时,停止爬升,调节专门杆件,伸出支腿,并使就位爬靴支在爬升支架上,然后操纵液压控制台,使活塞杆收回,带动下爬架、内套架上升就位,并把下爬架支腿支撑好。爬升就位后,拆下一节模板,同时绑扎钢筋,并将拆下的模板立在上一节模板顶部,再进行下一个节段的施工。

2.滑动模板法

(1)基本原理。

滑动模板将板悬挂在工作平台的围圈上,沿着所施工的混凝土结构截面的周界组拼装配,并随着混凝土的浇筑由千斤顶带动向上滑升。

(2)基本构造。

滑动模板的构造，由于桥墩类型、提升工具的类型不同而稍有差异，但其主要部件与功能则大致相同。一般主要由工作平台、内外模板、混凝土平台、工作吊篮和提升设备等组成。

(3)施工工序要点。

1)滑模组装。

①在基础顶面搭枕木垛，定出桥墩中心线；

②在枕木垛上先安装内钢环，并准确定位，再依次安装辐射梁、外钢环、立柱、顶杆、千斤顶、模板等；

③提升整个装置，撤去枕木垛，再将模板落下就位，随后安装余下的设施。内外吊架待模板滑至一定高度时，及时安装。模板在安装前，表面需涂润滑剂，以减小滑升时的摩擦阻力。

组装完毕后，必须按设计要求及组装质量标准进行全面检查，并及时纠正偏差。

2)浇筑混凝土。

滑模宜浇筑低流动性或半干硬性混凝土，浇筑时应分层、分段地对称进行，分层厚度以200～300 mm为宜，浇筑后混凝土表面距模板上缘宜有100～150 mm的距离；混凝土入模时，要均匀分布，应采用插入式振动器捣固，振捣时应避免触及钢筋模板，振动器插入一层混凝土的深度不得超过50 mm；脱模时混凝土强度应为0.2～0.5 MPa，以防在其自重压力下坍塌变形。为此，可根据气温、水泥标号经试验后选定一定量的早强剂掺入，以加强提升；脱模后8 h左右开始养生，用吊在下吊架上的环绕墩身的带小孔的水管来进行。养生水管一般设在距模板下缘1.8～2.0 m处效果较好。

3)提升与收坡。

整个桥墩浇筑过程可分为初次滑升、正常滑升和末次滑升三个阶段。

从开始浇筑混凝土到模板首次试升为初次滑升阶段，初灌混凝土的高度一般为600～700 mm，分3次浇筑，在底层混凝土强达到0.2～0.4 MPa时即可试升。将所有千斤顶同时缓慢提升50 mm，以观察底层混凝土的凝固情况。现场鉴定可用手指按刚脱模的混凝土表面，基本按不动，但留有指痕，砂浆不沾手，用指甲划过有痕，滑升时能耳闻“沙沙”的摩擦声，这些表明混凝土已具备0.2～0.4 MPa的脱模强度，可以开始再缓慢提升200 mm左右。初升后全面检查设备，即可进入正常滑升阶段，即每浇筑一层混凝土，滑模提升一次，使每次浇筑的厚高与每次提升的高度基本一致。在正常气温条件下，提升时间不宜超过1 h。末次滑升阶段是混凝土已经浇筑到需要高度，不再继续浇筑，但模板尚需继续滑升的阶段。灌完最后一层混凝土后，每隔1～2 h将模板提升50～100 mm，滑动2～3次后即可避免混凝土与模板胶合。滑模提升时应做到垂直、均衡一致，顶架间高差不大于20 mm，顶架和模板水平高差不大于5 mm。并要求三班连续作业，不得随意停工。

4)接长顶杆、绑扎钢筋。

模板每提升至一定高度后，就需要穿插进行顶杆、绑扎钢筋等工作。为不影响提升的时间，钢筋接头均应事先配好，并注意将接头错开。对预埋件及预埋的接头钢筋，滑模抽离后，要及时清理，使之外露。

5)混凝土停工后的处理。

在整个施工过程中，由于工序的改变或发生意外事故，使混凝土的浇筑工作停止较长的时间，即需要进行停工处理。例如，每隔半小时左右稍微提升模板一次，以免黏结；停工时在混凝土表面要插入短钢筋等，以加强新老混凝土的黏结；复工时还需要将混凝土表面凿毛，并用水冲走残渣，湿润混凝土表面，灌注一层厚度为 20～30 mm 的 1∶1 水泥砂浆，然后再浇筑原配合比的混凝土，继续滑模施工。

五、墩台帽施工

1. 放样

墩、台混凝土浇筑或砌石砌至离墩、台帽下缘约 300～500 mm 高度时，即需测出墩、台帽纵横中心轴线，并开始竖立墩、台帽模板，安装锚栓孔或安装预埋支座垫板，绑扎钢筋等。桥台台帽放样时，应注意不要以基础中心线作为台帽背墙线。模板立好后，在浇筑混凝土前应再次复核，以确保墩、台帽中心、支座垫石等位置、方向和高程不出差错。

2. 模板

(1)混凝土和钢筋混凝土墩、台帽模板。

墩、台帽系支承上部结构的重要部分，其位置、尺寸和高程的准确度要求较严，墩、台身混凝土浇筑至墩、台帽下约 300～500 mm 处就应停止浇筑，以上部分待墩、台帽模板立好后一次浇筑，以保证墩、台帽底有足够厚度的紧密混凝土。

台帽背墙模板应特别注意纵向支承或拉条的刚度，防止浇筑混凝土时发生鼓肚，侵占梁端空隙。

(2)桩柱墩帽模板。

桩柱墩帽亦称盖梁，除装配式的以外，需要现场立模浇筑。盖梁圬工体积小，有条件利用钢筋混凝土桩柱本身作模板支承。其方法是用两根木梁将整排柱用螺栓相对夹紧，上铺横梁，横梁间衬以方木调节间距，也可用螺栓隔桩柱成对夹紧，在横梁上直接安装底模板。两侧模板借助于横梁、上拉杆和一对三角撑所组成的方框架来固定。所有框架、榫眼及角撑均预先制好，安装时只用木楔楔紧框构四周，就能迅速而正确地使模板定位如图 3-59 所示。

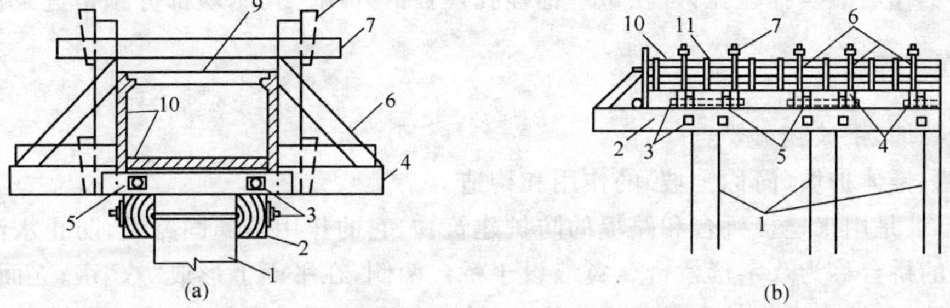

图 3-59　桩柱墩帽模板

1—钢筋混凝土桩柱；2—木梁；3—螺栓；4—横梁；
5—衬木；6—角撑；7—拉杆；8—木楔；9—内模；10—模板；11—肋木

3. 钢筋网、预埋件、预留孔等的安装

(1)钢筋网的安装。

梁桥墩、台帽支座处一般均布设 1～3 层钢筋网。当墩、台帽为素混凝土或虽为配筋混凝土但钢筋网未设置架立钢筋时，施工时应根据各层钢筋网的高度安排墩、台帽混凝土的浇筑程序。为了保证各层钢筋网位置正确，应在两侧板上画线，并加设钢筋网的架立钢筋和定位钢筋，以免振捣混凝土时钢筋网发生位移。

(2)墩、台的预埋件的种类。

1)支座预埋件,有以下几类:

①平面钢板支座的下锚栓及下垫板;

②切线式支座的下锚栓及垫板;

③摆柱式支座的锚栓及垫板;

④盆式橡胶支座的固定锚栓。

2)防振锚栓。

3)装配式墩、台帽的吊环。

4)供运营阶段使用的扶手、检查平台和护栏等。

5)供观测用的标尺。

6)防振挡块的预埋钢筋。

预埋件施工应注意下述各点。

①为保证预埋件位置准确,应对预埋件采取固定措施,以免振捣混凝土时发生移动。

②预埋件下面及附近的混凝土应注意振捣密实,对具有角钢筋的预埋件尤应注意加强捣实。

③预埋件在墩、台帽上的外露部分要有明显标识,浇至顶层混凝土,要注意外露部分尺寸准确。

④在已埋入墩、台帽内的预埋件上施焊时,应尽量采用细焊条、小电流、分层施焊,以免烧伤混凝土。

(3)预留孔的安装。

墩、台帽上的预留锚栓孔须在安装墩、台帽模板时,安装好锚栓留孔模板,在绑扎钢筋时注意将预留孔位置留出。预留孔应该下大上小,其模板可采用拼装式。模板安装时,顶面可比支座垫石顶面约低 5 mm,以便垫石顶面抹平。带变钩的锚栓的模板安装时应考虑钩的方向。为便于安装锚栓后灌实锚栓孔,可在每一锚栓孔模板的外侧三角木块部分预留进浆槽。

六、附属工程施工

1. 桥台翼墙、锥坡施工要点

(1)翼墙、锥体护坡(简称锥坡)的作用和构造。

翼墙、锥坡是用来连接桥台和路堤的防护建筑物,它的作用是稳固路堤,防止水流的冲刷。

设翼墙的桥台称为八字形桥台。翼墙设于桥台两侧,在平面上形成“八”字;立面上为一变高度的直线墙,其坡度变化与台后路堤边坡的坡度相适应;翼墙的竖直截面为梯形,翼墙顶设帽石。翼墙一般为浆砌片石或浆砌块石结构。根据地基情况,翼墙基础采用浆砌片石或片石混凝土。

锥坡一般为椭圆形曲线,锥体坡面沿长轴方向与路基边坡相同,一般为 1∶1.5,沿短轴方向为 1∶1,锥体坡顶与路基外侧边沿同高。当台后填土高度大于 6 m,路堤边坡采用变坡时,锥坡也应做相应变坡处理以相配合如图 3-60 所示。

锥坡内部用砂土或卵砾石填筑夯实,表面用片石干砌或浆砌,一般砌筑厚度为 200～350 mm。坡脚以下根据地基情况及流速大小设置基础,或将坡脚伸入地面以下一段,并适当加厚趾部如图 3-61 所示。

在受水流冲刷影响的地方,锥体可以考虑采用铺盖草皮或干砌片石网格代替满铺的片石铺砌,也可以将锥坡的下段用片石满铺,但上段铺草皮,以节约圬工数量。

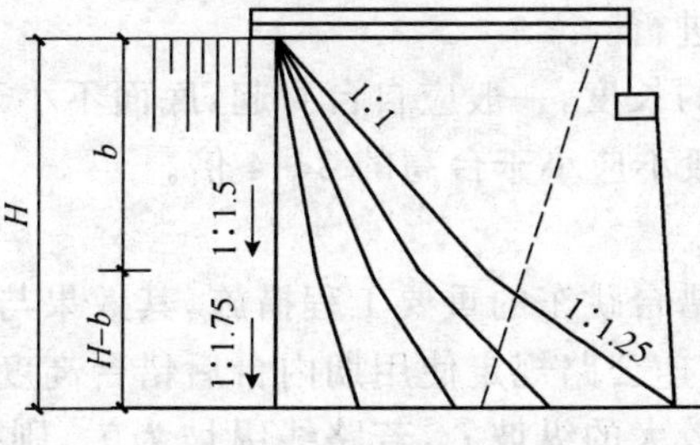

图 3-60 锥坡护坡的变坡处理($H>6$ m)

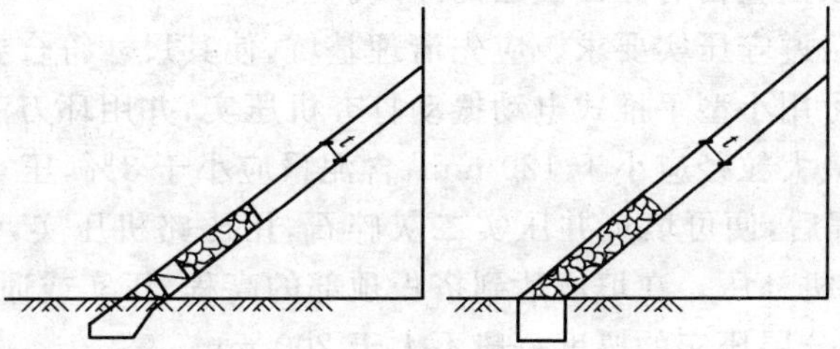

图 3-61 护坡及基础处理

(2)锥坡施工要点。

1)锥体填土应按设计高程及坡度填足,砌筑片石厚度不够时再将土挖去,不允许填土不足,临时边砌石边补填土。锥坡拉线放样时,坡顶应预先放高约 20～40 mm,使锥坡随锥体填土沉降后,坡度仍符合设计规定。

2)砌石时放样拉线要张紧,表面要平顺,锥坡片石背后应按规定做碎石倒滤层,防止锥体土方被水浸蚀变形。

3)锥坡与路肩或地面的连接必须平顺,以利排水,避免砌体背后冲刷或渗透导致坍塌。

4)在大孔土地区,应检查锥坡基底及其附近有无陷穴,并彻底进行处理,保证锥坡稳定。

5)干砌片石锥坡,用小石子砂浆勾缝时,应尽可能在片石护坡砌筑完成后间隔一段时间,待锥体基础稳定后再进行勾缝,以减少灰缝开裂。

6)锥体填土应分层夯实,填料一般以黏土为宜。锥坡填土应与台背填土同时进行,并应按设计宽度一次填足。

2. 台后填土要求

(1)台后填土应与桥台砌筑协调进行。填土应尽量选用渗水土,如黏土含量较少的砂质土。土的含水量要适量,在北方冰冻地区要防止冰胀。如遇软土地基,为增大土抗力,台后适当长度内的填土可采用石灰土(掺 5%石灰)。

(2)填土应分层夯实,每层松土厚 200～300 mm,一般应夯 2～3 遍,夯实后的厚度为 150～200 mm,使密实度达到 85%～90%(拱桥要求达到 90%～98%),并作密实度测定。靠近台背处的填土打夯较困难时,可用木棍、拍板打紧捣实,与路堤搭接处宜挖成台阶形。

(3)石砌圬工桥台台背与土接触面应涂抹沥青或用石灰三合土、水泥砂浆胶泥做不透水层,作为台后防水处理。

(4)拱桥台后填土必须与拱圈施工的程序相配合,使拱的推力与台后土侧压力保持一定的平衡。

一般要求拱桥台背填土可在主拱圈安装或砌筑以前完成。梁式桥的轻型桥台台后填土应在桥面完成后，在两侧平衡地进行。

(5)台背填土顺路线方向的长度，一般应自台身起，底面不小于桥台高度加 2 m，顶面不小于 2 m；拱桥台背填土长度一般不应小于台高的 3～4 倍。

3. 台后搭板的施工要点

(1)设置搭板是解决台后错台跳车的重要工程措施，其效果与搭板之下的路堤压缩程度和搭板长度有密切关系。日本高速公路规定使用期内台后错台高度须小于 20 mm。

(2)桥头搭板应设置一个较大的纵坡 i_1，若路线纵坡为 i_2，则搭板纵坡应符合 $10\%\leqslant i_2-i_1\leqslant 15\%$，以保证在台后长度方向上的沉降分布较均匀，并逐渐减小。搭板的末端顶面应与路基顶面平齐，搭板前端顶面应留有路面面层的厚度。

(3)台后填土应严格遵守压实要求。应先清理基坑，使其尺寸符合要求。接着进行基底压实，如使用压路机困难可用小型手推式电动振动打夯机压实，并用环刀法测定压实度。基底之上填筑并压实岩渣，其最大粒径应小于 120 mm，含泥量应小于 8%，压实后的干密度应不小于 20 MPa。达到规定高程后，便可填筑并压实二灰碎石，用压路机压实，每层碾 6～8 遍。对于边角部位可用小型打夯机补压。在填压达到搭板顶部的高程，压实或通行车辆一段时间后，再挖开浇筑搭板和枕梁。分层压实的厚度一般不大于 200 mm。

(4)进行上述填筑台后路堤材料有困难时，至少应选用透水性良好的砂性土，或掺用 40%～70%的砂石料。分层厚度 200～300 mm，压实度不小于 95%。靠近后墙部位(1.5 m 宽)可用小型打夯机，也可填筑块(片)石及级配砂砾石，用振捣器振实。用透水性材料填筑时，应以干容重控制施工质量。

(5)台背填筑前应在土基上或某一合适高度设置排水管或盲沟，并注意将排水管及盲沟引出路基之外。

(6)钢筋混凝土箱形通道的搭板可水平设置，但其上应留出路面面层的厚度。路堤填筑的施工要求与台后搭板相同。

4. 台后排水盲沟施工

(1)地下水较小时，排水盲沟以片石、碎石或卵石等透水材料砌筑，并按坡度设置。沟底用黏土夯实，盲沟应建在下游方向，出口处应高出一般水位 0.2 m。平时无水的干河沟应高出地面 0.3 m。

(2)当桥台在挖方内，横向无法排水时，排水盲沟可在下游方向的锥体填土内折向桥台前端排水，在平面上成“L”形。

(3)盲沟施工时应注意事项。

①盲沟所用各类填料应洁净、无杂质，含泥量应不大于 2%。

②各层的填料要求层次分明，填筑密实。

③盲沟应分段施工，当日下管、填料一次完成。

④盲沟滤管一般采用无砂混凝土管或有孔混凝土管，也可用短节混凝土管代替。但应在接头处留 10～20 mm 间隙，供地下水渗入。

⑤盲沟滤管基底应用混凝土浇筑，并与滤管密贴，纵坡应均匀，无反向坡；管节应逐节检查，否则不得使用。

七、支座安设

目前桥梁上使用较多的是橡胶支座，包括板式橡胶支座、聚四氟乙烯橡胶支座和盆式橡胶支座 3 种。前两种用于反力较小的中小跨径桥梁，后一种用于反力较大的大跨径桥梁。

1. 板式橡胶支座的安设

板式橡胶支座在安装前的全面检查和力学性能检验，包括支座长、宽、厚、硬度（邵氏）、容许荷载、容许最大温差以及外观检查等，如不符合设计要求，不得使用。支座中心尽可能对准梁的计算支点，必须使整个橡胶支座的承压面上受力均匀。为此，应重视几点注意事项（表 3-5）。

表 3-5 板式橡胶支座安设的注意事项

项 目	内 容
清理支垫、梁底面	安装前应将墩、台支座支垫处和梁底面清洗干净，去除油垢，用水灰比不大于 0.5 的 1∶3 水泥砂浆仔细抹平，使其顶面高程符合设计要求
安装季节	支座安装尽可能安排在接近年平均气温的季节里进行，以减少由于温差过大而引起的剪切变形
梁板安放	梁、板安放时，必须细致稳妥，使梁、板就位准确且与支座密贴，勿使支座产生剪切变形。就位不准时必须吊起重放，不得用撬杠移动梁、板
墩台两端高程不同或顺、横桥向有坡	当墩台两端高程不同，顺桥向或横桥向有坡度时，支座安装必须严格按设计规定办理
设置水坡	支座周围应设水坡，防止积水，并注意及时清除支座附近的尘土、油脂与污垢等
"淘空"现象	板梁支座施工中常见支座"淘空"现象。出现支座"淘空"的原因有：板梁底与墩帽不在同一个平面上；板梁在预制时其四角不在同一平面内。其处理方法主要是采用垫钢板，对此作重点检查

2. 盆式橡胶支座的安设

盆式橡胶支座顶、底面积大，支座下埋设在桥墩顶的网垫板面积亦较大，钢板的滑动面和密封在钢盆内的橡胶垫块，两者都不能有污物和损伤，否则容易降低其使用寿命，增大摩擦系数。盆式橡胶支座各部件组装应满足的要求：在支座底面和顶面（埋置于墩顶和梁底面）的钢垫板必须埋置密实，垫板与支座间平整密贴，支座四周不得有 0.3 mm 以上的缝隙；支座中线、水平位置偏差不大于 2 mm；活动支座的聚四氟乙烯板和不锈钢板不得有刮伤、撞伤；氯丁橡胶板块密封在钢盆内，安装时应排除空气、保持密封；支座组拼要保持清洁。施工时应注意下列事项。

(1)安装前应将支座的各相对滑移面和其他部分用丙酮或酒精擦拭干净。

(2)支座顶面和底面可用焊接或锚固螺栓拴接在梁体底面和墩台顶面的预埋钢板上；采用焊接时，应防止烧坏混凝土；安装锚固螺栓时，其外露螺杆的高度不得大于螺母的厚度；上、下支座安装顺序，宜先将七座板固定在大梁上，然后确定底盆在墩台的位置，最后予以固定。

(3)安装支座的高程应符合设计要求，平面纵横两个方向应水平，支座承压≤5 000 kN 时，其四角高差不得大于 1 mm；支座承压＞5 000 kN 时，不得大于 2 mm。

(4)安装固定支座时，其上下各个部件纵轴线必须对正；安装纵向活动支座时，上下各部件纵轴线必须对正，横轴线应根据安装时的温度与年平均的最高、最低温差，由计算确定其错位距离。支座上下导向挡块必须平行，最大偏差的交叉角不得大于 5°。

3. 其他支座的安设

对于跨径小(10 m左右)的钢筋混凝土梁、板,可采用油毡、石棉垫或铅板支座。安设这类支座时,应先检查墩台支承面的平整度和横向坡度是否符合设计要求,否则应修凿平整并以水泥砂浆抹平,再铺垫油毡、石棉垫或铅板。梁板就位后梁板与支承间不得有空隙和翘动现象,否则将发生局部应力集中的现象,使梁、板受损,也不利于梁、板的伸缩与滑动。

第五节　桥梁上部结构施工技术

一、桥梁上部结构装配式施工

(一)先张法预制梁板(图3-62)

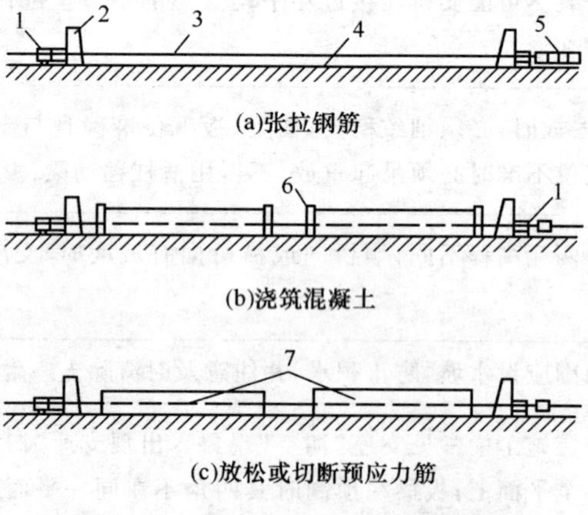

图3-62　先张法的施工程序示意图

1—锚具;2—台座;3—预应力筋;4—台面;
5—张拉千斤顶;6—模板;7—预应力混凝土构件

1. 台座

台座是先张法施工的主要设备之一,承受预应力钢筋的全部张拉力,它应有足够的强度和稳定性,以免台座变形、倾覆、滑移而引起预应力损失如图3-63所示。台座由一个框架(两根固定横梁和两根受压柱构成)和两根活动横梁组成,固定和活动横梁间设置千斤顶,预应力钢筋两端用工具锚在活动横梁的锚固板上。千斤顶顶起活动横梁使预应力筋受张拉。全部张拉力由框架承受。

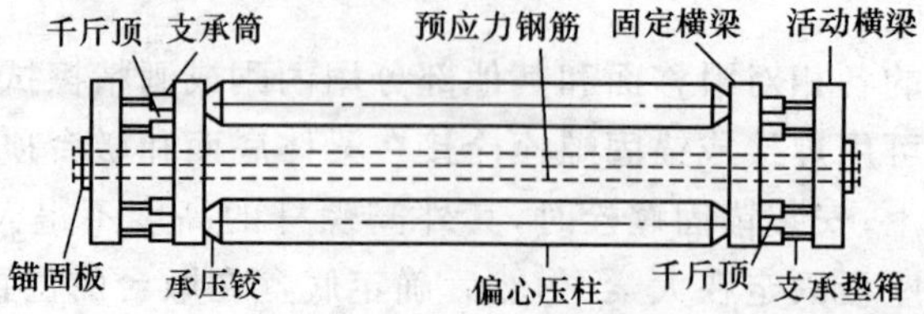

图3-63　张拉台座示意图

压柱的承压形式可为中心受压或偏心受压。前者省料但作业不方便,后者则相反。一般用偏心受压。

2.模板工程

预制梁的模板是施工过程的临时结构，它不仅关系到预制梁尺寸的精度，而且对工程质量、施工进度和工程造价有直接的影响。

预制梁的模板通常按材料分类，有钢模板、木模板、土木组合模、土模以及钢木组合模等数种。预制工厂常采用钢模板和钢木结合的模板。

模板在制作时，应保证表面平整，转角光滑，连接孔配合准确。对于钢模要考虑焊缝收缩对长度的影响，对于木模要在构造上采取措施以防漏浆。模板的组装可在工作平台上进行，底模在制作时需考虑预制梁的预拱度。

模板的安装应与钢筋工作配合进行。在底模整平以及钢筋骨架安装后，安装侧模板和端模板；也可先安装端模，后安装侧模板。模板安装的精度要高于预制梁的精度要求。每次模板安装完成后需通过验收合格后，方可进入下一道工序。

模板分为底模、侧模、端模和内模。底模支承在底座上或设置在流水台车上，可用 12～16 mm厚的钢板制成。将先张台座的混凝土底板作为预制构件的底模，要求地基不产生非均匀沉陷，底板制作必须平整光滑、排水畅通，预应力筋放松，梁体中段拱起，两端压力增大，梁位端部的底模应满足强度要求和重复使用的要求。底模在构造上应注意设置底模与侧模、底模与端模以及底模接长的联系构件。此外，还应在底模与台座之间设置减振垫。

侧模由侧板、水平加劲肋、斜撑等构件组成。钢侧模板一般采用 4～8 mm 厚钢板，采用∟50～∟100 加劲角钢。侧模板在构造上应考虑悬挂振捣器的构件，要加强侧模间的连接构造，并需设置拆模板的设施。先张法制作预应力板梁，预应力钢筋放松后板梁压缩量为 1‰左右。为保证梁体外形尺寸，侧模制作要增长 1‰。

端模设置在梁的两端，安装时连接在侧模上，用于形成梁端形状。端模预应力筋孔的位置要准确，安装后与定位板上对应的力筋孔要求均在一条中心线上。由于施工中实际上存在偏差，力筋张拉时的筋位有移动，制作时端模力筋孔径可按力筋直径扩大 2～4 mm，力筋孔水平向还可做成椭圆形。

内模是空心截面梁、板的预制关键。其结构形式直接影响到制作是否经济、拆装是否方便、周转率高低等问题。

3.预应力筋的张拉

预应力钢筋通常采用高强钢丝，钢绞线和精扎螺纹钢筋。

预应力混凝土预制梁制造过程中，张拉预应力筋、对梁施加预应力是一项十分重要的工作。施加预应力过多或不足都会影响梁的预制质量，必须按设计要求，准确地施加预应力。

先张法梁的预应力筋是在底模整理后，在台座上张拉已加工好的预应力筋。先张法梁通常采用一端张拉，另一端在张拉前要设置好固定装置或安放好预应力筋的放松装置。张拉前，应先在端横梁上安装预应力筋的定位钢板，同时检查其孔位和孔径是否符合设计要求。之后在台座安装预应力筋，穿钢筋应不能刮碰掉台面上的隔离剂。安装张拉设备时，应使张拉力的作用线与钢筋中心线一致。张拉时应采用应力与伸长值双控制，如发现伸长值异常，应停止张拉，查明原因。此外，在张拉过程中要十分重视施工安全。

为了减少张拉过程中的预应力损失，可以采用超张拉的方法。若设计无规定时，其张拉程序按表 3-6 的规定进行。

表 3—6 张拉程序

预应力筋种类	张拉程序
钢 筋	0→初应力→1.05 σ_{con}(持荷 2 min)→0.9σ_{con}→6σ_{con}(锚固)
钢丝、钢绞线	0→初应力→1.05 σ_{con}(持荷 2 min)→0→σ_{con}(锚固)
	对于夹片式等具有自锚性能的锚具: 普通松弛力筋 0→初应力→1.03σ_{con}(锚固) 低松弛力筋 0→初应力→σ_{con}(持荷 2 min 锚固)

注:1. 表中 σ_{con} 为张拉时的控制应力值,包括预应力损失值。

2. 超张拉数值超过最大超张拉应力限值时,应按该条规定的限制张拉应力进行张拉。

3. 张拉钢筋时,为保证施工安全,应在超张拉放张至 0.9σ_{con}。时安装模板、普通钢筋及预埋件等。

4. 低松驰预应力筋张拉的伸长值 ΔL 如较小且设计未计入锚圈口预应力损失时,应采取超张拉施工。

4. 预应力混凝土的配料与浇筑

混凝土工程质量好坏是保证混凝土能否达到设计强度等级的关键,将直接影响钢筋混凝土结构的强度和耐久性。

(1)预应力混凝土配料。

预应力混凝土配料除符合普通混凝土有关规定外,尚应符合如下要求。

1)配制高强度等级的混凝土应选择级配优良的配合比,在构件截面尺寸和配筋允许下,尽量采用大粒径集料、强度高的集料;含砂率不超过 0.4,水泥用量不宜超过 500 kg/m^3,最大不超过 550 kg/m^3,水灰比不超过 0.45,一般可采用低塑性混凝土,坍落度不大于 30 mm,以减少因徐变和收缩所引起的预应力损失。

2)在拌和料中可掺入适量的减水剂(塑化剂),以达到易于浇筑、早强、节约水泥的目的,其掺入量可由试验确定,也可参考经验值. 拌和料不得掺入氯化钙、氯化钠等氯盐及引气剂,亦不宜掺用引气型减水剂。值得注意是,由于混凝土掺加减水剂效果显著,目前用于建造预应力混凝土桥梁的高强度混凝土几乎没有不掺加减水剂的,但对它的使用不能掉以轻心,使用不当将会严重影响混凝土的质量。

3)水、水泥、减水剂用量应准确到±1%;集料用量准确到±2%。

4)预应力混凝土所用的一切材料,必须全面检查,各项指标均应合格。预应力混凝土选配材料总的发展趋势是提高强度,减轻自重,主要途径是采用多孔的轻质集料。改善预应力混凝土物理力学性能的另一个重要途径是发展研制改性混凝土。目前研制的主要有下列两种见表 3-7。

表 3-7 改性沥青混凝土

名 称	内 容
纤维混凝土	在混凝土中掺入钢纤维、抗碱玻璃纤维或合成纤维。它可以大幅度地提高混凝土的抗拉强度、断裂韧性,对混凝土的抗压强度、弹性模量的提高亦有作用
聚合物混凝土	它研制的配料是有机聚合物与无机材料复合的新型材料,如浸渍混凝土,它不仅将强度可提高 200%~400%,还可以增进混凝土的耐久性和耐腐蚀性。目前在桥梁工程上也有配制试用新材料混凝土的,采用改性混凝土可达到超高强度,优越性大,经济效益显著

(2)预应力混凝土浇筑。

混凝土浇筑前除按操作规程检查外,对先张构件还应检查台座受力、夹具、预应力筋数量、位置及张拉吨位是否符合要求等。

浇筑质量主要从两个方面来控制,一个是浇筑层的厚度与浇筑程序;另一个是良好的振捣,两个方面互相影响。当构件的高度(或厚度)较大时,为了保证混凝土能振捣密实,应采用分层浇筑法,并应在下层混凝土初凝之前,将上层混凝土浇筑并振捣完毕。T形梁的浇筑顺序一般采用水平层浇筑,也可采用斜层浇筑。

混凝土浇筑不得任意中断,由于技术上或组织上的原因必须间歇时,间歇时间应根据环境温度、水泥性能、水灰比、外加剂类型及混凝土硬化条件确定。无试验资料时,对不掺外加剂的混凝土,间歇时间不宜超过2 h;当温度高达30℃左右时,应减少为1.5 h;当温度低于10℃左右时,可延长至2.5 h。

(3)混凝土的振捣。

混凝土浇筑与混凝土振捣要密切配合,分层浇筑分层振捣。

在预制梁时,组织强力振捣是提高施工质量的重要关键。由于预制梁截面形状复杂,梁高、壁薄、钢筋密集,在浇筑梁下层或下马蹄处的混凝土时,可使用底模和侧模下排的振捣器联合振捣,并依照浇筑位置调整振捣部位。当浇筑到梁的上层或梁肋混凝土时,主要使用侧模振捣,辅以插入式振捣。待浇筑桥面混凝土时,可使用侧模上排振捣器、插入式振捣器和平板式振捣器联合振捣。

混凝土的振捣时间应严格控制。振捣时间过长,容易引起混凝土的离析现象;振捣时间过短,不能达到要求的密实度。一般以振捣至混凝土不再下沉、无显著气泡上升、混凝土表面出现浮浆、表面达到平整为适度。当用附着式振捣器时,因振捣效率差,一般约需120 s左右。当用插入式振捣器时,效果较好,一般只要20～30 s。当用平板式振捣器时,在每个位置上的振捣时间约为25～40 s。

(4)混凝土的养护及拆模。

为保持混凝土硬化时所需的温度与湿度,混凝土浇筑后需进行养护。预应力混凝土梁一般采用蒸汽法养护混凝土。开始时恒温,温度应按设计规定执行,不得任意提高,以免造成不可补救的预应力损失。

拆模的施工质量好坏直接影响到预制梁的质量和模板的周转使用。不承重的侧模,在混凝土强度达到2.5 MPa时,可以拆除。侧模可用千斤顶协助脱模,为使模板单元安全脱模,常用旋转法拆模,其转动中心可设在侧模的下端或上端。承重的底面模板应在混凝土强度能承受自重和其他可能的外荷载时拆除。

拆模后,如发现有缺陷,应进行修补。应遵循以下三点。

1)对有面积小、数量不多的蜂窝或露石的混凝土,先用钢丝刷或加压水洗刷基层,然后用1∶2～1∶2.5的水泥砂浆抹平。

2)对有较大面积的蜂窝、露石和露筋的混凝土应按其全部深度凿去薄弱层,然后用钢丝刷或加压水冲刷,再用比原混凝土强度等级高一个级别的细集料混凝土填塞,并仔细捣实。

3)对影响结构性能的缺陷,应与设计单位研究处理。

5.预应力筋的放松

当混凝土强度达到设计强度的70%～80%以后,可在台座上放松受拉预应力筋,对预制梁施加预应力。放松过早会造成较多的预应力损失(主要是收缩、徐变损失);放松过迟,则影响台座和模板的周转。放松操作时速度不应过快，尽量使构件受力对称均匀。只有待预应力筋被放松后才能切割每个构件端部的钢筋。

放松预应力钢筋的方法有：用千斤顶先拉后松、砂箱放松、滑楔放松和螺杆放松等方法，用的较多的是千斤顶放松。

采用千斤顶放松，是在混凝土达到规定强度后，再安装千斤顶重新张拉钢筋，施加的应力不应超过原有的张拉控制应力，之后将固定在横隔梁定位板前的双螺帽慢慢旋动后，再将千斤顶回油，让钢筋慢慢放松，使构件均匀对称受力。当逐根放松预应力筋时，应严格按有利于梁受力的次序分阶段进行。通常自构件两侧对称地向中心放松，以免较后一根钢筋断裂时使梁承受大的水平弯曲冲击作用。

(二)后张法预制梁板(图 3-64)

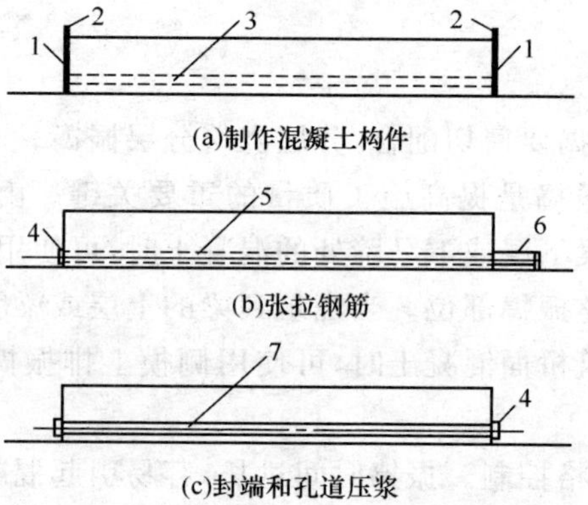

图 3-64 后张法的施工程序示意图

1—预埋钢板；2—模板；3—预留孔道；4—锚具；5—预应力钢筋；6—张拉千斤顶；7—孔道压浆

1.后张法预制梁板施工工序

(1)按施工需要规划预制场地，整平压实，完善排水系统，确保场内不积水。

(2)根据预制梁的尺寸、数量、工期，确定预制台座的数量、尺寸，台座用表面压光的梁(板)筑成，应坚固不沉陷，确保底模沉降不大于 2 mm，台座上铺钢板底模或用角钢镶边代作底模。当预制梁跨大于 20 m 时，要按规定设置反拱。

(3)根据需要及设备条件，选用塔吊或跨梁龙门吊作吊运工具，并铺设轨道。

(4)统筹规划梁(板)拌和站及水、电管路的布设安装。

(5)预制模板由钢板、型钢组焊而成，应有足够的强度、刚度和稳定性，尺寸规范、表面平整光洁、接缝紧密、不漏浆，试拼合格后，方可投入使用。

(6)在绑扎工作台上将钢筋绑扎焊接成钢筋骨架，把制孔管按坐标位置定位固定，如使用橡胶抽拔管要插入芯棒。

(7)用龙门吊机将钢筋骨架吊装入模，绑扎隔板钢筋，埋设预埋件，在孔道两端及最低处设置压浆孔，在最高处设排气孔，安设锚垫板后，先安装端模，再安装涂有脱模剂的钢侧模，统一紧固调整和必要的支撑后交验。

(8)将质量合格的梁(板)用专用设备运输，卸入吊斗，由龙门吊从梁的一端向另一端，水平分层，先下部捣实后再腹板、翼板，浇至接近另一端时改从另一端向相反方向顺序下料，在距梁端 3～4 m 处浇筑合笼，一次整体浇筑成型。当梁高跨长，或混凝土拌制跟不上浇筑进度时。可采用斜层浇筑，或纵向分段，水平分层浇筑。

(9)梁(板)的振捣以紧固安装在侧模上的附着式为主,插入式振捣器为辅。振捣时要掌握好振动的持续时间、间隔时间和钢筋密集区的振捣,力求使梁(板)达到最佳密实度而又不损伤制孔管道。

(10)梁(板)混凝土浇筑完成后要将表面抹平、拉毛,收浆后适时覆盖,洒水湿养不少于7 d,蒸汽养生恒温不宜超过80℃,也可采用喷洒养生剂。

(11)使用龙门吊拆除模板,拆下的模板要顺序摆放,清除灰浆,以备再用。

(12)构件脱模后,要标明型号、预制日期及使用方向。

(13)将力学性能和表面质量符合设计要求的预应力钢丝或钢绞线按计算长度下料,梳理顺直,编扎成束,用人工或卷扬机或其他牵引设备穿入孔道。

(14)当构件梁(板)达到规定强度时,安装千斤顶等张拉设备,准备张拉。

(15)张拉使用的张拉机及油泵、锚、夹具必须符合设计要求,并配套使用,定期校验,以准确标定张拉力与压力表读数间的关系曲线。

(16)按设计要求在两端同时对称张拉,张拉时千斤顶的作用线必须与预应力轴线重合,两端各项张拉操作必须一致。

(17)预应力张拉采用应力控制,同时以伸长值作为校核。实际伸长值与理论伸长值之差应满足规范要求,否则要查明原因采取补救措施。

(18)张拉过程中的断丝、滑丝数量不得超过设计规定,否则要更换钢筋或采取补救措施。

(19)预应力筋锚固要在张拉控制应力处于稳定状态时进行,其钢筋内缩量不得超过设计规定。

(20)预应力筋张拉后,将孔道中冲洗干净,吹除积水,尽早压注水泥浆。

2.后张法张拉时的施工要点

(1)对受力筋施加预应力之前,应对构件进行检验,外观尺寸应符合质量标准要求。张拉时,构件混凝土强度应符合设计要求;设计无要求时,不应低于设计强度等级值的75%。当块体拼装构件的竖缝采用砂浆接缝时,砂浆强度不低于15 MPa。

(2)对预留孔道应用通孔器或压气、压水等方法进行检查。端部预埋铁板与锚具和垫板接触处的焊渣、毛刺、混凝土残渣等应清除干净。当采用先穿束的方法时用压气、压水较好。

(3)钢筋穿束前,螺丝端杆的丝扣部分应用水泥袋纸等包缠2～3层,并用细钢丝扎牢;在钢丝束、钢绞线束、钢筋束等穿束前,将一端找齐平,顺序编号。对于短束,用人工从一端向另一端穿束;对于较长束,应套上穿束器,由引线及牵引设备从另一端拉出。

(4)对于夹片式锚具,上好的夹片应齐平,在张拉前并用钢管捣实。

(5)预应力筋的张拉顺序应符合设计要求,当设计未规定时,可采取分批、分段对称张拉。

(6)应使用能张拉多根钢绞线或钢丝的千斤顶同时对每一钢束中的全部力筋施加应力,但对于扁平管道中不多于4根的钢绞线除外。

(7)预应力筋张拉端的设置应符合设计要求,当设计无具体要求时,应符合:对于曲线预应力筋或长度大于等于25 m的直线预应力筋,宜在两端张拉;对长度小于25 m的直线预应力筋,可在一端张拉;曲线配筋的精轧螺纹钢筋应在两端张拉,直线配筋的精轧螺纹钢筋可在一端张拉。

(8)后张预应力筋断丝及滑丝不得超过有关规定的控制数。

(9)预应力筋在张拉控制应力达到稳定后方可锚固。预应力筋锚固后的外露长度不宜小于300 mm,锚具应用封端混凝土保护,当需长期外露时,应采取防止锈蚀的措施。一般情况下，锚固完毕并经检验合格后即可切割端头多余的预应力筋，严禁用电弧焊切割，强调用砂轮机切割。

(10)张拉切割后即封堵。用素灰将锚头封住，然后用塑料布将其裹住进行养生，以防止裂缝而使锚头漏浆、漏气，影响压浆质量。

3.后张法预制梁板施工中易出现的问题及防治措施(表 3-8)

表 3-8 后张法预制梁板施工中易出现的问题及防治措施

问　　题	原因分析和防治措施
预应力损失过大	预应力损失过大是指预应力施加完毕后预应力筋松弛，应力值达不到设计值的现象。 (1)原因分析。 1)锚具滑丝或钢绞线(钢丝束)内有断丝。 2)钢绞线(钢丝)的松弛率超限。 3)量测表具数值有误，实际张拉值偏小。 4)锚具下混凝土局部破坏变形过大。 5)钢索与孔道间摩阻力过大。 (2)防治措施。 1)检查预应力筋的实际松弛率，张拉钢索时应采取张拉力和引伸量双控制。事先校正测力系统，包括表具。 2)锚具滑丝失效，应予更换。 3)钢绞线(钢丝束)断丝率超限，应将其锚具、预应力筋更换。 4)锚具下混凝土破坏，应将预应力释放后，用环氧混凝土或高强度混凝土补强后重新张拉。 5)改进钢束孔道施工工艺，使孔道线形符合设计要求，必要时可使用减摩剂
锚头下锚板处混凝土变形开裂	(1)原因分析。 1)通常锚板附近钢筋很密，浇筑时振捣不密实，以致该处混凝土强度低。 2)锚垫板下的钢筋布置不够、受压区面积不够、锚板或锚垫板设计厚度不够。 (2)预防措施。 1)锚板、锚垫板必须有足够的厚度以保证其刚度。锚垫板下应布置足够的钢筋，以使钢筋混凝土足以承受因张拉预应力而产生的压应力和主拉应力。 2)浇筑混凝土时应特别注意在锚头区的混凝土质量，因在该处往往钢筋密集，混凝土的粗集料不易进入而只有砂浆，会严重影响混凝土的强度。 (3)治理方法　将锚具取下，凿除锚下损坏部分，然后加筋用高强度混凝土修补，将锚下垫板加大加厚，使承压面扩大

(三)预制梁的架设方法

1.联合架桥机法

以联合架桥机并配备若干滑车、千斤顶、绞车等辅助设备架设安装的预制梁适用于多孔30 m以下孔径的装配式桥梁。

(1)联合架桥机的组成。

联合架桥机主要由龙门架、导梁和蝴蝶架组成。龙门架用工字形钢梁架设,在架上安放两台吊车,架的接头处和上、下缘用钢板加固,主柱为拐脚式,横梁的高程由两根预制梁的叠高加上平板车的高度和起吊设备的高度决定。它是用来起落预制件和导梁,并对预制构件进行墩上横移和就位。蝴蝶架是专供托运龙门吊机在轨道上移走的支架,它形如蝴蝶,用角钢拼成,上设有供升降用的千斤顶。它是用以拖动龙门架转移位置的专用工具,托架是在桥头地面上拼装、竖直,用千斤顶顶起放在托架平车上,移至导梁上放置。导梁用钢桁梁拼成,以横向框架连接,其上铺钢轨供运梁行走。

(2)施工作业。

架梁时,先铺设导梁和轨道,用绞车将导梁拖移就位后,把蝴蝶架用平板小车推上轨道,将龙门吊机托运至墩上,用千斤顶将吊机降落在墩顶,并用螺栓固定在墩的支承垫块上,然后用平车将梁运到两墩之间,由吊机起吊、横移、下落就位。待全跨梁就位后,向前铺设轨道,用蝴蝶架把吊机移至下一跨架梁。

(3)施工优点。

其优点是可完全不设桥下支架,不受洪水威胁,架设过程中不影响桥下通车、通航。预制梁的纵移、起吊、横移、就位都比较便利。缺点是架设设备用钢材较多(可周转使用),较适用于多孔 30 m 以下孔径的装配式桥。

2. 双导梁穿行式架设法

双导梁穿行式架设法是在架设跨间设置两组导梁。导梁是用贝雷梁或万能构件组装的钢桁架,其梁长大于两倍桥梁跨径,前方为引导部分,由前端钢支架与前方墩上的预埋螺栓连接,中段是承重部分,后段为平衡部分。导梁顶面铺设小平车轨道,预制梁由平车在导梁上运至桥孔,由设在两根横梁上的卷扬机吊起,下落在两个桥墩上,之后在滑道垫板上进行横移就位。先安装两个边梁,再安装中间各梁。全跨安装完毕、横向焊接后,将导梁向前推,安装下一跨。双导梁穿行式架桥机的构造,如图 3-65 所示。

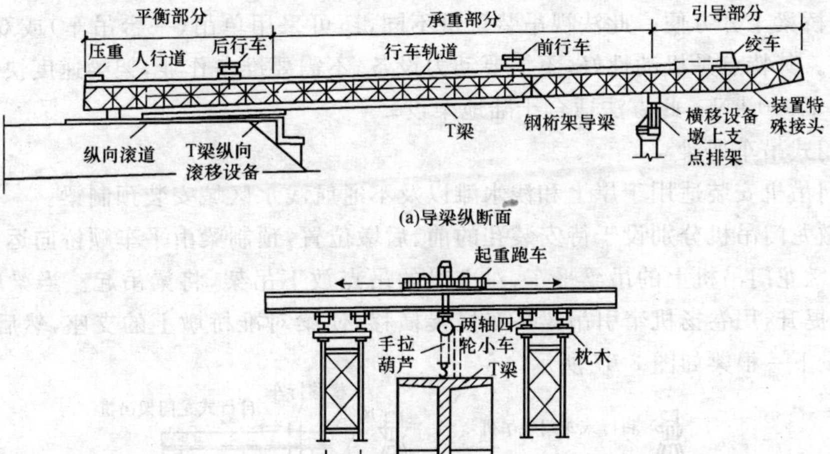

(a)导梁纵断面

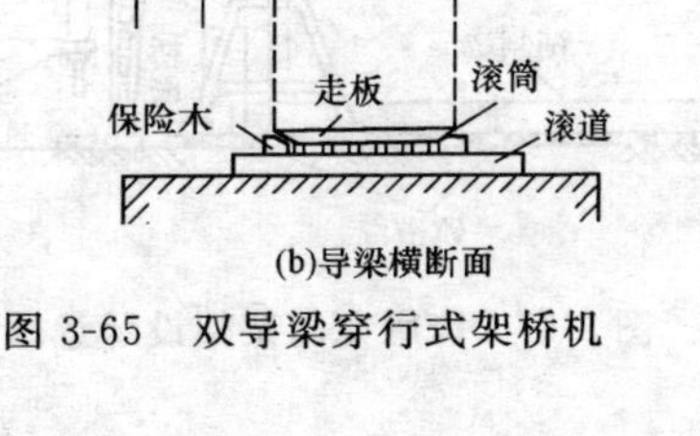

(b)导梁横断面

图 3-65 双导梁穿行式架桥机

3. 扒杆架设法

扒杆架设法又称吊鱼架设法，是利用人字扒杆来架设桥梁上部结构构件，而不需要特殊的脚手架或木排架。

人字扒杆又有一副扒杆和两副扒杆架设两种。两副扒杆架设中，一副是吊鱼滑车组，用以牵引预制梁悬空拖曳；另一绞车是牵引前进，梁的尾端设有制动绞车，起溜绳配合作用，后扒杆的主要作用是预制梁吊装就位时，配合前扒杆吊起梁端，抽出木垛，便于落梁就位如图 3-66 所示。一副扒杆架设中，基本方法与两副扒杆架设相同，不同之处是采用千斤顶顶起预制梁，抽出木垛，落梁就位。

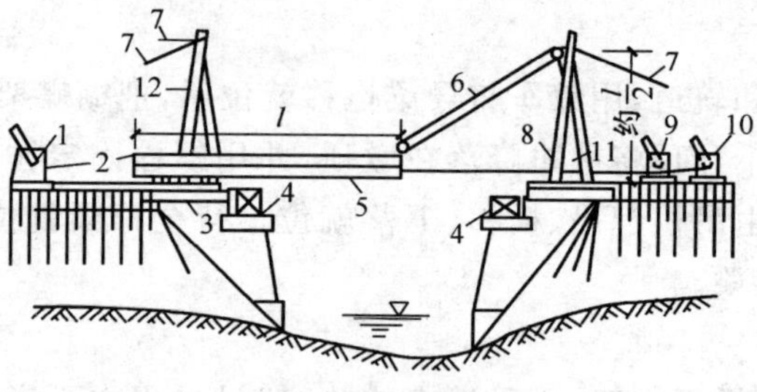

图 3-66　扒杆吊装示意图

1—制动绞车；2—滑道木；3—滚轴；4—临时木垛；5—预制梁；6—钓鱼滑车组；
7—缆风绳；8—前扒杆；9—牵引绞车；10—吊鱼用绞车；11—转向滑车；12—后扒杆

用此法架梁时，必须以预制梁的质量和墩台间跨径为基础，在竖立扒杆、放倒扒杆、转移扒杆或吊梁进行横移等各个阶段，对扒杆、牵引绳、控制绳等零件进行受力分析和应力计算，以确保设备的安全。本法不受架设孔墩台高度和桥孔下地基、河流水文等条件影响，适用于起吊高度不大和水平移动范围较小的中、小跨径的桥梁。

4. 自行式吊车架梁

在桥不高、场内又可设置行车便道的情况下，用自行式吊车（汽车吊车或履带吊车）架设中、小跨径的桥梁十分方便。此法视吊装重量不同，还可采用单吊（一台吊车）或双吊（两台吊车）两种形式。其特点是机动性好，不需要动力设备，不需要准备作业，架梁速度快。一般吊装能力为 150～1 000 kN。此方法适合于陆地架设。

5. 跨墩门式吊车架梁

跨墩龙门吊机安装适用于岸上和浅水滩以及不通航浅水区域安装预制梁。

两台跨墩龙门吊机分别设于待安装孔的前、后墩位置，预制梁由平车顺桥向运至安装孔的一侧，移动跨墩龙门吊机上的吊梁平车，对准梁的吊点放下吊架，将梁吊起。当梁底超过桥墩顶面后，停止提升，用卷扬机牵引吊梁平车慢慢横移，使梁对准桥墩上的支座，然后落梁就位，接着准备架设下一根梁如图 3-67 所示。

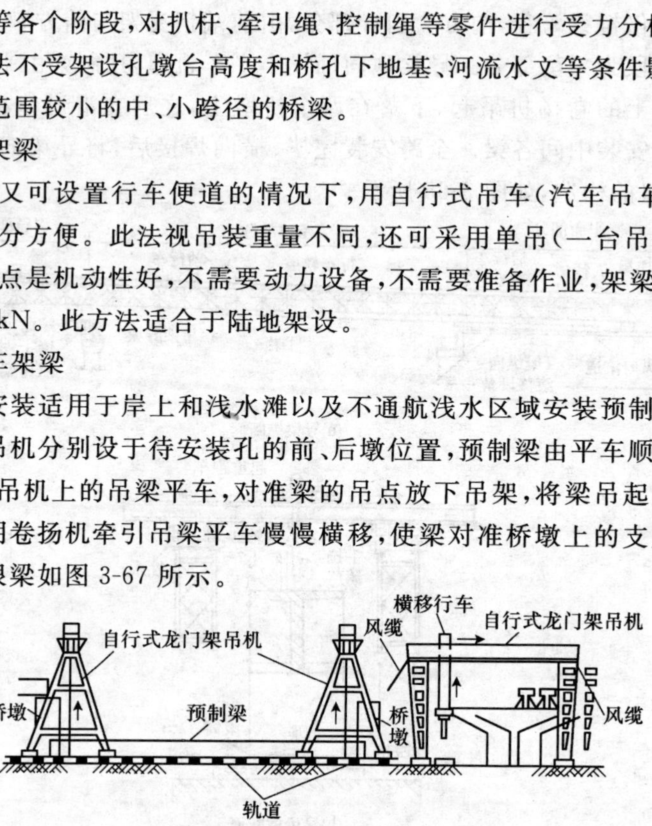

图 3-67　跨墩龙门架架设示意图

在水深不超过 5 m、水流平缓、不通航的中小河流上的小桥孔，也可采用跨墩龙门吊机架梁。这时必须在水上桥墩的两侧架设龙门吊机轨道便桥，便桥基础可用木桩或钢筋混凝土桩。在水浅流缓而无冲刷的河上，也可用木笼或草袋筑岛来作便桥的基础。便桥的梁可用贝雷组拼。

6. 浮吊架设法

在海上和深水大河上修建桥梁时，用可回转的伸臂式浮吊架梁比较方便，也可用钢制万能杆件或贝雷钢架拼装固定的悬臂浮吊进行。这种架梁方法高空作业较少，施工比较安全，吊装能力也大，工效也高，但需要大型浮吊。鉴于浮吊船来回运梁航行时间长，要增加费用，一般采取用装梁船存梁后成批一起架设的方法。

浮吊架梁时需在岸边设置临时码头来移运预制梁。架梁时，浮吊要认真锚固。如流速不大时，则可用预先抛入河中的混凝土锚来作为锚固点。

二、桥梁上部结构支架施工

（一）支架、拱架、模板的类型

1. 支架

支架按其构造分为立柱式、梁式和梁柱式支架；按材料可分为木支架、钢支架、钢木混合支架和万能杆件拼装的支架等。

(1)立柱式支架。立柱式支架构造简单，可用于陆地或不通航河道以及桥墩不高的小跨径桥梁施工。

(2)梁式支架。根据跨径不同，梁可采用工字钢、钢钣梁或钢桁梁。

(3)梁柱式支架。当桥梁较高、跨径较大或必须在支架下设孔通航或排洪时可用梁柱式支架。

2. 拱架

拱架按结构分为支柱式、撑架式、扇形、桁式、组合式等；按材料分为木拱架、钢拱架、竹拱架和土牛拱胎。

3. 模板

施工所用模板，有组合钢模板、木模板、木胶合板、竹胶合板、硬铝模板、塑料模板、各类纤维材料板。施工时应根据结构物的外观要求选用。

（二）模板、支架和拱架的设计

1. 设计的一般要求

(1)模板、支架和拱架的设计，应根据结构型式、设计跨径、施工组织设计、荷载大小、地基土类别及有关的设计、施工规范进行。

(2)应绘制模板、支架和拱架总装图、细部构造图。

(3)应制定模板、支架和拱架结构的安装、使用、拆卸保养等有关技术安全措施和注意事项。

(4)应编制模板、支架及拱架材料数量表。

(5)应编制模板、支架及拱架设计说明书。

2. 设计荷载

(1)计算模板、支架和拱架时，应考虑下列荷载并按表 3-9 进行荷载组合。

表 3-9 模板、支架和拱架设计计算的荷载组合

模板结构名称	荷载组合	
	计算强度用	验算刚度用
梁、板和拱的底模板以及支承板、支架及拱等	(1)+(2)+(3)+(4)+(7)	(1)+(2)+(7)
缘石、人行道、栏杆、柱、梁、板、拱等的侧模板	(4)+(5)	(5)
基础、墩台等厚大建筑物的侧模板	(5)+(6)	(5)

1)模板、支架和拱架自重；

2)新浇筑混凝土、钢筋混凝土或其他圬工结构物的重力；

3)施工人员和施工材料、机具等行走运输或堆放的荷载；

4)振捣混凝土时产生的荷载；

5)新浇筑混凝土对侧面模板的压力；

6)倾倒混凝土时产生的水平荷载；

7)其他可能产生的荷载，如雪荷载、冬季保温设施荷载等。

普通模板荷载计算部分参考数据见表 3-10。

表 3-10 普通模板荷载计算参考数据

模板、支架和拱架的重度	松树木材	橡木落叶松	阔叶树木材	杉木枞木	组合钢模及连接件	组合钢模连接件及钢楞
	6 kN/m³	7.5 kN/m³	8 kN/m³	5 kN/m³	0.5 kN/m³	0.75 kN/m³
新浇筑混凝土和钢筋混凝土的重度	混凝土或片石混凝土		钢筋混凝土(以体积计算的含筋量)			
			≤2%时		>2%时	
	24 kN/m³		25 kN/m³		26 kN/m³	

(2)钢、木模板，支架及拱架的设计，可按《公路桥涵钢结构及木结构设计规范》(JTJ 025—1986)的有关规定执行。

(3)计算模板、支架和拱架的强度和稳定性时，应考虑作用在模板、支架和拱架上的风力。设于水中的支架，尚应考虑水流压力、流冰压力和船只漂流物等冲击力荷载。

(4)组合箱形拱，如为就地浇筑，其支架和拱架的设计荷载可只考虑承受拱肋重力及施工操作时的附加荷载。

3.稳定性要求

(1)支架的立柱应保持稳定，并用撑拉杆固定。当验算模板及其支架在自重和风荷载等作用下的抗倾倒稳定时，验算倾覆的稳定系数不得小于 1.3。

(2)支架受压构件纵向弯曲系数应符合《公路桥涵钢结构及木结构设计规范》(JTJ 025—1986)的要求。

4.强度及刚度要求

(1)验算模板、支架及拱架的刚度时，其变形值不得超过下列数值：

1)结构表面外露的模板，挠度为模板构件跨度的 1/400；

2)结构表面隐蔽的模板，挠度为模板构件跨度的 1/250；

3)支架、拱架受载后挠曲的杆件(盖梁、纵梁)，其弹性挠度为相应结构跨度的 1/400；

4)钢模板的面板变形为 1.5 mm；

5)钢模板的钢棱和柱箍变形为 $L/500$ 和 $B/500$(其中 L 为计算跨径，B 为柱宽)。

(2)受压杆件的长细比不得超过下列数值：主要受压杆件(立柱)的长细比为 100，次要受压杆件的长细比为 150。

(3)拱架各截面的应力验算，根据拱架结构型式及所承受的荷载，验算拱顶、拱脚及 1/4 跨各截面的应力、铁件及节点的应力，同时应验算分阶段浇筑或砌筑时的强度及稳定性。验算时不论板拱架或桁拱架均作为整体截面考虑，验算倾覆稳定系数不得小于 1.3。

(三)模板、支架和拱架的制作及安装

模板制作与安装的工艺流程如图 3-68 所示。

图 3-68 模板制作与安装的工艺流程

1. 钢模板制作

(1)钢模板宜采用标准化的组合模板。组合钢模板的拼装应符合现行国家标准《组合钢模板技术规范》(GB 50214—2001)。各种螺栓连接件应符合国家现行有关标准。

(2)钢模板及其配件应按批准的加工图加工，成品经检验合格后方可使用。

2. 木模板制作

(1)木模可在工厂或施工现场制作，木模与混凝土接触的表面应平整、光滑，多次重复使用的木模应在内侧加钉薄铁皮。木模的接缝可做成平缝、搭接缝或企口缝。当采用平缝时，应采取措施防止漏浆。木模的转角处应加嵌条或做成斜角。

(2)重复使用的模板应始终保持其表面平整、形状准确:不漏浆,有足够的强度和刚度。

3.模板安装的技术要求

混凝土的模板板面应采用下列材料之一:金属板、木制板及高分子合成材料面板、硬塑料或玻璃钢板等材料。外露面的模板板面宜采用钢模板、胶合板,为减少模板的拼缝,对于大面积的混凝土,其每块模板的面积宜大于1.0 m^2。梁及墩台帽的突出部分,应做成倒角或削边,以便脱模。在结构物的某些部位设置凸条或凹槽的装饰线。在模板内的金属连接件或锚固件,应按图纸规定及监理工程师的要求将其拆卸或截断,且不损伤混凝土。模板内应无污物、砂浆及其他杂物。以后要拆除的模板,应在使用前彻底涂以脱模剂或其他相当的代用品,应使能易于脱模,并使混凝土不变色。

(1)模板与钢筋安装工作应配合进行,妨碍绑扎钢筋的模板应待钢筋安装完毕后安设。模板不应与脚手架连接(模板与脚手架整体设计时除外),避免引起模板变形。

(2)安装侧模板时,应防止模板移位和凸出。基础侧模可在模板外设立支撑固定,墩、台、梁的侧模可设拉杆固定。浇筑在混凝土中的拉杆,应按拉杆拔出或不拔出的要求,采取相应的措施。对小型结构物,可使用金属线代替拉杆。

(3)模板安装完毕后,应对其平面位置、顶部标高、节点联系及纵横向稳定性进行检查,签认后方可浇筑混凝土。浇筑时,发现模板有超过允许偏差变形值的可能时,应及时纠正。

(4)模板在安装过程中,必须设置防倾覆设施。

(5)当结构自重和汽车荷载(不计冲击力)产生的向下挠度超过跨径的1/1600时,钢筋混凝土梁、板的底模板应设预拱度,预拱度值应等于结构自重和1/2汽车荷载(不计冲击力)所产生的挠度。纵向预拱度可做成抛物线或圆曲线。

(6)后张法预应力梁、板,应注意预应力、自重和汽车荷载等综合作用下所产生的上拱或下挠,应设置适当的预挠或预拱。

(7)当所有和模板有关的工作做完,待浇混凝土构件中所有预埋件亦安装完毕,才能浇筑混凝土。这些工作应包括清除模板中所有污物、碎屑物、木屑、水及其他杂物。

4.支架、拱架制作安装

支架、拱架制作安装一般要求:

(1)支架和拱架宜采用标准化、系列化、通用化的构件拼装。无论使用何种材料的支架和拱架,均应进行施工图设计,并验算其强度和稳定性。

(2)制作木支架、木拱架时,长杆件接头应尽量减少,两相邻立柱的连接接头应尽量分设在不同的水平面上。主要压力杆的纵向连接,应使用对接法,并用木夹板或铁夹板夹紧。次要构件的连接可用搭接法。

(3)安装拱架前,对拱架立柱和拱架支承面应详细检查,准确调整拱架支承面和顶部标高,并复测跨度,确认无误后方可进行安装。各片拱架在同一节点处的标高应尽量一致,以便于拼装平联杆件。在风力较大的地区,应设置风缆。

(4)支架和拱架应稳定、坚固,应能抵抗在施工过程中有可能发生的偶然冲撞和振动。安装时应注意以下几点:

1)支架立柱必须安装在有足够承载力的地基上,立柱底端应设垫木来分布和传递压力,并保证浇筑混凝土后不发生超过允许的沉降量。

2)施工用的脚手架和便桥,不应与结构物的模板支架相连接,以避免施工振动时影响浇筑混凝土质量。

3)船只或汽车通行孔的两边支架应加设护桩,夜间应用灯光标明行驶方向。施工中易受漂流物冲撞的河中支架应设坚固的防护设备。

(5)支架或拱架安装完毕后,应对其平面位置、顶部标高、节点联接及纵、横向稳定性进行全面检查,符合要求后,方可进行下一工序。

(6)在浇筑混凝土及砌筑拱圈过程中,承包人应随时测量和记录支架和拱架的变形及沉降量。

(7)现浇混凝土的梁(板)结构,在支架架设后,应按图纸要求对支架进行预压,加在支架上的预压荷载应不小于梁(板)自重。

5.中小跨径的空心板制作时所使用的芯模应符合下列要求

(1)充气胶囊在使用前应经过检查,不得漏气,安装时应有专人检查钢丝头,钢丝头应弯向内侧,胶囊涂刷隔离剂。每次使用后,应妥善存放,防止污染、破损及老化。

(2)从开始浇筑混凝土到胶囊放气时止,其充气压力应保持稳定。

(3)浇筑混凝土时,为防止胶囊上浮和偏位,应采取有效措施加以固定,并应对称平衡地进行浇筑。

(4)胶囊的放气时间应经试验确定,以混凝土强度达到能保持构件不变形为宜。

(5)木芯模使用时应防止漏浆和采取措施便于脱模。要控制好拆芯模时间,过早易造成混凝土塌落,过晚拆模困难。应根据施工条件通过试验确定拆除时间。

(6)钢管芯模应由表面匀直、光滑的无缝钢管制作,混凝土终凝后,即可将芯模轻轻转动,然后边转动边拔出。

(7)充气胶囊芯模在工厂制作时,应规定充气变形值,保证制作误差不大于设计规定的误差要求。在设计无规定时,应满足《公路桥涵施工技术规范》(JTG/T F50—2011)对板梁构造尺寸的要求。

(四)模板、支架和拱架的拆除

承包人应在拟定拆模时间的12 h以前,报告拆模建议,并应取得同意。如果由于拆模不当而引起混凝土损坏。卸落拱架时应用仪器观测拱圈挠度和墩台变位情况,并作好记录。

1.拆除期限的原则规定

(1)模板、支架和拱架的拆除期限应根据结构物特点、模板部位和混凝土所达到的强度来决定。

1)非承重侧模板应在混凝土强度能保证其表面及棱角不致因拆模而受损坏时方可拆除,一般应在混凝土抗压强度达到2.5 MPa时方可拆除侧模板。

2)芯模和预留孔道内模,应在混凝土强度能保证其表面不发生塌陷和裂缝现象时,方可拔除,拔除时间可按《公路桥涵施工技术规范》(JTG/T F50—2011)的有关规定确定。

3)钢筋混凝土结构的承重模板、支架和拱架,应在混凝土强度能承受其自重力及其他可能的叠加荷载时,方可拆除,当构件跨度不大于4 m时,在混凝土强度符合设计强度标准值的50%的要求后,方可拆除;当构件跨度大于4 m时,在混凝土强度符合设计强度标准值的75%的要求后,方可拆除。

如设计上对拆除承重模板、支架、拱架另有规定,应按照设计规定执行。

(2)石拱桥的拱架卸落时间应符合下列要求。

1)浆砌石拱桥,须待砂浆强度达到设计要求,或如设计无要求,则须达到砂浆强度的70%。

2)跨径小于 10 m 的小拱桥,宜在拱上建筑全部完成后卸架;中等跨径的实腹式拱,宜在护拱砌完后卸架;大跨径空腹式拱,宜在拱上小拱横墙砌好(未砌小拱圈)时卸架。

3)当需要进行裸拱卸架时,应对裸拱进行截面强度及稳定性验算,并采取必要的稳定措施。

2.拆除时的技术要求

(1)模板拆除应按设计的顺序进行,设计无规定时,应遵循先支后拆,后支先拆的顺序,拆时严禁抛扔。

(2)为便于支架和拱架的拆卸,应根据结构型式、承受的荷载大小及需要的卸落量,在支架和拱架适当部位设置相应的木楔、木马、砂筒或千斤顶等落模设备。

(3)卸落支架和拱架应按拟定的卸落程序进行,分几个循环卸完,卸落量开始宜小,以后逐渐增大。在纵向应对称均衡卸落,在横向应同时一起卸落。在拟定卸落程序时应注意以下几点:

1)在卸落前应在卸架设备上画好每次卸落量的标记。

2)满布式拱架卸落时,可从拱顶向拱脚依次循环卸落;拱式拱架可在两支座处同时均匀卸落。

3)简支梁、连续梁宜从跨中向支座依次循环卸落;悬臂梁应先卸挂梁及悬臂的支架,再卸无铰跨内的支架。

4)多孔拱桥卸架时,若桥墩允许承受单孔施工荷载,可单孔卸落,否则应多孔同时卸落,或各连续孔分阶段卸落。

5)卸落拱架时,应设专人用仪器观测拱圈挠度和墩台变化情况,并详细记录。另设专人观察是否有裂缝现象。

(4)墩、台模板宜在其上部结构施工前拆除。拆除模板,卸落支架和拱架时,不允许用猛烈地敲打和强扭等方法进行。

(5)模板、支架和拱架拆除后,应维修整理,分类妥善存放。

(五)施工工序(以箱梁为例)

1.地基处理

地基处理应根据箱梁的断面尺寸及支架的形式对地基的要求而决定,支架的跨径大,对地基的要求就高,地基的处理形式就得加强,反之就可相对减弱。地基处理时要做好地基的排水,防止雨水或混凝土浇筑和养生过程中滴水对地基的影响。

2.支架

(1)支架的布置根据梁截面大小并通过计算确定以确保强度、刚度、稳定性满足要求,计算时除考虑梁体混凝土重量外,还需考虑模板及支架重量,施工荷载(人、料、机等),作用模板、支架上的风力,及其他可能产生的荷载(如雪荷载,保证设施荷载)等。

(2)支架应根据技术规范的要求进行预压,以收集支架、地基的变形数据。作为设置预拱度的依据,预拱度设置时要考虑张拉上拱的影响。预拱度一般按二次抛物线设置。

(3)支架的卸落设备可根据支架形式选择使用木楔、砂筒、千斤顶、U 型顶托等,卸落设备尤其要注意有足够的强度。

3.模板

模板由底模、侧模及内模三个部分组成,一般预先分别制作成组件,在使用时再进行拼装。模板以钢模板为主,在齿板、堵头或棱角处采用木模板。模板的楞木采用方钢、槽钢或方木组成，布置间距以 75 cm 左右为宜，具体的布置需要根据箱梁截面尺寸确定，并通过计算对模板的强度、刚度进行验算。

4. 普通钢筋、预应力筋的布设

(1)在安装并调好底模及侧模后，开始底、腹板普遍钢筋绑扎及预应力管道的预设。混凝土一次浇筑时，在底、腹板钢筋及预应力管道完成后，安装内模，再绑扎顶板钢筋及预应力管道。混凝土二次浇筑时，底、腹板钢筋及预应力管道完成后，浇筑第一次混凝土，混凝土终凝后，再支内模顶板，绑扎顶板钢筋及预应力管道，进行混凝土的第二次浇筑。

(2)普通钢筋及预应力筋按规范的要求做好各种试验，严格按设计图纸的要求布设，对于腹板钢筋一般根据其起吊能力，预先焊成钢筋骨架，吊装后再绑扎或焊接成型，钢筋绑扎、焊接要符合技术规范的要求。

(3)预应力管道采用镀锌钢带制作，预应力管道的位置按设计要求准确布设，并采用每隔 50 cm 一道的定位筋进行固定，接头要平顺，外用胶布缠牢，在管道的高点设置排气孔。

(4)锚垫板安装前，要检查锚垫板的几何尺寸是否符合设计要求，锚垫板要牢固的安装在模板上。要使垫板与孔道严格对中，并与孔道端部垂直，不得错位。

(5)预应力筋的下料长度要通过计算确定，计算应考虑孔道曲线长，锚夹具长度，千斤顶长度及外露工作长度等因素。

(6)预应力筋穿束前要对孔道进行清理。

5. 混凝土的浇筑

浇筑施工前，应做混凝土的配合比设计及各种材料试验，并根据实际情况进行综合比较确定箱梁混凝土采用一次、两次或三次浇筑。以下两点施工中应给予重视。

(1)混凝土浇筑时要安排好浇筑顺序，其浇筑速度要确保下层混凝土初凝前覆盖上层混凝土。

(2)混凝土的振捣采用插入式振捣器进行，振捣器的移动间距不超过其作用半径的 1.5 倍，并插入下层混凝土 5～10cm。对于每一个振动部位，必须振动到该部位混凝土密实为止，但也不得超振。

6. 预应力的张拉

(1)在进行张拉作业前，必须对千斤顶、油泵进行配套标定，并每隔一段时间进行一次校验。有几套张拉设备时，要进行编组，不同组号的设备不得混合。

(2)当梁体混凝土强度达到设计规定的张拉强度时，方可进行张拉。

(3)预应力的张拉采用双控，即以张拉力控制为主，以钢束的实际伸长量进行校核，实测伸长值与理论伸长值的误差不得超过规范要求，否则应停止张拉。后张法预应力筋张拉时的理论伸长值为：

$$\Delta L_0=\frac{PL}{A_y E_g} \tag{3-1}$$

式中 P——预应力筋的平均张拉力；

L——预应力筋的长度；

A_y——预应力筋的截面面积；

E_g——预应力筋的弹性模量。

由于预应力筋张拉时，应先调整到初应力，再开始张拉和量测伸长值，实际伸长值由两部分组成，即：

$$\Delta L=\Delta L_1+\Delta L_2 \tag{3-2}$$

式中 ΔL——实际伸长值；

ΔL_1——初应力至张拉控制应力的实测伸长量；

ΔL_2——初应力时推算的伸长值。

(4)拉的程序按技术规范的要求进行。

(5)张拉过程中的断丝、滑丝不得超过规范或设计的规定。

7.压浆、封锚

(1)张拉完成后要尽快进行孔道压浆和封锚，压浆所用灰浆的强度、稠度、水灰比、泌水率、膨胀剂剂量按施工技术规范及试验标准中要求控制。

(2)每个孔道压浆到最大压力后，应有一定的稳定时间。压浆应使孔道另一端饱满和出浆。并使排气孔排出与规定稠度相同的水泥浓浆为止。

(3)压浆完成后，应将锚具周围冲洗干净并凿毛，设置钢筋网，浇筑封锚混凝土。

三、桥梁上部结构逐孔施工

(一)概述

逐孔施工法从施工技术方面有三种类型。

(1)采用临时支承组拼预制节段逐孔施工：对于多跨长桥，在缺乏较大能力的起重设备时，可将每跨梁分成若干段，在预制现场生产；架设时采用一套支承梁临时承担组拼节段的自重，并在支承梁上张拉预应力筋，并将安装跨的梁与移动临时支承梁，进行下一桥的施工。

(2)使用移动支架逐孔现浇施工：此法亦称移动模梁法，它是在可移动的支架、模板上完成一孔桥梁的全部工序。由于此法是在桥位上现浇施工，可免去大型运输和吊装设备。桥梁整体性好；同时它还具有在桥梁预制厂生产的特点，可提高机械设备的利用率和生产效率。

(3)采用整孔吊装或分段吊装逐孔施工：这种施工方法是早期连续梁桥采用逐孔施工的惟一方法，可用于混凝土连续梁和钢连续梁桥的施工中。

(二)用临时支承组拼预制节段逐孔施工的要点

1.节段划分

(1)桥墩顶节段：由于桥墩节段要与前一跨连接，需要张拉钢索或钢索接长，为此对墩顶节段构造有一定要求。此外，在墩顶处桥梁的负弯矩较大，梁的截面还要符合受力要求。

(2)标准节段：前一跨墩顶节段与安装跨第一节段间可以设置就地浇筑混凝土封闭接缝，用以调整安装跨第一节段的准确程度。封闭接缝宽 15～20 cm，拼装时由混凝土垫块调整。在施加初预应力后用混凝土封填，这样可调整节段拼装和节段预制的误差。

2.支承梁

(1)钢桁架导梁：钢梁应设置预拱度，要求当每跨箱梁节段全部组拼之后，钢导梁上弦应符合桥梁纵断面标高要求。同时还需准备一些附加垫片，用于临时调整标高。

(2)下挂式高架钢桁架：在节段组拼过程中，架桥机前臂必然下挠，安装桥跨第一块中间节段的挠度倾角调整是该跨架安设的关键，因此要求当一跨节段全部由架桥机空中吊起后，第一个中间节段与墩上节段的接触面应全部吻合。

(三)用移动支架逐孔现浇施工(移动模架法)

当桥墩较高，桥跨较长或桥下净空受到约束时，可以采用非落地支承的移动模架逐孔现浇施工，称为移动模架法。移动模架法适用于多跨长桥，桥梁跨径可达 50 m，使用一套设备可多次移动周转使用。

移动模架法施工的主要工序：侧模安装就位、安装底模、以座安装、预拱度设置与模板调整、绑扎底板及腹板钢筋、预应力系统安装、内模就位、顶板钢筋绑扎、箱梁混凝土浇筑、内模脱模、施加预应力、管道压浆、落模、拆底模及滑模纵移。

（四）整孔吊装或分段吊装逐孔施工

1.整孔吊装或分段吊装逐孔施工的吊装的机具

吊装的机具有桁式吊、浮吊、龙门起重机，汽车吊等多种，可根据起吊物重力、桥梁所在的位置以及现有设备和掌握机具的熟练程度等因素决定。

2.整孔吊装和分段吊装施工应注意以下几个问题

(1)采用分段组装逐孔施工的接头位置可以设在桥墩处也可设在梁的 $l/5$ 附近，前者多为由简支梁逐孔施工连接成连续梁桥；后者多为悬臂梁转换为连续梁。在接头位置处可设有0.5～0.6 m现浇混凝土接缝，当混凝土达到足够强度后张拉预应力筋，完成连续。

(2)桥的横向是否分隔，主要根据起重能力和截面型式确定。当桥梁较宽，起重能力有限的情况下，可以采用T梁或工字梁截面，分片架设之后再进行横向整体化。为了加强桥梁的横向刚度，常采用梁间翼缘板有0.5 m宽的现浇接头。采用大型浮吊横向整体吊装将会简化施工和加快安装速度。

(3)对于先简支后连续的施工方法，通常在简支梁架设时使用临时支座，待连接和张拉后期钢索完成连续时拆除临时支座，放置永久支座。为使临时支座便于卸落，可在橡胶支座与混凝土垫块之间设置一层硫磺砂浆。

(4)在梁的反弯点附近设置接头，在有可能的情况下，可在临时支架上进行接头。桥梁上部结构各截面的恒载内力根据各施工阶段进行内力叠加计算。

四、桥梁上部结构悬臂施工

（一）悬臂拼装施工

1.概述

悬臂拼装施工包括块件的预制、运输、拼装及合龙。它与悬浇施工具有相同的优点，不同之处在于悬拼以吊机将预制好的梁段逐段拼装。此外还具备以下优点：

(1)梁体的预制可与桥梁下部构造施工同时进行，平行作业缩短了建桥周期；

(2)预制梁的混凝土龄期比悬浇法的长，从而减少了悬拼成梁后混凝土的收缩和徐变；

(3)预制场或工厂化的梁段预制生产利于整体施工的质量控制。

2.悬拼法施工方法

(1)梁段预制方法分长线法及短线法。

(2)长线法，组成梁体的所有梁段均在固定台座上的活动模板内浇筑且相邻段的拼合面应相互贴合浇筑，缝面浇筑前涂抹隔离剂，以利脱模。优点是由于台座固定可靠，成桥后梁体线性较好，缺点是占地较大，地基要求坚实，混凝土的浇筑和养护移动分散。长线法预制箱梁示意图如图3-69所示。

(3)短线法，梁段在固定台座能纵移的模内浇筑。待浇梁段一端设固定模架，另一端为已浇梁段(配筑梁段)，浇毕达到强度后运出原配筑梁段，达到要求强度梁段为下待浇梁段配筑，如此周而复始，台座仅需3个梁段长。优点是场地较小，浇筑模板及设备基本不需要移机，可调的底、侧模便于平竖曲线梁段的预制，缺点是精度要求高，施工要求严，施工周期相对较长。

短线法预制示意图。短线法预制示意图，如图 3-70 所示。

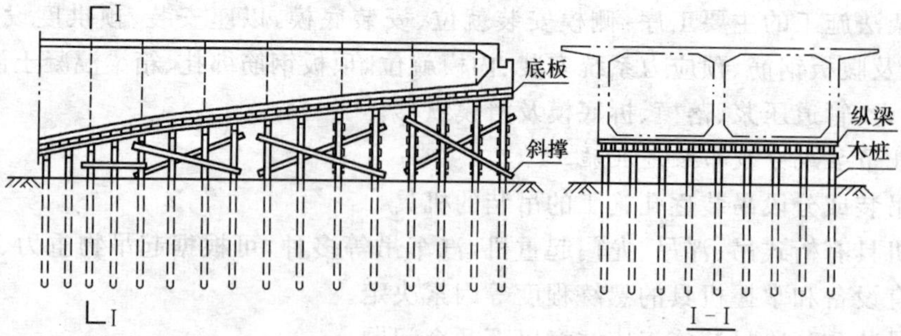

图 3-69　长线法预制箱梁示意图

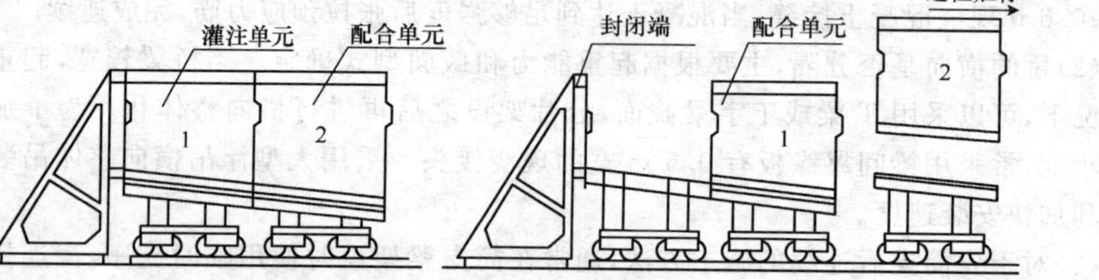

图 3-70　短线法预制示意图

(4)长线法施工工序：预制场、存梁区布置→梁段浇筑台座准备→梁段浇筑→梁段吊运存放、修整→梁段外运→梁段吊拼。

(二)梁段的拼接施工

1.0 号块

为了确保连续梁分段悬拼施工的平衡和稳定，常将 T 构支座临时固结，必要时在墩两侧加设临时支架以满足悬拼的施工需要。

2.1 号块

1 号块是紧邻 0 号块两侧的第一箱梁节段，也是悬拼 T 构的基准梁段，是全跨安装质量的关键，一般采用湿接缝连接。湿接缝拼装梁段施工程序包括：吊机就位→提升、起吊 1 号梁段→安设铁皮管→中线测量→丈量湿接缝的宽度→调整铁皮管→高程测量→检查中线→固定 1 号梁段→安装湿接缝的模板→浇筑湿接缝混凝土→湿接缝养护、拆模→张拉预应力筋→下一梁段拼装。

3.其他梁段拼装

采用胶接缝拼装，拼装施工程序包括：吊机就位→起吊梁段→初步定位试拼→检查并处理管道接头→移开梁段→穿临时预应力筋入孔→接缝面上涂胶接材料→正式定位、贴紧梁段→张拉临时预应力筋→放松起吊索→穿永久预应力筋→张拉预应力筋后移挂篮→下一梁段拼装。

(三)预制梁块悬臂拼装时应注意的要点

(1)梁段的存放场地应平整，承载力应满足要求，支垫位置应与吊点一致。

(2)预制梁块的测量要求：

1)箱梁基准块出坑前必须对所有梁块进行测量，详细记录，并根据其在桥上的设计位置进行校正；

2)箱梁标高控制点和挠度观测点，在箱梁顶面埋置4～6个；

3)在预制梁段上标出梁号、中轴线、横轴线。

(3)预制块件的悬臂拼装可依据设备和现场条件选用。若方便在陆地上或在便桥上施工时，可采用自行式吊车、门式吊车进行拼装；对于水中桥跨，可采用水上浮吊进行安装；对于高墩身的桥跨，可利用各种吊机进行高空悬拼施工。

(4)桥墩顶梁段及桥墩顶附近梁段施工时，可采用托架或膺架为支架就地浇筑混凝土。托架或膺架应经过设计，计算其弹性及非弹性变形。

(5)应保证拼装的第一个梁块(基准块)的预制精度，安装时应对纵、横轴线、高程进行精确定位测量，为以后的拼装创造条件。

(6)采用悬臂拼装法修建预应力悬臂梁桥时，应先将梁、墩临时锚固或在墩顶两侧设立临时支承，待全部块件安装完毕后，再撤除临时锚固或支承。

(7)采用悬臂吊机、缆索、浮吊悬拼安装时，应按施工荷载进行强度、刚度、稳定性验算，使安全系数大于2.0。施工中还应注意：

1)块件起吊安装前，应对起吊设备进行全面的安全技术检查，并按照设计荷载的60%、100%和130%分别进行起吊试验；

2)吊机的最大承重能力应符合设计要求，应注意吊机的定位和锚固，经检查符合要求后再进行起吊拼装；

3)移动吊机前应将纵向主桁架上所有活动部件尽量移动到主桁架后端，然后方可松卸锚固螺栓；

4)桥墩两侧块件宜对称起吊，以保证桥墩两侧平衡受力；

5)移动吊机时应沿箱梁纵轴线对称地向两端推进；

6)墩侧相邻的1号块件提升到设计标高初步定位后，应立即测量、调整1号块件的纵轴线，使之与梁顶块件纵轴线的延伸线重合，使其横轴线与梁顶块件的横轴线平行且间距符合设计要求。应检查梁顶块件与1号块件间孔道的接头情况，调整并制作接缝间孔道接头后，方可将1号块件牢靠固定，其他各个块件连接时，均应按本条规定测量调整其位置；

7)应在施工前绘制主梁安装挠度变化曲线，悬臂拼装过程中应随时观测桥轴线安装挠度曲线的变化情况，并与设计值进行对比，遇有较大偏差时应及时处理，以便控制块件的安装高程；

8)吊机就位后须将支点垫稳，固定后锚螺栓，平车移动到起吊位置，进行下一块件的拼装。

(8)对于非0号、1号块件的拼装，一般应在接缝上设置定位榫齿或钢定位器。

(9)采用胶接缝拼装的块件，涂胶前应就位试拼。胶黏剂一般采用环氧树脂，使用前应经过试验，符合设计要求方可使用。

(10)湿接缝块件应待混凝土强度达到设计强度等级的70%以上时(设计文件如有要求，则按设计文件要求处理，但不能低于设计强度等级的70%)，才能张拉预应力束。

(11)体系转换应按设计顺序进行。

(四)悬臂浇筑施工法

1.概述

适用于大跨径的预应力混凝土悬臂梁桥、连续梁桥、T型刚构桥、连续刚构桥。其特点是无须建立落地支架，无须大型起重与运输机具，主要设备是一对能行走的挂篮。

2.施工准备

(1)挂篮设计及加工:挂篮是悬浇箱梁的主要设备,它是沿着轨道行走的活动脚手架及模板支架。国内外现有的挂篮按结构形式可分为桁架式、三角斜拉带式(图3-71)、预应力束斜拉式、斜拉自锚式;按行走方式可分为滑移式和滚动式;按平衡方式可分为压重式和自锚式。对某一具体工程,应根据梁段分段情况,根据对挂篮的重量、要求承受荷载及施工经验对挂篮进行认真详细的设计。除必须满足强度、刚度、稳定性要求外,还要使其行走、锚固方便可靠,重量不大于设计规定。挂篮由主桁架、锚固、平衡系统及吊杆、纵横梁等部分组成,由工厂或现场根据挂篮设计图纸精心加工而成。挂篮试拼后,必须进行荷载试验。

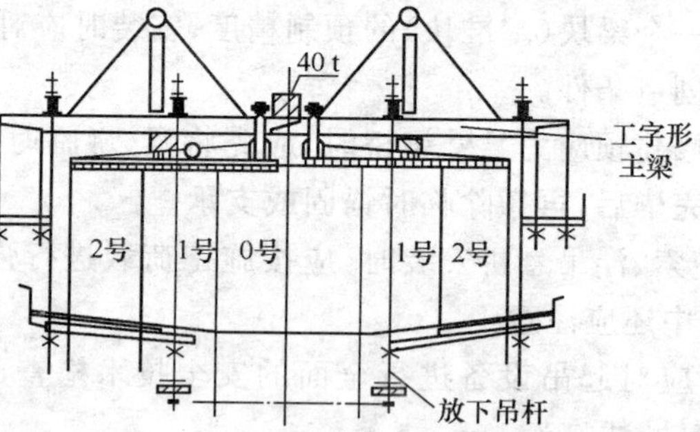

图3-71 三角斜拉带式挂篮

(2)0号、1号块的施工:挂篮是利用已浇筑的箱梁段作为支撑点,通过桁架等主梁系统、底模系统,人为创造一个工作平台。对于0号、1号块挂篮没有支撑点或支撑长度不够,需采用其他方式浇筑。一般采用扇形托架浇筑。扇形托架可用万能杆件、贝雷片或其他装配式杆件组成,托架可支撑在桥墩基础承台上或墩身上。托架除须满足承重强度要求外,还须具有一定的刚度,各连续点应连接紧密,螺栓旋紧,以减少变形,防止梁段下沉和裂缝。施工托架示意图如图3-72所示。

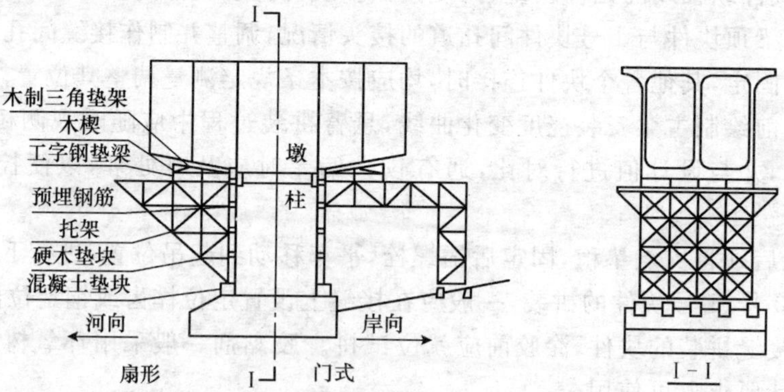

图3-72 施工托架示意图

(3)临时固结:对于连续箱梁,梁与墩未固结在一起,施工时,两侧悬浇施工难以保持绝对平衡,必须在施工中采取临时固结措施,使梁具有抗弯能力。临时固结一般采用在支座两侧临时加预应力筋,梁和墩顶之间浇筑临时混凝土垫块。将梁固结在桥墩上,使梁具有一定的抗弯能力。在条件成熟时,再采用静态破碎方法,解除固结。0号块与桥墩临时固结构造示意图如图3-73所示。在桥墩一侧或两侧加临时支承或支墩如图3-74所示。

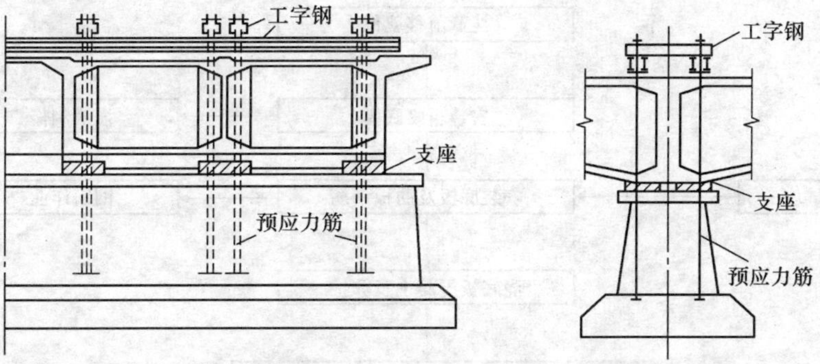

图 3-73 0 号块与桥墩临时固接构造示意图

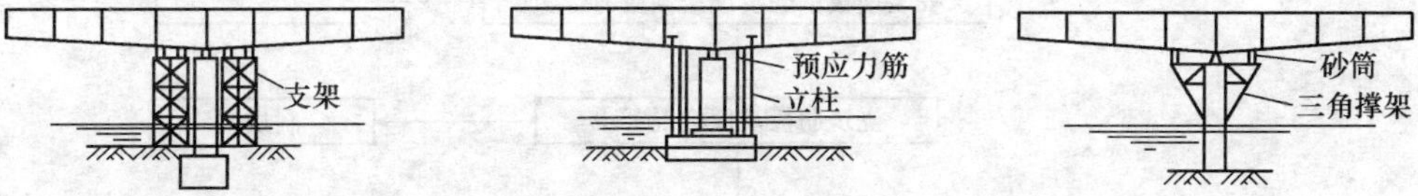

图 3-74 临时支承示意图

3.悬臂浇筑施工工艺流程图(图 3-75)

4.悬臂浇筑施工中应注意要点

(1)主梁各部分的长度应充分考虑主梁的形式、跨径、墩宽、挂篮的形式以及施工周期来确定。0 号段长度一般为 5～20 m,悬浇分段长度一般为 3～5 m。

(2)桥墩顶梁段及桥墩顶附近梁段施工时,可采用托架或膺架为支架就地浇筑混凝土。托架或膺架应经过设计,计算弹性及非弹性变形。

(3)在梁段混凝土浇筑前,应对挂篮(托架或膺架)、模板、预应力筋管道、钢筋、预埋件、混凝土材料、配合比、机械设备、混凝土接缝处理情况进行全面检查,经确认后方可浇筑。

(4)悬臂施工过程中,若梁身与墩身采用非刚性连接,为保证结构的稳定性,悬臂梁桥和连续梁桥应实施 0 号块梁段与桥墩间临时固结支承措施;对于刚性连接的 T 型刚构、连续刚构梁,因结构本身已具有一定的抗弯能力,可根据设计和施工要求在墩旁架设临时托架等方法进行施工。临时固结支承可采用如下措施:

1)将 0 号块梁段与桥墩钢筋或预应力筋临时固结,待解除固结时再将其切断;

2)在桥墩一侧或两侧设置临时支承或支墩;

3)顺桥向用扇形或门式托架将 0 号块梁段临时支承,待悬浇到至少一端合龙后恢复原状;

4)临时支承可用硫磺水泥砂浆块、砂筒或混凝土块等卸落设备,以使体系转换时,较方便地撤除临时支承。当采用硫磺水泥砂浆块作临时支承的卸落设备,并采用高温熔化撤除支承时,必须在支承块之间设置隔热措施,以免损坏支座部件。

(5)挂篮安装时应保证安全、稳定、可靠。

1)挂篮的主纵横梁的分联和移动操作应特别精心,以防急剧的塌落和倾覆。

2)浇筑混凝土时,后端应锚固于已完成的梁段上,后锚和移动架可采取保险锚、保险索或保险手拉葫芦等安全措施。

3)挂篮桁架在已完成的梁段上行走时,应于后端压重稳定。

4)挂篮桁架行走和浇筑混凝土时的稳定系数,均不得小于 1.50。

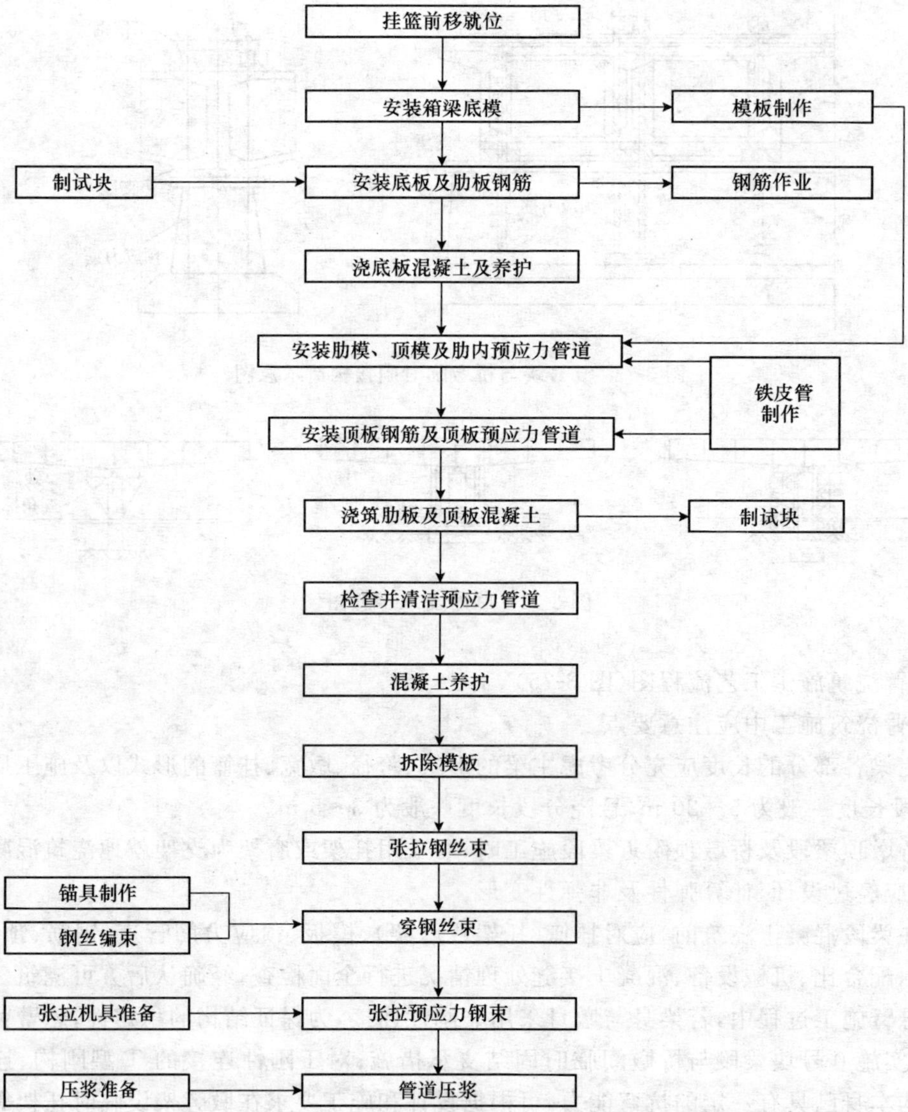

图 3-75 悬臂浇筑施工工艺流程图

5)挂篮组拼后,应全面检查安装质量,并对挂篮进行试压,以消除结构的非弹性变形。挂篮试压的最大荷载一般可按最大悬浇梁段重量的 1.3 倍考虑。挂篮试压通常采用水箱加压法、试验台加压法及砂袋法。

(6)桥墩两侧梁段悬臂施工进度应对称、平衡,实际不平衡偏差不超过设计要求值。设计无要求时,其两端允许的不平衡重量最大不得超过一个梁段的底板自重。

(7)悬臂浇筑前端底板和桥面的标高,应根据挂篮前端的垂直变形及预拱度设置,施工过程中要对实际高程进行监测,如与设计值有较大出入时,应会同有关部门查明原因进行调整。

(8)安装模板后,应严格核准中心位置及标高、校正中线。

1)组装模板并校正中线,外模及框架的长度和高度应能适应各节段的变化。内模由侧模、顶模和内框架组成,应便于拆模和修改。

2)如上一节段施工后出现中线或高程误差需要调整时,应在模板安装时予以调整。

3)模板和前一节段的混凝土面应平整密贴。

(9)安装预应力预留管道时,应保证管道连接紧密、管道定位准确。放置预应力管道时要注意和前一段的管道连接接头严密对准,并用胶布包贴,防止灰浆渗入管道,还应设置足够的定位钢筋,以保证预留管道在浇筑混凝土过程中位置正确,线形和顺。纵向预应力管道用塑料波纹管时必须设置塑料内衬管,内衬管外径可比波纹管内径小 3~4 mm。定位钢筋的纵向水平间距不大于 100 cm,曲线段间距不大于 50 cm。

(10)挂篮行走前要测定已完成节段梁端标高,并定出箱梁中轴线。当解除挂篮的后锚固后,挂篮沿箱梁中轴线对称向两端,每前进 50 cm 作一次同步观测,防止挂篮转角、偏位造成挂篮受扭。

(11)箱梁梁段混凝土浇筑,可视箱梁截面高度情况采用一次或二次浇筑法。无论采用何种方法浇筑,梁段自重误差应在±3%范围内。

用一次浇筑法,可在箱梁顶板中部留一窗口,以供浇筑底板混凝土,待浇好底板后立即补焊钢筋封洞,并同时浇筑肋板混凝土,最后浇筑顶板混凝土,一次完成。浇筑肋板混凝土时,两侧肋板应同时分层进行。浇筑顶板及翼板混凝土时,应从外侧向内侧一次完成,以防发生裂纹。

当采用两次浇筑时,各梁段的施工应错开。箱梁分层浇筑时,底板可一次浇筑完成,腹板可分层浇筑,分层间隔时间宜控制在混凝土初凝之前且应使层与层覆盖住。为缩短两次浇筑混凝土的时间间隔,可一次支立外侧模,内侧模分次接高,内模接高应待底板混凝土达到一定强度后进行,同时做好钢筋的绑扎和预应力的定位、布设工作,然后浇筑肋板上段和顶板混凝土。其接缝除按施工缝要求进行处理外,还应采取如预埋型钢、预留凹槽等抗剪措施。

施工中还应注意:

1)检查钢筋、管道、预埋件的位置;

2)检查已浇混凝土表面的润湿情况;

3)浇筑时随时检查锚垫板的固定情况;

4)检查压浆管是否通畅牢固;

5)严密监视模板与挂篮变化情况,发现问题及时处理;

6)检查对称浇筑进度。

(12)箱梁截面混凝土浇筑顺序应按设计要求进行,若设计无明确要求,一般应按下列顺序进行浇筑:

1)浇筑混凝土时,必须从悬臂端开始,两个悬臂端应对称均衡地进行浇筑;

2)浇筑混凝土时,应加强振捣,对于高箱梁混凝土施工,可采用内侧模开仓振捣;

3)在浇筑混凝土的同时应注意对预应力管道的保护,浇筑后应及时对管道清孔,以利穿束。

(13)为提高混凝土早期强度,以加快施工速度,在设计混凝土配合比时,一般加入早强剂或减水剂。混凝土梁段浇筑周期一般为 5~7 d,为防止混凝土出现过大的收缩、徐变,应在配合比设计时按规范要求控制水泥用量。

(14)梁段拆模后,应对梁端的混凝土表面进行凿毛处理,以加强接头混凝土的连接。悬浇梁段分次浇筑混凝土时,如处理不当,由于后浇筑混凝土的重力的影响会引起挂篮变形,导致先浇筑的混凝土开裂,因此应采取措施消除后浇筑混凝土引起的挂篮变形,一般可采用下列方法(表 3-11)。

表 3-11 消除后浇筑混凝土引起挂篮变形的措施

项　目	内　容
水箱法	浇筑混凝土前先在水箱中注入相当于混凝土质量的水，在混凝土浇筑过程中逐渐放水，保持挂篮负荷和挠度基本不变
混凝土一次浇筑法	箱梁混凝土可采用一次浇筑，施工时应在浇筑混凝土前预留准确的下沉量，并在底板混凝土凝固之前全部浇筑完毕，即要求挂篮的变形全部发生在混凝土塑性状态之间，避免产生裂纹
调整高度	浇筑混凝土时，可根据混凝土重量的变化，随时调整吊带高度
抬高挂篮的后支点法	混凝土浇筑前将模板前端抬高，同时用千斤顶顶起挂篮后支点，将底模梁支承在千斤顶上，浇筑混凝土时，随混凝土重量的变化，随时调整底模梁下的千斤顶，抵消挠度变形。斜拉式挂篮因其总变形小，一般可在浇筑混凝土前预留下沉量，不必在浇筑过程中进行调整

(15)分期浇筑混凝土时，新旧混凝土的结合面应凿毛洗净，还应严格控制相邻两次混凝土浇筑的龄期差，一般在任何情况下不得大于 20 d，同时应控制水灰比降低集料温度，减少模板与混凝土间的摩阻力。

(16)在每一梁段施工过程中出现大风预报应停止施工，并使两悬臂端不得出现不平衡荷载，且应确保挂篮的牢固性。

(17)混凝土浇筑完毕后应进行养护，待养护达到设计强度的 75%，并经过孔道检查、修理管口弧度后，即可进行穿束、张拉、压浆和封锚等工作。

5. 施工中易出现的问题及预防措施

(1)箱梁腹板出现斜向裂缝。

悬臂现浇混凝土箱梁拆模后张拉预应力索，腹板混凝土出现裂缝。一种是有规律地出现于与底板约呈 45°的斜裂缝。另一种为沿预应力索管方向的斜向裂缝，往往是靠近锚头处裂缝开展较宽，逐渐变窄而至消失。

1)原因分析。

①出现与底板呈 45°斜裂缝的原因极大可能是该区域的主拉应力，超过了该处的预应力索和普通钢筋的抗剪力及混凝土的抗拉强度。也有可能是混凝土拆模时间过早，混凝土尚未达到其设计抗拉强度。

②出现沿预应力索管方向的裂缝的原因往往是由于预应力索张拉时，索管及其周边混凝土受到较集中的压应力，由于柏松效应导致索管及其周边混凝土受到索管径向的巨大张力，如保护层混凝土不足以抵抗拉应力，则会在其最薄弱处开裂。

③混凝土未达到拆模、张拉的龄期或强度。

④腹板的非预应力普通钢筋网，钢筋间距较大，不能满足抗裂要求。

⑤施工临时荷载超载或在作用点产生过大的集中应力。

2)预防措施。

悬臂现浇混凝土箱梁腹板斜向裂缝的出现往往是设计、施工、材料、工艺等综合因素作用的结果，原因比较复杂。但其中必然有一、两个原因是主要的。为此，应针对不同的情况，采取相应的对策。设计中应注意：

①布置有弯起预应力筋部位，往往能有效地克服主拉应力。因此在无弯起预应力筋部位

应特别注意验算该部位的主拉应力，并布置相应的抗裂钢筋；

②加密普通钢筋间距以增强抗裂性。必要时可在易发生斜向裂缝的区段，加设钢丝网片；

③在预应力束张拉集中的近锚头区域，增设钢筋网片，提高抗压能力和分散集中力；

④施工工况、工艺流程必须与设计相符。如有变更应立即与设计单位联系，核算无误后方可施工；

⑤混凝土未到龄期或强度，不能拆除模板。为掌握混凝土的实际强度，可在浇筑混凝土时多制作几组混凝土试块，在不同龄期进行试验。

(2)箱梁拆模后在腹板与底板承托部位出现空洞、蜂窝、麻面。

箱梁浇筑混凝土拆模后，在底板与腹板连接处的承托部位，部分腹板离底板 1 m 高范围内出现空洞、蜂窝、麻面。

1)原因分析。

①箱梁腹板一般较高，厚度较薄，在底板与腹板连接部位钢筋较密，又布置有预应力筋使得腹板混凝土浇筑时不易振实，也有漏振情况，易造成蜂窝。

②若箱梁设置横隔板，一般会设预留人孔，浇筑混凝土时从预留人孔两边同时进料，易造成预留孔下部空气被封堵，形成空洞。

③浇筑混凝土时，若气温较高，混凝土坍落度小，模板湿水不够，局部钢筋太密，振捣困难，易使混凝土出现蜂窝，不密实。

④箱梁混凝土浇筑量较大，若供料不及时，易造成混凝土振捣困难，出现松散或冷缝。

⑤模板支撑不牢固，接缝不密贴，易发生漏浆、跑模，使混凝土产生蜂窝、麻面。

⑥施工人员操作不熟练，振捣范围分工不明确，未能严格做到对相邻部位交叉振捣，从而发生漏振情况，使混凝土出现松散、蜂窝。

2)防治措施。

①箱梁混凝土浇筑前应做好合理组织和分工，对操作人员进行技术交底，划分振捣范围，浇筑层次清楚，相互重复振捣长度应取 50 cm 左右，一边下料。

②对设置横隔板的箱梁，混凝土要轮流从横隔板洞口一边下料，并从洞口下另一边振出混凝土，避免使空气封堵在洞口下部，这样就不易在洞口下部形成空洞。

③合理组织混凝土供料，如采用商品混凝土，现场宜有临时备用搅拌设备，以便当商品混凝土因运输或其他原因带来供料中断时予以临时供料。

④根据施工气温，合理调整混凝土坍落度和混凝土水灰比，当气温高时，应做好模板湿润工作。

⑤当箱梁腹板较高时，模板上应预留人孔处，使得振捣棒可达到各部位。

⑥对箱梁底板与腹板承托处及横隔板预留人孔处，应重点进行监护，确保混凝土浇筑质量。

第六节　桥梁桥面系施工技术

一、桥面铺装层施工

桥面铺装对桥梁的总体质量有着直接的影响。行车安全和桥面耐久性都与桥面铺装的好坏有直接关系。常用的桥面铺装主要有沥青桥面铺装和混凝土桥面铺装。

(一)沥青混凝土桥面铺装

(1)大中型水泥混凝土桥桥面铺筑的沥青铺装层,应满足与混凝土桥面的黏结、防止渗水、抗滑及有较高抵抗振动变形的能力等功能要求,并设置有效的桥面排水系统。

(2)铺装沥青层的下卧层必须符合平整、粗糙、整洁的要求,桥面纵横坡符合要求。

(3)水泥混凝土桥面板表面应作铣刨拉毛处理,清除浮浆,除去过高的突出部位。

(4)铺设桥面铺装必须确保混凝土完全干燥,严禁在潮湿条件下铺设防水黏结层及摊铺沥青混合料,防止混凝土中的水分在施工或使用过程中遇热变成水汽使防水黏结层产生鼓包。

(5)喷洒沥青或改性沥青类桥面防水黏结层的施工应符合下列要求:

1)整个铺筑过程直至铺设石屑保护层前严禁包括行人在内的一切交通。

2)不洒黏层油,直接分2~3层喷洒或人工涂刷热沥青、热融或溶剂稀释的改性沥青、改性乳化沥青的防水黏结层,必须均匀一致,且达到要求的厚度。

3)喷洒防水层黏结后应立即撒布一层洁净的尺寸为3~5 mm的石屑作保护层,并用6~8 t轻型压路机以较慢的速度碾压。

(6)桥面铺装的复压宜采用轮胎压路机或钢筒式压路机进行,经试验或经验证明不致损坏桥梁结构时,也可采用振动压路机碾压。

(7)必要时采用改性沥青。

(8)桥面铺装和土石方路基和桥头搭板上的路面应连接平顺,采取措施预防桥头跳车。

(二)水泥混凝土桥面铺装

1.钢筋混凝土桥面铺装

(1)桥面和搭板钢筋网的加工、焊接和安装的质量要求,应符合下列规定。

1)所有桥梁、通道钢筋混凝土桥面铺装层均应在梁板混凝土顶面安装安装锚固架立钢筋,再将钢筋网与锚固架立钢筋相焊接;锚固架立钢筋应有4~8根/m^2。在梁端或支座部位剪应力较大处取大值;反之,可取小值。桥面铺装层钢筋网应使用焊接网或预制冷轧带肋钢筋网,不宜使用绑扎钢筋网。

2)钢筋混凝土桥面极限最薄厚度不得小于90 mm。桥面铺装层钢筋网不得贴梁板顶面,也不得使用非锚固钢筋网支架和砂浆垫块。

3)采用双层钢筋网一次铺装时,除底层钢筋网应与梁板锚固焊接外,上下层钢筋网亦应焊接。分双层两次铺装的钢筋混凝土桥面,防水找平层中应设置一层钢筋网,横向钢筋位于纵向钢筋之下,横向钢筋直径、数量和间距不宜小于纵向,并应与梁板锚固筋相焊接,上层钢筋网可不与下层钢筋网焊接,但应与锚固在找平层混凝土中的架立钢筋相焊接。上层钢筋网设置应满足抗裂要求,钢筋直径宜细不宜粗;间距宜密不宜疏。

4)桥面板应在梁端或负弯矩欲切缝部位,按设计要求使用接缝钢筋补强。桥面接缝补强钢筋的直径不宜小于12 mm;长度不宜短于1.2 m或按负弯矩影响范围确定。

5)桥面钢筋网应在整个桥面铺装层内连续,不得因铺装宽度不足或停工而切断纵、横向钢筋。

6)路面与桥涵相接的两条胀缝,一条应位于搭板与过渡板之间;另一条应设在过渡板与普通混凝土路面之间。钢筋混凝土搭板及过渡板端部钢筋应与胀缝钢筋支架相焊接,焊接点不应少于4个/m。也可在双层钢筋混凝土搭板一侧取消胀缝支架,直接利用双层钢筋网,并增加箍筋,箍筋数量不得少于胀缝钢筋支架。

(2)桥面及搭板的机械铺装。

1)铺装前应做如下施工准备。

①桥面铺装层厚度和配筋应根据设计或经验确定。桥头双层钢筋混凝土搭板在高速公路、一级公路上与路面相接时,应设置不短于 10 m 的单层钢筋混凝土过渡板。

②桥头沉降应基本稳定,桥头搭板可采用双层钢筋网搭板或设枕梁及加强肋的单层钢筋网搭板。前者厚度宜为 300～450 mm,后者宜与路面厚度相同,但枕梁和加强肋均应按设计计算配置受力钢筋,其厚度不宜薄于上基层。

③桥面铺装层和搭板混凝土强度等级不应低于主梁翼缘板。在桥面与路面机械连续摊铺条件下,路面混凝土强度等级不低于桥面铺装层要求时,桥面混凝土配合比可与路面混凝土相同,反之,应按桥面铺装层抗压强度要求设计桥面混凝土配合比。用于桥面铺装的混凝土中不宜掺粉煤灰,但应掺高效减水剂;有抗冰(盐)冻要求时应掺引气(缓凝)高效减水剂;腐蚀环境下宜掺硅灰或磨细矿渣。

④待铺装的裸梁表面应清洗干净,并具有足够的粗糙度,防水找平层的表面应进行凿毛或表面缓凝粗糙处理。

⑤用滑模或轨道摊铺机连续铺装桥面前,应验算桥板、翼缘承载能力和桥梁挠度是否满足摊铺机上桥铺装作业的要求。大吨位摊铺机上桥摊铺的挠度及下桥反弹量不宜大于 3 mm。

⑥桥梁护栏宜在滑模或轨道摊铺机铺装桥面后施工。履带行走或轨道架设在分幅桥梁中空部位、通讯井口或裸梁板上时,应采用可靠的加固保护措施。可将滑模摊铺机的履带延伸至另一幅桥面上行走。

⑦滑模摊铺机履带上下桥的台阶部位应提前 2～3 d 铺设混凝土坡道,长度不宜短于钢筋混凝土搭板。

⑧桥上的基准线桩可与桥梁上的锚固钢筋暂时焊接固定,间距不大于 10 m。滑模连续铺装路面、搭板和桥面时,基准线应连接顺直

⑨轨道摊铺机、三辊轴机组或小型机具铺装桥面时,轨模或模板应采用特制的低矮(轨)模板。不能整幅铺装桥面时,接续摊铺一侧的模板宜使用中空型,以利钢筋穿过,不得用模板将钢筋网压贴到梁板上。搭板的模板可采用路面模板,高程不足时,可提前铺设混凝土底座。路面、搭板和桥面连续铺装时,(轨)模板应连续顺直。

2)连续机械铺装。

①滑模和轨道摊铺机应缓慢、匀速、连续不间断地摊铺路面、胀缝、搭板、桥面。设钢筋网的涵洞顶面层的摊铺应与相应钢筋混凝土路面相同。滑模摊铺机上、下桥面,应及时调整侧模高度,使边缘尽量少振动漏料。三辊轴机组铺装桥面时,应与钢筋混凝土路面摊铺要求相同。

②钢筋混凝土桥面铺装层的铺装厚度应采取双控措施:厚度代表值应满足设计要求;极限最小厚度不应小于设计厚度 20 mm。不能同时满足两者要求时,应在保证翼缘板厚度的前提下,凿除突起部分。

③整体摊铺钢筋混凝土搭板(加枕梁或肋梁)的总厚度不得大于 400 mm。超厚部分应人工浇筑并振实底部。

④应精确放样桥台接缝和伸缩缝位置。铺装前宜在伸缩缝、桥台接缝底部设隔离层,应在桥台接缝处安装稳固的胀缝板。待桥面铺装后,剔除伸缩缝位置未硬化混凝土,然后按规定安装伸缩缝。浇筑伸缩缝的混凝土中应加入不少于体积掺量 0.8% 的钢纤维。伸缩缝部位钢纤维混凝土强度等级不宜低于 C40,应采用机械强制拌和,并掺加高效减水剂。

2. 钢纤维水泥混凝土桥面铺装

(1)钢纤维混凝土路面和桥面的厚度、平面尺寸和钢纤维掺量等应符合《公路水泥混凝土路面设计规范》(JTG D40—2011)和设计图纸的规定。

(2)钢纤维混凝土路面的布料与摊铺除应满足滑模、轨道和三辊轴机组摊铺普通混凝土路面的规定外,尚应符合下列规定:

1)所采用的各种机械布料与摊铺方式,应保证面板内钢纤维分布的均匀性及结构连续性,在一块面板内的浇筑和摊铺不得中断。

2)布料松铺高度应通过试铺确定。拌和物坍落度相同时,宜比相同机械施工方式的普通混凝土路面松铺高度高 10 mm 左右。

3)钢纤维混凝土拌和物应与所选定的摊铺方式相适应。

(3)钢纤维混凝土路面的振捣与整平。

1)所采用的振捣机械和振捣方式除应保证钢纤维混凝土密实性外,尚应保证钢纤维在混凝土中分布的均匀性。

2)除应满足各交通等级路面平整度要求外,整平后的面板表面不得裸露上翘的钢纤维,表面 10～30 mm 深度内的钢纤维应基本处于平面分布状态。

3)采用滑模摊铺机、轨道摊铺机铺筑钢纤维混凝土路面时,振捣棒组的振捣频率不宜低于 10 000 r/min,振捣棒组底缘应严格控制在面板表面位置,不得将振捣棒组插入路面钢纤维混凝土内部振捣。

4)采用三辊轴机组摊铺钢纤维混凝土路面时,不得将振捣棒组插入路面钢纤维混凝土内部振捣,也不得使用人工插捣。可采用大功率平板式振捣器振捣密实,再采用振动梁压实整平。振动梁底面应设凸棱以利表层钢纤维和粗集料压入。然后用三辊轴整平机将表面滚压平整。再用 3 m 以上刮尺、刮板或抹刀纵横向精平表面。

(三)钢桥面铺装

(1)钢桥面铺装必须具有以下功能性要求。

1)能与钢板紧密结合成为整体,变形协调一致。

2)防水性能良好,防止钢桥面生锈。

3)具有足够的耐久性和有较小的温度敏感性,满足使用条件下的高温抗流动变形能力、低温抗裂性能、水稳定性、抗疲劳性能、表面抗滑的要求。

4)与钢板黏结良好,具有足够的抗水平剪切重复荷载及蠕变变形的能力。

(2)钢桥面铺装结构通常由防锈层、防水黏结层、沥青面层等组成。

(3)涂刷防水层前应对钢板焊缝和吊钩残留物仔细平整,彻底除锈,清扫干燥。

(4)钢桥面铺装的防水黏结层必须紧跟防锈层后涂刷,防水黏结层宜采用高黏度的改性沥青、环氧沥青、防水卷材。当采用浇筑式沥青混凝土铺筑桥面铺装时,可不设防水黏结层。

(5)钢桥面铺装使用的改性沥青,宜单独提出相应的技术要求。沥青层的压实设备和压实工艺,应通过力学验算并经试验验证,防止钢桥面主体受损。

(6)铺设过程中必须保持桥面整洁,不得堆放与施工无关的材料、机械、杂物。

(7)钢桥面铺装宜在无雨少雾季节、干燥状态下施工。

二、人行道、护栏、缘石施工

人行道、护栏、缘石等都属于桥面系附属工程,它们对桥梁的正常使用并较好的完成桥梁功能也是非常重要的。下面将简要介绍这些附属工程的施工。

1. 人行道施工

人行道顶面一般高出桥面 250～300 mm，按人行道板安装在主梁上的位置分搁置式和悬臂式如图 3-76 所示。

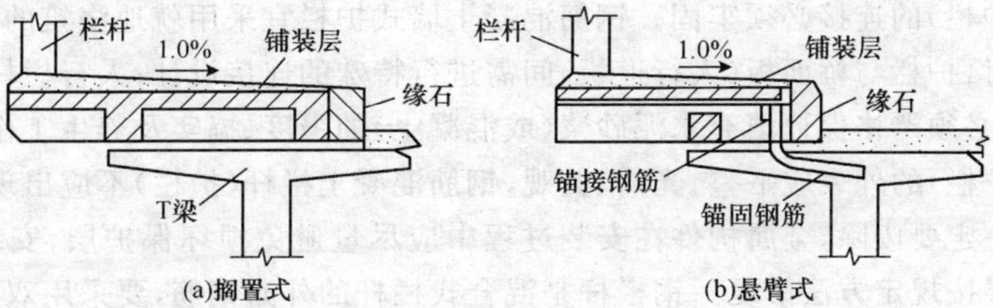

图 3-76 人行道形式示意图

有吊装能力时，可将人行道板和梁整体分块预制，整体悬砌出边梁之外，使施工快而方便。分块式人行道板，预制块件小而轻，但施工繁琐，整体性差。人行道板一般是预制拼装，也可现浇。在预制或现浇人行道板时，要注意预留出安装灯柱、栏杆的位置，埋设好预埋件人行道梁必须采用稠水泥砂浆座浆安装，并以此来形成人行道顶面的横向排水坡；安装悬臂式人行道板时，需注意将构件上设置的钢板与桥面板内的锚栓焊牢，完成人行道梁的锚固后，才可安砌或浇筑人行道板。若设计无锚固的人行道梁，人行道板的铺设应按照由里向外的次序操作。

人行道应在桥面断缝处做成伸缩缝，人行道防水层通过人行道板与路缘石砌缝外与桥面防水层连成整体。

2. 栏杆与护栏施工

栏杆是桥梁工程的重要组成部分，对桥梁工程的评价起着直观的作用。栏杆施工不仅要保证质量，还要满足艺术和美观的要求如图 3-77 所示。

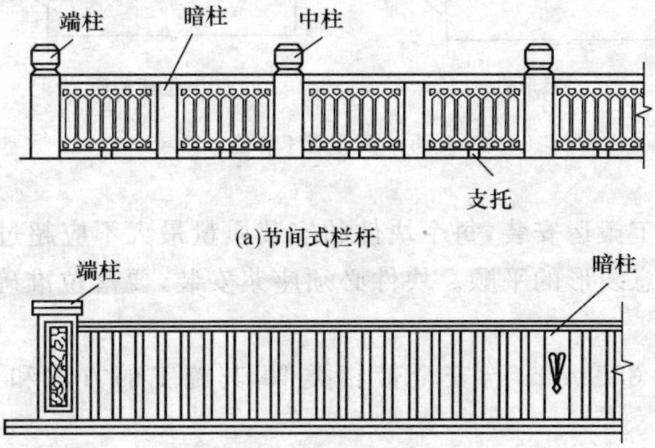

图 3-77 桥梁栏杆示意图

栏杆（护栏）施工的一般规定和要求。

(1)安装或现浇栏杆（护栏），应在人行道板施工完成后进行，对钢筋混凝土护栏还必须在跨间的支架及脚手架拆除以后，桥跨处于自承的状态下才可进行。

(2)金属制栏杆（护栏）构件在安装前应进行质量检查和试验，只有被确认符合质量标准的栏杆(护栏)产品才使用,并应按设计图或产品供货商提供的详细施工安装方法进行施工。

(3)栏杆(护栏)必须全桥对直、校平(弯桥、坡桥要求平顺);栏杆(护栏)顶的高程应符合设计要求,以使线形顺适,外表美观,不得有明显的下垂和拱起。竣工后的栏杆(护栏)中线、内外两个侧面及相同部分上的各个杆件等,均应分别在一条直线或一个平面上。

(4)栏杆(护栏)的连接必须牢固。钢筋混凝土墙式护栏宜采用就地浇筑的方法进行施工,当采用预制件时,护栏与桥面板(人行道板)间需进行特殊的连接设计;人行栏杆立柱就位和嵌固是施工重点,必须严格保证填充水泥砂浆(或混凝土)的强度、捣实及养生工作符合要求。

(5)栏杆(护栏)的外表应平整、光洁、美观,钢筋混凝土栏杆(护栏)不应出现蜂窝、麻面,不合规格的构件一定要废除,金属构件在安装过程中应尽量避免损坏保护层;安装完成后,应对被损坏的保护层按规定方法修复。钢栏杆是混合式栏杆的外露钢筋,要采用双层防腐,确保防腐效果。

(6)伸缩缝要妥善处理。人行栏杆伸缩缝的设置和施工质量需保证栏杆节间随主梁一同伸缩,伸缩缝内应填满橡胶或沥青胶泥等弹性、不透水的材料,不应有松散的砂浆和活动时有可能剥落的砂浆薄皮。

3.护轮安全带和路缘石

护轮安全带可以做成预制块件安装或与桥面铺装层一起现浇。预制的安全带块件有矩形截面和肋板截面两种如图3-78所示,而矩形截面最为常用。现浇的安全带宜每隔2.5～3 m做一断缝,以避免与主梁的收缩不一致而被拉裂。

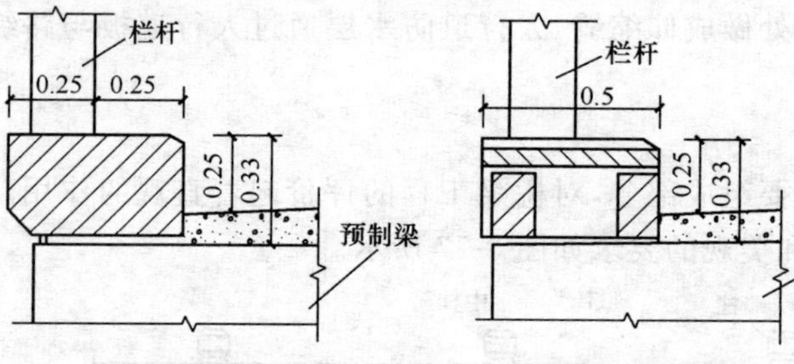

(a)矩形截面　(b)肋板截面

图3-78　安全带(单位:m)

预制块件若采用人工搬运安装,每个块件的安装质量最大不应超过200 kg。安装前要精确放样,弯桥、坡桥要注意线形的平顺。块件必须座浆安装,要落位准确,全桥对直,安装后线条直顺、整齐、美观。

路缘石一般为80～350 mm,与安全带相类似,其施工的方法和工艺要求亦与安全带相同。

三、伸缩缝安装施工

桥梁伸缩装置是为了使车辆平稳通过桥面并满足桥面变形的需要,在桥面伸缩接缝所设置的各种装置的总称。

目前我国常用的伸缩装置按传力方式和构造特点大致可分为对接式、钢制支承式、橡胶组合剪切式、模数支承式和无缝式五大类,这里将介绍几种常用的伸缩装置的具体安装施工方法及要求。

(一)钢板伸缩装置施工

1. 梳形钢板伸缩装置

梳形钢板伸缩装置是由梳形板、锚栓、垫板、锚板、封头板及排水槽等组成，有的还在梳齿之间填塞合成橡胶，以起防水作用。如图 3-79 所示为一梳形钢板伸缩装置的构造实例。

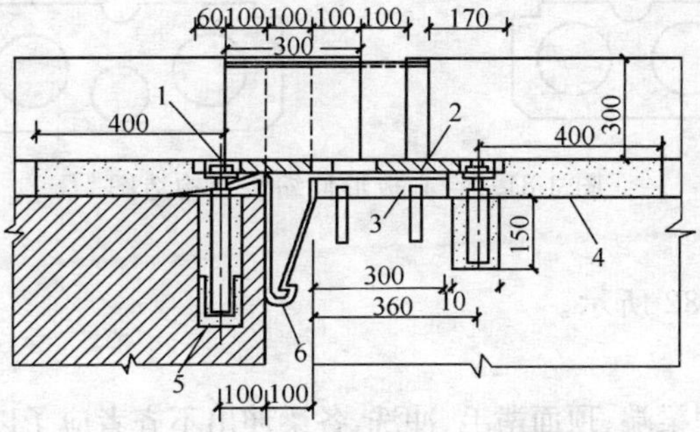

图 3-79　梳形钢板伸缩装置构造图(单位：mm)

1—封头板；2—垫板；3—锚板；4—C50 混凝土；5—锚栓；6—排水槽

安装梳形钢板伸缩装置时，应首先按设计高程将锚栓预埋入预留孔内，然后焊接锚板，并调整封头板使之与垫板齐平，最后再安装梳形板和浇筑混凝土。安装程序为：桥面整体铺装→切缝→缝槽表面清理→将构件放入槽内→用定位角铁固定构件位置及高程→布设焊接锚固筋→在混凝土接缝表面涂底料→浇筑树脂混凝土→及时拆除定位角铁→养生→填缝→结束。

2. 滑动钢板伸缩装置

滑动钢板伸缩装置，一侧用螺栓锚定牵引板，另一侧搁置在桥台边缘处的角钢上，角钢与牵引板间设置滑板，用钢板的滑动适应结构的伸缩。缝间可填充压缩材料或加设盖板如图 3-80所示。滑动钢板通过橡胶垫块始终紧压在护缘角钢上，这样既消除了不利的拍击作用，又显著减小了车辆的冲击作用。

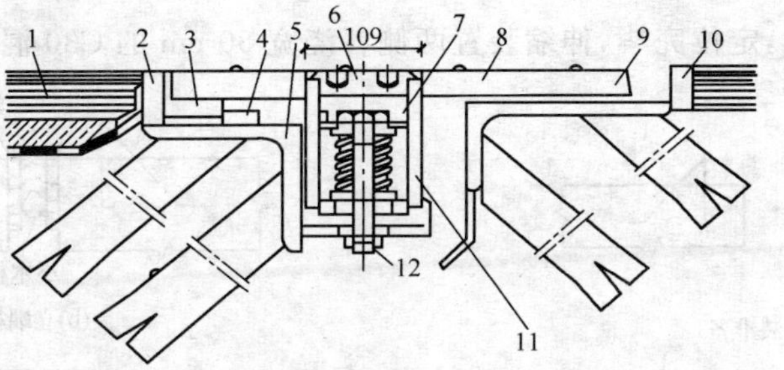

图 3-80　滑动钢板伸缩装置构造(单位：mm)

1—路面；2—钢板；3—翻转板；4—橡胶；5—加劲钢板；6—螺纹板；7—弹簧盒；8—牵引板；9—滑板；10—钢板；11—无缝钢管；12—锤形大头螺栓

(二)橡胶伸缩装置施工

橡胶伸缩装置是指伸缩体采用橡胶构件的伸缩装置。伸缩体所用的橡胶有良好的耐老化、耐气候和抗腐蚀的性能。

橡胶伸缩装置有空心板形、W 形或 M 形。这类装置具有构造简单、伸缩性好、防水防尘、安装方便、价格低廉等优点，伸缩量为 30～50 mm，一般用于低等级公路的中小桥梁。

1. 构造特点

空心板形橡胶伸缩装置，是指利用橡胶富有弹性和耐老化特性，将其嵌入型钢制成的槽内，使橡胶在气温升降变化时始终保持受压状态的伸缩装置。根据伸缩量的不同，做成两孔或三孔如图 3-81 所示。

图 3-81 空心板形伸缩装置构造图

2. 施工安装程序

施工安装程序如图 3-82 所示。

(1)安装准备

如图 3-82(a)所示，清理梁端、顶面凿毛、冲洗，各梁伸出不齐者应予以修整，以利设置端模板。

(2)立端模板

如图 3-82(b)所示，两端模板要用小木楔挤紧。木楔横桥向尺寸应尽量小，以使其在梁伸长时能被挤碎，缩短时可自由脱落，模板由下面设法取出。模板应尽量薄，顶端削成 45°角，楔子应打入适当深度，使其顶部不阻碍胶条压缩时向下凸变。

(3)左侧型钢定位

如图 3-82(c)所示，将左侧型钢组件焊好后，按设计要求用定位钢筋点焊于架立钢筋上，然后将胶条相互接触的表面进行除锈去油污等清理工作。

(4)涂胶、对合、加压、右侧型钢定位

如图 3-82(d)所示，将右侧型钢与胶条相互接触的表面除锈去油污，并将橡胶伸缩条两侧胶面打毛，然后再涂以 202 或 203 胶水，立即对合，用特别夹具加压至计算的安装定位值后，用与左侧同样的方法点焊定位。定位完毕拆除所有夹具。

(5)浇筑混凝土

如图 3-82(e)所示，定位完毕，伸缩装置两侧各浇宽 50 cm 的 C30 混凝土，并注意养护。

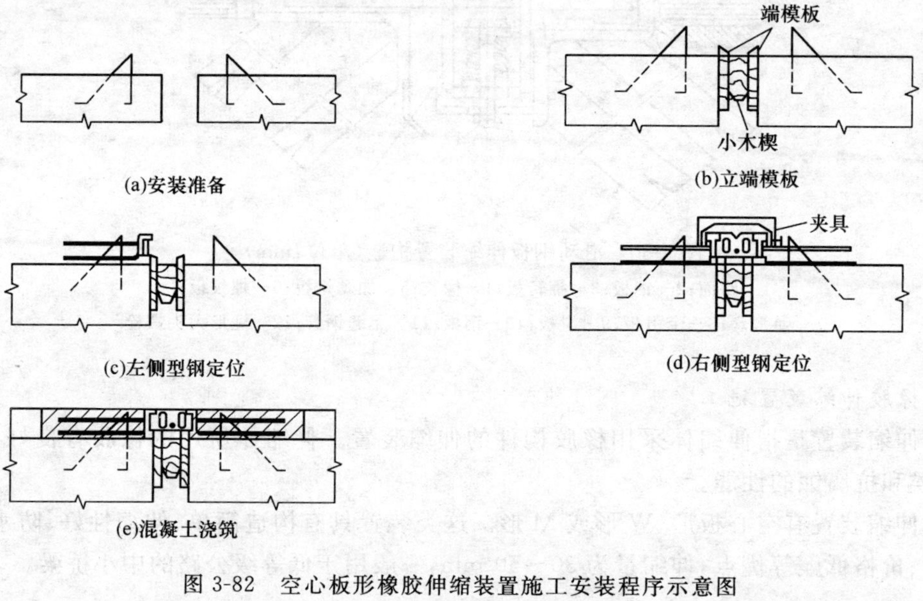

图 3-82 空心板形橡胶伸缩装置施工安装程序示意图

四、桥面防排水

1.铺设桥面防水层注意事项

(1)防水层材料应经过检查,在符合规定标准后方可使用。

(2)防水层通过伸缩缝或沉降缝时,应按设计规定铺设。

(3)防水层应横桥向闭合铺设,底层表面应平顺、干燥、干净。防水层不宜在雨天或低温下铺设。

(4)水泥混凝土桥面铺装层当采用油毛毡或织物与沥青黏合的防水层时,应设置隔断缝。

2.防水卷材防水层的铺筑应符合以下要求

(1)防水卷材应符合相关质量要求,无破洞、不漏水,内部有金属或聚合物纤维,表面有均匀的石屑撒布层。铺筑的防水黏结层不得有漏铺、破漏、脱开、翘起、皱折等现象。

(2)铺设前应喷洒黏层油和涂刷黏结剂,铺筑时边加热边滚压,黏结后必须检查确认任何部位都不能被人工或铁锹撕、揭开。

(3)铺设卷材后不得通行任何车辆或堆放杂物,防止卷材污染。

(4)防水卷材防水层不得在摊铺机或运料车作用下遭到损坏。

3.泄水管注意事项

(1)泄水管应伸出结构物底面 100～150 mm。

(2)桥下有道路、铁路、航道等不宜直接排水的情况下,可将泄水管通过纵向及竖向排水管道直接引向地面,或按设计文件要求办理。要求管道要有良好的固定装置,如锚锭轨及抱箍等预埋件。

第七节 涵洞施工技术

一、涵洞的分类

涵洞是横贯公路路基,用以泄水或通过人、畜、车辆的小型构筑物。根据桥梁涵洞按跨径分类标准,涵洞的单孔跨径小于 5 m 或多孔跨径总长小于 8 m,但圆管涵及箱涵不论管径或跨径大小、孔数多少,均称为涵洞。

涵洞按建筑材料可分为砖涵、石涵、混凝土涵和钢筋混凝土涵;按涵洞断面形式可分为管涵(图 3-83)、板涵、箱涵、拱涵;按涵顶填土情况可分为明涵(涵顶无填土)和暗涵(涵顶填土大于 50 cm);按水力性能分为无压涵、半压力涵和压力涵。

二、施工准备工作

(一)涵洞施工注意事项

1.现场核对

涵洞开工前,应根据设计资料,结合现场实际地形、地质情况,对涵洞位置、方向、孔径、长度、出入口高程以及与灌溉系统的连接等进行核对。核对时,还需注意农田排灌的要求,需要增减涵洞数量、变更涵型或孔径时,应按相关规定办理。

2.施工详图

若原设计文件、图纸不能满足施工需要时,例如地形复杂处的陡峻沟谷涵洞、斜交涵洞、平

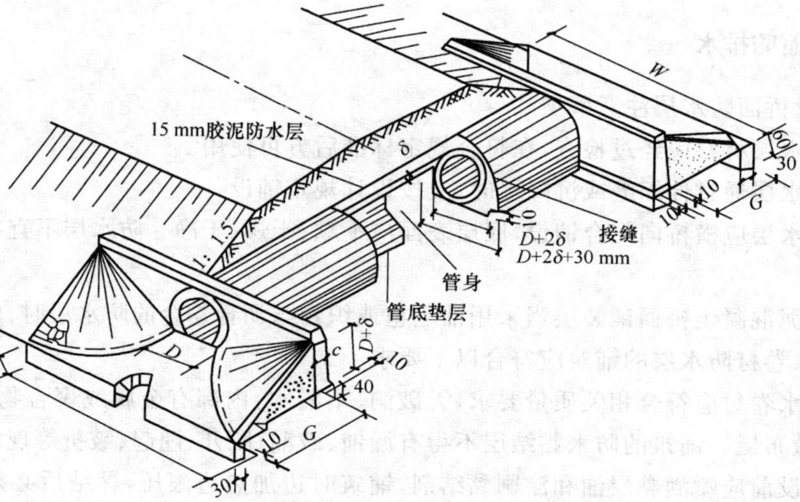

图 3-83 管涵各组成部分(单位:mm)

W—洞口铺砌宽度;G—锥形护坡长度;D—管径;δ—管壁厚度

曲线或大纵坡上的涵洞、地质情况与原实际资料不符处的涵洞等应先绘出施工详图或变更设计图,然后再依图放样施工。

3. 施工放样

涵洞中线和涵台位置的测定准确无误。

(二)涵洞的施工放样

涵洞施工中的测量工作主要是测设涵洞中心桩位以及涵洞轴线方向。根据设计资料给出的中心桩号、斜交角、涵长等,测设涵洞中心桩以及轴线。

涵洞施工设计图表是施工放样的依据,根据设计中心里程,在地面上标定涵洞位置并设置涵洞纵向轴线。当涵洞位于路线的直线部分时,其中心应根据线路控制桩的方向和附近百米桩里程来测定;位于曲线部分时,应按曲线测设方法测定。

涵洞轴线确定后应量出上下游涵长,考虑出入水口是否顺畅,当无需改善时,用小木桩标定涵端,用大木桩控制涵洞轴线,并以轴线为基准测定基坑和基础在平面上的所有尺寸,用木桩标出,或者设置线板,在线板上以凹痕指出所有基础边沿及边墙在平面上的外形。线板在预定基坑范围以外 1.0～1.5 m 处钉以水平的木桩,各木桩间距 2～3 m,将线板固定在木桩上如图 3-84 所示。

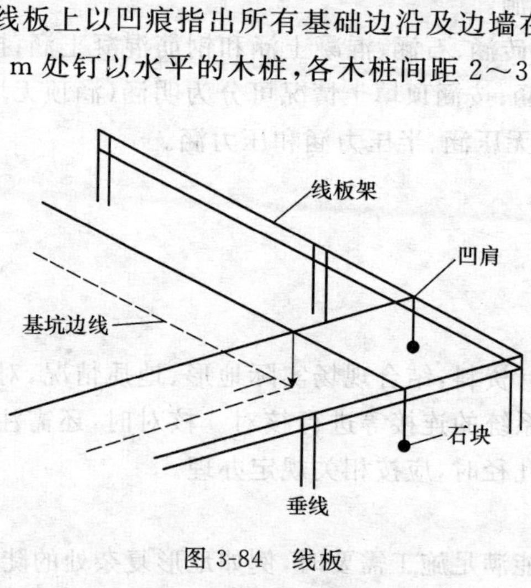

图 3-84 线板

三、混凝土和钢筋混凝土圆管涵施工

(一)圆管涵施工主要工序

测量放线→基坑开挖→砌筑圬工基础或现浇混凝土管座基础→安装圆管→出入口浆砌→防水层施工→涵洞回填及加固。

(二)涵管预制

为保证涵管节的质量,管涵宜在工厂中成批预制,再运到现场安装,预制混凝土圆涵管可采用振动制管法、离心法、悬辊法和立式挤压法。在运输条件限制时,也可在现场就地制造。钢筋混凝土圆管成品应符合下列要求:

(1)管节端面应平整并与其轴线垂直。斜交管涵进出水口管节的外端面,应按斜交角度进行处理;

(2)管壁内外侧表面应平直圆滑,如有蜂窝,蜂窝处应修补完善后方可使用;

(3)管节各部尺寸不得超过规定的允许偏差;

(4)管节混凝土强度应符合设计要求;

(5)管节外壁必须注明适用的管顶填土高度,相同的管节应堆放在一处,以便于取用,防止弄错。

(三)管节安装

管节安装应从下游开始,使接头面向上游;每节涵管应紧贴于垫层或基座上,使涵管受力均匀;所有管节应按正确的轴线和图纸所示坡度敷设。如管壁厚度不同,应使内壁齐平。在敷设过程中,要保持管内清洁无脏物、无多余的砂浆及其他杂物。

管节安装可根据地形及设备条件选择施工方法,下面介绍几种常用的施工方法。

(1)滚动安装法。

如图 3-85 所示,管节在垫板上滚动至安装位置前,转动 90°使其与涵管方向一致,略偏一侧。在管节后用木撬棍拨动至设计位置,然后将管节向侧面推开,取出垫板再滚回原位。

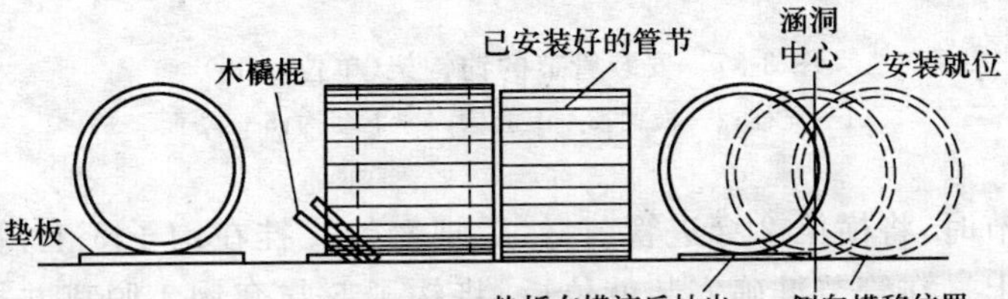

图 3-85 涵洞滚动安装法

(2)压绳下沉法。

当涵洞基坑较深,需沿基坑边坡侧向将管滚入基坑时,可采用压绳下管法如图 3-86 所示。

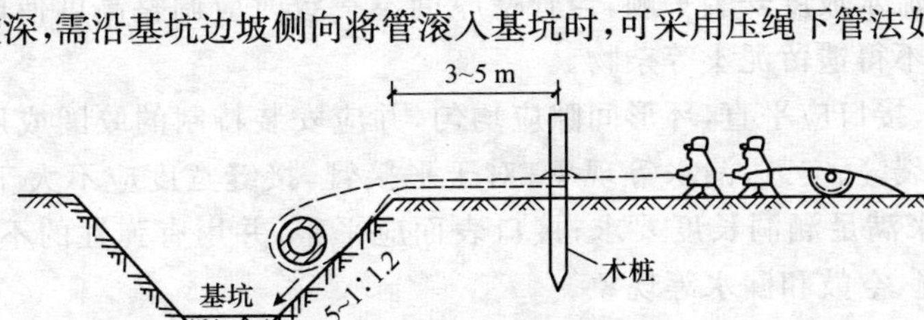

图 3-86 涵管压绳下沉法

压绳下管法是侧向下管的方法之一，下管前，应在涵管基坑外 3～5 m 处埋设木桩，木桩直径不小于 25 m，长 2.5 m，埋深最少 1 m。桩为缠绳用。在管两端各套一根长绳，绳一端紧固于桩上，另一端在桩上缠两圈后，绳端分别用两组人或两盘绞车拉紧。下管时由专人指挥，两端徐徐松绳，管子渐渐由边坡滚入基坑内。大绳用优质麻制成，直径 50 mm，绳长应满足下管要求。下管前应检查管子质量及绳子、绳扣是否牢固，下管时基坑内严禁站人。

管节滚入基坑后，再用滚动安装法或滚木安装法将管节准确安装于设计位置。

(3)吊车安装法。

使用汽车或履带吊车安装管节甚为方便，但一般零星工点，机械台班利用率不高，宜在工作量集中的工点使用。

为了加快工程进度，保证管节安全就位，用吊车安装时可采用特殊吊钩如图 3-87 所示。吊钩由支杠 1 和横梁 2 组成，支杠和横梁均用外径 102 mm 和管壁厚 7 mm 的钢管制成，套钩 3 厚 20 mm，嵌入支杠 1 终端的槽内并焊上。套钩 4 厚 10 mm 装在横梁 2 的套筒上也同样用电焊焊上。支杠 1 的两端挂着链条和钩子 5。

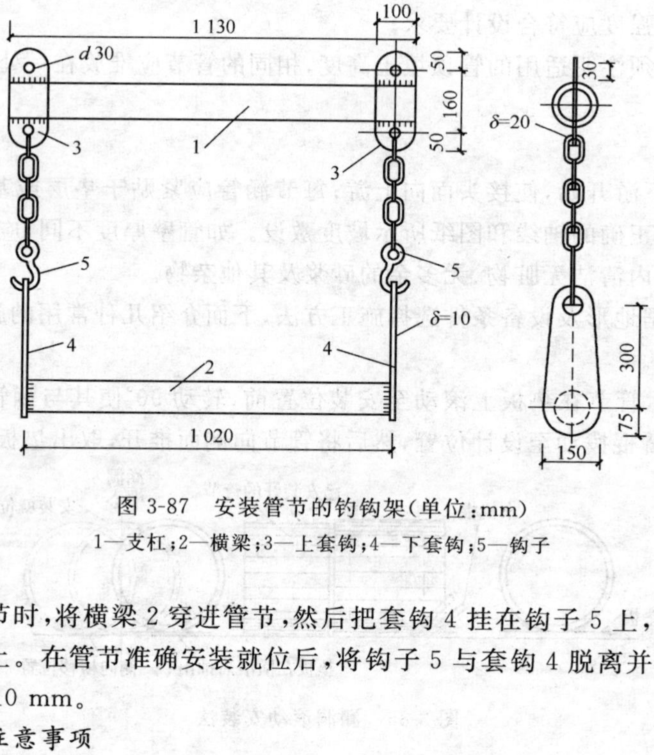

图 3-87 安装管节的钓钩架(单位：mm)

1—支杠；2—横梁；3—上套钩；4—下套钩；5—钩子

用吊车起吊管节时，将横梁 2 穿进管节，然后把套钩 4 挂在钩子 5 上，管节用吊车吊起并安装在涵管的基础上。在管节准确安装就位后，将钩子 5 与套钩 4 脱离并把横梁 2 取出。管节间的缝隙应小于 10 mm。

(四)安装管节注意事项

(1)应注意按涵顶填土高度取用相应的管节。对管节应检查合格后方可使用。

(2)各管节应顺流水坡度安装平顺，当管壁厚度不一致时应调整高度使内壁齐平，管节必须垫稳坐实，管道内不得遗留泥土等杂物。

(3)对于插口管，接口应平直，环形间隙应均匀，并应安装特制的胶圈或用沥青、麻絮等防水材料填塞，不得有裂缝、空鼓、漏水等现象；对于平接管，接缝宽度应不大于 10～20 mm，禁止用加大接缝宽度来满足涵洞长度要求；接口表面应平整，并用有弹性的不透水材料嵌塞密实，不得有间断、裂缝、空鼓和漏水等现象。

(五)圆管涵施工注意事项

(1)有圬工基础的管座混凝土浇筑时应与管座紧密相贴，浆砌块石基础应加做一层混凝土管座，使圆管受力均匀；无圬工基础的圆管基底应夯填密实，并做好弧形管座。

(2)无企口的管节接头采用顶头接缝，应尽量顶紧，缝宽不得大于 100 mm，严禁采用因涵身长度不够，而将所有接缝宽度加大的方法来凑合涵身长度。管身周围无防水层设计的接缝，需用沥青麻絮或其他具有弹性的不透水材料从内、外侧仔细填塞。设计规定管身外围做防水层的，按前述施工程序施工。

(3)长度较大的管涵设计有沉降缝的，管身沉降缝应与圬工基础的沉降缝位置一致，缝宽为 20～30 mm，应用沥青麻絮或其他具有弹性的不透水材料从内、外侧仔细填塞。

(4)长度较大、填土较高的管涵应设预拱度。预拱度大小应按设计规定设置。

(5)各管节设预拱度后，管内底面应成平顺圆滑曲线，不得有逆坡相邻管节。如因管壁厚度不一致(在允许偏差内)产生台阶时，应凿平后用水泥环氧砂浆抹补。

材料填塞，不得有裂缝、空鼓、漏水等现象；对于平接管，接缝宽度应不大于 10～20 mm，禁止用加大接缝宽度来满足涵洞长度要求；接口表面应平整，并用有弹性的不透水材料嵌塞密实，不得有间断、裂缝、空鼓和漏水等现象。

四、拱涵、盖板涵和箱涵施工

(一)就地浇筑(或砌筑)的拱涵、盖板涵

1. 拱涵基础

(1)整体式基础。

两座涵台的下面和孔径中间使用整块的混凝土浇筑的基础称为整体式基础。其地基土的承载力应满足设计文件规定。若设计无规定，则填方高 H 在 1～12 m 时，必须大于 0.2 MPa；H 大于 12 m 时必须大于 0.3 MPa。湿陷性黄土地基，不论其表面承载力多大，均不得使用整体式基础。

(2)非整体式基础。

两座涵台的下面为独立的现浇混凝土或浆砌片石基础，两者之间不相连的称为非整体式基础。其地基土要求的容许承载力较上述的基础为高，当设计文件无规定时，一般应大于0.5 MPa。

(3)板凳式基础。

两座涵台下面的混凝土基础之间用较薄的混凝土或钢筋混凝土板在顶部连接，一起浇筑成似同板凳一样的基础，其地基土容许承载力的要求处于前两者之间，设计文件无规定时，应为大于 0.4 MPa 的砂类土或“中密”以上的碎石土。

上述地基土的承载力大小可用轻型动力触探仪进行测试。

根据当地材料情况，基础可采用 C15 片石混凝土或 M5 水泥砂浆砌片石，石料强度不得低于25 MPa。

2. 支架和拱架

就地浇筑的拱涵和盖板涵，宜采用组合钢模板，在缺乏钢木材料的情况下，可采用全部土胎。

(1)钢拱架和木拱架。

钢拱架是用角钢、钢板和钢轨等材料在工厂(场)制成装配式构件，在工地拼装使用。

木拱架主要是由木材组合而成，拆装比较方便。但这种拱架浪费木材，应尽量不使用。

(2)土牛拱胎(土模)。

在水流不大的情况下，小桥涵施工可以用土牛拱胎代替拱架，这种方法既能节省木料，又有经济、安全的特点。

全填土拱胎施工步骤如下：拱胎填土应在涵台砌筑砂浆或现浇混凝土强度达到设计强度的 75%后，分层夯填，每层厚度宜为 0.2～0.3 m，土的压实度应在 90%以上。

填土宽度在端墙外伸出 0.5～1.0 m，并保持 1∶1.5 的边坡，填土将达拱顶时，分段用样板校正，每隔 300 mm 挂线检查如图 3-88 所示。

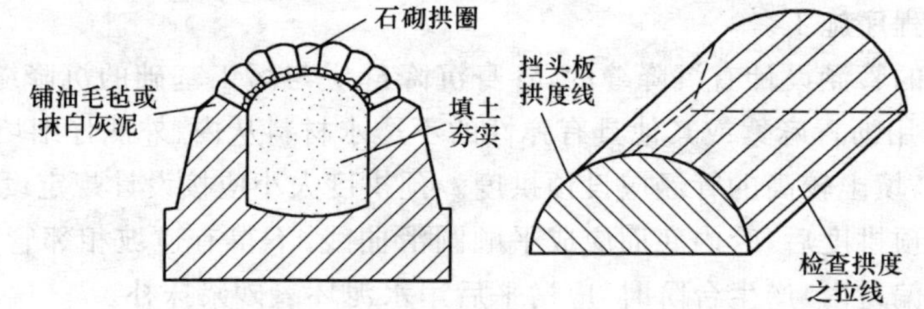

图 3-88　全填土拱胎及检查法

若用土牛拱胎浇筑盖板涵，其土牛填至涵台顶面高程即可，施工方法与拱涵同。

当河沟中有少量流水而采用土胎施工时，除采用木排架土胎外，亦可根据水流大小，全填土土胎下设渗水沟，埋设钢筋混凝土管、瓦管或用木料做成三角形水孔。

在施工过程中预计有洪水到来的河沟中不能采用土牛拱胎法砌筑拱圈。

3. 拱涵与盖板涵基础、涵台、拱圈、盖板的施工

上述构件施工时应按下列要求进行：

(1)涵洞基础。

无论是圬工基础或砂垫层基础，施工前必须先对下卧层地基土进行检查验收，地基土承载力或密实度符合设计要求时，才可进行基础施工。对于软土地基应按照设计规定进行加固处理，符合要求后，才可进行基础施工。

对孔径较宽的拱涵、盖板涵兼作行人和车辆通道时，其底面应按照设计用圬工加固，以承受行人和车辆荷载及磨耗。

(2)涵洞拱圈和钢筋混凝土盖板。

拱圈和盖板浇筑或砌筑施工应注意：拱圈和出入口拱上端墙的施工，应由两侧拱脚向拱顶同时对称进行；钢筋混凝土、混凝土拱圈和盖板混凝土的现场浇筑施工，宜连续进行，避免施工接缝；当涵身较长时，可沿长度方向分段进行，每段应连续一次浇筑完成，接缝应设在涵身沉降缝处。

4. 拱架和支架的安装和拆卸

(1)安装的一般要求。

拱架和支架支立牢固，拆卸方便(可用木楔作支垫)，纵向连接应稳定，拱架外弧应平顺。拱架不得超越拱模位置，拱模不得侵入圬工断面。拱架和支架安装完毕后，应对其位置、顶部高程、节点联系纵横向稳定性进行检查，不符合要求者，立即进行纠正。

(2)拆卸的一般要求。

拱架和支架的拆除及拱顶填土的时间应符合下列条件：

拱圈砌筑砂浆或混凝土强度达到设计强度的 75%时，方可拆除拱架，达到设计强度后，方可回填土。

在拱架未拆除的情况下，拱圈砌筑砂浆或混凝土强度达到设计强度的 75%时，可进行拱顶填土，但在拱圈强度达到设计强度的 100%后，方可拆除拱架。

拱涵拆除拱架可用木楔,木楔用比较坚硬的木料斜角对剖制成,并将剖面刨光。两块木楔接触面的斜度为1∶6～1∶10。在垫楔时应使上面一块的楔尖各伸出下面一块楔尾以外,这样在拆架时敲击木楔比较方便。木楔垫好后将两端钉牢。

拆卸拱架时应沿拱涵整个宽度上将拱架同时均匀降落,并从跨径中点开始,逐步向两边拆除。

(二)就地浇筑的箱涵

箱涵与盖板涵的区别是:盖板涵的台身与盖板是分开浇筑的,台身还可以采用砌石圬工,成为简支结构。而箱涵是上顶板、底板与左、右墙身是连续浇筑的,成为刚性结构。

1.箱涵基础

涵身基础分为有圬工基础和无圬工基础两种。

2.涵身和底板混凝土的浇筑

箱涵身的支架、模板可参照现浇混凝土拱涵和盖板涵的支架、模板制造安装。浇筑混凝土时注意事项与浇筑拱涵与盖板涵相同。

(三)装配式拱涵、盖板涵和箱涵

1.预制构件结构的要求

(1)拱圈、盖板、箱涵节等构件预制长度,应根据起重设备和运输能力决定,但应保证结构的稳定性和刚性,一般不小于1 m,但亦不宜太长。

(2)拱圈构件上应设吊装孔,以便起吊。吊孔应考虑平吊及立吊两种,安装后可用砂浆将吊孔填塞。箱涵节、盖板和半环节等构件,可设吊孔,也可于顶面设立吊环。吊环位置、孔径大小和制环用钢筋应符合设计要求,并要求吊钩伸入吊环内和吊装时吊环筋不断裂。安装完毕,吊环筋应锯掉或气割掉。

(3)若采用钢丝绳捆绑起吊可不设吊孔或吊环。

2.构件运输

构件必须在达到设计强度后,经过检查质量和大小符合要求,才能进行搬运。搬运时应注意吊点或支承点的设置,务必使构件在搬运过程中保持平衡、受力合理,确保搬运过程中的安全。常用的运输方法有:

(1)近距离搬运。

在成品下面垫放托木及滚轴沿着地面滚移,用A形架运输或用摇头扒杆起吊如图3-89所示。图中3-89(a)为平吊的千斤绳拴绑示意;图中3-89(b)为立吊的千斤绳示意。立吊时由于靠近起拱线的4个吊孔(兼作平吊之用)在拱圈重心以下,故须另设一根副千斤绳从拱顶吊孔拉紧,以免拱圈翻身(拱顶副千斤绳只须收紧即可,吊重依靠主千斤绳)。

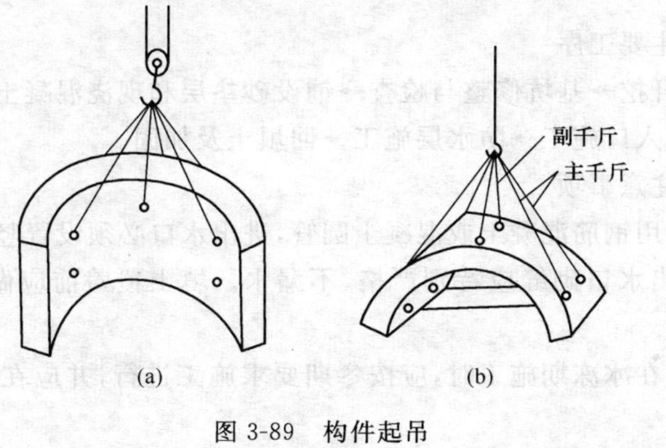

图3-89 构件起吊

(2)远距离运输。

可用扒杆或吊机将构件装上汽车、拖车或平板挂车运输。

3.施工和安装

(1)基础。

根据地基土类别和基础类型与就地浇筑的涵洞基础施工方法相同。

(2)拱涵和盖板涵的涵台身。

涵台身大多采用砌筑结构,可按照就地浇筑的涵台身施工方法施工。如采用装配式结构时,可按照装配式墩台相关的要求施工。

(3)上部构件的安装。

构件可用扒杆、链滑车或汽车吊进行吊装。

预制拱圈和盖板的安装应注意下列事项:

1)成品混凝土强度达到设计强度的70%时,方可搬运安装。

2)成品安装前应再检查成品及拱座、墩、台的尺寸。

3)安装后,成品拱圈和盖板上的吊装孔,应以砂浆填塞,如系吊环应锯掉。

4)拱座与拱圈、拱圈与拱圈的拼装接触面,应先拉毛或凿毛(沉降缝处除外),安装前应浇水湿润,再以M10水泥砂浆砌筑。

5)构件砌缝宽度一般为10 mm,拼装每段的砌缝应与设计沉降缝重合。

五、倒虹吸管施工

倒虹吸管的布置如图3-90所示。

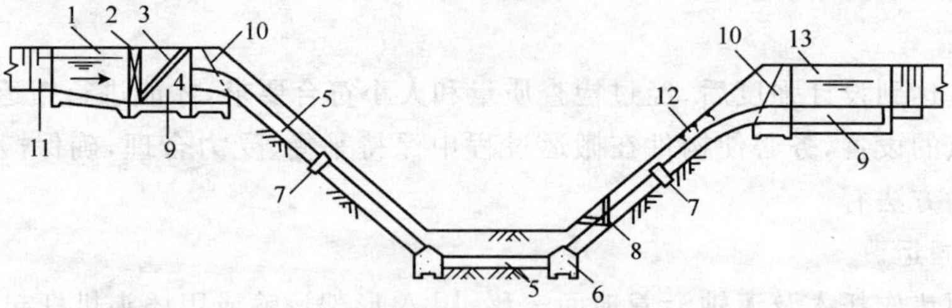

图3-90 倒虹吸管布置图

1—进口渐变段;2—闸门;3—拦污栅;4—进水口;5—管身;6—镇墩;7—伸缩接头;8—放水冲砂孔;9—消力池;10—挡水墙;11—进口渠道;12—原地面线;13—出口段

1.倒虹吸管施工主要工序

测量放线→基坑开挖→基坑修整与检查→铺设砂垫层和现浇混凝土管座→安装管节→接缝防水施工→竖井、出入口施工→防水层施工→回填土及加固。

2.倒虹吸管施工注意事项

(1)倒虹吸管宜采用钢筋混凝土或混凝土圆管,进出水口必须设置竖井,包括防淤沉淀井。施工时管节接头及进出水口砌缝应特别严格,不漏水。填土覆盖前应做灌水试验,符合要求后,方可填土。

(2)倒虹吸管如需在冰冻期施工时,应按冬期要求施工进行,并应在冰冻前将管内积水排出,以防冻裂。

(3)倒虹吸管的进出水口应在竣工后及时盖上。

六、通道桥涵的顶进施工

当公路须从现有铁路、公路路基下面立交通过时，对原有路线采取必要的加固措施后。可采取顶入法施工通道桥涵。

1. 通道桥涵顶进施工主要工序

测量放线→工作坑定位与开挖→工作坑基础、导轨及附属设施施工→后背设计与施工桥涵身预制→顶进设备与设施准备→既有线路的加固→顶进作业→附属工程施工。

2. 顶进工作坑及后背施工要求

(1)顶进的工作坑位置应根据现场地形、土质、结构物尺寸及施工需要决定，在保证排水和安全的前提下，工作坑边缘距公路、铁路应有足够的安全距离。

(2)工作坑基底的承载力应能满足顶入桥涵的要求，否则应加固。

(3)工作坑滑板应满足下列要求。

1)滑板中心线与桥涵中心线一致。

2)具有足够的强度、刚度和稳定性，必要时可在滑板上层配置钢筋网，以防顶进时滑板开裂。

3)表面平整，减小顶进时的阻力。

4)底面设粗糙面或锚梁，增加抗滑能力。

5)宜将滑板做成前高后低的仰坡，坡度为3%左右。

6)沿顶进方向，在滑板的两侧，距桥涵外缘50～100 m处设置导向墩，以控制桥涵顶入方向。

(4)顶进桥涵的后背，应根据现场条件、地质、材料设备情况及强度、稳定性的要求，进行设计计算，确保顶进工作顺利和安全。

3. 顶进作业(图3-91)

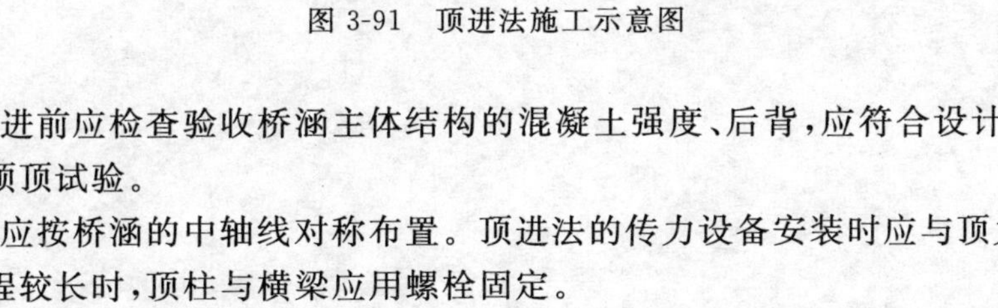

图3-91　顶进法施工示意图

(1)桥涵顶进前应检查验收桥涵主体结构的混凝土强度、后背，应符合设计要求。应检查顶进设备并做预顶试验。

(2)千斤顶应按桥涵的中轴线对称布置。顶进法的传力设备安装时应与顶力线一致，并与横梁垂直。顶程较长时，顶柱与横梁应用螺栓固定。

(3)桥涵顶进挖土时保持刃角有足够的吃土量，挖掘进尺及坡度应视土质情况确定。挖土必须与观测紧密配合，根据偏差随时改变挖土方法。

列车通过时不得挖土，施工人员应离开土坡1 m以外，发现有危险的塌方影响行车安全时，应迅速组织抢修加固。

(4)顶管施工应在工作坑内安装导轨，导轨高程允许偏差为±2 mm，中心线允许偏差为3 mm。首节管节安放在导轨上，应测量其中线和前后两端高程，合格后方可顶进。

(5)顶管施工时，可在管前端先挖土，后顶进，一般轴向超挖量在铁路道渣下不得大于100 mm，其余情况不得大于300 mm，管节上部超挖量不得大于15 mm，管节下部135°范围内不应超挖。

(6)桥涵顶进中，应经常对桥涵中线和高程进行观测，发现偏差及时纠正。发生左右偏差时，可采用挖土校正法和千斤顶校正法调整；发生上下偏差时，可采用调整刃角挖土量或铺筑石料等方法调整。

(7)顶进作业应连续进行，不得长期停顿，以防地下水渗出，造成路基坍塌。出现事故时应立即停止顶进。

(8)桥涵顶进时，对节间接缝及结构物应按设计要求进行防水处理。

第四章　隧道工程

第一节　隧道的基础知识

一、概念

隧道通常指用作地下通道的工程建筑物。按地层分为岩石隧道（软岩、硬岩）、土质隧道；按所处位置分为山岭隧道、城市隧道、水底隧道；按施工方法分为矿山法、明挖法，盾构法等；按埋置深度分为浅埋和深埋隧道；按断面形式分为圆形、马蹄形、矩形隧道等；按国际隧道协会（ITA）定义的断面数值划分标准分为特大断面（100 m^2以上）、大断面（50～100 m^2）、中等断面（10～50 m^2）、小断面（3～10 m^2）、极小断面（2～3 m^2）；按车道数分为单车道、双车道、多车道；按照长度分为特长隧道：$L>300$ m，长隧道：$3\ 000\ m \geqslant L \geqslant 1\ 000$ m，中隧道：$1\ 000\ m > L > 500$ m，短隧道：$L \leqslant 500$ m；按隧道间的距离分为连拱、小净距和分离式隧道。

二、公路隧道围岩分级

可根据调查、勘探、试验等资料，岩石隧道的围岩定性特征，围岩基本质量指标 BQ，或修正的围岩质量指标[BQ]值，土体隧道中的土体类型、密实状态等定性特征，按表 4-1 确定围岩级别。

表 4-1　公路隧道围岩分级

围岩级别	围岩或土体主要定性特性	围岩基本质量指标 BQ 或修正的围岩基本质量指标[BQ]
Ⅰ	坚硬岩，岩体较完整，巨整体块状或厚层状结构	＞550
Ⅱ	坚硬岩，岩体较完整，块状或厚层状结构，较坚硬岩，岩体完整，块状整体结构	550～451
Ⅲ	坚硬岩，岩体较破碎，巨块（石）碎（石）状镶嵌结构；较坚硬岩或较软硬岩层，岩体较完整，块状体或中厚层结构	450～351
Ⅳ	坚硬岩，岩体破碎，碎裂结构； 较坚硬岩，岩体较破碎至破碎，镶嵌碎裂结构； 较软岩或软硬岩互层，且以软岩为主，岩体较完整至较破碎，中薄层状结构	350～251
	土体： ①压密或成岩作用的黏性土及砂性土； ②黄土（Q_1、Q_2） ③一般钙质、铁质胶结的碎石土、卵石土、大块石土	

续上表

围岩级别	围岩或土体主要定性特性	围岩基本质量指标 BQ 或修正的围岩基本质量指标[BQ]
Ⅴ	较软岩,岩体破碎; 软岩,岩体较破碎; 极破碎各类岩体,碎、裂状,松散结构	≤250
	一般第四系的半干硬至硬塑的黏性土及稍湿至潮湿的碎石土,卵石土、圆砾、角砾土及黄土(Q_3、Q_4)。非黏性土呈松散结构,黏性土及黄土呈松软结构	
Ⅵ	软塑状黏性土及潮湿、饱和粉细砂层、软土等	

注:本表不适用于特殊条件的围岩分级,如膨胀性围岩、多年冻土等。

当根据岩体基本质量定性划分与[BQ]值确定的级别不一致时,应重新审查定性特征和定量指标计算参数的可靠性,并对它们重新观察、测试。

在工程可行性研究和初步勘测阶段,可用定性划分的方法或工程类比方法进行围岩级别划分。

三、隧道的结构

隧道结构,由主体构造物(图 4-1)和附属构造物两大类组成。主体构造物是为了保持岩体的稳定和行车安全而修建的人工永久建筑物,通常指洞身衬砌和洞门构造物。附属构造物是主体构造物以外的其他建筑物,是为了运营管理、维修养护、给水排水、供配发电、通风、照明、通信、安全等建造的。

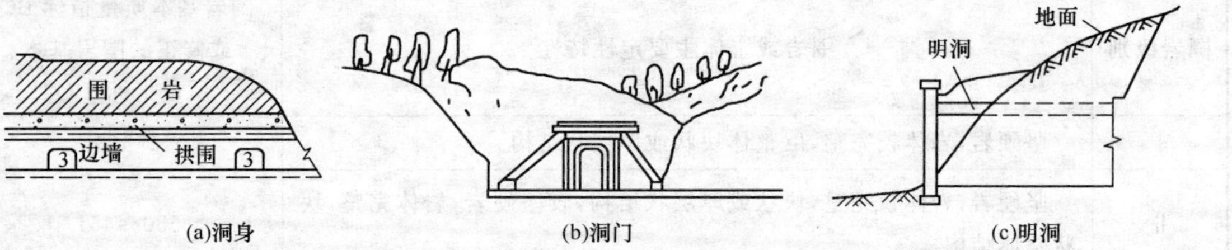

图 4-1 公路隧道主体构造物组成

(一)主体结构

1. 衬砌

衬砌的平、纵、横断面形状由道路隧道的几何设计确定,衬砌断面的轴线形状和厚度由计算决定。隧道的衬砌结构形式,主要是根据隧道所处的地质地形条件,考虑其结构受力的合理性,施工方法和施工技术水平等因素来确定的。衬砌种类繁多,按隧道断面形状,分为曲墙、直墙(图 4-2)、圆墙(图 4-3)、矩形以及喇叭口衬砌;按支护理论,分为整体式衬砌、复合式衬砌(图 4-4)和喷锚衬砌(图 4-5)。

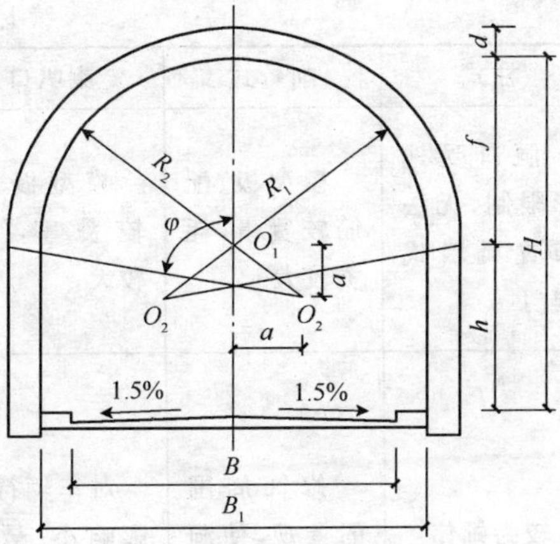

图 4-2　直墙式衬砌

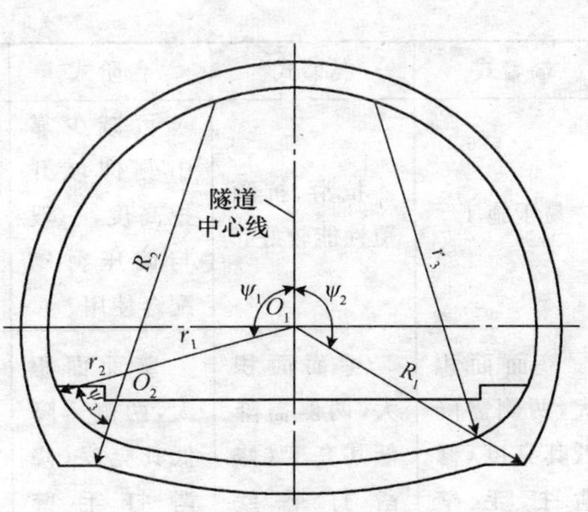

图 4-3　圆墙式衬砌

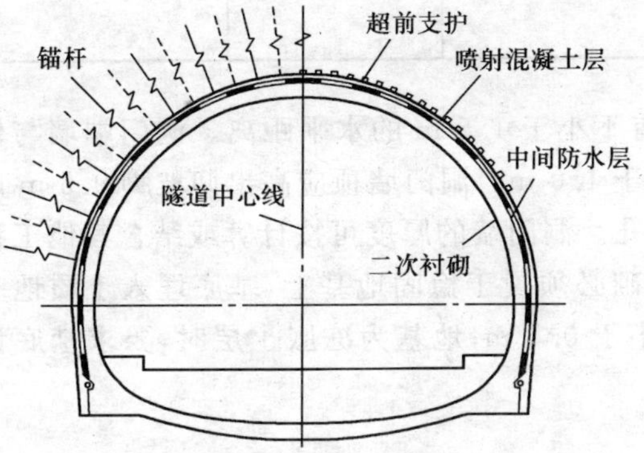

图 4-4　复合式衬砌

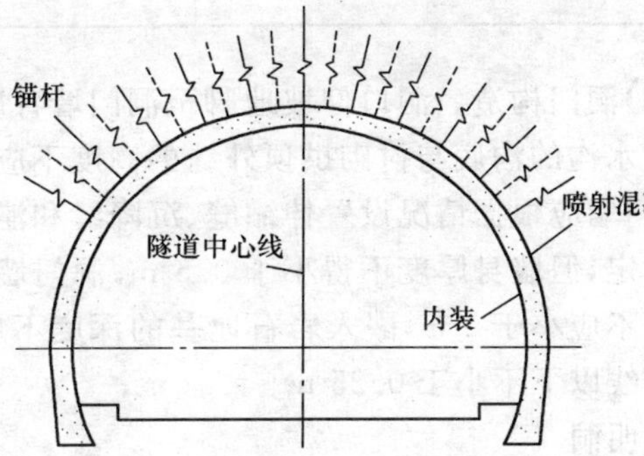

图 4-5　喷锚式衬砌

2. 洞门

洞门是隧道两端的外露部分，也是联系洞内衬砌与洞口外路堑的支护结构，其作用是保证洞口边坡的安全和仰坡的稳定，引离地表流水，减少洞口土石方开挖量。洞门还是隧道的标志性建筑物；因此，应与隧道规模、使用特性以及周围建筑物、地形条件等相协调。

(1)表 4-2 是常用洞门的与特征。

表 4-2　常用洞门的形式与特征

项目	端墙式	翼墙式	台阶式	柱式	削竹式	喇叭口式
形式	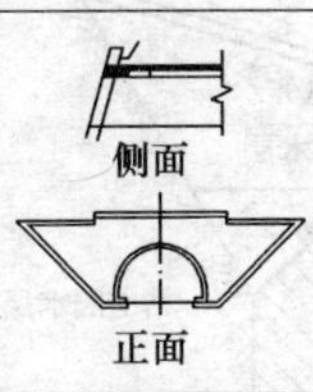	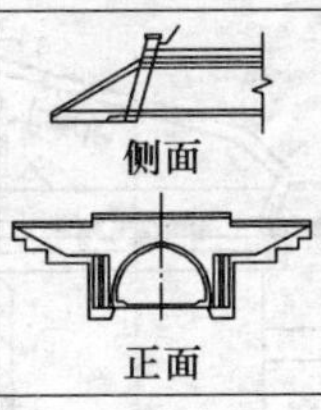	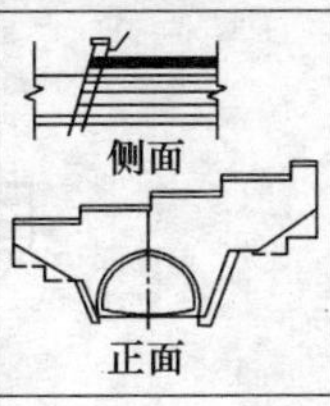	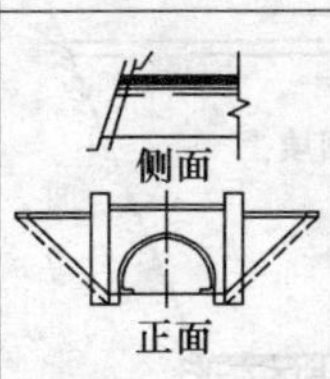	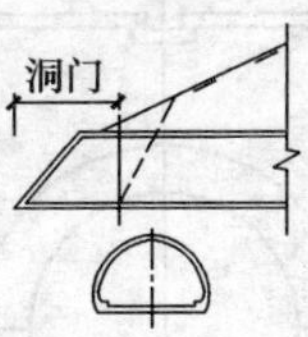	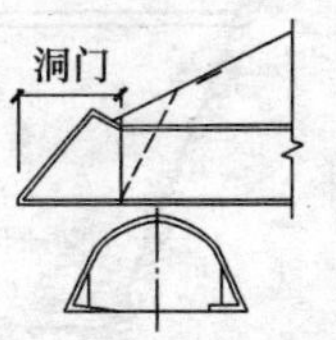
适用条件	轴线与坡面基本正交，边、仰坡坡率为 1∶0.3～1∶0.5	边、仰坡坡率为 1∶0.75～1∶1.5	边、仰坡坡率为 1∶0.5～1∶1.25	边、仰坡坡率为 1∶0.5～1∶0.75	洞门周围地形平缓	地形、地质条件较好，洞口周围开阔；积雪地带易吹入雪

续上表

项目	端墙式	翼墙式	台阶式	柱式	削竹式	喇叭口式
特征	易于施工	抗滑、抗倾覆性能较好	可减少靠山侧仰坡开挖高度,一般与偏压衬砌配合使用	洞口受地形限制,无法布置翼墙式洞门	模型板、配筋较费事,耗资较大	模型板、配筋较费事,耗资较大
景观	壁面面积大,两侧需降低其亮度(修凿打毛壁面);有重量感,行车易感到压抑	壁面面积大,两侧需降低其亮度(修凿打毛壁面);有重量感,行车易感到压抑	壁面面积大,两侧需降低其亮度(修凿打毛壁面);有重量感,行车易感到压抑	较为雄伟	修饰周围的景观,使洞门与之协调	对车辆行驶的影响小;最适合洞口周围地形

(2)洞门构造。洞口仰坡地脚至洞门墙背应有不小于1.5 m的水平距离。洞门端墙与仰坡之间水沟的沟底与衬砌拱顶外缘的高度不应小于1.0 m。洞门墙顶应高出仰坡脚0.5 m以上;洞门墙应根据情况设置伸缩缝、沉降缝和泄水孔。洞门墙的厚度可按计算或结合其他工程类比确定,但墙身厚度不得小于0.5 m;洞门墙基础必须置于稳固地基上,基底埋入土质地基的深度不应小于1 m,嵌入岩石地基的深度不应小于0.5 m;地基为冻胀土层时,要求基底设在冻结线以下不小于0.25 m。

3.明洞

当隧道埋深较浅,上覆岩(土)体较薄,难采用暗挖法时,则应采用明挖法来开挖隧道。用这种明挖法修筑的隧道结构,通常称明洞。明洞具有地面、地下建筑物的双重特点,既作为地面建筑物用以抵御边坡、仰坡的坍方、落石、滑坡、泥石流等病害,又作为地下建筑物用于在深路堑、浅埋地段不适宜暗挖隧道时,取代隧道的作用。

(1)类型。明洞主要分为两大类,即拱式明洞(图4-6)和棚式明洞(图4-7)。按荷载分布,拱式明洞又可分为路堑对称型、路堑偏压型、半路堑偏压型和半路堑单压型。按构造,棚式明洞又可分为墙式、刚架式、柱式等。根据明洞的用途、地形、地质条件、荷载分布情况、运营安全、施工难易以及条件等进行具体分析、比较,确定明洞形式。

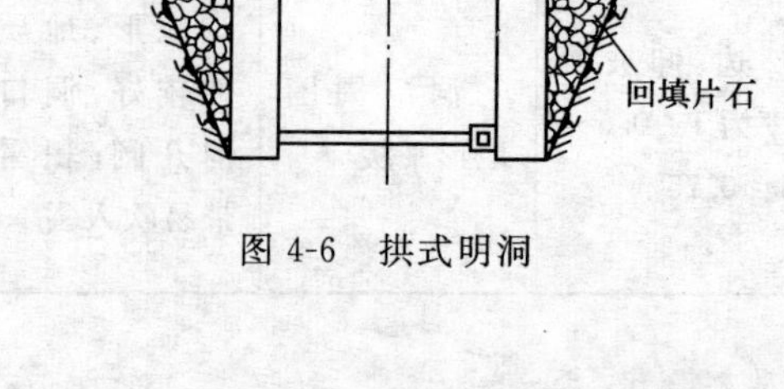

图4-6 拱式明洞

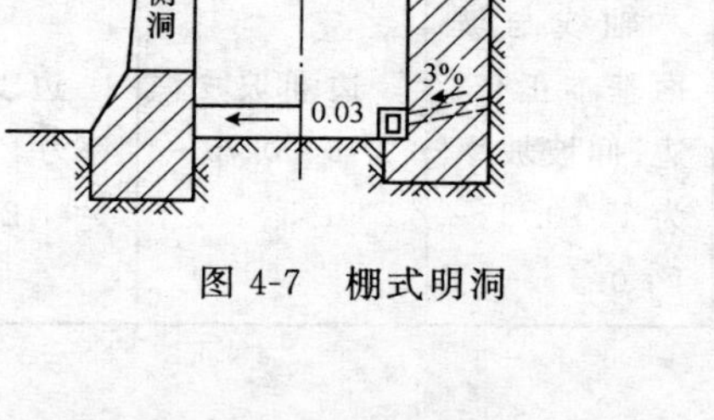

图4-7 棚式明洞

(2)构造。

1)明洞基础。

明洞基础应置于稳固的地基上。当基岩埋深较浅时,基础可设置于基岩上;当基础位于软弱地基上时,基础可采用仰拱,整体式钢筋混凝土底板等结构。外墙基础趾部,应有一定的嵌入深度并应设在冻结线以下 0.25 m,且保证符合《公路隧道设计规范》(JTG D70—2004)规定的护基宽度。

2)明洞填土。

明洞顶设计填土厚度,应根据山坡病害的情况,预计明洞顶可能出现的坍塌量及将来明洞所要起的作用来确定。

公路隧道明洞填土不小于 2.0 m。明洞顶填土横坡以能顺畅排除坡面水为原则,不小于 2%。明洞顶设计填土坡度可为 1∶5～1∶3。1∶5 是对称式明洞边坡基本稳定的情况,实际填土坡可为 1∶10～1∶5。

(二)附属设施

隧道的附属设施是指为确保交通安全和顺适而设置的通风设施、照明设施、安全设施、供配电设施、应急设施等。

第二节 隧道工程主要施工机械

一、凿岩台车构造

凿岩台车由钻臂、推进器、底盘、台车架、稳车机构、风水系统、液压系统、操纵系统等部分组成,如图 4-8 所示。

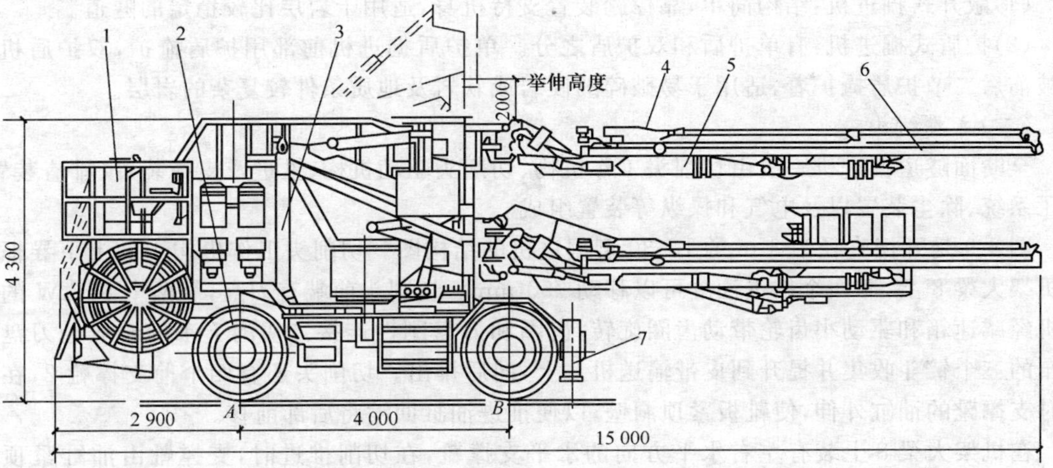

图 4-8 凿岩台车(单位:mm)

1—动力系统;2—底盘;3—台车架;4—凿岩机;5—钻臂;6—推进器;7—稳车机构

工作时,台车驶入掘进工作面,由稳车机构使台车定位,操纵钻臂和推进器,使推进器的顶尖按要求的孔位顶紧工作面,开动凿岩机钻孔。

二、全断面隧道掘进机

(一)分类、特点及适用范围

1.按破碎岩石方式分

(1)切削式:刀盘上安装割刀,像金属切削刀具一样将工作物切割下来,适用于软岩、土质等抗压强度小于 42 MPa 的地质。

(2)铣削式:切削过程靠滚刀的旋转和推进及铣刀的自转完成,象铣削金属的铣床一样,适用于软岩地质。

(3)挤压剪切式:用圆盘形滚刀使岩石受挤压和剪切而破碎(以剪切为主)。刀具有硬质合金的刀圈或中碳合金钢堆焊碳化钨、钴等,适用于中硬岩石,如抗压强度为 42～175 MPa 的岩石。

(4)滚压式:是以挤碎岩石来切削,刀具为圆盘式、牙轮式和锥形带小球状刀具。用于硬岩,即抗压强度大于 175 MPa 的岩石。

2.按切削头回转方式分

(1)单轴回转式:切削头的回转轴只有一根。由于在大直径的切削头上,不同半径上的刀具线速度不同,实际上不是真正的同轴回转,因此,它只用于小直径的掘进机。

(2)多轴回转式:切削盘上有几个小切削轮,小切削轮各自有回转轴可独自旋转。

3.按掘进方式分

按掘进方式的不同,可分为推进式和牵引式二种。推进式又分为抓爪式和支撑反力式。

4.按排渣方式分

按排渣方式的不同,可分为铲斗式、旋转刮板式和泥浆输送式等。常用的是前两种。

5.按外形特征分

(1)敞开式掘进机:结构简单,靠撑踏装置支持机身,适用于岩层比较稳定的隧道。

(2)护盾式掘进机:有单护盾和双护盾之分。单护盾掘进机前部用护盾掩护,双护盾机机体被前后二节护盾掩护着,适用于易破碎的硬岩或软岩及地质条件较复杂的岩层。

(二)主要结构

全断面隧道掘进机一般由切削头工作机构、切削头驱动机构、推进及支撑装置、排渣装置、液压系统、除尘装置以及电气和操纵等装置组成。

图 4-9 是开挖直径为 3 m 的 LJ-30 型掘进机的结构图。切削头工作机构 1 的上下导框套在机架大梁 8 上,靠四个推进油缸可以移动 750 mm。切削头前端有刀盘,靠两个 85 kW 的电动机经减速箱和驱动小齿轮带动齿圈旋转,齿圈和刀盘刚性连接。切削下来的岩渣经刀盘上均布的三个铲斗收集并提升到皮带输送机 3 上,向后排出。切削头还有四个前支撑靴 2,在换位时支撑靴的油缸外伸,使靴板紧顶洞壁,以便推进油缸回缩将后部前移。

在机架大梁 8 上装有左右水平方向的水平支撑靴,在切削推进时,支撑靴由油缸紧顶洞壁。大梁最后连接着驾驶室 6,内设操纵台、配电盘、液压泵 4 等装置。大梁上面有吸尘风管 5,可将切削时的岩粉吸出,保证掌子面空气清洁。

为防止隧洞顶部塌方,多采用锚杆临时支护,因此在大梁中部两侧安装有打眼的电钻 9。大梁后下方有后支撑座 10。

三、臂式隧道掘进机

臂式隧道掘进机也可称为悬臂掘进机,是一种有效的开挖机械。它集开挖、装卸功能于一

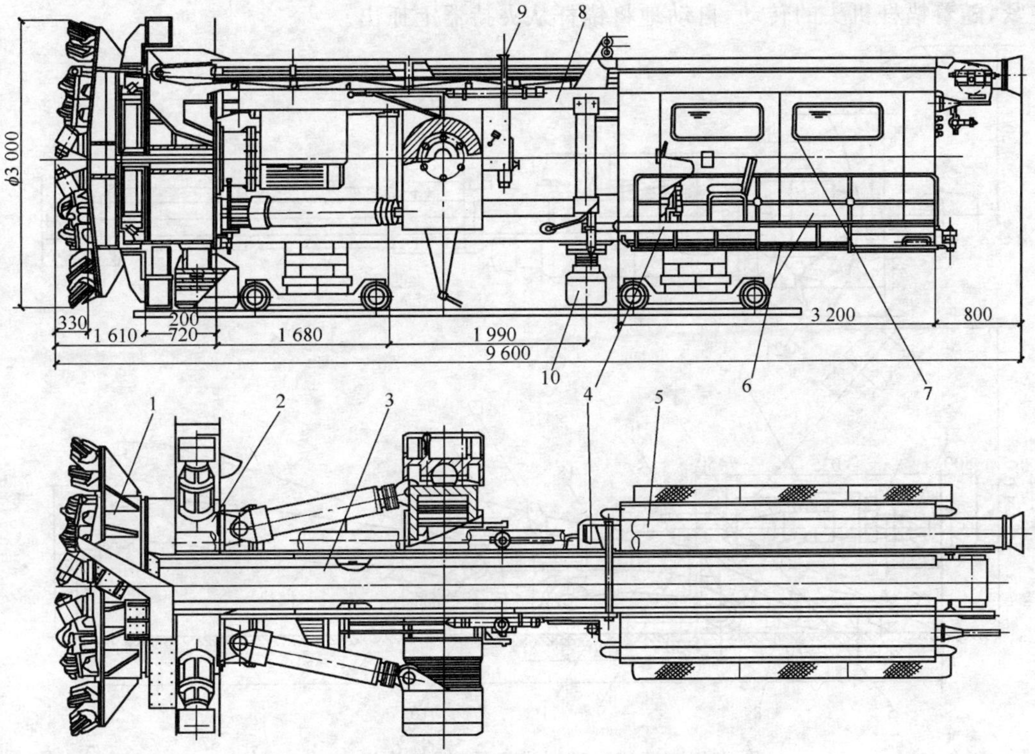

图 4-9 LJ-30 型岩石掘进机(单位:mm)

1—切削头工作机构;2—前支承靴;3—排渣皮带机;4—液压泵;
5—吸尘风管;6—机架及驾驶室;7—配电室;8—机架大梁;9—电钻;10—后支撑座

体,广泛应用于采矿、公路隧道、铁路隧道、矿用巷道、水利涵洞及其他地下工程的开挖。

使用经验表明,这种掘进机对开挖泥质岩、凝灰岩、砂岩等岩层有极好的性能。与钻爆法相比,机械开挖的最大优势是:不扰动围岩,隧道的掌子面非常平坦,几乎没有钻爆法产生的凹凸不平和龟裂,容易达到新奥法的要求;断面超挖量少,经济性好;另一特点是施工时减少了噪音和振动,符合环境保护的要求。

与全断面开挖的隧道掘进机相比,臂式掘进机体积小、质量轻、易于搬运。

臂式掘进机通常由切割装置、装载装置、输送机构、行走机构、液压系统和电气系统等几部分组成如图 4-10 所示。

四、喷锚机械

(一)锚杆台车

锚杆台车是在隧道施工中用于围岩支护的专用设备。在需要锚杆支护的地方用锚杆台车进行钻孔、注浆、插入锚杆,全套工序均由锚杆台车完成,如图 4-11 所示为锚杆台车示意图。锚杆台车由台车底盘、大臂、锚杆机头等组成。

锚杆机头由凿岩机及其推进器、锚杆推进器、注浆或喷射导架、转动定位器、三状态定位油缸、锚杆夹持器等部件组成,可完成从钻孔、注浆到锚杆安装全过程的工作。更换少数部件即可安装涨壳式锚杆。图 4-12 为锚杆机头结构图。

导架 7、9 可上下升降和左右摆动,利于找位,锚杆机头上的抓杆器,向右摆动抓住锚杆,然后夹紧，随着锚杆机头的转动，自动地将锚杆从夹持器上抓出。

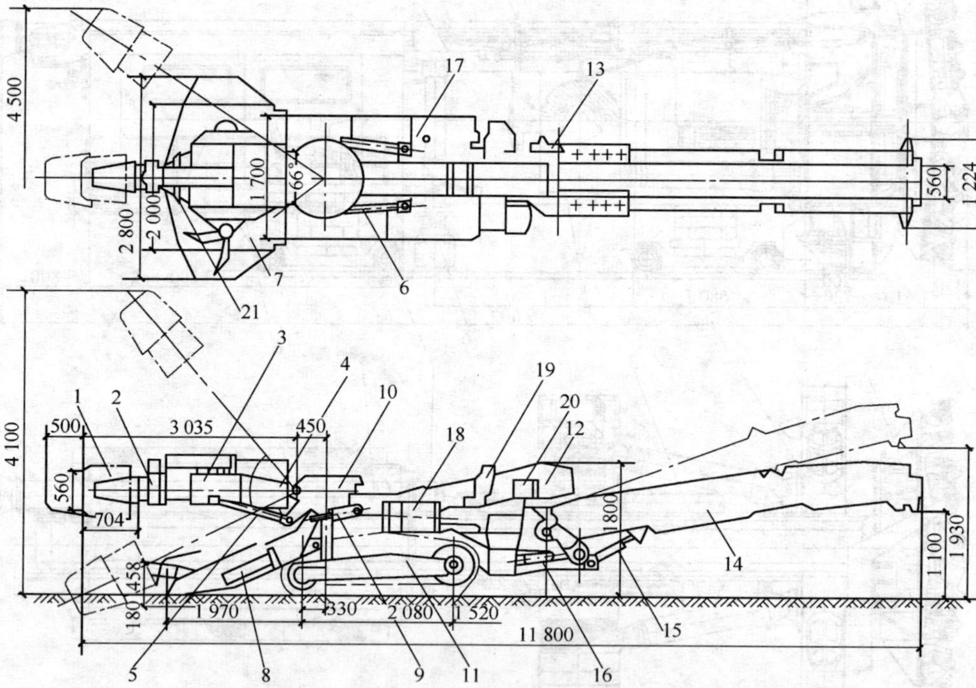

图 4-10　臂式隧道掘进机示意图(单位:mm)

1—切割头;2—伸缩臂;3—切割减速器;4—切割马达;5—切割装置升降油缸;6—切割装置摆动油缸;7—装载铲;8—集料减速器;9—装载装置升降油缸;10—主车体;11—行走装置;12—一级输送机;13——级输送机减速器;14—二级输送机;15—二级输送机升降油缸;16—二级输送机回转油缸;17—液压油箱;18—液压泵;19—控制开关柜;20—驾驶座位;21—水喷头

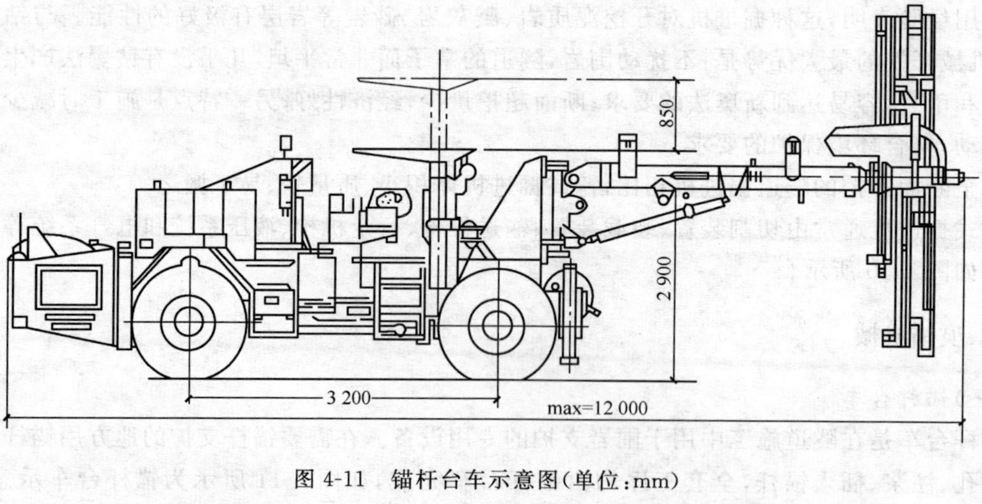

图 4-11　锚杆台车示意图(单位:mm)

(二)混凝土喷射机

喷射混凝土有干喷和湿喷两种方式。但在公路隧道施工中干喷工艺已被禁用。这里只讲解湿喷工艺。

湿喷是将骨料、水泥和水按设计比例拌和均匀，用湿式喷射机压送拌和好的混凝土混合料

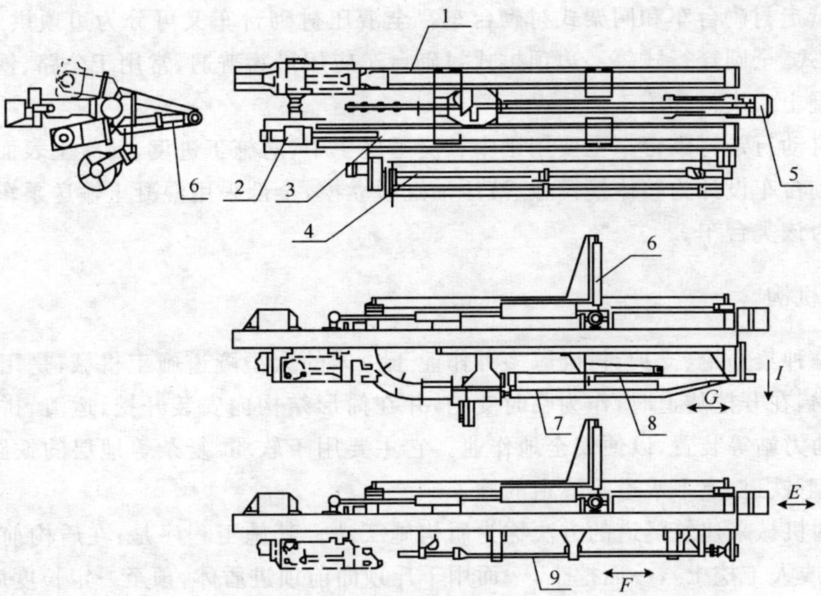

图 4-12 锚杆机头结构图

1—凿岩机及推进器；2—马达；3—锚杆推进器；4—夹持器；

5—转动定位器；6—三状态定位油缸；7—注浆导架；8—抓杆器；9—喷射导架

到喷头处，再在喷头上添加速凝剂后喷出，湿喷混凝土的质量较容易控制，喷射过程中的粉尘和回弹量较少，是适应当前发展、推广应用的喷射工艺。但对喷射机械要求较高，机械清洗和故障处理较困难。对于喷层较厚的软岩和渗水隧道，不宜采用湿喷混凝土工艺施工。

如图 4-13 所示为转子式喷射机，由动力传动系统、气路系统、给输料机构、电气系统、底盘等组成。

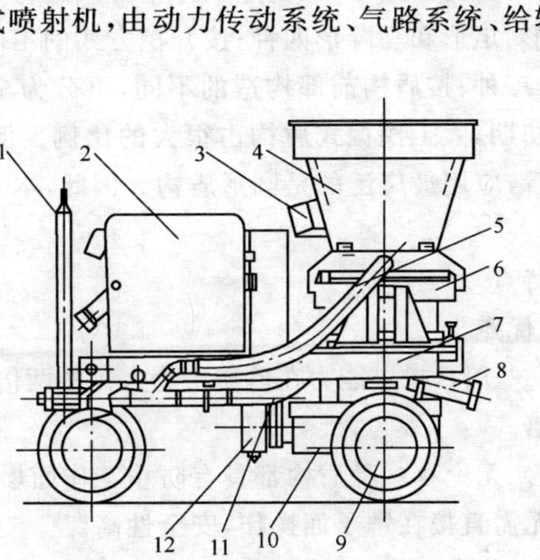

图 4-13 转子式喷射机

1—牵引杆；2—动力装置；3—振动器；4—料斗；5、11—风管；

6—给输料机构；7—车架；8—出料弯头；9—轮胎；10—减速器；12—皮带传动

五、混凝土衬砌台车

混凝土衬砌台车是隧道施工过程中二次衬砌不可或缺的非标产品，主要有简易衬砌台车、全液压自动行走衬砌台车和网架式衬砌台车。全液压衬砌台车又可分为边顶拱式、全圆针梁式、底模针梁式、全圆穿行式等。边顶拱式衬砌台车应用最为普遍，常用于公路、铁路隧道及地下洞室的混凝土二次衬砌施工。

全液压自动行走衬砌台车主要用于中长隧道施工中，对施工进度、混凝土表面质量要求较高。此类衬砌台车设计为整体钢模板、液压油缸脱立模，全部采用混凝土输送泵车灌注。大部分衬砌台车为该类台车。

六、盾构机构

盾构是一种集开挖、支护、衬砌等多种作业于一体的大型隧道施工机械，是用钢板作成圆筒形的结构物，在开挖隧道时，作为临时支护，并在筒形结构内安装开挖、运渣、拼装隧道衬砌的机械手及动力站等装置，以便安全地作业。它主要用于软弱、复杂等地层的铁路隧道、公路隧道、城市地下铁道、上下水道等隧道的施工。

使用盾构机械来建筑隧道的方法称为盾构施工法。其施工程序是：在盾构前部盾壳下挖土（机械挖土或人工挖土），一面挖土，一面用千斤顶向前顶进盾体，顶至一定长度后（一般为一片衬砌圈宽度），再在盾尾拼装预制好的衬砌块，并以此作为下次顶进的基础，继续挖土顶进。在挖土的同时，将土屑运出盾构。如此不断循环直至修完隧道为止。

盾构施工法的采用，要根据地质条件、覆盖土层深度、断面大小、电源问题、离主要建筑物的距离、水源、施工段长度等多种因素加以综合考虑。

（一）分类、特点及适用范围

1. 分类

盾构的形式很多，可按盾构的断面形状、构造及开挖方式进行分类。按盾构断面形状的不同，可将盾构分为圆形、拱形、矩形和马蹄形四种；按开挖方式的不同，可分为手工挖掘式、半机械化挖掘式、机械化挖掘式三种；按盾构前部构造的不同，可分为全部开口形、部分开口形、密封形三种。在盾构法使用初期，人工挖掘式盾构占很大的比例。但发展的趋势是机械化盾构越来越多。从断面形式来看，应用最广泛的是圆形盾构。因此，本节将以机械挖掘的圆形盾构为主，介绍其结构原理。

2. 机械化盾构施工的特点

（1）机械化盾构施工的优点。

1）提高工效，缩短工期。一般日挖进能力在砂质土为人工的两倍，砂和亚黏土为人工的 3～5 倍，黏性土为人工的 5～8 倍。

2）减少塌方，生产安全。无论哪一种盾构都具有防止工作面塌方、平衡地下水压及减少塌方的优点。而且施工人员无需直接在掌子面操作，安全性高。

3）由于工期能缩短，节省劳力，因而可降低施工成本，经济性高。

4）施工环境好，施工人员无需在气压下工作，改善了恶劣的施工条件。

5）随着土层地质的变化，能变化挖进方法及进度。

（2）机械化盾构施工的缺点。

1）机械造价高、质量大，适用于长距离施工。由于质量大，因此在特软地层施工时容易发生沉陷。

2）任何一部分机械出故障，都必须全部停工检修。机械检修和准备作业时间长，机械利用率低。

3)设计、加工制造时间长。

4)掌子面局部塌方(盾构顶部),如发现不及时而继续掘进,会引起沉陷、局部超挖和加固操作困难。

5)更换磨损刀具困难。

(二)机械化盾构的主要结构

1.机械化盾构简介

(1)刀盘式盾构。

这是一种圆形机械化盾构,使用比较普遍。其特点是切削轮上装有割刀,旋转方向与盾构轴线垂直。附加上气压、水压、泥水加压、土压等平衡掌子面土压和地下水压后,形成各种各样的盾构。旋转动力有液压马达驱动和电动机驱动两种。由于旋转转矩大,为便于布置,都采用多马达同步驱动。为了防止盾构由于切削反作用力而发生转动,现代多采用可双向旋转的切削轮。因此,切削轮的刀臂布置成两个反向的刀齿,或者切削轮布置成内外圈,相对旋转以平衡反作用转矩。这种盾构适用于除岩石以外的各种土层施工。

(2)行星轮式盾构。

1)固定中心式。

其形式就是在刀盘的刀臂上再装上几个小型刀盘,由于切削轨迹形成摆线型,分散了刀齿上所受的阻力,同时也能抵消回转转矩,防止盾构转动,以适应硬土层的切削。

2)移动中心式。

在切削横臂上有两个小切削轮,可径向移动。横臂安装在伸缩油缸端部,油缸装在主臂的空心圆筒里。切削横臂一面旋转,两切削轮一面相背地向外切削。当小切削轮径向移动到最外侧直径时,横臂停止旋转,小切削轮向内移动,这样完成一个循环。这种盾构主要用于凝灰岩和片麻岩。

(3)铲斗式盾构。

在盾壳里安装一个能在盾构断面范围内任意位置挖掘的铲斗,当铲斗装满后,可以缩回盾壳里,用斗底开门方式将土屑卸入排料装置。适用于软弱地质条件下开挖上下水道和各种导坑,也可用于地下铁道的开挖工程。其主要特点是能适用于任意断面的隧道开挖。

(4)钳爪式盾构。

在盾壳前端装有两个半圆形钳爪,后者由铸钢或50 mm厚的钢板焊成。每侧钳爪由油缸推动,两个钳爪可同时相对运动,也可单独动作。挖掘油缸支点在盾壳上,钳爪枢轴分上下铰接在盾壳里的承载环上。

(5)铣削臂式盾构。

如图4-14所示为20世纪70年代中期发展起来的铣削臂式盾构,适用于砂土、软岩、中硬岩的隧道开挖,尤其适用于断层地质条件。土、岩的抗压强度在10～50 MPa以内均可开挖。

铣削臂式盾构的圆形切削臂端部有切削头1,可逆时针旋转(从前面看)的切削臂铰接在盾壳里的支架4上。切削臂可以自由地切削任意部位。切削头外径为900 mm,旋转速度为43 r/min,装有四把中心刀头和40把周圈刀头。刀头为组合式,容易更换。

整个切削臂组装在一个滑台上,有两个油缸操纵滑台前后移动。在螺旋收集器3下方有皮带输送机将土屑运出盾构。

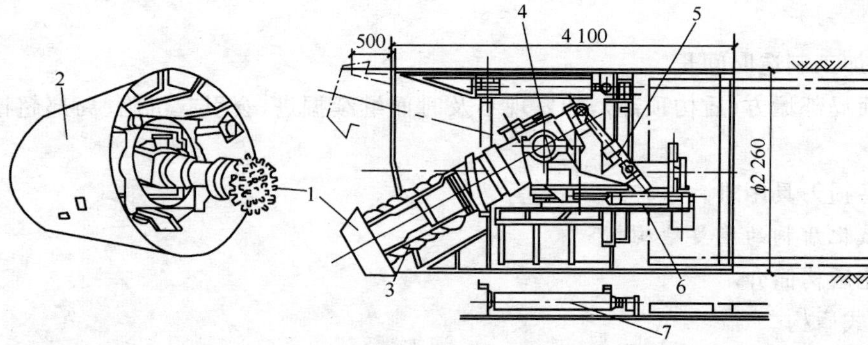

图 4-14　铣削臂式盾构(单位:mm)

1—切削头;2—盾壳;3—螺旋收集器;4—支架;5—上下摆动油缸;6—左右摆动油缸;7—前后滑动油缸

(6)网格切割式盾构。

如图 4-15 所示,这种盾构适用于特别软弱的地层,一般都配备气压、泥水加压等措施,以稳定掌子面、平衡土压和地下水压。网格本身也起到挡土的作用。

依靠推进千斤顶使盾构插入地层,掌子面上土从网格中空被挤出。如遇到流动性大的土质或流沙等,可在网格中装上挡土板。是局部安装还是全部安装挡土板,视地质情况而异。

全部装上挡土板即为密闭式盾构,采取闭胸挺进。

图 4-15 为网格配以泥水加压式盾构。网格后的泥水腔内设有刀盘,是为了将挤进来的土块切碎,便于搅拌器搅碎成泥浆,依靠吸泥泵将泥浆抽出到地面处理。

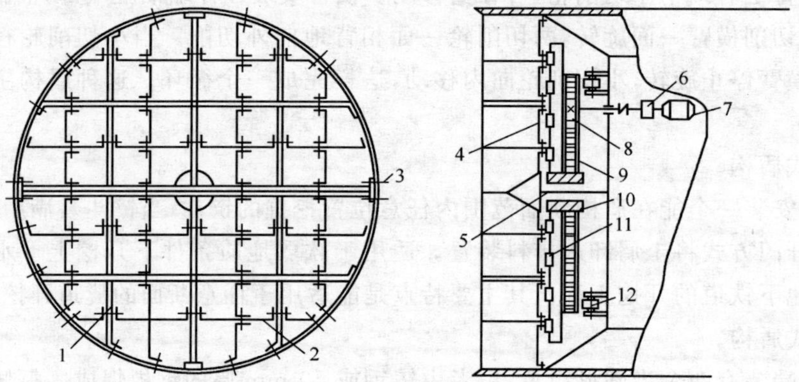

图 4-15　网格切割式盾构

1—主网格梁;2—次网格梁;3—拼装焊接面;4—挡土板;5—中心轴;6—针轮减速器;
7—电机;8—摆线齿轮;9—针柱圈;10—轮鼓;11—刀架;12—支撑滚轮

这种盾构适用于除岩石以外的一切土的开挖,无论有无地下水均能使用,但多适用于特别不稳定的软弱地层或地下水位高、带水砂层及黏土层和流动性大的土质,尤以冲积层和洪积层使用网格泥水加压式固定掌子面效果最好。

2.机械化盾构的总体结构

上述几种机械化盾构,尽管其作用原理有所不同,但都由切削机构、盾壳、动力装置、拼装机、推进装置、出料装置和控制设备等组成。

第三节 隧道施工方法简介

隧道施工方法基本可以归纳为：传统矿山法、掘进机法、明挖法、盾构法等。

(一)传统矿山法

传统矿山法指的是用开挖地下坑道的作业方式修建隧道的施工方法。通过凿眼爆破，以木或钢等构件作为临时支撑，待隧道开挖成形后，逐步将临时支撑撤换下来而代之以整体式衬砌作为永久性支护。其基本原理是：隧道开挖后受爆破影响，造成岩体破裂形成松弛状态，随时都有可能坍落，基于这种松弛荷载理论依据，开挖时按分部顺序采取分割式小块开挖，即将整个断面分成几个部分按一定顺序施工，开挖后立即以构件支护抵御围岩变形的坍塌。分块的跨度小，既有利于减小扰动围岩的可能性，又便于很快安设支撑，保证施工安全。但要求边挖边撑以求安全，所以支撑复杂，木料耗用多。这种施工方法由于没有充分发挥围岩自身的承载能力，存在较多问题，尤其是无法使衬砌与围岩保持全面紧密接触，不能有效地制止围岩变形，乃至松动、崩塌。该法现已基本淘汰，这里只作简单介绍。

(二)TBM 掘进机法

掘进机法，是装置有破碎岩石的刀具，采用机械破碎岩石的方法开挖隧道。并将破碎的石渣传送出机外的一种开挖与出渣联合作业的掘进机械，能连续掘进。

TBM 就是适合硬岩掘进的隧道掘进机。

硬岩 TBM 适用于山岭隧道硬岩掘进，代替传统的钻爆法，在相同的条件下，其掘进速度约为常规钻爆法的 4～10 倍；具有快速、优质、安全、经济、有利于环境保护和劳动力保护等优点。特别是高效快速可使工程提前完工，提前创造价值，对我国的现代化建设有很重要的意义。

隧道掘进机通过刀具在隧道断面内直接破碎岩石从而进行连续掘进。它包括：装有切削刀具的旋转切削头，装渣设备，机身前进的推进装置和支撑装置，控制方向的激光准直仪，安装临时支撑的设备和其他用于吸尘、通风的辅助装置。掘进机具有掘进、开挖、喷锚支护、出渣运输、通风冷却、除尘降温、材料供应、自动测量定位、地质超前钻探等功能，具有作业人员少、掘进速度快、开挖成型好、施工安全可靠、工作环境好、劳动强度低、工厂化作业、生产效率高等特点。

(三)明挖法

明挖法是当隧道埋深较浅时的一种施工方法，它可将地面挖开，形成露天的基坑，然后在基坑中修筑隧道衬砌，敷设防水层，最后用土回填。隧道洞口段不能用暗挖法施工时均可用明挖法施工。在明挖法施工中，常用的基坑开挖方式有：敞口开挖法、工字钢桩法、地下连续墙法等。

明挖法指的是先将隧道部位的岩(土)体全部挖除，然后修建洞身、洞门，再进行回填的施工方法。

1. 主要优点

明挖法具有施工简单、快捷、经济、安全的优点，城市地下隧道工程发展初期都把它作为首选的开挖技术。其缺点是对周围环境的影响较大。

2. 关键工序

明挖法的关键工序是：降低地下水位，边坡支护，土方开挖，结构施工及防水工程等。其中边坡支护是确保安全施工的关键技术。

(1)放坡开挖技术。适用于地面开阔和地下地质条件较好的情况。基坑应自上而下分层、分段依次开挖,随挖随刷边坡,必要时采用水泥和黏土护坡。

(2)型钢支护技术。一般使用单排工字钢或钢板桩,基坑较深时可采用双排桩,由拉杆或连梁连接共同受力,也可采用多层钢横撑支护或单层、多层锚杆与型钢共同形成支护结构。

(3)连续墙支护技术。一般采用钢丝绳和液压抓斗成槽,也可采用多头钻和切削轮式设备成槽。连续墙不仅能承受较大载荷,同时具有隔水效果,适用于软土和松散含水地层。

(4)混凝土灌注桩支护技术。一般有人工挖孔或机械钻孔两种方式。钻孔中灌注普通混凝土和水下混凝土成桩。支护可采用双排桩加混凝土连梁,还可用桩加横撑或锚杆形成受力体系。

(5)土钉墙支护技术。在原位土体中用机械钻孔或洛阳铲人工成孔,加入较密间距排列的钢筋或钢管,外注水泥砂浆或注浆,并喷射混凝土,使土体、钢筋、喷射混凝土板面结合成土钉支护体系。

(6)锚杆(索)支护技术。在孔内放入钢筋或钢索后注浆,达到强度后与桩墙进行拉锚,并加预应力锚固后共同受力,适用于高边坡及受载大的场所。

(7)混凝土和钢结构支撑支护方法。依据设计计算在不同开挖位置上灌注混凝土内支撑体系和安装钢结构内支撑体系,与灌注桩或连续墙形成一个框架支护体系,承受侧向土压力,内支承体系在做结构时要拆除。适用于高层建筑区密集区和软弱淤泥底层。

(四)盾构法

盾构法是在地面下暗挖隧道的一种施工方法。构成盾构法的主要内容是:先在隧道某段的一端建造一竖井(始发井),以供盾构安装就位。盾构从始发井的墙壁开孔处出发,在地层中沿着设计轴线,向另一竖井(到达井)的设计孔洞推进。盾构推进中所受到的地层阻力,通过盾构千斤顶传至盾构尾部已拼装的预制隧道衬砌结构,再传到竖井的后靠壁上。盾构是这种施工方法中最主要的独特的施工机具。它是一个既能支承地层压力,又能在地层中推进的圆形或矩形或马蹄形等特殊形状的钢筒结构,在钢筒的前面设置各种类型的支撑和开挖土体的装置,在钢筒中段内部安装顶进所需的千斤顶,钢筒尾部是具有一定空间的壳体,在盾尾内可以拼装一至二环预制的隧道衬砌环。盾构每推进一环距离,就在盾尾支护下拼装一环衬砌,并及时向紧靠盾尾后面的开挖坑道周边与衬砌环外周之间的空隙中压注足够的浆液,以防止隧道及地面下沉。在盾构推进过程中不断从开挖面排出适量的土方。

盾构法施工的概貌如图 4-16 所示。

1. 盾构法施工的基本条件

(1)线位上要求有允许建造用于盾构进出洞和出渣进料的工作井的空间;

(2)隧道要有足够的埋深,覆土深度宜不小于 6 m;

(3)相对均质的地质条件;

(4)如果是单洞则要有足够的线间距,洞与洞及洞与其他建(构)筑物之间所夹土(岩)体加固处理的最小厚度为水平方向 1.0 m,竖直方向 1.5 m。

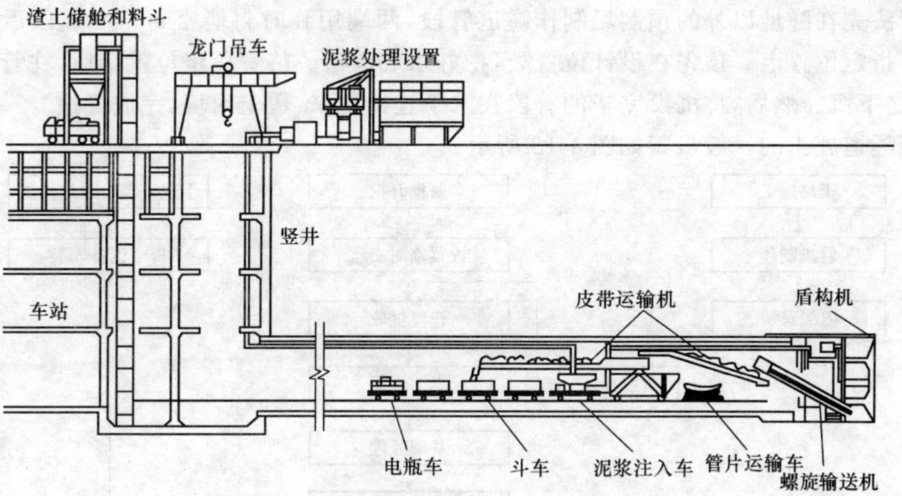

图 4-16　盾构法施工的概貌

2. 盾构法的优点

盾构法施工得到广泛使用，因其具有明显的优点：

(1)在盾构的掩护下进行开挖和衬砌作业，有足够的施工安全性；

(2)地下施工不影响地面交通，在河底下施工不影响河道通航；

(3)施工操作不受气候条件的影响；

(4)产生的振动、噪声等环境危害较小；

(5)对地面建筑物及地下管线的影响较小。

3. 盾构法存在的问题

(1)当隧道曲线半径过小时，施工较为困难。

(2)在陆地建造隧道时，如隧道覆土太浅，则盾构法施工困难很大；而在水下时，如覆土太浅，则盾构法施工不够安全。

(3)盾构隧道上方一定范围内的地表沉陷尚难完全防止，特别是在饱和含水松软的土层中，要采取严密的技术措施才能把沉陷限制在很小的限度内。

(4)在饱和含水地层中，盾构法施工所用的拼装衬砌，对达到整体结构防水性的技术要求较高。

(五)沉管法

沉管隧道是将隧道管段分段预制，分段两端设临时止水头部，然后浮运至隧道轴线处，沉放在预先挖好的基槽内，完成管段间的水下连接，移去临时止水头部，回填基槽保护沉管，铺设隧道内部设施，从而形成一个完整的水下通道如图 4-17 所示。

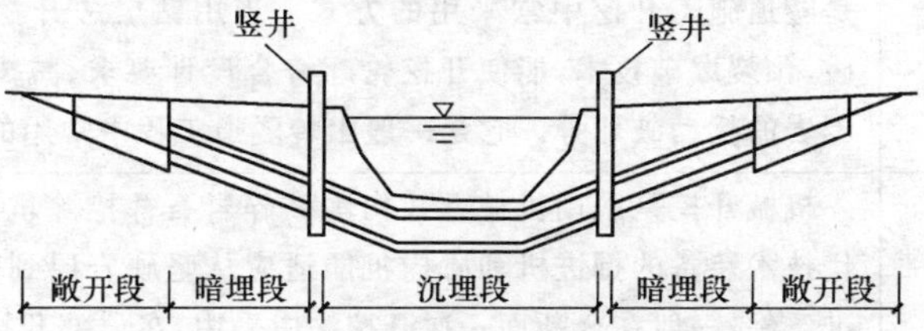

图 4-17　沉管隧道纵断面

沉管法先在隧址以外的预制场制作隧道管段，两端用临时封墙密封。制成以后用拖轮拖运到隧址指定位置上。预先在设计位置处，挖好水底沟槽。待管段定位就绪后，往管段中注水加载，使之下沉。然后，将沉设完毕的管段在水下连接起来，覆土回填，完成隧道。

沉管隧道施工的一般步骤如图 4-18 所示。

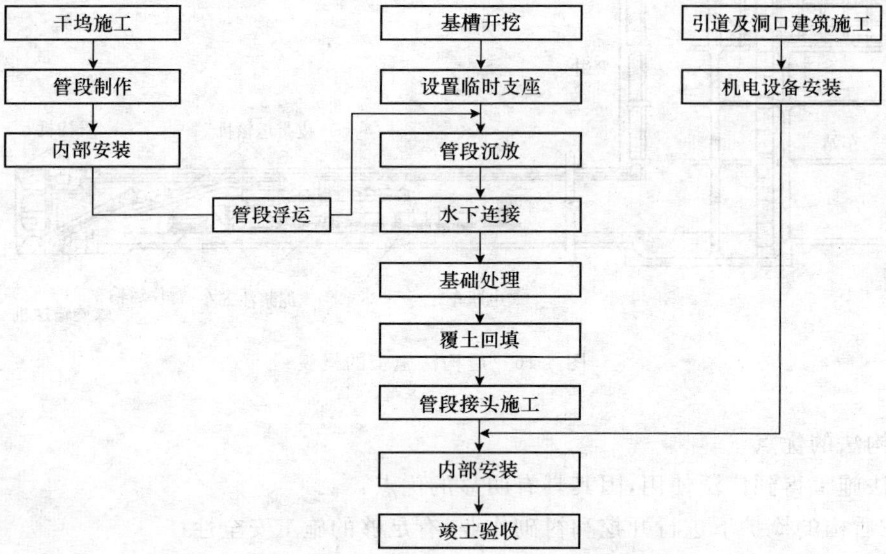

图 4-18　沉管隧道施工步骤

还有其他的施工方法，由于篇幅有限，在这里我们就不赘述了。

第四节　隧道开挖与洞口洞身施工技术

一、隧道开挖方法

修筑隧道首先要在隧道所穿越的地层内开挖出一个符合设计要求的空间。开挖作业占整个隧道施工工程量的比重较大，造价约占 25%～40%，是隧道施工中较关键的基本作业。它对隧道的施工进度和工程造价都有很大影响。隧道施工的开挖方式是指对坑道范围内岩体的破碎挖除方式。常用的开挖方式有钻爆开挖法、机械开挖法、人工和机械混合开挖三种。一般山岭隧道最常用的是钻爆开挖法见表 4-3。

表 4-3　隧道开挖方法

方　法	内　容
钻爆开挖	钻爆开挖即是用炸药爆破坑道范围内的岩体。钻爆法可用于各类岩层中，是隧道施工开挖中常采用的方式。当用钻爆法开挖坑道时，应采用光面爆破，预裂爆破技术，能使开挖轮廓符合设计要求、减少超欠挖量，并能减少对围岩的扰动破坏等。它是一般山岭隧道工程中常用的掘进方式
机械开挖	机械开挖是采用机械方式切削破碎岩石并挖除坑道范围内的岩体。用现代技术装备的掘进机和盾构机能适应从坚硬岩层到软土含水地层的各种掘进条件，一般在全断面一次开挖法中采用，在分部开挖中多选用小功率、小尺寸的小型挖掘机或单臂掘进机，只适用于软岩及土质隧道

续上表

方　法	内　容
人工和机械混合开挖	该法是采用十字镐、风镐等简易工具来挖除岩体。同机械开挖，人工掘进对围岩的扰动破坏小。一般适用于围岩稳定性较差的软岩隧道及土质隧道中，但人工掘进速度较慢，劳动强度大

采用钻爆法开挖方法包括：全断面法、台阶法、中隔壁法和双侧壁导坑法等。

(一)全断面法

全断面开挖法是采用全断面一次开挖成形的施工方法。适用于Ⅰ～Ⅲ级围岩隧道施工，Ⅳ级围岩隧道在采用了有效的措施后，亦可采用全断面法开挖。

全断面开挖施工和支护顺序示意图如图4-19所示。

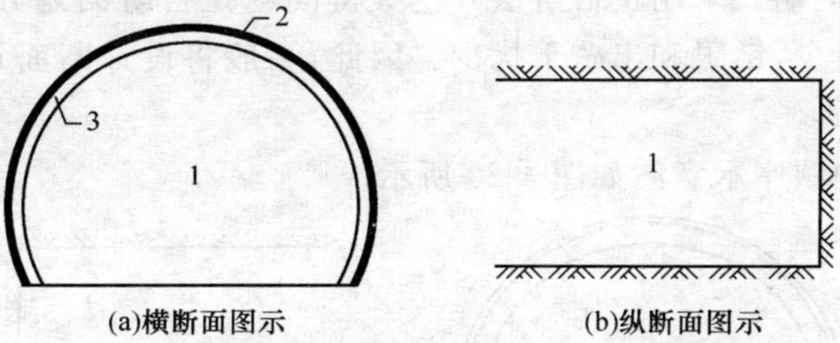

图4-19　全断面开挖施工和支护顺序示意图

开挖顺序：1—全断面开挖；2—锚喷支护；3—模筑衬砌

1.优点

(1)施工场地宽敞，工作面空间大，便于大型机械作业，可使用钻眼台车钻眼，槽式列车或梭式矿车出渣等机械化配套作业；

(2)开挖面大，能发挥深眼钻爆的优点；

(3)工序少、干扰少、工序集中、管理方便；

(4)通风、排水、运输方便，提高掘进速度。

2.缺点

(1)要求机械化程度高；

(2)各工序紧密配合，某一工序落后，即严重影响全面施工；

(3)出渣是控制施工进度的重要因素，要注意合理组织运输工作。

3.注意事项

(1)施工时应配备钻孔台车或台架及高效率装运机械设备，以尽量缩短循环时间，各道工序应尽可能平行交叉作业，提高施工进度，并应注意经常检查维修机械设备，应备有足够的易损零件部件，以保证各项施工工作顺利进行；

(2)加强各种辅助作业和设备的管理，如三管两线要保持技术良好状态；

(3)加强对工程地质和水文地质的调查，对不良地质情况要及时预报、量测，分析研究，以防影响施工安全、工程建设进度等；

(4)加强和重视施工操作人员的技术培训，使其能熟练掌握各种机械设备，推广新技术，不断提高工效，改进施工管理(包括隧道施工的计划管理，技术管理，质量管理，经济管理，安全管理等)；

(5)使用钻孔台车宜采用深孔钻爆，以提高开挖进尺；

(6)初期支护应严格按照设计及时施做，为控制超欠挖，提高爆破效果，有条件时可采用超前导坑法进行全断面开挖。

(二)台阶法

台阶开挖法是先开挖上半断面，待开挖至一定长度后同时开挖下半断面，上、下半断面同时并进的施工方法。

台阶开挖可以说是全断面开挖法的变化方案，即将设计断面分上半部断面和下半部断面两次或多次开挖成型；或采用上弧形导坑开挖和中核开挖及下部开挖(即台阶分部开挖法)。台阶法开挖便于使用轻型凿岩机打眼，而不必使用大型凿岩台车。在装渣运输、衬砌修筑等方面，则与全断面法基本相同。

在上部断面以弧形导坑领先 2～2.5 m，下部断面以一个正台阶垂直挖到底，一次爆破，利用碴堆钻眼，机械装碴运输。采用正台阶法开挖关键问题是台阶的划分形式。台阶划分要求尽量做到爆破后扒碴量少，钻眼和出碴干扰少。因此，一般将设计断面划分成 1～2 个台阶进行分部开挖。

台阶法施工和支护顺序示意图如图 4-20 所示。

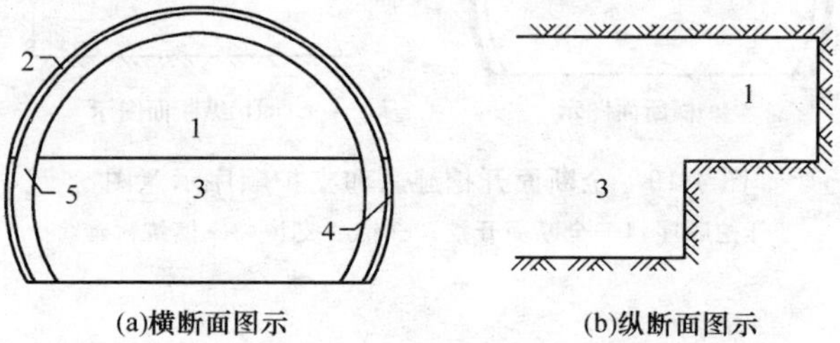

图 4-20 台阶法施工和支护顺序示意图

开挖顺序：1—上部分开挖；2—拱部锚喷支护；

3—下部分开挖；4—边墙锚喷支护；5—模筑二次衬砌

1. 优缺点

(1)台阶开挖法具有较大的工作空间和较快的施工速度，但上下部作业有相互干扰影响；

(2)台阶开挖法有利于开挖面的稳定，尤其是上部开挖支护后，下部断面作业就较为安全。但台阶开挖增加了对围岩的扰动次数，应注意下部作业对上部稳定性产生的不良影响。

2. 注意事项

(1)根据围岩条件，合理确定台阶长度，一般应不超过 1 倍洞径，以确保开挖、支护质量及施工安全；

(2)台阶高度根据地质情况、隧道断面大小和施工机械设备情况确定，其中上台阶高度以 2～2.5 m 为宜；

(3)上台阶施作钢架时，应采用扩大拱脚或施做锁脚锚杆等措施，控制围岩和初期支护变形；

(4)下台阶应在上台阶喷射混凝土达到设计强度 70%以上时开挖。当岩体不稳定时，应采用缩短进尺，必要时上下台阶可分左、右两部错开开挖，并及时施做初期支护和仰拱；

(5)施工中应解决好上下台阶的施工干扰问题，下部施工应减少对上部围岩、支护的扰动；

(6)上台阶开挖超前一个循环后，上下台阶可同时开挖。

（三）中隔壁法

中隔壁法是在软弱围岩大跨隧道中，先开挖隧道的一侧，并施作中隔壁墙，然后再开挖另一侧的施工方法。

采用该法施工，在Ⅴ～Ⅵ级围岩的地段，平均月成洞可达 20～30 m，施工安全大大提高。由于施作的中隔壁在施作二次衬砌时是需要全部拆除的，因此，使用该法时其施工成本费用相对较高。

中隔壁法施工和支护顺序示意图如图 4-21 所示。

施工时应注意：

(1)各部开挖时，周边轮廓应尽量圆顺，减小应力集中；

(2)各部的底部高程应与钢架接头处一致；

(3)每一部的开挖高度应根据地质情况及隧道断面大小而定，后一侧开挖形成全断面时，应及时完成全断面初期支护闭合；

(4)左、右两侧洞体施工时，纵向间距应拉开不大于 15 m 的距离，中隔壁宜设置为弧形；

(5)在灌注二次衬砌前，应逐段拆除中隔壁临时支护，拆除时应加强量测，一次拆除长度一般不宜超过 15 m。

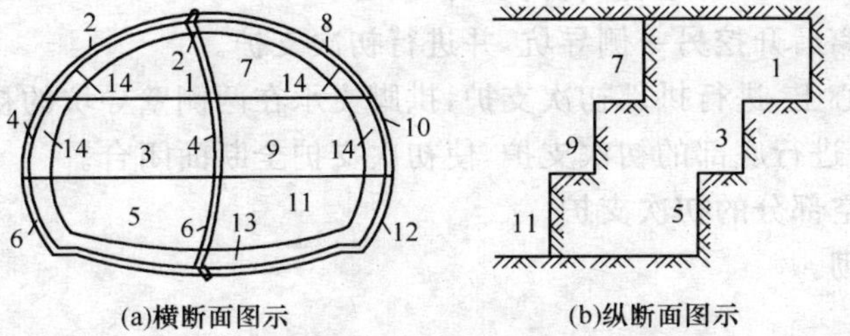

图 4-21　中隔壁法施工和支护顺序示意图

施工顺序：1—先行导坑上部开挖；2—先行导坑上部初期支护；3—先行导坑中部开挖；4—先行导坑中部初期支护；5—先行导坑下部开挖；6—先行导坑下部初期支护；7—后行导坑上部开挖；8—后行导坑上部初期支护；9—后行导坑中部开挖；10—后行导坑中部初期支护；11—后行导坑下部开挖；12—后行导坑下部初期支护；13—仰拱超前浇筑；14—全断面二次衬砌

（四）双侧壁导坑法

先开挖隧道两侧的导坑，并进行初期支护，再分部开挖剩余部分的施工方法。

双侧壁导坑法（又称眼镜工法）是采用先开挖隧道两侧导坑，及时施工作业导坑四周初期支护及临时支护，必要时施工作业边墙衬砌，然后再根据地质条件、断面大小，对剩余部分采用二台阶或三台阶开挖的方法。

双侧壁导坑法适用于软弱围岩地段时的开挖方法，由于跨度较大，一般开挖宽度达到 11 m左右，无法采用全断面或台阶法开挖，而采用双侧壁导坑法，相当于先开挖 2 个小跨度的隧道，开挖后，围岩的自稳时间能够满足初期支护的需要，这样有利于施工的安全。侧壁导坑完成后，剩余断面一般采用上、下两步开挖，上部开挖后，立即进行初期支护，安装钢架支撑，并将钢架与侧壁导坑的钢架连接成一个整体，从而克服了大跨度带来的施工安全问题。

双侧壁导坑法施工和支护顺序示意图如图 4-22 所示。

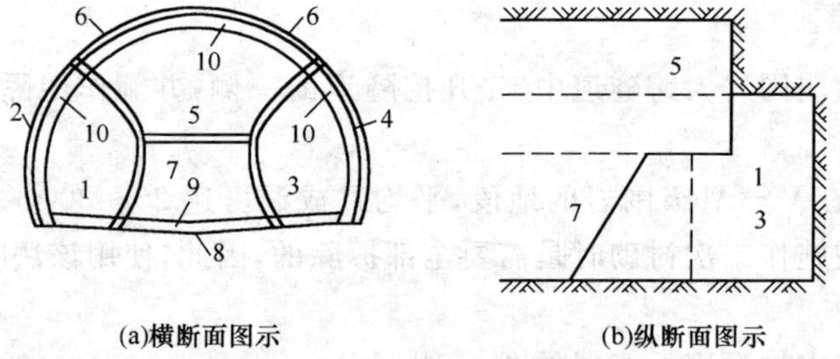

图 4-22 双侧隔壁法施工和支护顺序示意图

施工顺序:1—左(右)导坑开挖;2—左(右)导坑初期支护;3—右(左)导坑开挖;
4—右(左)导坑初期支护;5—上台阶开挖;6—上台阶初期支护、导坑隔壁拆除;
7—下台阶开挖;8—仰拱初期支护;9—仰拱超前浇筑;10—全断面二次衬砌

1.开挖面分部形式

一般将断面分成四块:左、右侧壁导坑、上部核心土、下台阶。导坑宽度不宜超过断面最大跨度的1/3。左、右侧导坑错开的距离,应根据开挖一侧导坑所引起的围岩应力重分布的影响不致波及另一侧已成导坑的原则确定。

2.施工作业顺序

(1)开挖一侧导坑,并及时地将其初次支护闭合。

(2)相隔适当距离后开挖另一侧导坑,并进行初次支护。

(3)开挖上部核心土,进行拱部初次支护,拱脚支承在两侧壁导坑的初次支护上。

(4)开挖下台阶,进行底部的初次支护,使初次支护全断面闭合。

(5)拆除导坑临空部分的初次支护。

(6)进行内层衬砌。

3.注意事项

(1)侧壁导坑形状应近似椭圆形,导坑断面宽度宜为整个断面的1/3。

(2)侧壁导坑、上部核心土、下部台阶错开一定距离平行作业。

(3)导坑开挖后应及时进行初期支护及临时支护,并尽早封闭成环。

(4)侧壁导坑采用短台阶法开挖,左右侧壁导坑施工可同步进行。

(5)当全断面初期支护封闭成环后,量测显示支护体系稳定,变形很小时,方可拆除临时支护,但应及时施作仰拱并进行二次衬砌。

(6)临时支护拆除时应加强量测,一次拆除长度一般不宜超过15 m。

二、隧道钻眼爆破施工

钻眼爆破是一般山岭隧道最常采用的方式。

(一)炮眼的种类与作用

钻爆法亦即用爆破进行隧道开挖,提高爆破效果则需增加临空面,临空面是指需要爆破的岩体暴露于空间的平面。

同样的炮眼和装药、开挖临空面数量不同时,爆破的效果大不相同,临空面越多,爆破效果越好。导坑开挖只有一个临空面,所以爆破时要人为地创造新临空面即所谓"掏槽",炸出漏斗,于是,以后爆炸的炮眼,处于多临空面的有利条件,先爆的炮眼称为"掏槽眼"。隧道开挖的炮眼数目与隧道断面大小有关(多在几十至数百范围内),炮眼按其所在位置、爆破作用、布置方式和有关参数大体分为掏槽眼、辅助眼、周边眼(图4-23,图中数字为雷管段别)。

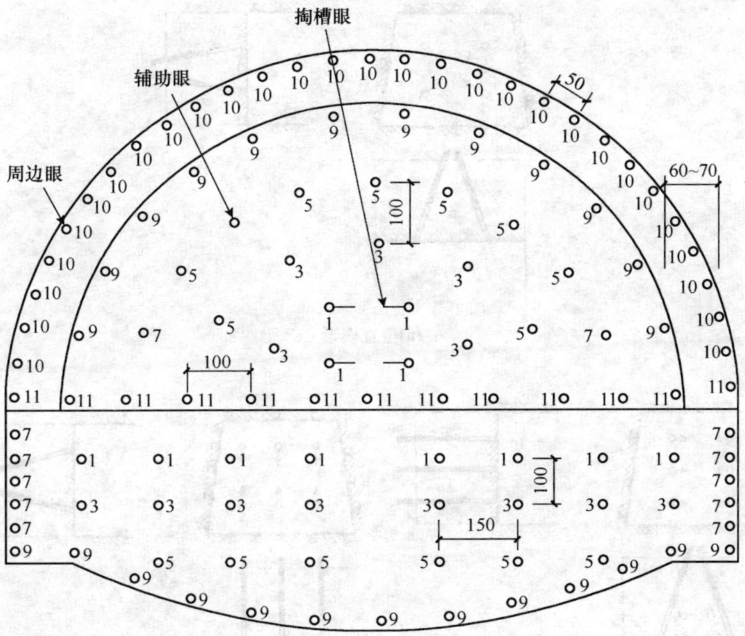

辅助炮眼:位于掏槽炮眼与周边炮眼之间的炮眼,用以扩大掏槽眼炸出的槽坑。

周边炮眼:周边轮廓线上的炮眼。用以炸落坑道周边岩石,保证按设计要求炸出开挖断面轮廓。其中位于坑道底边上的炮眼叫底(板)眼,位于坑道顶边上的炮眼叫顶眼,位于坑道两侧边上的炮眼叫帮眼。

图 4-23 炮眼布置示意图(单位:mm)

1. 掏槽眼

掏槽炮眼,用以掏出开挖面的中央部分,增加临空面,改善后继炮眼的爆破条件。

掏槽炮眼在软硬一致的均质岩层中,应布置在导坑中部,在软硬不均的岩层中,可布置在软岩层中。掏槽眼必须比其他炮眼深 15～25 cm,这样才能为辅助眼创造出足够深度的临空面。当岩层层理明显时,掏槽眼应尽量垂直于层理,而不可与之平行。掏槽形式较多,应视地质情况而定。

为防止相邻炮眼或相对炮眼之间殉爆,装炮眼之间的距离不能小于 20 cm。

掏槽眼眼口间距误差和眼底间距误差不得大于 50 mm。

(1)斜眼掏槽。

斜眼掏槽的特点是掏槽眼与开挖面斜交,优点是可以按照岩层的实际情况选择合适的掏槽方式和掏槽角度,较易保证掏槽的效果,钻眼数量比较少。但在坑道内打斜眼时,炮眼深度受到坑道尺寸的限制。因此,要采用多层楔形掏槽的方式,逐步将掏槽漏斗加深。但这种方式要增加分组起爆的段数。由于斜眼掏槽不便于实行多机钻眼和深眼爆破,限制快速掘进,由此,现场多是采用直眼掏槽。

斜眼掏槽的形式如图 4-24 所示。

(2)直眼掏槽。

直眼掏槽由若干个彼此距离很近并垂直于开挖面相互平行的炮眼组成。其中可有一个或几个不装药的空眼,空眼用大直径钻头(大于 100 mm),空眼的作用是为装药眼创造临空面,以保证掏槽范围内的岩石破碎,它适用于各种硬度的岩层。凿岩作业比较方便,打眼深度不受断面限制,可以多机作业,但在掏槽部位,炮眼集中,控制打眼时间,另外,炮眼间距近,容易发

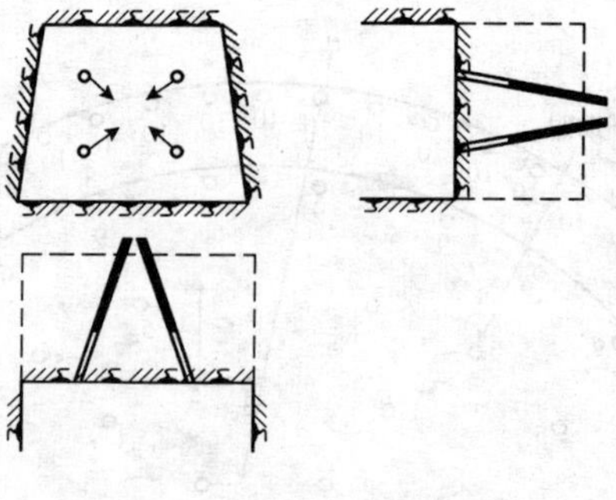

(a)垂直楔形

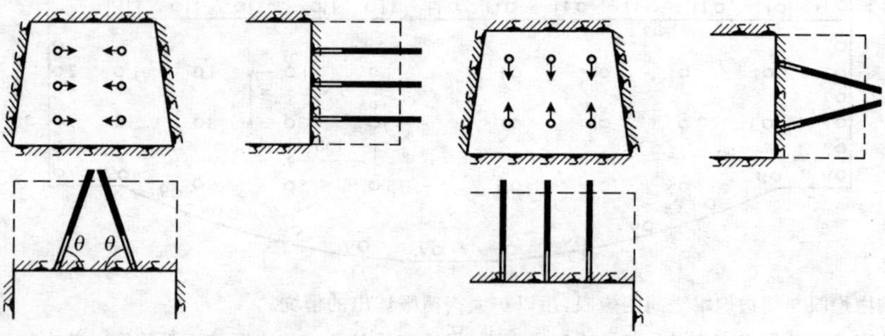

(b)楔形 (c)楔形

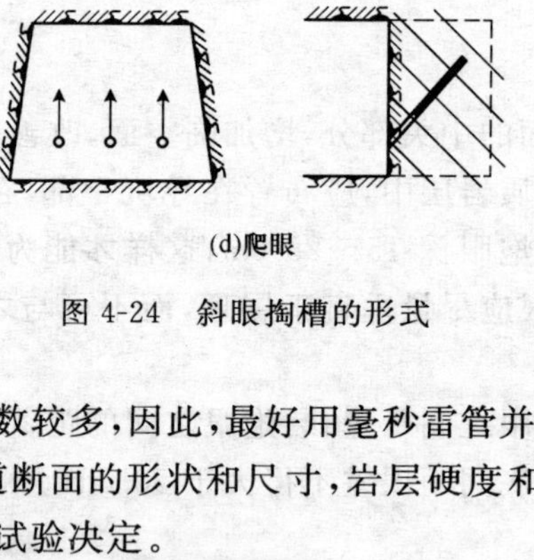

(d)爬眼

图 4-24 斜眼掏槽的形式

生殉爆和拒爆，同时要求雷管段数较多，因此，最好用毫秒雷管并按正确起爆顺序起爆。

掏槽形式的选定要根据坑道断面的形状和尺寸，岩层硬度和节理、层理情况、钻眼机具情况，参照既有的经验并通过实地试验决定。

直眼掏槽的形式如图 4-25 所示。

2. 辅助眼

布置在掏槽眼周围，且离槽口边线较近的地方，使其抵抗线约等于或稍大于槽口宽度的一半，辅助炮眼交错均匀布置在周边眼与掏槽眼之间，力求爆破出的石块块度适合装碴的需要，这类炮眼的布置主要是确定炮眼的间距和最小抵抗线。它们是根据岩石坚硬程度和炸药的威力而定，并由工地试验，选取合适的数据。眼口间距一般为 40～60 cm，应交错配置在掏槽眼与周边眼之间。当采用斜眼掏槽时，则辅助眼应向已掏出的槽子适当倾斜，使眼底与槽子底的距离不会太大，以保证爆破效果。

3. 周边眼

布置在设计断面轮廓线上，允许沿轮廓线调整，其误差不得大于 5 cm，炮眼方向可按 3%～5%的斜率外插，眼底不超出开挖断面轮廓线 10 cm，最大不超过 15 cm。周边眼的眼口距坑道

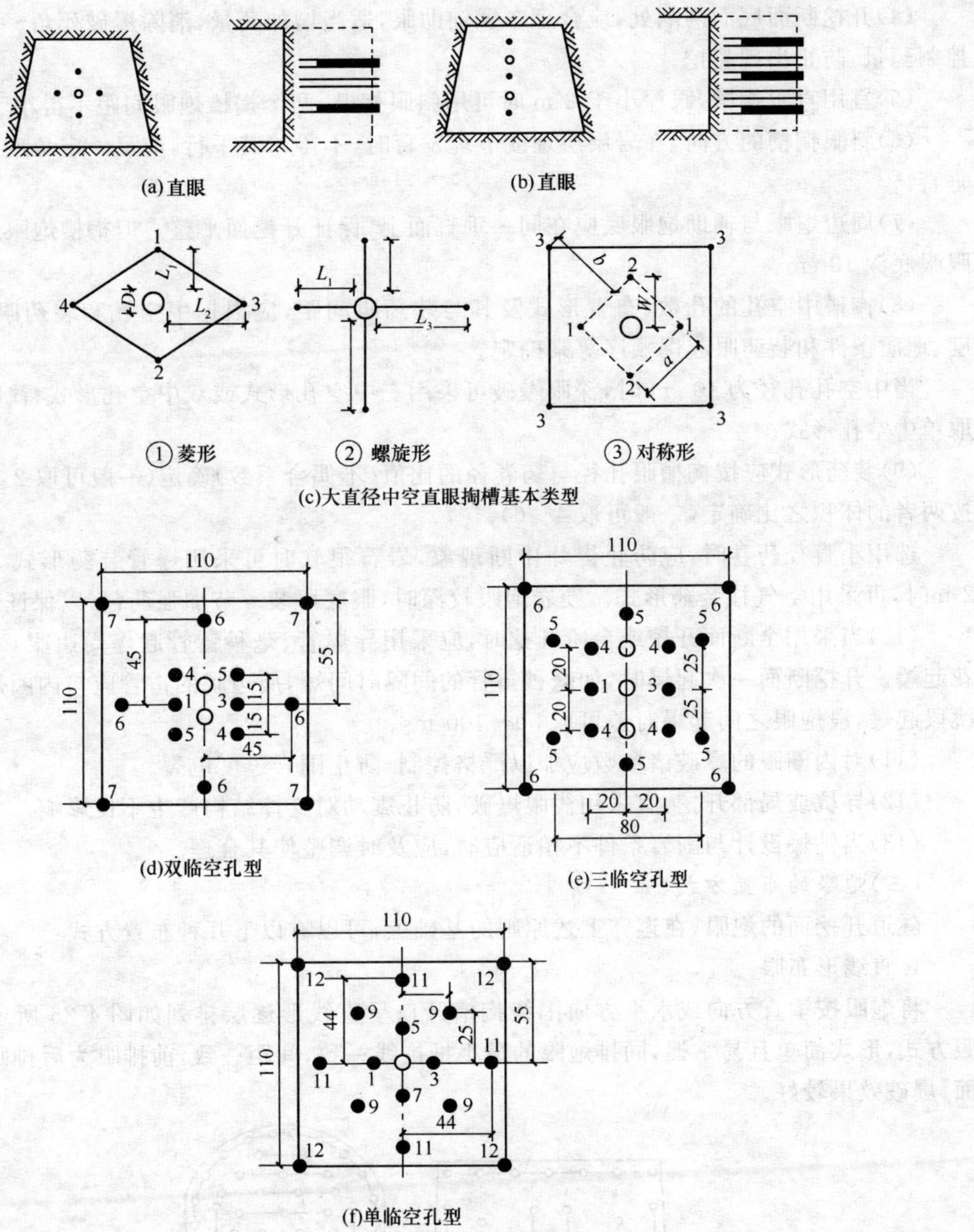

图 4-25　直眼掏槽的形式(单位:cm)

壁约 0.1～0.2 m,便于打眼。对于周边炮眼的末端,在软岩层及压顶眼时应落在设计轮廓线上,以防坍顶和超挖;在坚硬岩层和底板眼时,眼底则须略为加深,以防欠挖和底板眼过高。

(二)炮眼布置原则

(1)先布置掏槽眼,位置在开挖断面的中央稍靠下部,以使底部岩石破碎,减少飞石。

(2)周边炮眼与辅助炮眼的眼底应在同一垂直面上,周边眼按设计位置布,外插斜率为 0.03～0.05,断面拐角处布炮眼。

(3)辅助炮眼应交错均匀地布置在周边眼与掏槽眼之间,并垂直于开挖面打眼,力求爆下的石碴块体大小适合装碴的要求。

(4)开挖断面底面两隅处,应合理布置辅助眼,适当增加药量,消除爆破死角。断面顶部应控制药量,防止出现超挖。

(5)宜用直眼掏槽,眼深小于 2 m 时可用斜眼掏槽,两个掏槽炮眼间距不得小于 20 cm。

(6)斜眼掏槽的方向,在岩层层理或节理发育时,不得与其平行,应呈一定角度并尽量与其垂直。

(7)周边炮眼与辅助炮眼底应在同一垂直面上,保证开挖面平整。但掏槽炮眼应比辅助炮眼眼底深 10 cm。

(8)掏槽中空孔的孔数、布置形式及其与装药眼间距,应根据中空孔和装药眼的直径、深度、地质条件和装药眼起爆顺序等来确定。

当中空孔孔径为 10 cm 时,深眼爆破可采用三中空孔形式或双中空孔形式;浅眼爆破可采取单中空孔形式。

(9)装药形式应按掏槽眼孔径与药卷径的比值(不偶合系数)确定(一般可取 2 左右),也可按两者的体积之比确定(一般可取 4～6)。

选用小直径药卷时,应防止爆炸中断现象,岩石很软时可采用爆管装药形式。眼深小于 2 m时,可采用空气柱装药形式。硬岩炮眼较深时,眼底可装一节加强药包,以保证爆破效果。

(10)当采用全断面开挖或台阶开挖时,应采用导爆管、毫秒雷管起爆周边眼,不得采用火花起爆。开挖断面一次起爆时,如毫秒雷管的间隔时间短,周边眼的雷管应与内圈炮眼的雷管跳段起爆,段炮眼之间起爆时差可取 50～100 ms。

(11)对内圈眼的爆破诸参数应加以严格控制,防止围岩过度龟裂。

(12)导坑或局部开挖,宜采用浅眼爆破,防止震动对支撑结构产生不良影响。

(13)当钻爆设计与围岩条件不相适应时,应及时调整使其合理。

(三)炮眼的布置方式

隧道开挖面的炮眼,在遵守上述原则的基础上,可以有以下几种布置方式:

1. 直线形布眼

将炮眼按垂直方向或水平方向围绕掏槽开口呈直线形逐层排列如图 4-26 所示。这种布眼方式,形式简单且易掌握,同排炮眼的最小抵抗线一致,间距一致,前排眼为后排眼创造临空面,爆破效果较好。

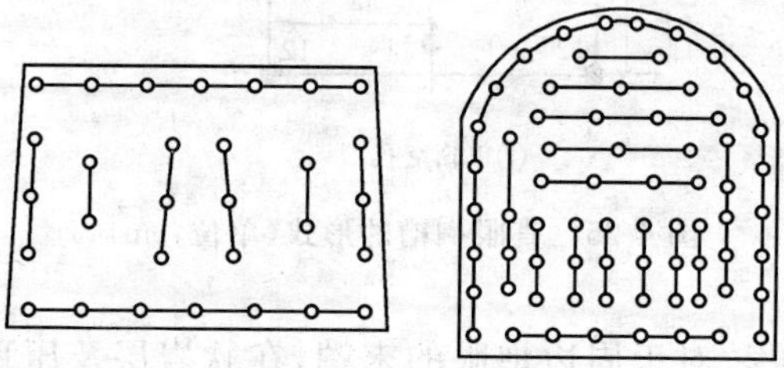

图 4-26 直线形的布置方式

2. 多边形布眼。

这种布眼是围绕着掏槽部位由里向外将炮眼逐层布置成正方形、长方形、多边形等如图 4-27 所示。

3. 弧形布眼

顺着拱部轮廓线逐圈布置炮眼如图 4-28 所示。此外,还可将开挖面上部布置成弧形,下部布置成直线形，以构成混合型布置。

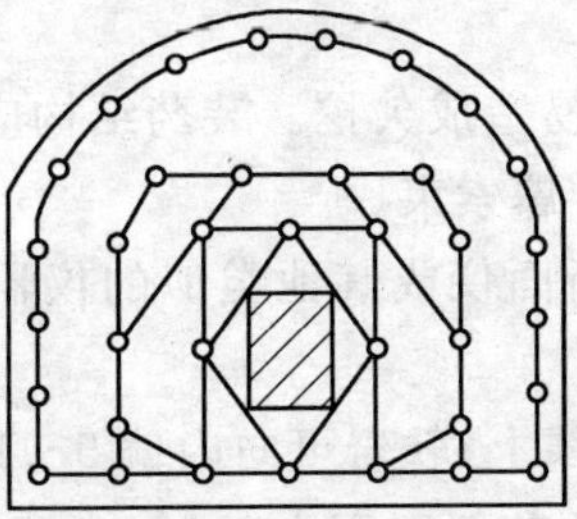

图 4-27 多边形的布置方式

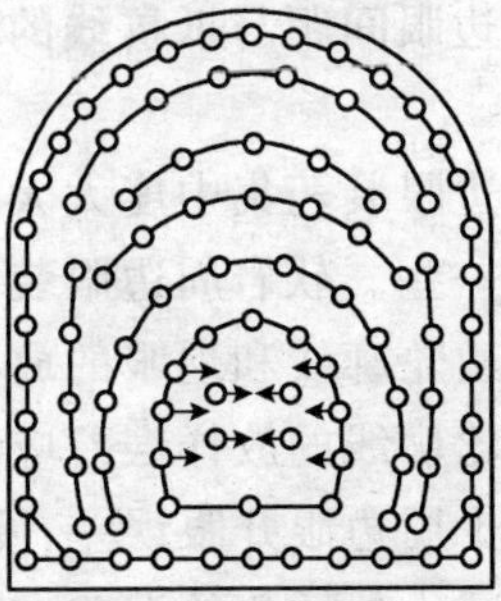

图 4-28 弧形布眼

4.圆形布孔

当开挖面为圆形时，炮孔围绕断面中心逐层布置成圆形。这种布孔方式多用在圆形隧道、泄水洞以及圆形竖井的开挖中。

(五)周边眼的控制爆破

在隧道爆破施工中，首要的要求是开挖轮廓与尺寸准确，对围岩扰动小。所以，周边眼的爆破效果反映了整个隧道爆破的成洞质量。实践表明，采用普通爆破方法不仅对围岩扰动大，而且难以爆出理想的开挖轮廓，故目前采用控制爆破技术进行爆破。隧道控制爆破是指光面爆破和预裂爆破。

1.光面爆破

光面爆破是先爆除主体开挖部位的岩体，然后再起爆布置在设计轮廓线上的周边孔药包，将光爆层炸除，形成一个平整的开挖面，通过正确选择爆破参数和合理的施工方法，达到爆后壁面平整规则、轮廓线符合设计要求的一种控制爆破技术。

(1)作用原理：实现光面爆破，就是要使周边炮眼起爆后优先沿各孔的中心连线形成贯通裂缝，然后由于爆炸气体的作用，使裂解的岩体向洞内抛散。裂缝形成的机理，国内外进行过不少研究，但目前还缺乏一致的认识。有代表性的理论有三种：一种是认为成缝主要是由于爆破应力波的动力作用引起的，提出了应力波理论；另一种则认为裂缝主要是由于爆破高压气体准静应力的作用引起的，提出了静压力破坏理论；第三种是应力波与爆破气体压力共同作用理论，这是更多的人赞同的一种理论。即：光面爆破的起爆顺序是掏槽眼首先起爆，依次向外扩爆，最后为周边眼同时起爆，各炮眼的冲击波向其四周作径向传播，相邻炮眼的冲击相遇，则产生应力波的叠加，并产生切向拉力，拉力的最大值发生在相邻炮眼中心连线的中点，当岩体的极限抗拉强度小于此拉力时，岩体便被拉裂，在炮眼中心连线上形成裂缝，随后，爆炸气的膨胀合裂缝进一步扩展，形成平整的爆裂面。

(2)效果要求：

1)周围岩壁平整规则，轮廓线符合设计，超欠挖满足要求(每 1 m^2不大于 0.1 m^2、高度不大于 5 cm)。爆破后的围岩要求硬岩无剥落；中硬岩基本无剥落；软弱围岩无大的剥落或坍塌。

2)围岩扰动较少，完整稳定，肉眼几乎看不到爆破造成的裂缝，原有裂隙也不因爆破而明显扩展。

3)在平整的轮廓线上保留着一定数量的清晰可见的半边炮眼痕迹，眼痕保存率硬岩可达 80%以上，中硬岩可达 60%以上，并应在开挖轮廓面上均匀分布。

(3)技术措施:

1)周边眼间距与抵抗线的相对距离要合理,通常减小周边眼间距和抵抗线,爆破后轮廓成形好。

2)周边眼装药集中度太大易造成超挖;而太小易造成欠挖。装药结构应均匀分布,眼底可相对加强一些。软岩周边眼装药宜采用导爆索或导爆索束。

3)周边轮廓线和炮眼的放样宜采用隧道激光断面仪或其他类似的仪器,尽量减少人工操作。周边轮廓线的放样误差应不大于±2 cm。

4)减少周边眼开眼误差:硬岩开眼位置在轮廓线上;软岩可向内偏 5~10 cm。

5)应减小外插角的误差,一般小于 3m 时外插角的斜率宜为 0.05;大于 3 m 时外插角的斜率宜为 0.05~0.03;外插角的方向应与该点轮廓线的法线方向相一致。

(4)主要参数:光面爆破的成功与否主要取决于爆破参数的确定。其主要参数包括:周边炮眼的间距、光面爆破层的厚度、周边眼密集系数和装药集中度等。影响光面爆破参数选择的因素很多,主要有岩石的爆破性能、炸药品种、一次爆破的断面大小、断面形状、凿岩设备等,其中影响最大的是地质条件。光面爆破参数的选择,通常采取简单的计算并结合工程类比加以确定,然后通过现场爆破实践中加以修善。

1)周边炮眼间距 E:在不偶合装药的前提下,光面爆破应满足炮孔内静压力 F 小于爆破岩体的极限抗压强度,而大于岩体的极限抗拉强度的条件,如图 4-29 所示,即:

$$[\sigma_p]\cdot E\cdot L\leqslant[\sigma_c]\cdot d\cdot L \tag{4-1}$$

$$E\leqslant\frac{[\sigma_c]}{[\sigma_p]}\leqslant K_i\cdot d \tag{4-2}$$

式中 σ_p——岩体的极限抗拉强度(MPa);

σ_c——岩体的极限抗压强度(MPa);

E——炮孔内炸药爆炸静压力合力(N);

d——炮眼直径(mm);

L——炮眼深度;

K_i——孔距系数,$K=[\sigma_c]/[\sigma_p]$。

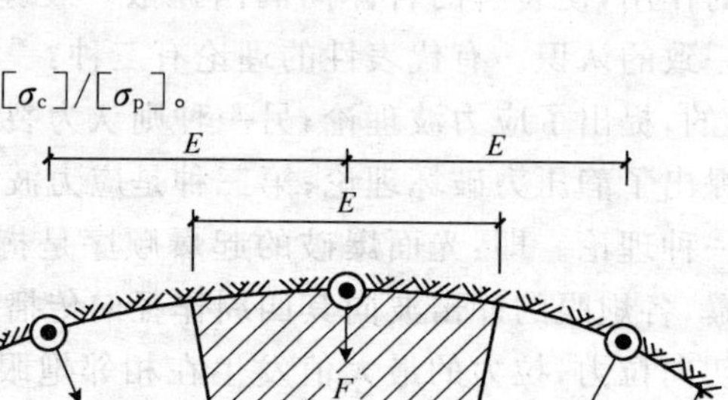

图 4-29 周边眼布置示意图

由公式可知,周边炮眼间距与岩体的抗拉、抗压强度以及炮眼直径有关。一般取 $K_i=10\sim18$,即 $E=(10\sim18)d$;当炮眼直径为 32~40 mm 时,$E=320\sim700$ mm。一般情况下,软质或完整的岩石 E 宜取大值,隧道跨度小、坚硬和节理裂隙发育的岩石 E 宜取小值,装药量也需相应减少。还可以在两个炮眼间增加导向空眼,导向眼到装药眼间的距离一般控制在 400 mm以内。此外,还应注意炸药的品种对 E 值也有影响。

2)光面层厚度及炮眼密集系数:所谓光面层就是周边眼与最外层辅助眼之间的一圈岩石层。其厚度就是周边眼的最小抵抗线 W(图 4-29)。周边眼的间距 E 与光面层厚度 W 有着密切关系,通常以周边眼的密集系数 $K(K=E/W)$表示,其大小对光面爆破效果有较大影响。必须使应力波在两相邻炮眼间的传播距离小于应力波至临空面的传播距离,即 $E<W$。实践表明,$K=0.8$ 较为适宜,光面层厚度 W 一般取 50～80 cm。

3)装药量:周边眼的装药量通常以线装药密度表示。恰当的装药量应是既具有破岩所需的能量,又不造成围岩的过度破坏。施工中应根据孔距、光面层厚度、石质及炸药种类等综合考虑确定装药量。在光面层单独起爆时,周边眼的线装药密度一般为 0.15～0.25 kg/m,全断面一次起爆时,为减少残眼,装药密度需适当增加,一般可达 0.30～0.35 kg/m。光面爆破参数应通过试验确定。当无试验条件时,有关参数见表 4-4。

表 4-4 光面爆破参数

岩石类别	周边眼间距 E(cm)	周边眼抵抗线 W(cm)	相对距离 E/W	装药集中度(kg/m)
极硬岩	50～60	55～75	0.8～0.85	0.25～0.30
硬岩	40～50	50～60	0.8～0.85	0.15～0.25
软质岩	35～45	45～60	0.75～0.8	0.07～0.12

2. 预裂爆破

预裂爆破是由于先起爆周边眼,在其他炮眼未爆破之前先沿着开挖轮廓线预裂爆破出一条用以反射爆破地震应力波的裂缝而得名的。预裂爆破的目的同光面爆破,只是在炮眼的爆破顺序上,光面爆破是先引爆掏槽眼,再引爆辅助眼,最后引爆周边眼,而预裂爆破则是首先引爆周边眼,使沿周边眼的连心线炸出平顺的预裂面。由于这个预裂面的存在,对后爆的掏槽眼、辅助眼的爆轰波能起反射和缓冲作用,可以减轻爆轰波对围岩的破坏影响,保持岩体的完整性,使爆破后的开挖面整齐规则。

由于成洞过程和破岩条件不同,在减轻对围岩的扰动程度上,预裂爆破较光面爆破的效果更好,所以,预裂爆破很适用稳定性较差而又要求控制开挖轮廓的软弱围岩,但预裂爆破的周边眼距和最小抵抗线都要比光面爆破小,相应地要增多炮眼数量,钻眼工作量增大。

理想的预裂效果应保证在炮眼连线上产生贯通裂缝,形成光滑的岩壁。但预裂爆破受到只有一个临空面条件的制约,因此,其爆破技术较光面爆破更为复杂。影响预裂爆破效果的因素很多,如钻孔直径、孔距、装药量、岩石的物理力学性质、地质构造、炸药品种、装药结构及施工因素等,而这些因素又是相互影响的。目前,确定预裂爆破主要参数的方法有理论计算法、经验公式计算法和经验类比法三种。就目前的状况来说,对预裂爆破的理论研究还很欠缺,设计计算方法也很不完善,多半须通过经验类比初步确定爆破参数,再由现场试验调整,才能获得满意的结果。表 4-5 给出了隧道预裂爆破的参考数值,可供选用。

表 4-5 预裂爆破参数

岩石类别	周边眼间距 E(cm)	至内排崩落眼间距(cm)	装药集中度(kg/m)
极硬岩	40～50	40	0.30～0.40
硬岩	40～45	40	0.20～0.25
软质岩	35～40	35	0.07～0.12

3. 钻眼要求

钻孔时，操作人员必须按照炮眼设计图正确钻孔，具体要求是：

(1)炮眼的深度和斜率应符合钻爆设计。掏槽眼眼口间距误差不大于 3 cm、眼底间距误差不得大于 5 cm；辅助眼眼口排距、行距误差均不得大于 5 cm；周边眼眼口位置误差不得大于 3 cm，眼底不得超出开挖断面轮廓线 3～5 cm/m(深眼取大值，浅眼取小值)。

(2)当采用凿岩机钻眼时，掏槽眼眼口间距误差和眼底间距误差不得大于 5 cm；辅助眼眼口排距、行距误差均不得大于 10 cm；周边眼眼口位置误差不得大于 5 cm，眼底不得超出开挖断面轮廓线 15 cm。

(3)当开挖面凹凸较大时，应按实际情况调整炮眼深度，使周边眼和辅助眼眼底在同一垂直面上。

(4)钻眼完毕，按炮眼布置图进行检查并做好记录，对不符合要求的炮眼应重钻，经检查合格后方可装药。

(5)采用凿岩机凿孔，当凿孔高度超过 2.0 m，都应配备与开挖断面相适应的作业台架进行凿孔；钻孔作业机械操作人员应定人定岗，尤其是左右侧周边眼司钻工不宜变动。

三、隧道洞口施工

(一)隧道洞口特点

1. 洞口地段成洞困难

隧道洞口地段，一般覆盖层薄，岩层破碎、松散，风化严重，同时，洞口段往往也是软硬岩交界的地方，地形和地质条件极不稳定，且地表水汇集，洞口段围岩的自支护能力比较弱，有的甚至没有自支护能力，尤其是在浅埋、破碎、滑坡、崩塌、软弱、地下水丰富并具有软弱夹层等极易发生滑移、坍塌的地段，成洞特别困难。

2. 结构受力体系复杂

首先，洞口施工破坏了洞口山体原有的平衡，仰坡开挖后，仰坡由三维受力状态变为二维受力状态，仰坡与隧道顶板的交叉部位处于一维受力状态。其次，洞口处顶板一端由工作面支撑，另一端则处于悬空状态，属悬臂梁结构，其稳定性较差。另外，隧道洞口处常常还会有一明挖(深)路堑，其边坡也处于二维受力状态。随着隧道洞口段的开挖和支护，该段将重复进行应力释放与重新分布。

3. 支护加固工程量大

在开挖过程中，必须要对隧道洞口路堑边坡、洞口及洞顶以上仰坡进行锚喷预加固处理。进洞前采取超前锚杆、超前小导管周边注浆、设置大管棚等超前预支护技术；开挖后及时喷射混凝土和仰拱紧跟形成封闭受力环等。

4. 植被容易遭受破坏

山区隧道洞口生态植被极其脆弱，若隧道洞口进洞方案制定不妥、洞口勘察设计选址不当、洞口变坡点设置不合理或洞口处在深路堑等，都会造成大面积原生植被的破坏，且难以恢复生态，容易出现水毁冲刷和水土流失，严重者会造成隧道洞口坍塌。

(二)隧道洞口施工方法

1. 施工准备

隧道进洞施工前，进行边仰坡防护和加固，平整洞顶地表，做好洞顶防排水工程。

2.边坡开挖

隧道洞口进洞施工不但要满足安全性、经济性,更重要的是要保护好环境,尽量减少施工作业对原始山体和植被的破坏。开始施工时,先清理隧道洞口段上方及侧方有可能滑塌的地表土,灌木及山坡危石等。在进行洞口土石方工程时,不能采用深眼大爆破或集中药包爆破,以免影响边坡的稳定。按设计要求进行边、仰坡放线,自上而下逐段开挖,如果发现地形地貌与设计不符时,及时通知设计代表现场办公,合理设置洞口边仰坡变坡点,尽量降低洞口边仰坡开挖的高度,减少刷坡面积和范围以及洞口段植被的破坏量。

3.洞口段开挖

洞口段开挖方法的确定取决于工程地质、水文地质和地形条件、隧道自身构造特点、施工机具设备情况、洞外相邻建筑的影响等诸多因素。施工中应根据实际情况,综合选定洞口段开挖进洞方案。

(1)洞口段地层条件良好,围岩为Ⅲ～Ⅳ级以上时,宜采用正台阶法进洞(台阶长度以1.5倍洞径为宜),其爆破进尺控制在1.5～2.5 m,并严格按照设计及时做好支护。

(2)洞口段围岩为Ⅴ级及以下时,可采用环形开挖预留核心土法、双侧壁导坑法、中隔壁法、交叉中隔壁法等分部开挖法进洞,开挖前对围岩进行预加固。

(3)对于浅埋或偏压隧道,采用地表预加固和围岩超前支护方法,做到"先护后挖"。

4.地基基础处理

洞口段圬工基础必须置于稳固的地基上,对地基强度不够的部分需采取加强措施,如:扩大基础、桩基、压浆加固地基等措施,及时施作仰拱,封闭基础围岩,及早形成一个封闭的圆形受力环,有利于隧道洞口安全。

5.前置式洞口工法简介

目前隧道建设技术较为先进的国家已经摒弃了传统方法而采取保护山坡自然进洞的方法进行隧道洞口施工,即不切坡进洞,而是在洞外不开挖山脚土体的情况下,采用开槽施工的方法先修接明洞,然后采用在明洞内暗洞施工,采用震动破碎或小型爆破进洞。

前置式洞口工法(图4-30)就是自洞外开槽施工架设钢拱架混凝土,逐榀推进出"亲吻"山体,接触山体进行微开挖即可进洞,真正地实现"早进晚出"。其基本思路是:不开挖明洞段洞内山脚土体的情况下,两侧开槽在原设计明洞外轮廓以外施作工字钢拱架并浇筑混凝土,作为明洞临时衬砌,在进洞前成洞,回填反压后再进行临时衬砌内暗挖施工。

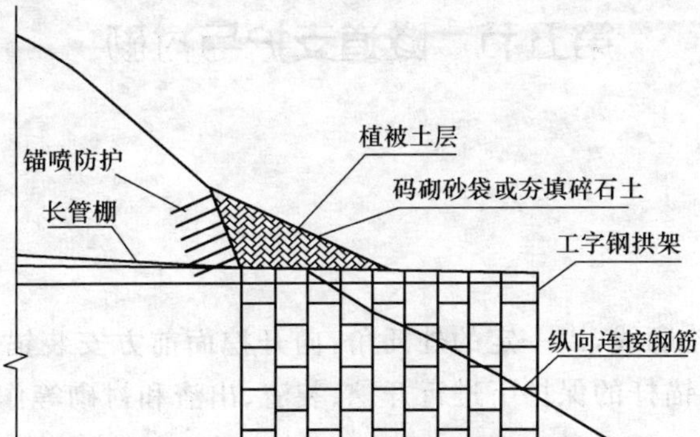

图4-30 前置式洞口

施工工序一般应为:洞顶及周边截水沟砌筑,完善排水系统→仰坡开挖、防护(因开挖工作量较小，主要采用人工进行，以免机械的扰动)→套拱施工槽开挖、防护→前置式洞口段套拱钢拱架架立就位→前置式洞口段套拱模板固定、混凝土浇筑并养护→洞顶反压回填并覆土绿化→开挖前置式洞口段洞内预留山脚土体→暗洞段施工→防水铺设、衬砌施工。

6.套拱法进洞施工简介

所谓“套拱法”就是在洞口段隧道洞身上下衬砌轮廓线以外，立模架灌注厚 30～50 cm 厚的混凝土(或者钢筋混凝土)，长度 3～5 m，嵌进山体 0.5～1.0 m，外露 0.5～4.5 m，以确保洞口段山体稳定，防止坍塌和洞顶危石伤人，确保施工安全，然后采用台阶法施工。施工时，配合超前支护(锚杆、小导管及大小管棚)和钢架支护。然后按设计要求进行洞身开挖支护。洞口浅埋地段避开雨季施工，施工中采用人工开挖(必要时放小炮)，短开挖，强支护，衬砌紧跟，步步为营，稳扎稳打，以保安全。

7.边仰坡施工

截水沟施作完毕后进行边仰坡开挖，按设计坡度一次整修到位，并分层进行边仰坡防护，以防围岩风化，雨水渗透而坍塌。围岩破碎部位增设网喷，以稳定边仰坡。刷坡防护到路基面标高。

8.洞门施工

洞门应及早修筑，并尽可能安排在冬季或雨季前施工；所有建筑材料和施工要求符合图纸及规范规定：

(1)洞门施工放样位置准确。

(2)洞门基础必须置于稳固的地基上，做好防水排水工作，不得被水浸泡。基坑废碴、杂物等必须清除干净。

(3)洞门拱墙应与洞内相邻的拱墙衬砌同时施工，连成整体。洞门端墙应与隧道衬砌紧密相连接。

(4)洞门端墙的砌筑(或浇筑)与墙背回填，应两侧同时进行，防止对衬砌产生偏压。

(5)洞口装饰的隧道名牌，字样要求美观醒目。

(6)洞门建筑完成后，洞门以上仰坡坡脚如有损坏，应及时修补，并应检查与确保坡顶以上的截水沟和墙顶排水沟及路堑排水系统的完好与连通。

(7)端墙顶排水沟砌筑在填土上时，应将填土夯实紧密。

第五节　隧道支护与衬砌

一、超前支护

(一)超前锚杆

1.构造组成

超前锚杆是沿开挖轮廓线，以一定的外插角，向开挖面前方安装锚杆，形成对前方围岩的预锚固(预支护)，在超前锚杆的保护下进行开挖、装渣、出渣和衬砌等作业(图 4-31)。

2.适用条件

锚杆超前支护的柔性较大，整体刚度较小。它主要适用于地下水较少的破碎、软弱围岩的隧道工程中，如裂隙发育的岩体、断层破碎带、浅埋无显著偏压的隧道。采用凿岩机或专用的锚杆台车钻孔，锚固剂或砂浆锚固，其工艺简单、工效高。

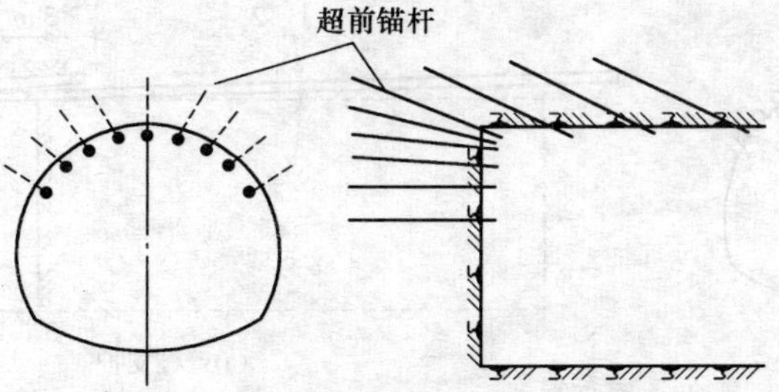

图 4-31 超前锚杆预加固示意图

3. 施工要点

超前锚杆的施工要点见表 4-6。

表 4-6 超前锚杆施工要点

项 目	内 容
锚杆制作	按设计将螺纹钢筋加工成设计长度的锚杆并在一端车丝
钻孔	用风钻或凿岩台车引孔，钻孔前确定钻杆方向和夹角，保证锚杆角度正确。钻孔时控制用水量，以防坍孔
注浆	可利用注浆泵往孔内注入早强水泥砂浆。注浆时，将搅拌好的砂浆装入注浆器并充满管路，并将注浆管插入孔中，使管口离孔底 10 cm 间隙，将水泥砂浆压入孔中，注到孔深的 2/3 以上时停止注浆，由插入的钢筋将孔内砂浆挤出填满为止。注浆过程中要始终保持罐内有足够的砂浆（1/4 以上）。尤其是最后一根锚杆，防止高压风将孔中砂浆吹掉，并确保安全
锚杆安装	锚杆钢筋在使用前应矫直和清除污锈并用水湿润，以保证和砂浆紧密结合。一般先注浆后插入锚杆、先将钢筋头部加工成扁铲形，以利于减少阻力并增大锚固力；插入钢筋时，要沿孔轴线缓慢推入。如遇插入阻力大，可用锤子轻轻打入
锚杆加固	对浅埋、洞口地段和某些偏压地段的岩体松软破碎处，可根据设计采用地面砂浆锚杆进行地表预加固。其施工流程一般为：钻孔→清孔→灌浆→插入锚杆杆体→杆体固定→孔口处理
大型锚杆、锚索	对较大型的锚杆或锚索，应采用先锚后注的方法

（二）管棚

1. 构造组成

管棚是指利用钢拱架沿开挖轮廓线以较小的外插角、向开挖面前方打入钢管构成的棚架来形成对开挖面前方围岩的预支护（图 4-32）。采用长度小于 10 m 的钢管，称为短管棚；采用长度为 10～45 m 且较粗的钢管，称为长管棚。

2. 适用条件

管棚因采用钢管或钢插板作纵向预支撑，又采用钢拱架作环向支撑，其整体刚度较大，对围岩变形的限制能力较强，且能提前承受早期围岩压力。因此管棚主要适用于围岩压力来得快来得大、对围岩变形及地表下沉有较严格要求的软弱、破碎围岩隧道工程中，如土砂质地层、强膨胀性地层、强流变性地层、裂隙发育的岩体、断层破碎带、浅埋有显著偏压等围岩的隧道

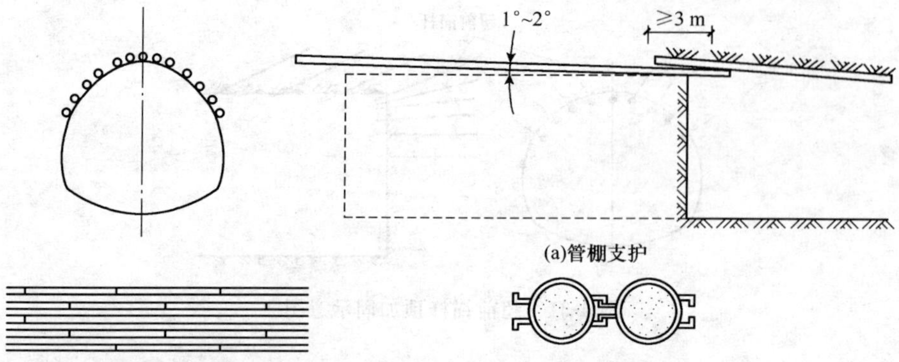

图 4-32 长管棚预支护围岩示意图

中。此外,采用插板封闭较为有效,在地下水较多时,可利用钢管注浆堵水和加固围岩。

短管棚一次超前量少,基本上与开挖作业交替进行,占用循环时间较多,但钻孔安装或顶入安装较容易。

长管棚一次超前量大,虽然增加了单次钻孔或打入长钢管的作业时间,但减少了安装钢管的次数,减少了与开挖作业之间的干扰。在长钢管的有效超前区段内,基本上可以进行连续开挖,也更适于采用大中型机械进行大断面开挖。

3.施工要点

(1)洞口大管棚施工。

1)先标出隧道中心线及拱顶标高,开挖预留核心土,作为施工套拱和管棚施钻的工作平台(工作平台宽度宜为 2.5 m,高度宜为 2.0 m,平台两侧宽度宜为 1.5 m)。

2)管棚应按设计位置施工,能成孔时,钻孔至设计深度,成孔困难地段采用套管跟进方式顶入。

3)钻机立轴方向必须准确控制,以保证钻孔的方向准确。钻进中经常采用测斜仪量测钢管钻进的偏斜度,发现偏斜超过设计要求及时纠正。

4)为改善管棚受力条件,接头应错开,隧道纵向同一截面内接头数小于 50%,相邻钢管的接头至少错开 1 m。

5)钢管接头采用丝扣连接,丝扣一般长 15 cm。

6)钢管采用热轧无缝钢管,壁厚宜大于 6 mm,直径按设计选用。

7)钢管环向间距应满足设计要求,一般小于 50 cm。

8)管棚方向应与线路中线平行,外插角应考虑钻具下垂的影响。

9)钢管开口间距误差小于 5 cm。

10)纵向两组管棚的搭接长度应大于 3.0 m。注浆压力初压宜控制在 0.5～1.0 MPa,终压宜控制在 2.0 MPa。

(2)洞内大管棚施工。为避免施工侵入隧道净空,洞内增设管棚工作室、安设导向架。

1)工作室比设计断面大 30～50 cm,工作室长度应满足钻机作业要求。

2)施工导向架,安装导向管,导向管长度为 2～2.5 m,管径大于管棚直径 20～30 mm。

3)施钻工作平台必须牢固可靠,并能承受钻机的活载能力。

4)管棚在注浆以前要充分做好各项准备工作,特别是机具设备应进行试运转。如发现问题,及时排除、予以修复,使其处于良好状态,注浆结束后要尽快卸开孔口接头,冲洗管路,以免造成管路中的剩余浆液凝结、堵塞管路。

5)管棚注浆作业要前后配合、统一指挥,保证注浆计划的实现,以达到预期的目的和效果。操作过程中必须配备专业电工,以防电路、电器设备发生故障。

6)洞内大管棚施工应选择体积小、效率高、带有自动纠偏功能的钻机,以减少工作室开挖量,提高施工效率和管棚施工精度。

(三)超前注浆小导管

1.构造组成

超前注浆小导管是在开挖前,沿坑道周边,向前方围岩钻孔并安装带孔小导管,或直接打入带孔小导管,并通过小导管向围岩压注起胶结作用的浆液,待浆液硬化后,坑道周围岩体就形成了有一定厚度的加固圈。在此加固圈的保护下即可安全地进行开挖等作业(图 4-33),若小导管前端焊一个简易钻头,则可钻孔、插管一次完成,称为自进式注浆锚杆。

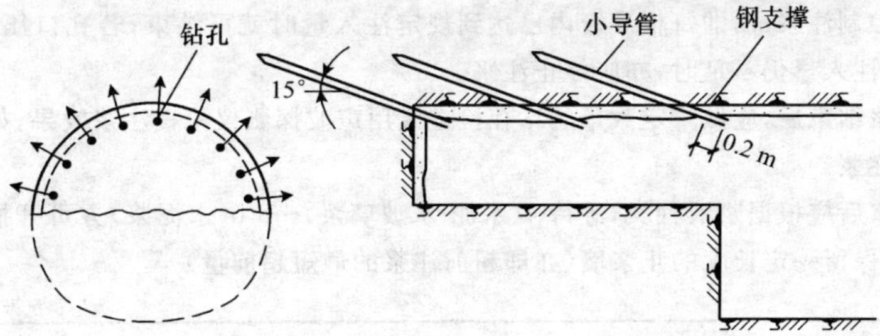

(a)超前小导管布置

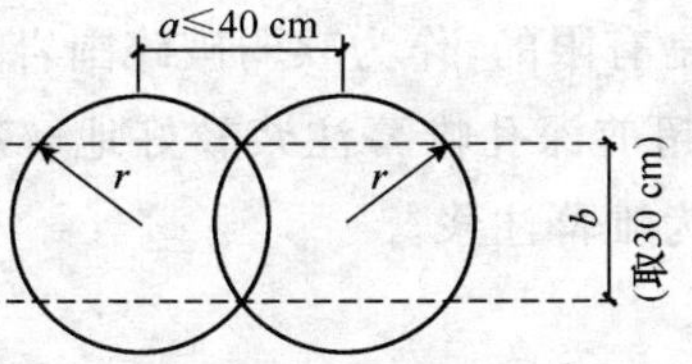

(b)注浆半径及孔距选择

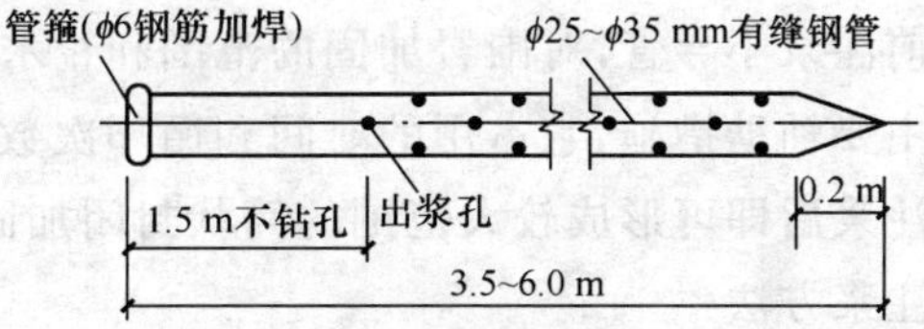

(c)小导管全图

图 4-33 超前小导管周壁注浆加固围岩

2.适用条件

浆液被压注到岩体裂隙中并硬化后,不仅将岩块或颗粒胶结为整体起到了加固作用,而且填塞了裂隙,阻隔了地下水向坑道渗流的通道,起到了堵水作用。因此,超前注浆小导管不仅适用于一般软弱破碎围岩,也适用于含水的软弱破碎围岩。

3.施工方法

超前注浆小导管的施工方法见表 4-7。

表 4-7 超前注浆小导管

项 目	内 容
钻孔	先将小导管的孔位用红油漆标出,钻孔的方向垂直于开挖面,仰角 10°～15°。采用风钻或凿岩台车成孔。钻孔钻进避免钻杆摆动,保证孔位顺直。钻至设计孔深后,用吹管将碎碴吹出,避免塌孔

续上表

项　目	内　容
钢管加工	将 ϕ42 mm 钢管加工成钢花管
顶管	在钻孔内插入 ϕ42 mm 钢花管，在管尾后段 30 cm 处，将麻丝缠绕在管壁上成纺锥状，并用胶带缠紧。开动钻机，利用钻机的冲击力将钢花管顶入围岩中，钢管顶进钻孔长度≥90%管长
固定	顶管至设计孔深后，将孔口用水泥—水玻璃胶泥将钢花管与孔壁之间的缝隙封堵。孔口应露出喷射混凝土面 15 cm，安装钢拱架后与拱架焊接在一起
压水	管路连接完成后应进行压水试验，以检查管路及工作面有无渗漏现象
注浆	注浆可采用 KBY-50/70 注浆机，自制水泥浆搅拌桶。注浆结束标准为，注浆压力达到 1.0 MPa且注浆量也达到设计时，即可停止注浆。 要控制注浆量，即每根导管内已达到规定注入量时就可结束；若孔口压力已达到规定压力值，但注入量仍不足时，亦应停止注浆。 注浆结束后，应做一定数量的钻孔检查或用声波探测仪检查注浆效果，如未达到要求，应进行补注浆。 注浆后应根据浆液种类，等待 4(水泥-水玻璃浆)～8 h(水泥浆)方可开挖，开挖长度不宜太长，以保留一定长度的止浆墙(亦即超前注浆的最短超前量)

（四）超前深孔帷幕注浆

超前注浆小导管，对围岩加固的范围和止水的效果是有限的，作为软弱破碎围岩隧道施工的一项主要辅助措施，它占用的时间和循环次数较多。超前深孔帷幕注浆较好地解决了这些问题。注浆后即可形成较大范围的筒状封闭加固区，称为帷幕注浆。

1.注浆方法

(1)渗入性注浆。即在注浆过程中，浆液充填地层中被排出的空气和水的空隙，胶凝成固结体，以提高地层的稳定性和强度。

(2)劈裂性注浆。即在注浆过程中，在注浆压力的作用下，浆液作用的周围土体被劈裂并形成裂缝，通过土体中形成的浆液脉状固结作用来增强土体内的总压力，以提高其强度和稳定性。

(3)压密性注浆。即用浓稠的浆液注入土层中，使土体形成浆泡，向周围土层加压使其得到加固。

(4)高压喷灌注浆。即通过灌浆管在高压作用下，从管底部的特殊喷嘴中喷射出高速浆液流及其外围的高速气流，促使土粒在冲击力、离心力及重力作用下，随注浆管的向上抽出与浆液混合形成柱状固结体，以达到加固之目的。

2.注浆设计参数

(1)浆液注入量可根据扩散半径及岩层裂隙率参考下列公式计算确定：

$$Q=\pi R^2 H\eta\beta \tag{4—3}$$

式中　Q——浆液注入量(m^3)；

R——浆液扩散半径(m)；

H——注浆段长度(m)；

η——岩层裂隙率，一般取1%～5%；

β——浆液在裂隙内的有效充填系数，视岩层性质而定，为0.3～0.9。

施工中对注浆压力、浆液浓度、压入量等参数可以人为控制与调整。对于大的溶裂、大的溶洞，裂隙率>5%，浆液注入量难以计算，因此，在这种情况下，宜用注浆压力控制注浆量，注浆量只能按注浆终压规定值时的注浆总量来决定。

注浆扩散半径在孔隙性岩层比较规则、均匀，在岩层裂隙中是不规则的。浆液的扩散半径随岩层裂隙系数、注浆压力、压入时间的增加而增大，随浆液浓度和黏度的增加而减小。

(2)注浆压力。

注浆压力的大小，取决于被注地层的山体压力和浆液的渗透性质。注浆压力愈大，浆液扩散范围也愈大，在一定扩散半径下所需的注浆持续时间愈短。但压力过大，会造成注浆管止浆面破裂产生冒浆及引起地面隆起。在满足注浆要求的情况下，压力不宜过，实际使用多大压力应通过试验确定。

(3)注浆管间距。

其间距应小于扩散半径的2倍，否则两相邻孔不能交圆成幕。间距太小，注浆时浆液从相邻管中溢出，影响注浆效果。其间距选用扩散半径1.5倍较为合适。

为了对注浆做出合理的设计和施工方案，必须事先对被加固地层进行物理力学指标试验，以查清其含水量、容重、压缩系数、内摩擦角、黏结力、渗透系数、孔隙比、pH值及抗压强度等，并在现场选择适当地点进行注浆试验。

3.施工要点

超前深孔帷幕注浆施工要点见表4-8。

表4-8 超前深孔帷幕注浆施工要点

项目	内容
注浆管和孔口套管	深孔注浆一次式注浆时，孔内可用注浆管或不用；分段式注浆时需用注浆管。注浆管一般采用带孔眼的钢管或塑料管。止浆塞常用的有两种：一种是橡胶式，一种是套管式。安装时，将上浆塞固定在注浆管上的设计位置，一起放入钻孔，然后用压缩空气或注浆压力使其膨胀而堵塞注浆管与钻孔之间的间隙，此法主要用于深孔注浆。 另外，若采用全孔注浆，因浆液流速慢，易造成“死管”(尤其是深孔注浆)，因此，多采用前进或后退式分段注浆
钻孔	钻孔可用冲击式钻机或旋转式钻机，应根据地层条件及成孔效果选择
注浆顺序	应先上方后下方，或先内圈后外圈，先无水孔后有水孔，先上游(地下水)后下游顺序进行。应利用止浆阀保持孔内压力直至浆液完全凝固
结束条件	应根据注浆压力和单孔注浆量两个指标来判断确定。单孔结束条件为：注浆压力达到设计终压；浆液注入量已达到计算值的80%以上。全段结束条件为：所有注浆孔均已符合单孔结束条件，无漏注。注浆结束后必须对注浆效果进行检查，如未达到设计要求，应进行补孔注浆

注浆工艺流程(以双液注浆为例)如图 4-34 所示。

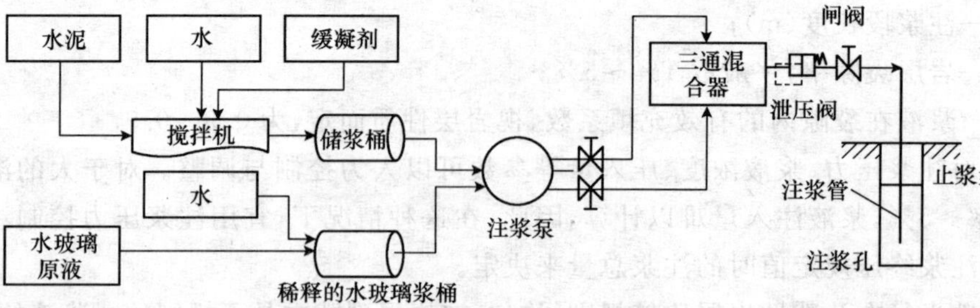

图 4-34 双液注浆工艺流程

二、初期支护

初期支护一般由锚杆、喷射混凝土、钢架、钢筋网等及其他的组合组成,它是现代隧道工程中最常用的支护形式和方法。

初期支护施作后即成为永久性承载结构的一部分,它与围岩共同构成了永久的隧道结构承载体系。锚喷支护较传统的构件支撑具有施工的灵活性、及时性、密贴性、深入性、封闭性和柔性等特点。

(一)锚杆支护

锚杆支护是用金属(木)制成的锚栓装置,插入岩层中,然后用水泥砂浆、树脂或摩擦力固定的一种方法。这种方法是将坑道周围被开挖扰动的岩体锚固在一起,增加岩体的稳定性。

1. 锚杆的种类

锚杆的分类方法很多,按锚固长度可分集中(端头)锚固类锚杆和全长锚固类锚杆。锚固装置或杆体只有一部分和锚孔壁接触者为集中类锚杆,锚固装置或杆体全部和锚孔壁接触者为全长类锚杆。按锚固方式分机械锚固型(以摩阻力为主锚固作用)和黏结锚固型(以黏结力为主锚固作用)。具体如图 4-35 所示。

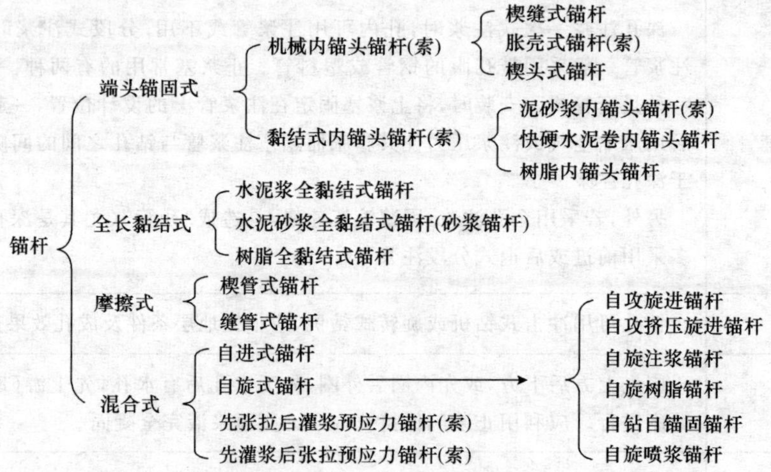

图 4-35 锚杆的种类

2. 锚杆的作用

(1)支承围岩。锚杆能约束围岩变形,并向围岩施加压力,从而使处于二轴应力状态的洞室内表面附近的围岩保持三轴应力状态，因而能制止围岩强度的恶化。

(2)加固围岩。由于系统锚杆的加固作用，使围岩中，尤其是松动区中的节理裂隙、破裂面得以连接，因而增大了锚固区围岩的强度；锚杆对加固节理发育的岩体和围岩松动区是十分有效的，有助于裂隙岩体和松动区形成整体，成为"加固带"。

(3)提高层间摩阻力，形成"组合梁"。对于水平或缓倾斜的层状围岩，用锚杆群能把数层岩层连在一起，增大层间摩阻力，从结构力学观点来看就是形成"组合梁"。

(4)"悬吊"作用。为防止个别危岩的掉落或滑落，用锚杆将其与稳定围岩连接起来，这种作用主要表现在加固局部失稳的岩体。

3. 锚杆的布置

(1)局部布置原则。它主要用在裂隙围岩。重点加固不稳定块体，隧道拱顶受拉破坏区为重点加固区域。拱腰以上部位锚杆方向应有利于锚杆的受拉，拱腰以下及边墙部位锚杆宜逆向不稳定岩块滑动的方向。局部加固的锚杆，必须保证不稳定块体与稳定岩体的有效连接。

(2)系统布置原则。在隧道横断面上，锚杆宜垂直隧道周边轮廓布置，对水平成层岩层，应尽可能与层面垂直布置，或使其与层面呈斜交布置；对于倾斜成层的岩层，其失稳原因主要是层面滑动，锚杆与层面成斜交布置；锚杆呈菱形排列，间距 0.6～1.5 m，密度 0.6～3.6 根/m^2。为了使系统布置的锚杆形成连续均匀的压缩带，其间距宜小于锚杆长度的 1/2，在Ⅳ、Ⅴ级围岩中，锚杆间距宜为 0.5～1.2 m，但当锚杆长度超过 2.5 m 时，若仍按间距小于 1/2 锚杆长度的规定，则锚杆间的岩块可能因咬合和连锁不良而导致掉块坠落，为此，其间距应小于 1.25 m。

4. 施工流程

开挖后，应尽快安设锚杆，围岩较差时先喷后锚，围岩较好时可先锚后喷，或只锚不喷。锚杆杆体露出岩面长度，不应于大于喷层的厚度，不同类型的锚杆有不同的施工流程，常见锚杆施工工序流程可如图 4-36 所示。

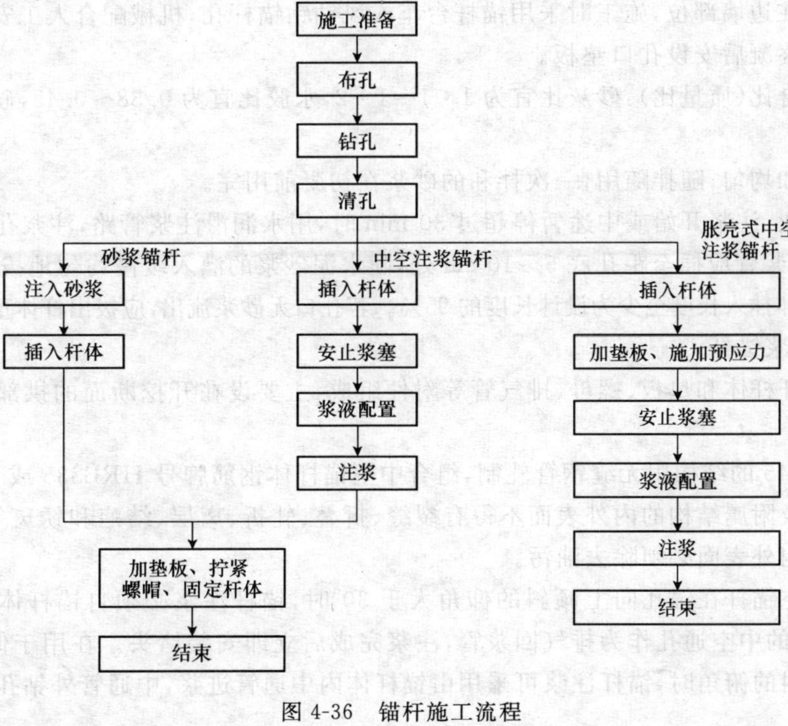

图 4-36　锚杆施工流程

5.施工方法与要求

(1)锚杆类型选择。根据地质条件、使用要求及锚固特性,可选用中空注浆锚杆、树脂锚杆、自钻式锚杆、砂浆锚杆和摩擦型锚杆等。按设计要求,在洞外加工或由厂家直接提供,由运料车运至洞内。

(2)锚杆黏结剂。黏结强度、凝固时间、抗老化及抗侵蚀性能满足设计要求,对环境无污染。水泥砂浆应高于 M20。

(3)锚杆孔要求。

1)钻孔机具根据锚杆类型、规格及围岩情况选择;

2)按设计要求定出位置,孔位允许偏差为±150 mm;

3)应保持直线,应与其所在部位的围岩主要结构面垂直;

4)深度及直径应与杆体相匹配,锚杆杆体露出岩面长度小于喷层厚度;

5)有水地段应先引出孔内的水或在附近另行钻孔;

6)对成孔困难的地段,应采用自钻式锚杆。

(4)锚杆安装。

1)杆体插入锚杆孔时,保持位置居中,插入深度满足设计要求。

2)砂浆锚杆孔内灌注砂浆饱满密实,砂浆或水泥浆内可添加适量的微膨胀剂和速凝剂。

3)药包型锚杆、树脂锚杆先检查药包和树脂卷质量,受潮或变质者不得使用。在杆体插入过程中注意旋转,使黏结剂充分搅拌。

4)锚杆垫板与孔口混凝土密贴,并随时检查锚杆头的变形情况,及时紧固垫板螺帽。

5)锚杆垫板安装在锚杆已经具有抗拔力情况下进行。

6)锚杆安设后不得随意敲击,其端部在填充砂浆终凝前不得悬挂重物。

(5)普通水泥砂浆锚杆。

主要设置在边墙部位,施工时采用锚杆台车或风钻钻锚杆孔,机械配合人工安装锚杆,水泥砂浆终凝后安设孔口垫板。

1)砂浆配合比(质量比):砂灰比宜为 1∶1～1∶2,水胶比宜为 0.38～0.45,砂的粒径不宜大于 2mm。

2)砂浆拌和均匀,随拌随用,一次拌和的砂浆在初凝前用完。

3)注浆作业:注浆开始或中途暂停超过 30 min 时,用水润滑注浆管路,注浆孔口压力应小于 0.4 MPa,注浆管应插至距孔底 5～10 cm 处,随水泥砂浆的灌入缓慢均匀地拔出,随即迅速将杆体插入,杆体插入长度至少为设计长度的 95%。若孔口无砂浆流出,应拔出杆体重新注浆。

(6)中空注浆锚杆。

由中空锚杆杆体和垫板、螺母、排气管等附件组成,主要设在开挖断面的拱部及围岩较差地段的拱墙。

1)牌号 Q345 的结构用无缝钢管轧制,组合中空锚杆体钢筋牌号 HRB335 或 HRB400。

2)锚杆体及附属结构的内外表面不得有裂缝、折叠、轧折、离层、结疤和锈斑等缺陷,存放及使用中材料内外表面必须除去油污。

3)普通中空锚杆在锚孔向上倾斜的仰角大于 30°时,锚杆注浆必须自锚杆体外钻孔中注浆,中空锚杆体的中空通孔作为排气回浆管,注浆完成后立即安装堵头。在用于仰角小于 30°或锚孔向下倾斜的俯角时,锚杆注浆可采用由锚杆体内中通管进浆,中通管外钻孔壁排气回浆方式。

4)组合中空锚杆宜用于锚孔向上倾斜的仰角，当用于锚孔向下倾斜的俯角时，锚孔俯角应小于30°。设置内径应大于ϕ6 mm的排气管沿钢筋全长固定，并从中空锚杆体内孔穿出，预留足够的富余长度。锚杆注浆利用中空锚杆体作进浆管如图4-37所示。

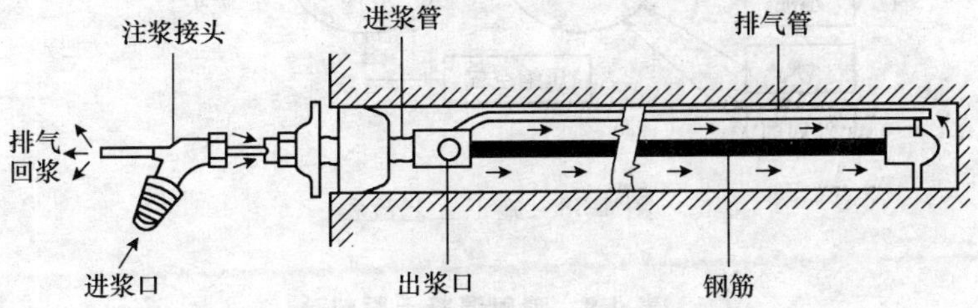

图4-37 组合中空锚杆注浆工艺图

5)水泥浆或砂浆强度高于M20，单管达到设计注浆量时注浆结束。当注浆压力达到设计终压不少于20 min，进浆量仍达不到注浆终量时，亦可结束注浆，并保证锚杆孔浆液注满，注浆质量合格后将锚杆头封堵，避免浆液倒流。

(7)树脂锚杆。施工时可用杆体将树脂卷送入孔底，用搅拌器搅拌树脂时缓缓推进杆体，搅拌时间一般为30 s。搅拌完毕后将孔口处锚杆临时固定，15 min后再安装垫板。

(8)缝管锚杆。

1)采用一般风动凿岩机时应配备专用冲击器。

2)可随钻随安设锚杆，也可集中钻孔、集中安设锚杆，但不得隔班隔日安设。

3)安设前检查风压，风压至少为0.4 MPa。

4)安设前吹孔，并核对孔深是否符合要求。

5)安设推进过程中，要保持凿岩机、锚杆、钻孔的中心线在同一轴线上。

6)凿岩机推进过程中应适当放水、冷却冲击器。

7)推到末端时，应降低推进力，当垫板抵紧岩石时应立即停机，以免损坏垫板和挡环。

(9)楔缝锚杆。

1)安设前楔子与锚杆体必须安装好，送入孔内时不得偏斜。

2)打紧楔块时必须注意丝扣不被破坏。

3)楔缝锚杆安设后应立即上好托板，拧紧螺帽。

(二)喷射混凝土支护

喷射混凝土是新奥法施工的支护手段。其作用主要是支撑围岩，使围岩有一定"卸载"、填平补强围岩、覆盖围岩表面、阻止围岩松动、重新分配外力等。喷射混凝土具有强度增长快、黏结力强、密度大、抗渗性好的特点。与普通模筑混凝土相比，喷射混凝土施工将输送、浇筑、捣固几道工序合而为一，更不需模板，因而施工快速、简捷而且能及早发挥承载作用。但喷射混凝土与模筑混凝土相比，其密实性和稳定性要差一些。

1.喷射混凝土施工流程

喷射混凝土施工种类有干喷和湿喷。但是，现在干喷工艺已禁用，这里我们只介绍湿喷工艺。

其施工工艺流程如图4-38所示。

2.喷射混凝土原料

喷射混凝土原料的要求见表4-9。

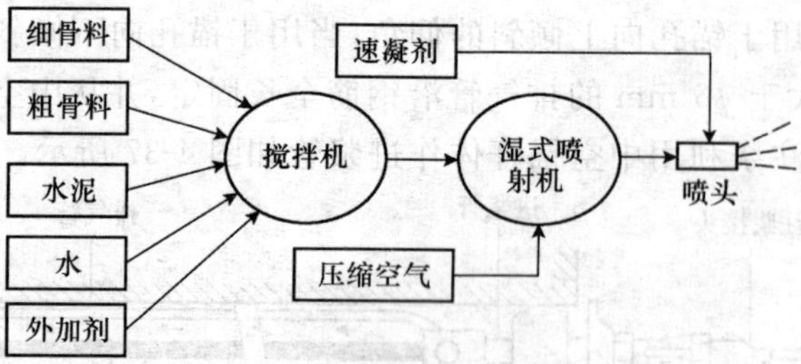

图 4-38 施工工艺流程

表 4-9 喷射混凝土原料

项目	内容
水泥	优先采用硅酸盐水泥或普通硅酸盐水泥，强度等级不小于 32.5 MPa，水泥用量宜大于 400 kg/m³。水泥的安定性、凝结时间均应合格。 当有抗冻、抗渗要求时，水泥强度等级应高于 42.5 MPa。 当喷射混凝土遇含有较高可溶性硫酸盐的地层或地下水地段，按侵蚀类型和侵蚀程度采用相应的抗硫酸盐水泥。 当骨料与水泥中的碱可能发生反应时，选用低碱水泥。 当需要喷混凝土有较高的早期强度时，可选用硫铝酸盐水泥或其他早强水泥。 有特殊要求时，使用相应的特种水泥
粗细骨料	粗骨料应采用坚硬耐久的碎石或卵石(豆石)，或两者混合物。严禁选用具有潜在碱活性骨料，当使用碱性速凝剂时，不得使用含有活性二氧化硅的石料。喷射混凝土中的石子最大粒径不宜大于 16 mm，喷射钢纤维混凝土中的石子最大粒径不宜大于 10 mm，骨料级配宜采用连续级配。按重量计含泥量不应大于 1%，泥块含量不应大于 0.25%；细骨料应采用坚硬耐久的中砂或粗砂，细度模数应大于 2.5，含水率宜控制在 5%～7%。砂中小于 0.075 mm 的颗粒不应大于 20%。含泥量不应大于 3%，泥块含量不应大于 1%
外加剂	应对混凝土的强度及与围岩的黏结力基本无影响；对混凝土和钢材无腐蚀作用；对混凝土的凝结时间影响不大(除速凝剂和缓凝剂外)；吸湿性差，易于保存；不污染环境，对人体无害
速凝剂	在使用速凝剂前，应做与水泥的相容性试验及水泥净浆凝结效果试验，严格控制掺量，并要求初凝不应大于 5 min，终凝不应大于 10 min。在采用其他类型的外加剂或几种外加剂复合使用时也应做相应的性能试验和使用效果试验
水	水质应符合工程用水的有关标准，水中不应含有影响水泥正常凝结与硬化的有害杂质，不应使用污水、海水、pH 小于 4 的酸性水、硫酸盐含量按 SO_4^{2-} 计超过水重 1%的水
钢纤维	钢纤维内不得有明显的锈蚀、油脂及其他妨碍钢纤维与水泥黏结的杂质，其中因加工不良造成的黏连片、铁屑及杂质不应超过钢纤维重量的 1%

3. 喷射混凝土的施工要点

(1)喷射作业施工准备工作做好后，严格控制规定的速凝剂掺量，并添加均匀。喷射手应严格控制水灰比，使喷层表面平整光滑，无干斑或滑移流淌现象。

(2)按风—水—料顺序开机，料—水—风停机，如喷嘴风压正常，喷出来的水和高压风应呈雾状。开机后先进行空转,待喷机运转正常后才开始投料、搅拌和喷射。

(3)喷射应分段、分部、分块,按先墙后拱、自下而上地进行喷射。喷嘴需对受喷岩面作均匀的顺时针方向的螺旋转动,一圈压半圈的横向移动,螺旋直径约为 20~30 cm,以使混凝土喷射密实。

(4)为保证喷射混凝土质量,减少回弹量和降低粉尘,作业时还应注意以下事项:

1)喷射时应分段长度不超过 6 m,分部为先下后上,分块大小为 2 m×2 m,并严格按先墙后拱,先下后上的顺序进行喷射,以减少混凝土因重力作用而引起滑动或脱落现象的发生。

2)掌握好喷嘴与受喷岩面的距离和角度:喷嘴至岩面的距离为 0.8~1.2 m,过大或过小都会增加回弹量。喷嘴与受喷面垂直,并稍微偏向刚喷射的部位(倾斜角不宜大于 10°),则回弹量最小、喷射效果和质量最佳。对于岩面凹陷处应先喷和多喷,而凸出处应后喷和少喷。

(5)调节好风压与水压:风压与喷射质量有密切的关系,应通过试验和实践正确选定,并在喷射时随时注意调整。过大的风压会造成喷射速度太高而加大回弹量,损失水泥,风压过小会使喷射力减弱,则混凝土密实性差。

(6)一次喷射厚度:喷射作业应分层进行。一次喷射厚度不得太厚或太薄,它主要与喷射混凝土层与受喷面之间的黏结力和受喷部位等有关,并且应根据掺与不掺速凝剂、喷射效率,回弹损失率等因素而定,一次喷射太厚,在自重作用下,喷层会出现错裂而引起大片坍落。一次喷射太薄,大部分粗骨料会回弹,使受喷面上仅留下一层薄薄的混凝土或砂浆,势必影响效果及工程质量。一般情况下,一次喷射厚度:边墙为 5~7 cm,拱部为 3~4 cm(不掺速凝剂)。当掺入速凝剂后,边墙不宜超过 10 cm,拱部不宜超过 6 cm。分层喷射厚度,一般为粗骨料最大粒径的 2 倍,如一次喷射厚度小于 5 cm 时,使用石子的最大粒径也要求相应减小。

(7)分层喷射的间隔时间:分层喷射,一般分 2~3 层喷射;分层喷射合理的间隔时间应根据水泥品种、速凝剂种类及掺量、施工温度(最低不宜低于+5℃)和水灰比大小等因素,并视喷射的混凝土终凝情况而定。

分层喷射间隔时间不得太短,一般要求在初喷混凝土终结以后,再进行复喷;当间隔时间较长时,复喷前应将初喷混凝土表面清洗干净;在复喷时应将凹陷处进一步找平。

一般在常温下(15℃~20℃),采用红星一型速凝剂时,可在 5~10 min 后,进行下一次喷射;而采用碳酸钠速凝剂时,最少要在 30 min 后,才能进行复喷。

(8)喷射混凝土养护:喷射混凝土终凝 2 h 后,应喷水养护,时间不得少于 14 d。气温低于+5℃时不得喷水养护。冬期施工洞口喷射混凝土的作业场合应有防冻保暖措施。在结冰的层面上不得进行喷射混凝土作业。作业区的气温和混合料进入喷射机的温度不应低于+5℃。混凝土强度未达到 6 MPa 前,不得受冻。

(三)钢拱架

无论是采用喷射混凝土还是锚杆或是在混凝土中加入钢筋网、钢纤维,主要都是利用其柔性和韧性,而对其整体刚度并未过多要求。这对支护不太破碎的围岩并使其稳定是可行的。但当围岩软弱破碎严重且自稳性差时,开挖后就要求早期支护具有较大的刚度,以阻止围岩的过度变形和承受部分松弛荷载。钢拱架就具有这样的力学性能。

1.构造组成

钢拱架可以采用型钢、工字钢、钢管或钢筋制成。现场采用以钢筋制作的格栅钢架较多。

钢拱架的构造图如图 4-39 所示。

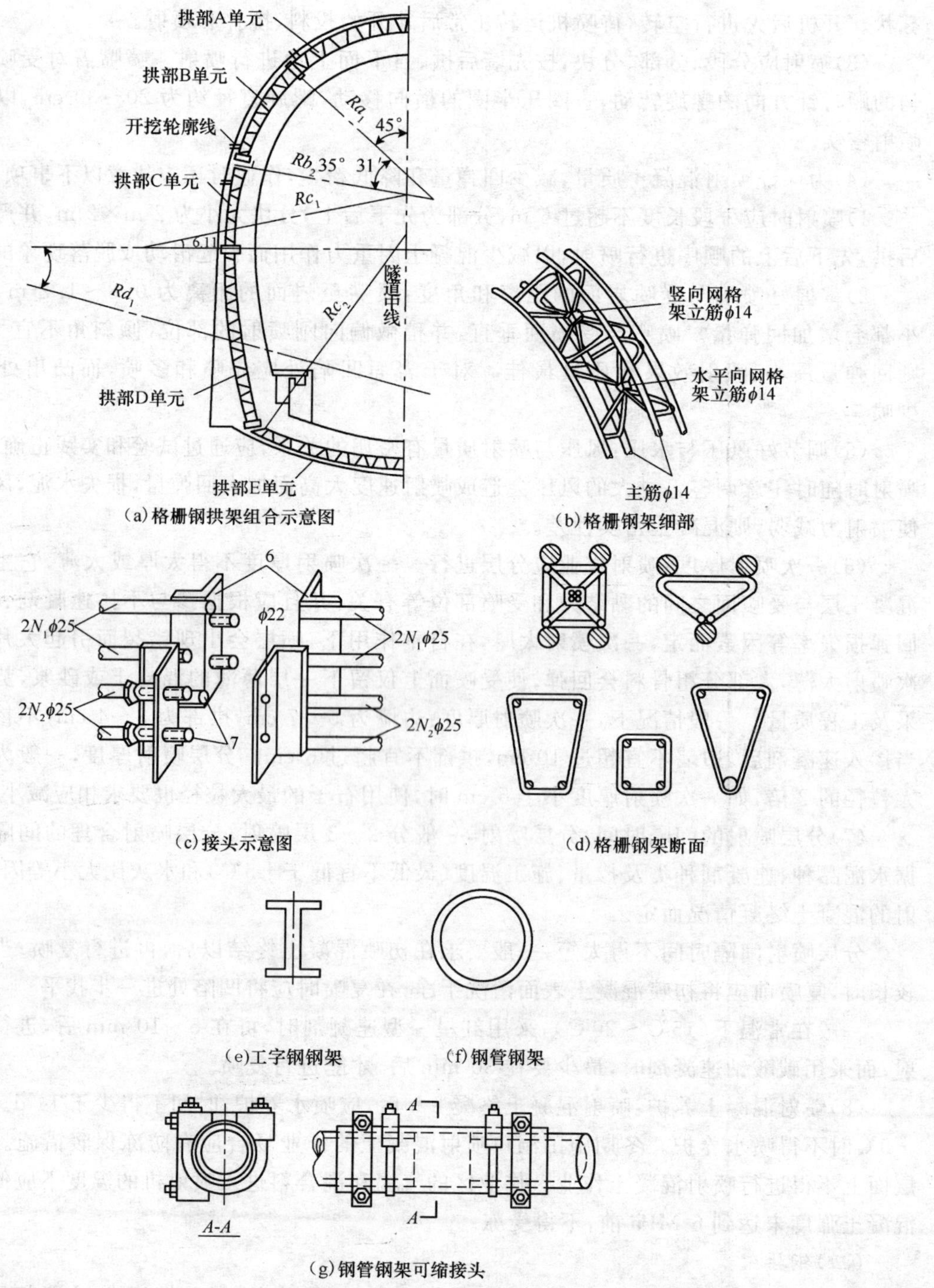

图 4-39　钢拱架构造图(单位:mm)

2. 性能特点

(1)钢拱架的整体刚度较大,可以提供较大的早期支护刚度;型钢拱架较格栅钢架能更早承载。

(2)钢拱架可以很好地与锚杆、钢筋网、喷射混凝土相结合,构成联合支护,增强支护的有效性，且受力条件较好。尤以格栅钢架结合最好。

(3)格栅钢架采用钢筋现场加工制作，技术难度和要求并不高；对隧道断面变化适应性好。

(4)钢拱架的安装架设方便。

3.施工要点

(1)钢架加工应符合以下规定。

1)钢架加工尺寸，应符合设计要求，其形状应与开挖断面相适应。

2)不同规格的首榀钢架加工完成后，应放在乎整地面上试拼，周边拼装允许偏差为±30 mm，平面翘曲应小于20 mm。当各部尺寸满足设计要求时，方可进行批量生产。

(2)钢架安装应符合下列规定.

1)钢架拱脚必须放在牢固的基础上。应清除底脚下的虚渣及其他杂物，脚底超挖部分应用喷射混凝土填充。

2)钢架应分节段安装，节段与节段之间应按设计要求连接。连接钢板平面应与钢架轴线垂直，两块连接钢板间采用螺栓和焊接连接，螺栓不应少于4颗。

3)相邻两榀钢架之间必须用纵向钢筋连接，连接钢筋直径不应小于18 mm，连接钢筋间距不应大于1.0 m。

4)钢架应垂直于隧道中线，竖向不倾斜、平面不错位，不扭曲。上、下、左、右允许偏差+50 mm，钢架倾斜度应小于2°。

三、二次衬砌

在隧道及地下工程中常用的支护衬砌形式主要有：整式衬砌、复合式衬砌和锚喷式衬砌。整体式衬砌即为永久性的隧道模筑混凝土衬砌；复合式衬砌是由初期支护和二次支护所组成，初期支护是帮助围岩达成施工期间的初步稳定，二次支护则是提供安全储备或承受后期围岩压力。初期支护按主要承载结构设计与施工；二次支护在Ⅲ级及以上围岩时按安全储备设计；在Ⅳ级及以下围岩时，则按承受后期围岩压力结构设计与施工，并均应满足构造要求；锚喷衬砌的设计基本上同复合式衬砌中的初期支护的设计，只是应增加一定的安全储备量。目前隧道衬砌主要是指二次衬砌，且大多采用模注混凝土。

(一)衬砌施工准备工作

1.断面检查

根据隧道中线和水平测量，检查开挖断面是否符合设计要求，欠挖部分按规范要求进行修凿，并做好断面检查记录。

墙脚地基应挖至设计标高，并在灌注前清除虚碴，排除积水，找平支承面。

2.放线定位

根据隧道中线和标高及断面设计尺寸，测量确定衬砌立模位置，并放线定位。

采用整体移动式模板台车时，实际是确定轨道的铺设位置。轨道铺设应稳固，其位移和沉降量均应符合施工误差要求。轨道铺设和台车就位后，都应进行位置、尺寸检查。放线定位时，为了保证衬砌不侵入建筑限界，须预留误差量和预留沉落量，并注意曲线加宽。

预留误差量是考虑到放线测量误差和拱架模板就位误差，为保证衬砌净空尺寸，一般将衬砌内轮廓尺寸扩大5 cm。

预留沉落量是考虑到未凝混凝土的荷载作用会使拱架模板变形和下沉；后期围岩压力作用和衬砌自重作用(尤其是先拱后墙法施工时的拱部衬砌)会使衬砌变形和下沉。故须预留沉落量。这部分预留沉落量根据实测数据确定或参照经验确定。

预留误差量和预留沉落量应在拱架模板定位放线时一并考虑确定，并按此架设拱架模板和确定模板架的加工尺寸。

3.拱架模板整备

使用拼装式拱架模板时，立模前应在洞外样台上将拱架和模板进行试拼，检查其尺寸、形状，不符合要求的应予修整。配齐配件，模板表面要涂抹防锈剂。洞内重复使用时亦应注意检查修整。拱架模板尺寸应按计算的施工尺寸放样到放样台上，并注意曲线加宽后的衬砌及模板尺寸。

使用整体移动式模板台车时，应在洞外组装并调试好各机构的工作状态，检查好各部尺寸，保证进洞后投入正常使用。每次脱模后应予检修。

4.立模

根据放线位置，架设安装拱架模板或模板台车就位。安装就位后，应做好各项检查，包括位置、尺寸、方向、标高、坡度、稳定性等，并注意处理好以下几个问题：

(1)每排拱架应架设在垂直于隧道中线的竖直平面内，不得倾斜；对于曲线隧道，因曲线外弧长、内弧短，则应分段调整拱架方向和模板长度。

(2)拱架应立于稳固的地基上。拱架下端一般应焊接端头板，以增大文承面，减少下沉；当地基较软弱时，应先用碎石垫平，再用短枕木支垫，此垫木不得伸入衬砌混凝土中。

当采用整体移动式模板台车时，其走行轨道应铺设稳定，轨枕间距要适当，道床要振捣密实，必要时可先施作隧道底板，防止过量下沉。

(3)拱架的架设要牢固稳定，保证其不产生过量位移。拱架立好后还应对其稳定性进行检查。固定的方法：横向有横撑(断面较小时采用)、斜撑(断面较大时采用)；纵向有带木、拱架间撑木、拉杆及斜撑。

拱架模板的架设和加强，均应考虑其腹部的通行空间，以保证洞内运输的畅通。

(4)挡头模板应同样安装稳固，挡头板常用木板加工，现场拼铺，以便于与岩壁之间的缝隙嵌堵严密，也可以采用气囊式堵头。

(5)设有各种防水卷材、止水带时，应先行安装好，并注意挡头板不得损伤防水材料，以免影响防水效果。

5.混凝土制备与运输。

由于洞内空间狭小，混凝土多在洞外拌制好后，用运输工具运送到工作面再灌注。其实际待用时间中主要是运输时间，尤其是长大隧道和运距较长时。因此运输工具的选择应注意装卸方便，运输快速，保证拌好的混凝土在运输过程中不发生漏浆、离析泌水、坍落度损失和初凝等现象。

可结合工程情况，选用各种斗车、罐式混凝土运输车或输送泵等机械。

(二)混凝土的灌注、养护与拆模

(1)保证捣固密实，使衬砌具有良好的抗渗防水性能，尤其应处理好施工缝。

(2)整体模筑时，应注意对称灌注，两侧同时或交替进行，以防止未凝混凝土对拱架模板产生偏压而使衬砌尺寸不合要求。

(3)若因故不能连续灌注，则应按规定进行接茬处理。衬砌接茬应为半径方向。

(4)边墙基底以上 1 m 范围内的超挖，宜用同级混凝土同时灌注。其余部分的超、欠挖应按设计要求及有关规定处理。

(5)衬砌的分段施工缝应与设计沉降缝、伸缩缝及设备洞位置统一考虑,合理确定位置。

(6)封口方法。当衬砌混凝土灌注到拱部时,需改为沿隧道纵向进行灌注,边灌注边铺封口模板,并进行人工捣固,最后堵头,这种封口称为“活封口”。当两段衬砌相接时,纵向活封口受到限制,此时只能在拱顶中央留出一个 50 cm×50 cm 的缺口,最后进行“死封口”。采用整体式模板台车配以混凝土输送泵时,可以简化封口。

(7)多数情况下隧道施工过程中,洞内的湿度能够满足混凝土的养护条件。但在干燥无水的地下条件下,则应注意进行洒水养护。

采用普通硅酸盐水泥拌制的混凝土,其养护时间一般不少于 7 d;掺有外加剂或有抗渗要求的混凝土,一般不少于 14 d。养护用水的温度应与环境温度基本相同。

(8)二次衬砌的拆模时间,应根据混凝土强度增长情况来确定。一般应在混凝土达到施工规范要求强度时方可拆模。有承载要求时,应根据具体受力条件来确定。

(三)仰拱和底板

若设计无仰拱,则铺底通常是在拱墙修筑好后进行,以避免与拱墙衬砌和开挖作业的相互干扰。若设计有仰拱,说明侧压和底压较大,则应先修筑仰拱使衬砌环向封闭,避免边墙挤入造成开裂甚至失稳。但仰拱和底板施工占用洞内运输道路,对前方开挖和衬砌作业的出渣、进料造成干扰。因此,应对仰拱和底板的施作时间、分块施工顺序和与运输的干扰问题进行合理安排。

为施工方便,仰拱和底板可以合并灌注,但应保证仰拱混凝土强度符合设计要求。

待仰拱和底板纵向贯通,且混凝土达到一定强度后,方能允许车辆通行。其端头可以采用石碴土填成顺坡通过。

灌注仰拱和底板时,必须把隧道底部的废渣、杂物及淤泥清除干净,排除积水。超挖部分应用同级混凝土或片石混凝土灌注密实。

(四)防止和减少二次衬砌开裂主要措施

(1)混凝土加减水剂、膨胀剂或用膨胀水泥。由于混凝土收缩和水泥水化发热,使混凝土灌注后温度上升,经 3~5 d 后温度下降等原因,使衬砌受拉超过混凝土极限强度后而出现裂缝。在混凝土中加减水剂、膨胀剂,可以减少单位水泥和水的用量,因膨胀剂混凝土压密实,从而减少混凝土的收缩应变等。

(2)初期支护与二次衬砌间,设置隔离层或低标号砂浆后,减少对二次衬砌的约束。设置防水隔离层,可以使衬砌支护与二次衬砌之间不传递切向力,因此对防止二次衬砌开裂有很大作用。但在辅设防水隔离层之前,应用喷射混凝土或水泥砂浆将初期支护表面大致整平,以改善二次衬砌的受力条件。但是防水隔离造价较贵,应作技术经济比较。

(3)改进混凝土的灌注工艺和提高其施工技术水平,并加强混凝土振捣和养护,精心施工,以提高混凝土衬砌的施工质量。

(4)在改进混凝土施工工艺同时,可放慢灌注速度,并在两侧边墙对称分层灌注混凝土,到拱脚处停止 1 h 左右,待边墙混凝土衬砌下沉稳定后,再灌注拱部混凝土衬砌。

一次模筑混凝土衬砌环节不宜过长,以免混凝土硬化收缩使衬砌产生裂缝。当混凝土灌注速度过快,沉降不均匀易产生裂缝,拱脚附近裂缝更多。

(5)在衬砌内或易开裂部位,布置少量钢筋,可减少裂缝的产生,并使裂缝分布较均匀而裂缝宽度不超过允许值等。

第六节 隧道防排水施工技术

一、隧道防水系统

(一)隧道洞身衬砌防水

1.防水混凝土

衬砌自身防水一般可通过对其采用防水混凝土实现。

公路隧道工程的混凝土结构应符合《地下工程防水技术规范》(GB 50108－2008)中对防水混凝土的有关规定。

当采用复合式衬砌时,二次衬砌应满足抗渗要求。寒冷地区有冻害地段和最冷月份平均气温低于－15℃的地区,混凝土的抗渗等级不低于S8,其余地区不宜低于S6。

2.衬砌防水层

(1)防水层构造。

地下水非常丰富、水压较大的地段及不适宜采用排水措施的隧道,或投入使用后洞内防潮要求较高的隧道,应采用全封闭的防水衬砌结构,另设置衬砌防水层增强防水效果。

防水层可为涂料防水层或卷材防水层。其中涂料防水层通常刷于衬砌结构的内表面;卷材防水层一般用于复合式衬砌,设置在初期支护与二次衬砌之间,材料为土工布及防水板,要求同时设系统盲管(沟)。卷材防水层应在拱部和边墙全断面铺设,并须选用耐老化、耐细菌腐蚀、易操作及焊接时无毒气的高分子柔性防水卷材,且其特性必须符合《聚氯乙烯(PVC)防水卷材》(GB 12952－2011)中各项指标的要求。系统盲管(沟)按规范每隔一定距离设置,并互相连通,泄水可沿连通道流入隧道内的排水沟中。

初期支护表面的各种突出物和二次衬砌中预埋的各种构件不能凿穿防水层,并应采用"无钉铺设"工艺铺设。

土工布在施工中不仅能保护防水板,而且能起到毛细渗水作用,故广为采用。

(2)防水层铺设工艺。

防水层的铺设固定施工示意图如图4-40所示。

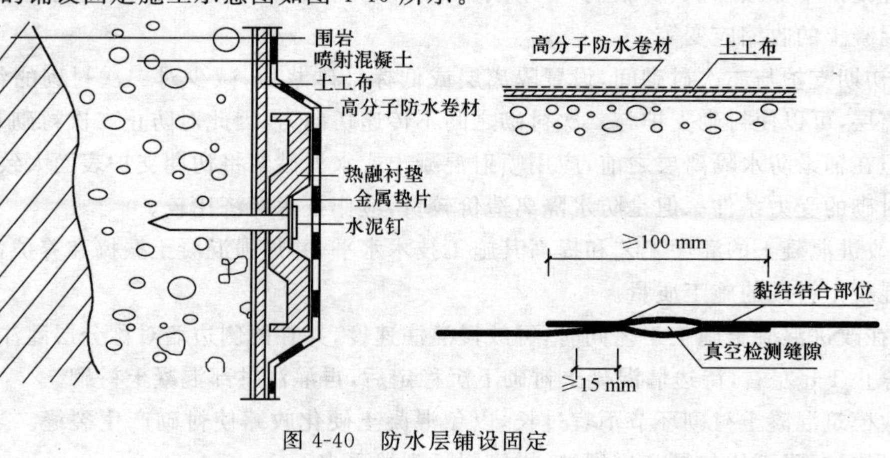

图4-40 防水层铺设固定

防水层的铺设固定施工应遵循下面的规定。

1)钢筋等凸出部分,先切断后用锤铆平,抹砂浆素灰。

2)锚杆有凸出部分时,螺头顶预留 5 mm,切断后用塑料帽处理。

3)补充喷射混凝土,使其表面平整圆顺,凹凸量不超过±5 cm。

4)铺设防水层时,采用手动专用熔结器热熔在衬垫上,两者黏结剥离强度应大于防水层的抗拉强度。

5)防水层之间采用双焊缝热熔黏结工艺黏结,双焊缝结合部位宽度≥15 mm。

3.接缝防水

隧道二次衬砌的施工缝、沉降缝和伸缩缝也应采取可靠的防水措施。

对于地下水丰富、水压较大的地段,隧道衬砌结构施工缝宜选用外贴式止水带与中埋式膨胀性橡胶止水条组合形式的防水构造,沉降缝宜选用外贴式止水带与中埋式橡胶止水带组合形式的防水构造如图 4-41 所示。

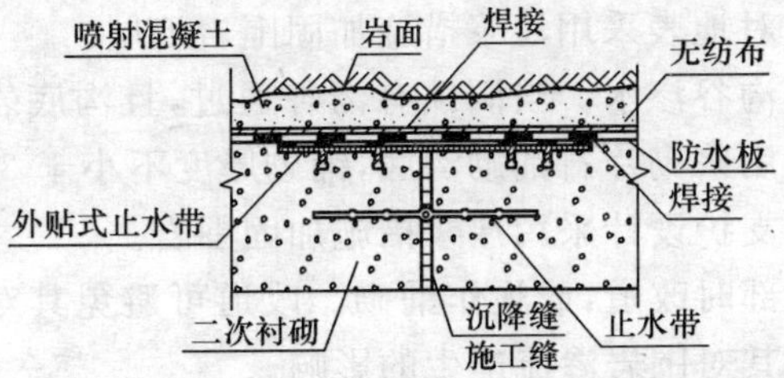

图 4-41 富水高压地段二次衬砌施工缝、沉降缝的主要构造形式

对于地下水量小、水压不大的地段,隧道衬砌结构的施工缝可选用中埋式缓膨胀性橡胶止水条形式的防水构造,沉降缝宜选用中埋式橡胶止水带形式的防水构造,如图 4-42 所示。

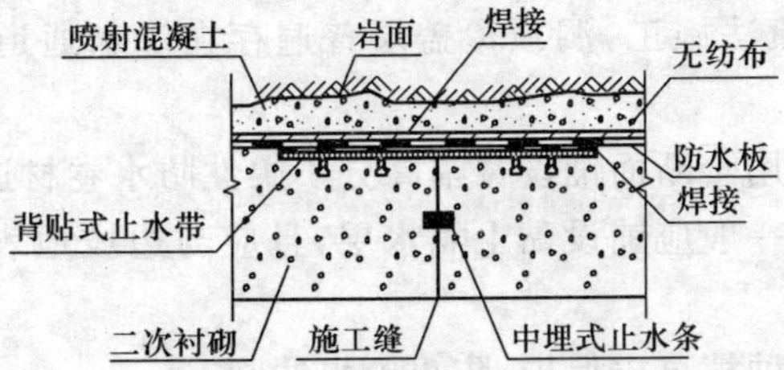

图 4-42 水压不大的地段二次衬砌施工缝、沉降缝的主要构造形式

(二)注浆防水

当隧道施工可能造成水土流失,影响当地居民生产生活环境时,应在查明地下水流性质的基础上,有针对性地采取注浆堵水措施,以便最大限度地保证当地居民正常生产生活用水。

在地下水丰富但无排水条件,或者排水设施造价太高以及不允许排水的情况下,可采用注浆堵水。当隧道埋深在 50 m 以内时,可考虑在地表进行预注浆;当隧道埋深超过 50 m 以上时,应改为在开挖掌子面上进行预注浆。

在围岩破碎地段、断层破碎带、裂隙较多且易发生涌水和易坍塌的地段,可压注水泥砂浆或单液水泥浆防止渗漏和加固围岩,但宜结合集排水设施进行施工,防止因压浆而堵塞衬砌背后的排水管道,以达到预期效果;而当局部地段水量较大时,可采用双液(水泥和水玻璃)注浆或灌注化学浆液,加快凝胶时间,防止浆液流散。但对于粉砂、细砂地层,则不宜采用水泥系浆液防水。

当隧道施工遇到发生高压涌水危及施工安全时，应先采用排水方法尽量降低地下水的压力，然后采用高压注浆进行封堵。

有侵蚀性地下水时，应针对侵蚀类型采用抗侵蚀混凝土、压注抗侵蚀浆液或铺设抗侵蚀防水层。

当隧道位于常水位以下又不宜大量排泄地下水时，隧道衬砌应采用抗水压衬砌结构。

（三）地表及洞口段防水

1.地表及洞口防水注意事项

应注意的事项及相关措施如下。

(1)填平地表。对洞顶存在易于积水的坑洼、洞穴的地段应填平地表，以防止积水和下渗。

(2)采取措施防止地表水下渗。隧道施工中，对滞水洼地和渗水通道应采取填充、铺砌、勾补、抹面等措施处理。对洞顶钻孔等均应采用防水材料充填密实、封闭；同时注意在隧道进、出口段一定范围内，必要时应对地表采用注浆措施加固围岩地层。

(3)采取措施防止天然沟谷渗水。当洞顶有沟谷通过，且沟底岩石节理裂隙发育，使地表水对隧道影响较大时，可采用浆砌片石铺砌沟底，铺砌厚度不小于 30 cm。当沟底岩石破碎和隧道埋深浅时，应结合隧道支护设计采用注浆措施加固围岩。

(4)灌溉渠通过隧道顶部时改道，或施作铺砌。改道可避免其对围岩渗流产生影响，施作铺砌可改变渗流条件，减小其对围岩渗流产生的影响。

(5)防止水土流失，保护自然环境。洞顶及其附近有井、泉、池塘、水库、水田或耕地等时，应考虑因修建隧道而造成地表水位和地下水位降低、井泉干枯、水土流失、影响居民生活和农田灌溉的可能性，并应采取相应措施防止由水土流失对周围自然环境产生严重影响。

2.明洞防水

明洞一般采用明挖回填法施工，洞顶覆盖层普遍存在渗水通道，故明洞防水构造的特点如下。

(1)明洞外缘防水应采用全断面铺设宽幅高分子柔性防水卷材进行防水。

(2)洞顶回填土石表面一般应铺设黏土隔水层，且应与边坡地表搭接良好，以利泄水和防止地表水渗入地层。

(3)黏土隔水层表面宜种植草皮保护，防止雨水冲刷。

二、隧道排水系统

隧道排水系统宜按地下水和运营清洗污水、消防污水分开排放的原则进行设计，设置完善的纵横向排水沟管。可根据公路等级并结合路面横坡的变化情况，在隧道内行车道边缘设置双侧或单侧排水沟，路面结构下设置中心排水沟。水沟的侧面应留有足够的泄水孔，同时排水系统应具有方便的维修疏通设施。

隧道内纵向排水沟管的坡度应与路线纵坡一致。隧道内排水沟管过水断面的面积应根据水力计算确定。排水沟管应设置沉砂井、检查井，并铺设盖板，其位置、结构构造应考虑便于检查、维修和疏通。

寒冷和严寒地区的隧道，最冷月平均温度在－15～－10℃时，应采用双侧保温水沟；最冷月平均温度在－25～－15℃时，应采用中心深埋保温水沟；当最冷月平均温度低于－25℃时，在主洞隧道以下应采用防寒泄水洞，其埋深以从行车道边缘算起大于隧道所在地区的冻结深度为宜。隧道内应根据实际情况设置防寒环向、纵向盲沟，洞外应设暗沟、保温出水口等排水设施，使隧道内外形成一个通畅、便于维修的防寒排水系统。

(一)洞口段排水系统

1. 洞口地表排水

隧道洞口应根据地形、地质、气象等情况，结合环境保护进行全面规划和综合治理，因地制宜地设置疏水、截水和引水设施。

洞顶天沟应设于边仰坡坡顶以外，一般沿等高线走向在路线一侧或两侧排水。距离坡顶一般应大于 5 m，黄土地区应大于 10 m。坡度应根据地形设置，但应大于 0.5%，以免淤积。当纵坡过陡时，应设置急流槽或跌水连接。一般地面自然坡度大于 1∶1 时，水沟应做成阶梯式，以减少冲刷。土质地段水沟纵坡大于 20%或石质地段水沟纵坡大于 40%时，应设置抗滑基座，以确保其纵向稳定。断面尺寸应根据流入截水沟的汇水区流量确定，水沟深度应高出计算水位 20 cm。一般底宽和深度均应大于 60 cm。水沟一般采用浆砌片石铺砌，厚度大于 30 cm，断面形式以梯形为主，石质地段可采用矩形。长度应以满足使边仰坡坡面不受冲刷为宜，下游应将水引至适当地点排泄，避免冲刷山体。流量较大时，不宜将水引入路基排水边沟排泄，而应根据地形将水引至附近沟谷或涵洞排除。

2. 明洞排水

明洞应在开挖边坡以外设置天沟。路堑对称型、路堑偏压型均应于洞顶设置纵向排水沟，其沟底坡度与路线一致，且大于 5%。条件允许时，可在山坡较低一侧拉槽排水。洞顶排水沟一般采用梯形断面，浆砌片石厚度大于 30 cm，以防冲刷。明洞防水层外侧应间隔 2～3 m 环向设置干砌片石排水盲沟，盲沟用土工布包裹，直接将水引入设置在墙脚外侧的纵向排水花管。

(二)洞内排水系统

隧道洞内排水系统应能保证排水畅通，避免洞内积水。当隧道左右洞涌水量差异较大时，左右洞的排水设施宜统一进行设计。

围岩裂隙水宜采用盲沟引排，通过盲沟将水直接排入二次衬砌边墙墙脚外侧的纵向排水花管。排水盲沟管材有波纹塑料半圆管、软式透水管及各种新型排水管材等，可因地制宜选用。一般每隔 3～5 m 设一道，突出遵循“有水则设，无水则防”的动态设计原则。二次衬砌环向施工缝、沉降缝、变形缝处均宜加设排水盲沟。

分离式隧道可沿全长在二次衬砌两侧边墙墙脚的外侧设置 PVC 纵向排水半花管，上半断面眼孔直径 6～8 mm，间距 10 cm。对其需采用 PVC 排水管横向连通至中心排水沟或排水边沟，PVC 排水管的管径需根据水力计算确定。

连拱隧道需沿全长在中隔墙顶部两侧拱脚和边墙墙脚附近各设一道 PVC 纵向排水半花管，并对其采用 PVC 排水管横向、竖向连通至中心排水沟或排水边沟。PVC 管径需根据水力计算确定。连拱隧道应尽可能采用夹心式中隔墙的形式，以便能有效地解决中隔墙的防排水问题。

隧道内宜根据公路等级在行车道边缘设置双侧或单侧排水边沟，用于排放清洗和消防用水；同时设置中心排水沟，用于排放地下水。边沟一般采用钢筋混凝土结构，中心排水沟通常采用上半断面打孔的双壁波纹塑料管或钢筋混凝土管，水沟的侧面应留有足够的泄水孔。

隧道内的路面基层可采用厚 15～20 cm 的水泥处治碎石，其配合比按《公路水泥混凝土路面设计规范》(JTG D40－2011)规定，以达到减少路面冒水和排泄地下水的目的；也可采用 12～20 cm素混凝土，并在基层顶部或底部设置横向排水盲管。

为了便于对排水管定期采用管道疏通机及时疏通，通常在二次衬砌的墙脚纵向间隔 50～100 m 对称布设检查维修孔。排水管流出的水经检查孔由横向 PVC 排水管与中心排水沟管连通，由其排出洞外。隧道内行车道边缘排水沟每 50 m 设一处铁箅子泄水检查孔，中心排水沟每 200～250 m 设一处沉砂检查井，并铺设钢筋混凝土盖板。由此使排水系统形成便于维修、疏通、检查且“始终通畅无阻”的网络系统，确保隧道正常运营。

排水系统布设示例如图 4-43 和图 4-44 所示。其中前者为典型的排水管铺设图，后者为隧道内纵横向排水系统的示意图。

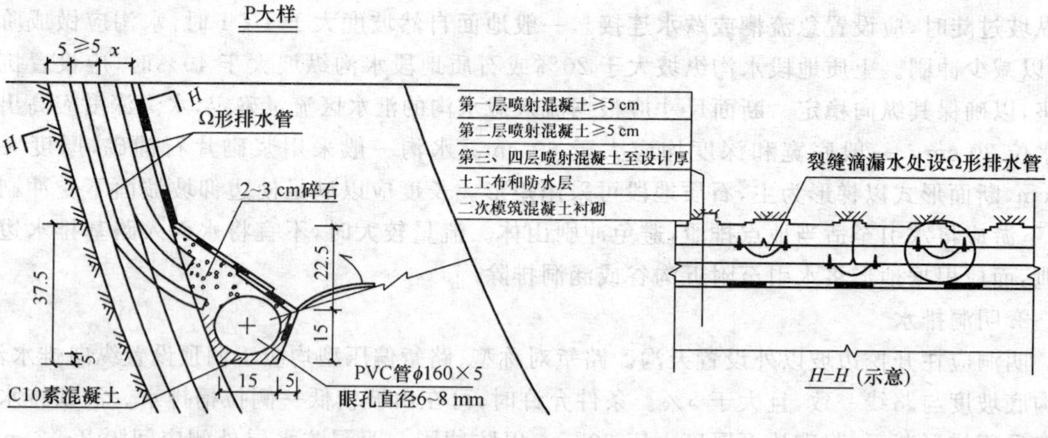

图 4-43　Ω 形排水管铺设图(单位:cm)

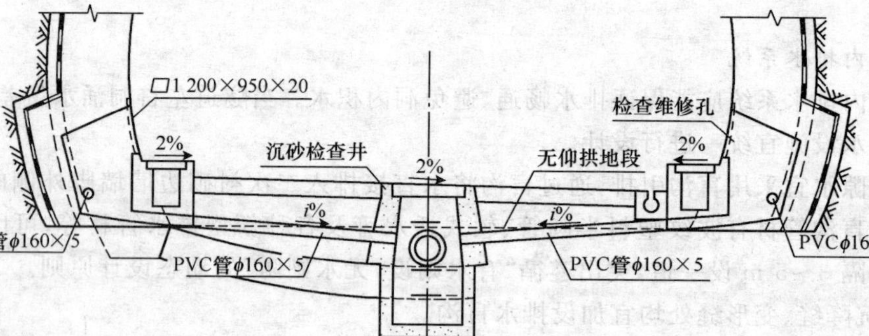

图 4-44　隧道内纵横向排水系统

(三)洞内外排水衔接

洞外路基排水边沟以外大于 2 m 的范围内，除石质坚硬、不易风化者外，均应采用浆砌片石铺砌。当隧道洞口为反坡排水时，应结合实际地形等情况，采用可靠的截水措施，以免路面水流进入隧道影响行车安全。

在寒冷或严寒地区应设置保温水沟，出水口应采用保温出水口。洞口检查井与洞外暗沟连接时，其连接暗沟应采用内径大于 40 cm 的预制钢筋混凝土圆管。为加大水流速度并防止水流冻结，暗沟坡度大于 1%，沟身应设置在当地冻结线以下。

三、施工期间排水措施

隧道施工期间的地下水、施工废水需要及时排出洞外。

(1)隧道线路为上坡方向时,可采取顺坡自然排水方式,排水沟坡度与线路纵坡一致。有平行导坑时,可将正洞的水引入平行导坑排出洞外。

(2)隧道线路向下坡方向开挖称为反坡施工。当隧道较短、坡度又不大时,则在反坡施工时可修筑与路线纵坡相反的水沟进行排水。但在一般情况下是需要机械排水的,此时可采用下述两种方式:

1)分段开挖反坡水沟(反坡不小于 2%)。反坡水沟最大深度不宜超过 0.7 m,据此分段,分段处设集水坑,每个集水坑配备一台抽水机,由抽水机把水抽至下一段反坡水沟中,直至排出洞外。此法不需水管,但抽水机较多,适用于较短隧道。

2)开挖面用辅助抽水机抽到近处集水坑。集水坑设主抽水机,洞内可隔较长距离设一集水坑,主抽水机将集水坑的水排至其他集水坑(当洞内不止一个集水坑时)或直接排至洞外。此时,抽水机数量减少,但需安装排水水管,抽水机需随开挖面而拆除前移。此方式适于长隧道及涌水量较大时采用。

第七节 隧道辅助施工技术

一、隧道通风施工

(一)通风方式

隧道通风方式的分类见表 4-10。

表 4-10 隧道通风方式

项 目	内 容
自然通风	利用洞内外温度差和气压差造成的自然风流循环,此类通风方式受气候及风向影响很大,只适用于 200 m 以下隧道
机械通风	机械通风则是利用通风机进行,可分为管道式和巷道式两大类

下面我们将主要讲述机械通风方式的施工内容。

1. 管道式通风

管道式通风分为压入式、抽出式和混合式。

(1)压入式(图 4-45)。

压入式隧道通风,单机适用于 100～400 m 内的独头巷道;多机串联适用于 400～800 m 的独头巷道。

这种方式的通风,能较快排除工作面的污浊空气、拆除简单、污浊空气排出时流经全洞。

(2)抽出式(图 4-46)。

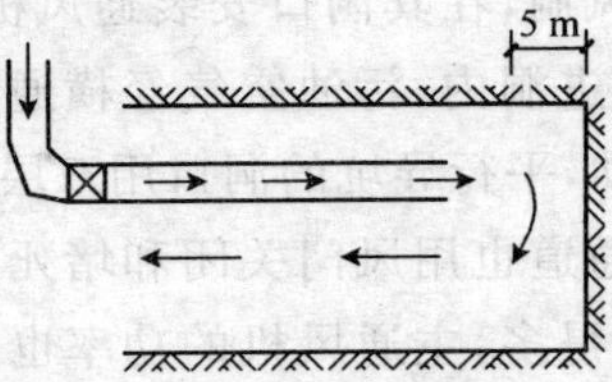

图 4-45 压入式隧道通风

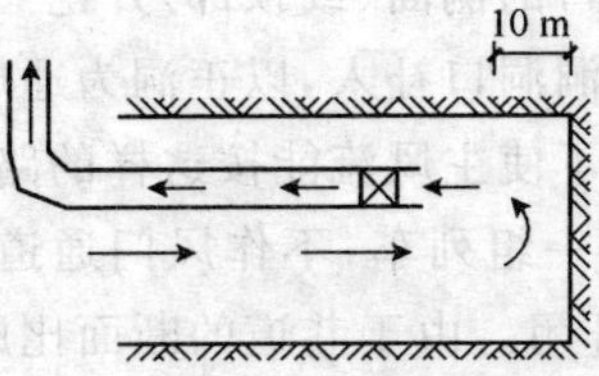

图 4-46 抽出式隧道通风

抽出式隧道通风,适用长度在 400 m 内的独头巷道。

这种通风方式,新鲜空气排出时流经全洞,到达工作面时已不太新鲜;要求管末端距工作面不超过 10 m,爆破时容易损坏。

(3)混合式。

混合式隧道通风有两种。第一种混合式通风适用于长度在 800～1 500 m 的独头巷道,如图 4-47 所示。

第二种混合式隧道通风适用于上下导坑或全断面分块开挖,下导坑为双轨断面的隧道如图 4-48 所示。

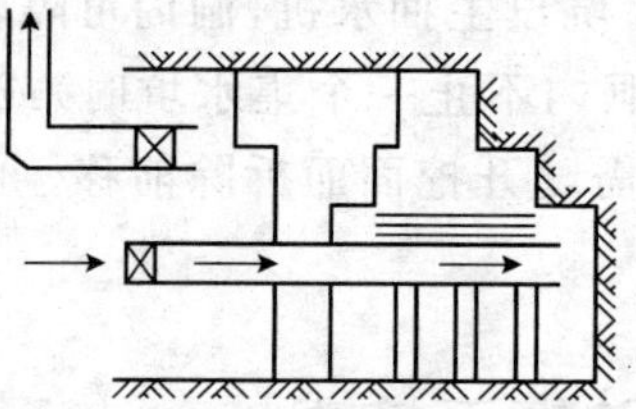

图 4-47　混合式隧道通风(一)

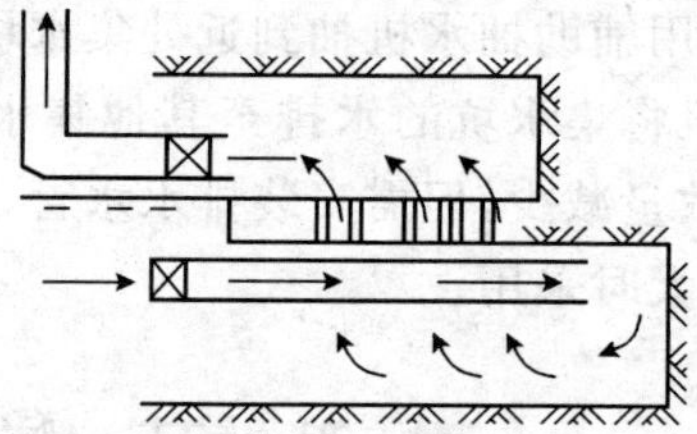

图 4-48　混合式隧道通风(二)

两条通风管道必须有 20 m 以上的搭接长度,以免在洞内形成循环风流;吸出风机的能力大于压入风机能力的 20%～30%:压入式风管的端口与工作面间距应在风流的有效射程内,一般为 15～20 m;排风管的出口端必须伸出洞外 20 m 以上,或引向洞口外的上方或旁侧,以免污浊空气回流进洞。

2. 巷道式通风

巷道式通风是利用巷道作为循环风流通道的一种通风方式。整个通风系统是由一个主风流循环系统和一个或一个以上的局部风流循环系统组成的,图 4-49 为平行导坑的长隧道通风布置。

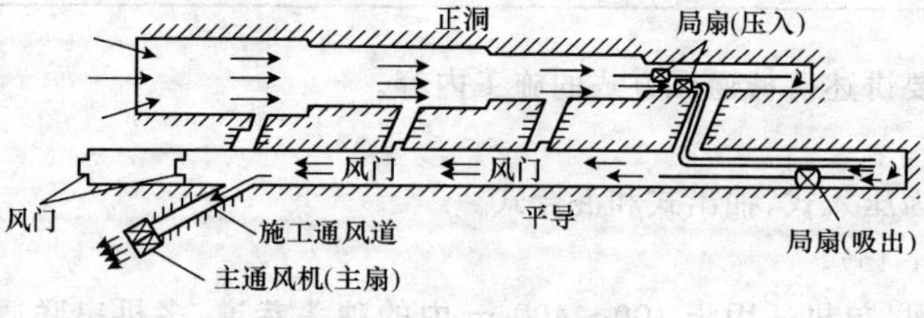

图 4-49　巷道式通风布置

(1)主风流循环系统。

在平行导坑洞口的侧面(或顶部)开挖一个通风洞,在其洞口安装通风机(主扇)向洞外排气。新鲜空气从正洞洞口补入,以正洞为通风道送进洞内;污浊空气经横通道和平行导坑,再经通风道排出。为了使主风流能按这样的路线流动,平行导坑的洞口用双层风门关闭,两扇风门的距离应能容纳一组列车;不作风门通道的横通道也用风门关闭和堵死,风门要严密不漏风,并有专人负责开闭。由于巷道的断面比风管大得多,主通风机的功率也比较大,而且通常都要安装两台,轮换工作,以保证不间断通风。

(2)局部风流循环系统。

主风流循环系统一般并不能直接把新鲜空气送到导坑和平行导坑的开挖面上去，对于这两个工作面，是采用风管式通风来解决的。图中对导坑是采用压入式通风，而在平行导坑开挖面上，采用的是混合式通风，因为平行导坑总是超前于正洞，通风的距离较长。

3. 风墙式通风

这种方式适用于较长隧道，一般管道式通风难以解决，又无平行导坑可以用的情况，它得用隧道成洞部分较大的断面，用砖砌或木板隔出一条 2～3 m^3 的风道，以减小风管的长度，增大风量，满足通风要求，如图 4-50 所示。

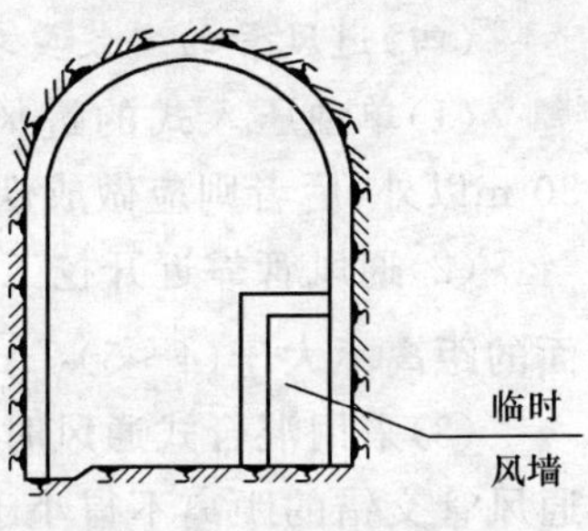

图 4-50 风墙式通风布置

（二）洞内通风量计算

（1）根据同一时间洞内工作人员计算通风量 Q(m^3/min)。

$$Q=k\cdot m\cdot q_n \tag{4-4}$$

式中 k——风量备用系数，采用 1.1；

m——同时在洞内工作人数；

q_n——每一工作人员所需新鲜空气，一般地区取 3，高寒高海拔地区取 4。

（2）按爆破作业确定通风量 Q(m^3/s)。

1）压入式

$$Q=\frac{0.13}{t}\sqrt[3]{GL^2S^2} \tag{4-5}$$

式中 G——同一时间爆破炸药量(kg)；

t——爆破后要求有害气体达到允许浓度的通风时间(s)；

S——坑道净横断面面积(m^2)；

L——坑道全长(m)。

2）吸入式($L\leqslant 1.5\sqrt{S}$)

$$Q=\frac{0.13}{t}\sqrt{\frac{G}{S}L_{抛}} \tag{4-6}$$

式中 $L_{抛}$——爆破后粉尘抛掷距离(m)。

3）混合式

$$Q=\frac{0.13}{t}\sqrt{GS^2L_{入}^2} \tag{4-7}$$

式中 $L_{入}$——吸风口至工作面的实际距离(m)。

（三）通风机的安装与使用要求

（1）主风机安装必须满足通风设计的要求，洞内辅助风机安装在新鲜风流中；对于压入式通风，主风机架设在距洞口大于 30 m 且有一定高度的高架上。

（2）主风机保持正常运转，如需间歇时，因停止供风而受影响的工作面必须停止工作。

（3）通风机前后 5 m 范围内不得堆放杂物，通风机进气口应设置铁箅，并装保险装置，当发生故障时能自动停机。

（4）通风机应有适当的备用数量。

（5）当巷道内的风速小于通风要求最小风速时，可布设射流风机来卷吸升压，提高风速。

（四）通风管的安装要求

（1）单独压入式的进风管口或吸（压）出式的出风管口应设在洞外，前者宜在洞口里程30 m以外，后者则应做成烟囱式。

（2）通风管靠近开挖工作面的距离应根据具体情况确定。压入式通风出风口距开挖工作面的距离不大于（4～5）$\sqrt{A}$（A 为隧洞断面积，m^2）；吸出式进风口距工作面的距离大于1.5。

（3）采用混合式通风时，当一组通风机向前移动，另一组通风机的管路应相应接长。两组通风管交错的距离不得小于20～30 m。压出式风机吸风口距工作面的距离不大于炮烟抛散距离；压入式风管出风口距工作面的距离小于风流的有效射程。局部通风中，吸出式通风管的出风口应引入主风流循环的回风流中。

（4）通风管优先采用高频热塑焊接工艺加工的软风管及加长的风管节，尽量减少接头个数；通风管的安装应平顺，接头严密，每100 m平均漏风率不应大于1%。弯管平面轴线的弯曲半径不得小于通风管直径的3倍。

（5）长、特长隧道施工在断面净空允许的前提下，应采用大直径风管。

（6）通风管破损时，应及时修理或更换。当采用软风管时，靠近风机部分，应采用加强型风管。

（7）通风管路安装完成后应调整至整个风路稳、直、无扭曲、无皱褶。

（五）防尘措施

隧道施工应采用综合防尘措施，并按规定时间测定作业区粉尘和有害气体浓度。

隧道施工防尘的方法是湿式凿岩标准化、喷雾洒水经常化、机械通风正常化、个人防护普遍化等综合措施。在水源缺乏，容易冻结或岩石性质不适于湿式凿岩的地区，可采用带有捕尘设备的干式凿岩。当干式凿岩所采用防尘措施不能达到2 mg/m^3以下时，严禁打干风钻。

（1）湿式凿岩：就是通常所谓的"水风钻"凿岩，在凿岩过程中，利用高压水湿润岩粉，变成岩浆，流出炮眼，防止岩粉飞扬。钻眼时必须先送水后送风。

（2）喷雾洒水：爆破后进行喷雾、洒水。出碴前宜用水淋湿全部石碴和附近的岩壁。

（3）个人防护：如配带口罩，可减少吸入粉尘和有害气体，也是行之有效的防尘措施。

二、隧道供水施工

1.供水方式

给水水源主要有地表水、泉水或钻井取水，用渠道引流或用机械提升到高处的蓄水池储存，通过管路送到使用地点。水池位置应高于工作面30 m以上，以确保有0.3 MPa的工作压力。缺水地区须用汽车运水，以确保给水。

2.高压水管的安装和使用要求

（1）钢管在安装前应进行检查，有裂纹、创伤、凹陷等现象时不得使用，管内不得保留有残余物和其他脏物。

（2）水池的总输出管路上必须安装总闸阀；主管路上每隔300～500 m应安装闸阀。

（3）洞内水管前端至开挖面宜保持30 m距离，并用高压软管连接分水器。洞内软管的长度，一般情况下不宜大于50 m。

（4）管路应敷设平顺，接头严密，不漏水。

（5）洞内水管管路应敷设在电缆、电线相对的一侧，不得妨碍运输；当与水沟同侧时，不得影响排水。

(6)管路使用中应有专人负责检查、养护。

三、隧道供风施工

隧道施工中应用种类众多而大量的风动机具，诸如凿岩机、装碴机，混凝土压送器，喷射混凝土机，压浆机，锻钎机等，无不以压缩空气为动力，需要大量的压缩空气的供应。这些压缩空气由空气压缩机(简称空压机)生产，并通过高压风管输送给风动机具。

空压机分为电动或内燃两种，一般短隧道多采用移动式内燃型，而长隧道则采用大型固定式电动型机。集中在洞口的空压机站工作，用高压风管向风动机具输送。

每座空压机站的生产能力，按其所服务的风动机具同时工作耗风总量，加上管路漏风量和一定的储备量而定。

1. 风量与风压

空压机站的设备能力应能满足同时工作的各种风动机具的最大耗风量。国产空压机排气压力一般为 0.7～0.8 MPa，经过管道的压力损失，要求到达最前面的工作面风压不小于 0.5 MPa。确定风管管径时，可根据计算的总耗风量和允许的最大压力损失，按有关施工手册查表，一般不需精确计算。即首先根据总耗风量与管路总长查表选用钢管直径，至于管路中的变径管、弯头、阀门、三通等，均可查表折合为直线长度而并入管路总长，再由总耗风量与钢管直径或胶管直径便可查表得出风压损失。如此反复查选调整，便可得出能保证工作面风压的合理管路与管径。

2. 高压风管路安装

(1)高压风管应敷设平顺，接头严密，不漏风。

(2) 在空气压缩机站和水池总输出管上必须设总闸阀；主管上每隔 300～500 m 应分装闸阀。高压风管长度大于 1 000 m 时，应在管路最低处设置油水分离器，定时放出管中的积油和水。

(3)洞内高压风管应敷设在电缆电线相对的一侧，风管的前端至开挖面距离宜保持 30 m，并用分风器连接高压软风管。当采用导坑或台阶法开挖时，软风管的使用长度不宜大于 50 m。

(4)高压风管在安装前应进行检查，有裂纹、创伤、凹陷等现象时不得使用，管内不得保留有残余物和其他脏物。

(5)高压风管使用中应有专人负责检查、养护。

四、隧道供电施工

隧道施工离不开用电。洞内必须有充足照明，洞外有大量电动机械和设备。

隧道供电一般是通过变电所将 6～35 kV 的系统电压降到三相四线 400/230 V 的动力和成洞地段照明电压，然后在工作地段降为 36，32，24，12 V 四个等级的照明电压。动力设备采用三相 380 V，照明电压作业地段不得大于 36 V，成洞和不作业地段可用 220 V。

对于长隧道，低压长距离输电的压降太大，往往需用 6～10 kV 的高压电引入洞内，在洞内适当地点设置变电站，将电压降到 400/230 V，然后再在工作地段用携带式照明变压器继而降到 24 V 或 36 V。

变压器容量应按电气设备总用电量确定。当单台电动设备容量超过变压器容量 1/3 时，应适当考虑增加起动附加容量。

洞外变电站宜设在洞口附近，并应靠近负荷集中地点和设在电源来线一侧。变电站电源来线如跨越施工地区，电线最低距人行道和运输线路的最小高度 35 kV 为 7.5 m；6～10 kV 为 6.5 m；400 V 为 6 m。

洞内照明和动力线路安装在同一侧时（风水管路相对一侧）。必须分层架设，电线悬挂高度距人行地面，400 V 以下不小于 2 m，6～10 kV 不小于 3.5 m。高压在上、低压在下；动力线在上，照明线在下；干线在上，支线在下。禁止在动力线上加挂照明设施。

工作地段的动力线都应用橡皮电缆，以确保安全。当施工地段没有高压电时，一般采用自发电解决。

参考文献

[1] 夏连云,赵卫平.路基路面工程[M].北京:人民交通出版社,2004.
[2] 郭忠印,李立寒.沥青路面施工与养护技术[M].北京:人民交通出版社,2003.
[3] 陈振木.城市道路工程施工手册[M].北京:中国建筑工业出版社,2004.
[4] 邓晓刚.公路养护机械使用与维护技术[M].北京:人民交通出版社,2009.
[5] 吴幼松,余清河.公路机械化施工与管理[M].北京:北京交通大学出版社,2007.
[6] 中华人民共和国交通部.JTG F30—2003 公路水泥混凝土路面施工技术规范 [S].北京:人民交通出版社,2003.
[7] 中华人民共和国交通部.JTG F10—2006 公路路基施工技术规范 [S].北京:人民交通出版社,2006.
[8] 中华人民共和国交通部.JTG F40—2004 公路沥青路面施工技术规范 [S].北京:人民交通出版社,2004.
[9] 中华人民共和国交通部.JTG/T F50—2011 公路桥涵施工技术规范 [S].北京:人民交通出版社,2011.
[10] 中华人民共和国交通部.JTG F71—2006 公路交通安全设施施工技术规范 [S].北京:人民交通出版社,2006.